普惠金融文库

DIGITAL FINANCIAL INCLUSION:

数字普惠金融：
理论、实践、工具、监管
Theory, Practice, Tools and Regulation

普惠金融联盟（Alliance for Financial Inclusion）
世界银行（World Bank Group）/ 著
穆争社　丁鑫　穆博　张洋 / 译

中国金融出版社

责任编辑：张菊香
责任校对：卓　越
责任印制：丁淮宾

图书在版编目（CIP）数据

数字普惠金融：理论、实践、工具、监管／普惠金融联盟；世界银行著；穆争社等译．—— 北京：中国金融出版社，2025. 2． —— ISBN 978 – 7 – 5220 – 2679 – 4

Ⅰ. F832 – 39

中国国家版本馆 CIP 数据核字第 2025LE4620 号

数字普惠金融：理论、实践、工具、监管
SHUZI PUHUI JINRONG：LILUN、SHIJIAN、GONGJU、JIANGUAN

出版
发行　**中国金融出版社**

社址　北京市丰台区益泽路 2 号
市场开发部　（010）66024766，63805472，63439533（传真）
网 上 书 店　www.cfph.cn
　　　　　　（010）66024766，63372837（传真）
读者服务部　（010）66070833，62568380
邮编　100071
经销　新华书店
印刷　北京七彩京通数码快印有限公司
尺寸　185 毫米×260 毫米
印张　26.25
字数　590 千
版次　2025 年 2 月第 1 版
印次　2025 年 2 月第 1 次印刷
定价　129.00 元
ISBN 978 – 7 – 5220 – 2679 – 4

如出现印装错误本社负责调换　联系电话（010）63263947

总序

　　普惠金融作为金融"五篇大文章"中最具包容性的篇章，不仅是一种服务模式和技术，更是一种服务理念，是建设金融强国的关键，对实现共同富裕和中国式现代化具有重要意义。然而，普惠金融的发展并非一蹴而就，需要国际经验的有效借鉴、理论的深入研究和实践的不断探索。正是基于这样的认识与使命，浙江工商大学泰隆金融学院发起并资助了普惠金融文库项目，旨在通过翻译普惠金融领域的国际经典与前沿著作，为中国普惠金融事业的高质量发展注入新的活力与智慧。普惠金融文库项目在浙江泰隆慈善基金会的资助下面向国内外学者开放申请。同时，项目也得到了中国金融出版社以及众多优秀学者的大力支持，他们专业、高效的工作，确保了译著的高质量出版与广泛传播。在此，我们向所有支持与参与普惠金融文库项目的组织和个人表示衷心的感谢！

　　普惠金融的发展任重而道远，浙江工商大学泰隆金融学院已经在普惠金融人才培养、教材建设、译著出版、数据库建设、指数编制等方面做出了一些有价值的探索。我们期待，社会各界共同努力为普惠金融事业高质量发展和金融强国建设，以及共同富裕和中国式现代化目标实现作出更大的贡献！

浙江工商大学泰隆金融学院

设计好正向的政策和财务激励机制，
支持普惠金融商业可持续发展

中国人民银行原行长　

　　普惠金融是指立足机会平等要求和商业可持续原则，以可负担的成本为有金融服务需求的社会各阶层和群体提供适当、有效的金融服务。商业可持续，是发展普惠金融应坚持的基本原则。只有坚持商业可持续，才能有效理顺激励约束机制，使市场能够发挥资源配置的基础性作用，金融机构才能持续向普惠客户提供有质量和效率保证的金融服务。同时，商业可持续也是金融机构不断发展和开展业务创新的必要前提，从而不断开发更好的金融产品和服务，更好地满足普惠客户的金融服务需求。普惠金融往往采用"保本微利、薄利多销"的盈利模式，但归根结底仍要考虑商业可持续问题，本质上应是商业性金融。

　　与此同时，由于普惠金融具有较强的社会效益，政府部门往往会提供一定的政策和财务支持，这也是普惠金融发展的重要助力。在这方面，最核心的问题和难点，是如何把握好政策支持的力度，并有效防范道德风险，确保市场仍然发挥资源配置的基础性作用。

　　我国结构性货币政策通过建立有效的激励约束机制，运用利率优惠再贷款或激励资金，引导金融机构自主决策、自担风险，以市场化方式将金融资源配置到特定领域，在充分促进普惠金融健康发展的同时，保持了政策的总量适度、有进有退，保障了市场机制持续发挥作用，有效防范了道德风险，支持了普惠金融商业可持续发展。

一、发展普惠金融是满足弱势群体金融服务需求的有效手段

　　2015 年国务院发布的《推进普惠金融发展规划（2016—2020 年）》强调，小微

企业、农民、城镇低收入人群、贫困人群和残疾人、老年人等特殊群体是当前我国普惠金融重点服务对象。普惠金融的主要目标是向弱势群体提供金融服务。

（一）重视满足弱势群体的金融服务需求

金融排斥是指直接或间接地排斥弱势群体获得正规金融服务的现象。英国金融服务监管局指出，金融排斥不仅源于金融机构从某一地区撤并营业网点，还在于居民虽然存在金融服务需求，但因市场或社会经济因素而无法获得金融服务。

不同收入的群体都应享有平等获得金融服务的权利。金融排斥的直接后果是使弱势群体难以获得金融服务。普惠金融致力于消除金融排斥，以服务弱势群体为主要目标。

农村是我国普惠金融发展的主战场，通过不断深化农村金融改革，创新适合"三农"特点的金融产品等供给侧结构性改革举措，促进普惠金融发展。

（二）积极借鉴普惠金融发展的历史经验

普惠金融是在消除金融排斥的过程中逐渐发展的。分析普惠金融发展历程，有利于探究发展经验、吸取教训，推动普惠金融发展行稳致远。

从国际实践看，20世纪70—80年代开展的小额信用贷款是普惠金融的早期实践，典型代表是孟加拉国尤努斯博士通过小额信用贷款支持农村妇女脱贫致富而获得2006年度诺贝尔和平奖。2005年，联合国开展小额信贷年活动，强调按照市场化方式，实现千年发展的首要目标"根除极度贫困和饥饿"，普惠金融在全球"开花结果"。2008年，美国次贷危机导致全球陷入金融危机，此后引发了对向信用程度较差和收入较低者过度发放住房按揭贷款的反思，带动了对普惠金融发展边界的思考。2011年，普惠金融联盟发布的《玛雅宣言》提出了检验普惠金融发展成果的量化标准及指标体系，探讨了发展普惠金融的具体方向。同时，普惠金融也日益受到二十国集团（G20）高度重视，自2010年起，G20每年发布促进普惠金融发展倡议，在中国推动下，2016年提出《G20数字普惠金融高级原则》。

从国内发展看，早在20世纪30年代，一批仁人志士就开始了探索"救活旧农村"的乡村建设，重要举措之一是发展乡村普惠金融。代表性案例包括，费孝通提出发展信贷合作社，支持乡村工业发展，解决农民生计问题；梁漱溟在山东邹平乡村建设试验区设立农村金融流通处，方便农户贷款，支持农业合作发展；晏阳初在河北定县乡村改造试验中，倡导发展农民合作银行，帮助农民获得低息贷款。20世纪50年代，我国在发展生产合作、供销合作、信用合作的过程中，建立了以农村信用社为主体的农村金融体系，推动普惠金融发展。20世纪90年代，一些非政府组织依靠社会捐赠等，探索发展小额信用贷款支持扶贫工作，产生了较为广泛的影响，如 1993 年杜晓山、茅于轼建立的河北易县、山西临县小额信贷试验等。2003 年我国开始深化农村信用社改革，中国人民银行以"花钱买机制"为政策目标，提供了 1 800 亿元央行专项票据资金支持，强化正向激励，经 2~5 年的努力，在农村信用社满足改革要求的前提下，该笔资金兑付成为农村信用社的资本金，填补了历史上体制原因造成的资不抵债窟窿，巩固提升了农村信用社支农服务主力军地位。2006 年，受国际小额信贷年影响，小额信贷迅速传入我国，逐渐演化为具有中国特色的普惠金融。2013 年党的十八届三中全会将发展普惠金融确定为国家战略；2015 年、2023 年国务院先后发布《推进普惠金融发展规划（2016—2020 年)》和《关于推进普惠金融高质量发展的实施意见》，普惠金融实践不断深入；2023 年召开的中央金融工作会议提出做好普惠金融等"五篇大文章"，指明了普惠金融高质量发展的方向。

二、实现商业可持续是发展普惠金融的基本要求

金融机构发展普惠金融的动力是实现商业可持续，盈利模式是"保本微利、薄利多销"，以持续向弱势群体提供可负担成本、适当有效的金融产品。

（一）实现商业可持续发展是发展普惠金融的动力

金融机构是供给普惠金融产品的市场主体。实现商业可持续发展是金融机构发展普惠金融的最终目标和持续动力，只有实现商业可持续发展，才能确保金融机构成为普惠金融产品的强大供给主体，才能激励其不断创新普惠金融产品，更好地满足弱势群体普惠金融需求。

因此，应在实现商业可持续的基础上，满足普惠金融的机会均等要求，不应要求不计成本、甚至亏本向弱势群体提供金融服务。

（二）实现商业可持续的前提是提供可负担成本、适当有效的普惠金融产品

金融机构只有提供符合弱势群体需求的普惠金融产品，才能实现商业可持续发展。

普惠金融产品应能够满足弱势群体的适当有效金融需求。由于弱势群体此前接触的金融产品服务可能较少，其金融服务需求呈现逐步成长过程，而且其资产规模小、收入水平低，决定了更多需求的是比较基础的金融产品和服务，如存款、贷款、汇兑、支付等。同时，弱势群体多缺乏合格抵质押品，金融机构往往需要依据

其信用评级发放信用贷款，小额信用贷款成为主要普惠金融产品。当然，随着普惠金融的深化发展，弱势群体普惠金融产品需求也将升级换代，拓展至理财、基金等投资需求。

普惠金融产品应能够满足弱势群体的可负担成本能力要求，这一要求具有可行性：普惠金融服务对象的长尾化特征，决定了普惠金融产品的规模经济特征鲜明，供给数量增加将会推动边际成本、平均成本不断下降，实现薄利多销。而普惠金融产品的初级产品特征，也可以充分运用金融机构现有的业务系统，不太需要投入高额的研发、创新成本。

（三）实现商业可持续发展的盈利模式

一是以保本微利方式向单个金融消费者提供普惠金融产品。普惠金融的服务对象是弱势群体，决定了金融产品价格只能处于覆盖其可负担成本的较低水平，只能对单个金融消费者以保本微利的方式提供金融产品。但不能因此认为普惠金融是政策性金融。二是普惠金融产品具有薄利多销的特征。普惠金融的消费群体具有长尾化特征，决定了普惠金融产品的消费者数量巨大。三是如果能实现保本微利、薄利多销的盈利模式，就能实现商业可持续发展。普惠金融产品薄利和多销的有机结合，形成良性互动循环，努力实现普惠金融的商业可持续发展。这是商业性金融的典型特征，普惠金融具有商业性金融属性。

三、发展普惠金融需要适度有效的政策和财务支持

上述分析说明，发展普惠金融应坚持市场主导原则，可适当运用政府的支持政策推动普惠金融更好发展，财政政策和结构性货币政策是重要的支持政策。近年来，我国结构性货币政策在支持普惠金融发展方面取得了一系列突出成果。

（一）适度有效的政策和财务支持是发展普惠金融的重要手段

一是外部主体支持的作用。首先，扩大金融机构盈利空间，增强发展普惠金融积极性。金融机构是市场主体，发展普惠金融是其实现商业可持续发展的手段。可借助外部主体支持，扩大金融机构发展普惠金融的盈利空间，增强其发展普惠金融的主动性。其次，降低普惠金融产品价格，减少金融价格排斥。金融机构按照保本微利、薄利多销的盈利模式，降低金融产品价格，但仍可能超过部分弱势群体的可负担成本能力而引发金融价格排斥。可依靠外部主体支持，进一步优化金融产品定价，让更多弱势群体能够获得普惠金融服务。

二是发挥政策支持的重要作用。实践中，外部支持主体可分为非政府组织和政府部门。

非政府组织主要借助各种社会捐助等力量（如基金会、慈善机构等），获得低成本甚至免费资金，以较低价格甚至免费向弱势群体提供金融产品。但非政府组织商业可持续发展能力较差，规模较小，难以成为推动普惠金融高质量发展的主要力量。

政府部门主要运用财政政策和结构性货币政策等支持政策，在实现金融机构商业可持续发展的基础上，推动普惠金融全面发展。财政政策通过发挥财政贴息、贷款损失分摊机制、政策性融资担保公司等作用，激励金融机构扩大弱势群体金融服务。结构性货币政策是指在发挥市场配置金融资源基础性作用基础上，中央银行通过建立激励相容机制，运用优惠利率再贷款或激励资金，激励和引导金融机构将金融资源配置到特定领域。

财政政策与货币政策从资金来源到运用方式再到管理模式都有显著不同。中央银行以资产负债表扩张创造货币，包括结构性货币政策在内的各项支出都要体现在中央银行资产负债表上，花出的钱是资产，拿到钱的人会增加负债，这些钱将来还要收回，因此对于资金的管理更加严格，激励约束强，资金长期运用的效率和安全性更高。财政则是以税收为主要来源获取资金，每年都重新确定收支安排，花的钱是"泼出去的水"，不会收回，拿到钱的人直接获得收入，好处是可以帮助支持对象修复资产负债表，短期提振效果更加明显。因此，财政政策和货币政策各自独特的属性，决定了二者都非常重要并相得益彰，需要形成合力才能最大化政策效果。

在实施过程中，结构性货币政策充分尊重金融机构意愿，通过定向挂钩等方式，引导其按照市场化方式，自主发放普惠贷款，提供普惠金融服务。具体表现为：商业银行运用中央银行的激励资金，自主选择项目发放贷款，自行承担信用风险，发挥在识别项目中的专业性，将金融资源配置到特定领域符合要求的企业。结构性货币政策通过银行渠道传导，不直接补贴企业，传导效果较好，同时尽可能防范道德风险。

（二）结构性货币政策有力支持普惠金融可持续发展

国际上，结构性货币政策工具主要是在经济危机时期常规货币政策工具失效时，发达经济体中央银行为稳定经济而进行的创新性尝试。20世纪30年代凯恩斯主义兴起，主流经济学理论认为货币政策应主要发挥短期需求管理作用。2008年国际金融危机期间，金融机构风险偏好降低，在宽松的货币政策环境下也出现了"惜贷"现象，流动性淤积在金融体系。"金融加速器机制"放大了这种阻碍，导致宽松货币政策情况下长期利率依然过高。此时，出台结构性货币政策，直接向小微企业等特定领域注入流动性，可以促进货币政策传导。此外，在信息不对称条件下，金融机构难以充分掌握借款人的真实情况，更偏向借款给大型企业或抵质押品充足的企业，这使得小微企业融资成为世界性难题。结构性货币政策工具对小微企业等特定领域的"定向滴灌"，可针对性地解决小微企业等薄弱领域的融资难题，优化了货币政策传导机制，也优化了金融资源的配置。

从我国情况看，结构性货币政策的主要表现为，中国人民银行通过提供优惠利率再贷款或激励资金的方式，引导金融机构自主决策、加大对特定领域的信贷投放，降低企业融资成本。再贷款工具是中国人民银行将再贷款与金融机构对特定领域的贷款投放挂钩，通过提供优惠利率再贷款激励，引导金融资源投向实体经济和经济薄弱环节。激励资金工具是中国人民银行根据金融机构对特定领域的信贷投放，通过衍生品方式直接向其提供激励资金，引导扩大普惠小微信贷投放。

四、我国结构性货币政策支持普惠金融发展效果良好

我国结构性货币政策注重加强与财政政策（如财政贴息）的有效配合，形成"几家抬"政策合力，发挥了"四两拨千斤"作用，有力支持了普惠金融发展。

（一）结构性货币政策发展历程

主要经济体的结构性货币政策主要显见于应对 2008 年的国际金融危机、2020 年的新冠疫情冲击。目前，已完成阶段性任务并有序退出。

我国是结构性货币政策的先行先试者，以探索解决转轨经济面临的更多结构性问题。1998 年，我国货币政策由直接调控向间接调控转型，但也保留了部分结构性货币政策工具。近年来，与主要发达经济体"大起大落"的调控方式不同，我国货币政策调控有着独特的"居中之道"，即注重跨周期预调和跨区域平衡，在收紧和放松两个方向都相对审慎、留有余地。在此背景下，我国进一步丰富了结构性货币政策工具，发挥其精准滴灌功能，取得良好效果，一定程度上减轻了总量型政策的压力，提升了货币政策的自主性、有效性。

2020 年以前。我国结构性货币政策的运用集中于普惠金融领域，主要是通过创设和运用支农再贷款、支小再贷款、扶贫再贷款、再贴现、定向中期借贷便利等工具，引导金融资源流向"三农"、小微和民营企业等薄弱环节。目前，扶贫再贷款和定向中期借贷便利已完成阶段性政策目标并顺利退出。

2020 年新冠疫情暴发后。我国进一步丰富了结构性货币政策工具，支持企业纾

困解难，同时贯彻新发展理念、促进经济结构优化调整。前者主要是根据新冠疫情防控和经济恢复发展各阶段的问题，分批次、有梯度出台的 3 000 亿元抗疫保供再贷款、5 000 亿元复工复产再贷款再贴现、1 万亿元全面复工复产再贷款再贴现。后者主要是进一步拓展至服务经济发展阶段重点任务的结构性货币政策工具，如普惠小微贷款支持工具，碳减排支持工具，科技创新、普惠养老、交通物流、设备更新改造等专项再贷款。上述部分工具已完成阶段性任务并及时退出。

（二）结构性货币政策支持普惠金融发展的主要模式

一是再贷款模式：支农支小再贷款、再贴现。中国人民银行长期运用支农支小再贷款、再贴现工具支持"三农"、小微企业融资，按照金融机构发放的合格贷款，等额提供优惠利率再贷款，引导其自主决策、自担风险扩大普惠信贷投放，取得了良好效果。截至 2023 年末，以支农支小再贷款 2.7 万亿元，带动率引涉农贷款、小微企业贷款余额分别达到 56.6 万亿元、70.9 万亿元，为支农支小再贷款额度的 21 倍、26 倍。

为打赢新冠疫情阻击战，2020 年 1 月 31 日，中国人民银行迅速创设 3 000 亿元抗疫保供优惠利率再贷款，引导金融机构自主决策、自担风险发放抗疫保供优惠贷款，中央财政按照优惠贷款利率的 50% 贴息。优惠利率再贷款与财政贴息的有效配合，"几家抬"政策合力的"四两拨千斤"作用显著。政策出台至 2020 年 5 月 5 日，9 家全国性银行和 10 省市地方法人银行向 7 037 家抗疫保供重点企业累计发放优惠贷款 2 693 亿元，加权平均利率为 2.50%，50% 的财政贴息后，企业实际融资利率约为 1.25%，撬动银行业金融机构为抗疫保供企业提供信贷支持达到 4.5 万亿元。

二是激励资金模式：普惠小微贷款支持工具。第一阶段，创设两项工具。2020 年 6 月，中国人民银行创设两项工具，支持应对新冠疫情冲击：普惠小微企业贷款延期支持工具和普惠小微企业信用贷款支持计划。首先，向实施普惠小微企业贷款"应延尽延"政策的地方法人银行提供其延期贷款本金 1% 的激励资金。其次，按照实际发放普惠小微企业信用贷款本金的 40%，向地方法人银行提供期限 1 年的优惠利率再贷款。两项工具发挥了"四两拨千斤"的撬动作用。2020 年 6 月至 2021 年末，中国人民银行通过普惠小微企业贷款延期支持工具，累计提供激励资金 217 亿元，撬动地方法人银行延期普惠小微企业贷款本金 2.2 万亿元，引导银行业金融机构延期同类贷款本息 16 万亿元；通过普惠小微企业信用贷款支持计划，累计提供优惠利率再贷款 3 740 亿元，支持地方法人银行发放普惠小微信用贷款 1.1 万亿元，引导银行业金融机构发放同类贷款 10.3 万亿元。

第二阶段，两项工具接续转换。2021 年末，中国人民银行将普惠小微企业贷款延期支持工具转换为普惠小微贷款支持工具，按照地方法人银行普惠小微贷款余额增量的 1% 给予激励资金；将普惠小微企业信用贷款支持计划并入支农支小再贷款管理。该项政策效果显著，截至 2023 年末，全国普惠小微贷款余额达到 29.4 万亿元、支持小微经营主体超过 6 100 万户、平均年利率为 4.78%，分别较新冠疫情前的 2019 年增长 2.54 倍、增长 2.23 倍、下降 1.9 个百分点。

（三）结构性货币政策支持普惠金融发展的经验

一是保持总量适度。结构性货币政策应服从货币政策总量调控目标，规模应合理适度，避免对市场配置金融资源造成扭曲。目前，我国结构性货币政策工具余额占中国人民银行总资产的比重约为 15%、增量比重约为 22%，与金融结构相似度较高的欧元区、英国、日本等处于同一水平。

二是有进有退。结构性货币政策工具短期内的正向激励作用较为显著，但随着时间推移，金融机构会将其视为一种半永久甚至永久性补贴，激励效果逐渐减弱，甚至产生道德风险。因此，应设置政策实施期限，政策到期后，应在科学评价实施效果和经济金融形势的基础上，作出出政策工具是否按期退出，或进一步优化、延续的决定。这也是国际上中央银行的通行做法。

三是建立激励相容机制。坚持市场化运行，通过将优惠利率再贷款或激励资金与金融机构的特定领域贷款数量挂钩，引导其自主决策、自担风险扩大特定领域贷款。

四是建立约束机制，防范金融机构套利行为，避免道德风险。首先，金融机构自担风险，做好自我监督。中国人民银行通过优惠利率再贷款或激励资金的方式给予激励，金融机构自主决策、自担风险发放特定领域贷款。其次，加强工具管理运用的审计等，做好外部监督。中国人民银行要求金融机构建立贷款台账，并联合行业主管部门事后随机抽查已发放贷款，若发现异常，将要求金融机构提供符合要求的新台账，或采取收回再贷款等措施，防范违规套取资金的行为。再次，做好信息披露，接受社会监督。自 2022 年第二季度起，在中国人民银行官网开设结构性货币政策专栏，按季度披露最新信息，保障政策工具全过程透明，接受社会监督。这也是主要发达经济体中央银行的做法。

五是发挥政策协同效应。加强政策顶层设计，注重结构性货币政策与财政政策、产业政策等的相互配合，发挥"几家抬"合力，形成供给体系、需求体系和金融体系相互支撑的三角框架，引导金融资源投向共同关注的领域，促进经济结构转型升级。

我们能从中学习什么？

实现共同富裕是社会主义的本质要求，是中国式现代化的重要特征。共同富裕是全体人民的共同富裕，必须确保全体 14 亿中国人民走上共同富裕之路。习近平总书记指出，"小康不小康，关键看老乡"①。在推进全体人民共同富裕的道路上，帮助"老乡"等弱势群体实现共同富裕是难点、重点。普惠金融的使命是为"老乡"等弱势群体提供金融服务。大力发展普惠金融是助力乡村振兴，支持"老乡"等弱势群体实现共同富裕的重要抓手。

党中央高度重视发挥普惠金融的重要作用，推动弱势群体加快实现共同富裕。2013 年党的十八届三中全会提出"大力发展普惠金融"，首次确立了中国发展普惠金融战略。2015 年国务院发布《推进普惠金融发展规划（2016—2020 年）》，吹响了中国普惠金融发展实践新号角，推动实现全面建成小康社会目标，帮助广大弱势群体摆脱贫困，完成实现共同富裕第一步。2023 年国务院颁布《关于推进普惠金融高质量发展的实施意见》，为弱势群体迈进更高层次共同富裕提供了强有力金融支持。2023 年中央金融工作会议明确提出做好普惠金融等"五篇大文章"，为全面深化普惠金融高质量发展，更好发挥其促进实现共同富裕目标指明了方向。

近年来，中国普惠金融实现高质量发展，将不被传统金融青睐的弱势群体纳入金融服务范围，在提升金融覆盖面、可得性、满意度方面取得显著成效，有力推动实现共同富裕目标。中国普惠金融发展总体处于国际领先水平，基本实现乡乡有机构、村村有服务、家家有账户，移动支付、数字信贷等业务迅速发展，小微企业、"三农"等领域金融服务水平不断提升。2022 年末，我国人均拥有银行账户 9.97 个，居世界第一；人均持有银行卡 6.71 张，居世界第二；中小微企业贷款占国内生产总值（GDP）的比例居世界前列；每千人人寿保单数居世界前 10% 位置；每

---

① 2021 年 2 月 25 日，新华社受权发布《习近平在全国脱贫攻坚总结表彰大会上的讲话》。

10万人拥有自助柜员机（ATM）数量居世界前20%位置。但是，弱势群体融资"难、贵、慢"等问题依然长期存在，推进普惠金融高质量发展任重道远。

长期以来，国际社会充分发挥普惠金融重要作用，推动实现联合国千年发展目标（Millennium Development Goals）取得显著成效。联合国千年发展目标的核心，是将全球贫困水平在2015年之前降低一半（以1990年的水平为标准）。普惠金融联盟（AFI）是全球领先的普惠金融政策实践组织，通过倡导、推动、制定和实施普惠金融政策与战略在全球开花结果，提升弱势群体等金融服务不足群体享受金融服务的机会，让世界上没有银行账户的人更容易获得金融服务。世界银行以终结极度贫困促进共享繁荣为宏伟目标，倡导积极发挥普惠金融重要作用，消除贫困实现共同发展。AFI和世界银行积极推动世界各国大力发展普惠金融，特别是促进数字普惠金融飞速发展，在支持推动弱势群体消除贫困实现全面发展等方面取得显著成果，积累了大量可资借鉴的宝贵经验。

"他山之石，可以攻玉。"中国农业大学经济管理学院研究团队长期倾情于中国数字普惠金融发展，研究成果丰硕，结合当前中国数字普惠金融发展的重点、难点和痛点问题，从AFI和世界银行发布的最新研究报告中，按照"理论、实践、工具、监管"的逻辑，精选9篇数字普惠金融精华报告进行认真翻译。翻译团队坚持"信、达、雅"原则，反复润色打磨，形成《数字普惠金融：理论、实践、工具、监管》。该书全面介绍了数字普惠金融发展的国际前沿理论与实践以及典型经验，提供可资借鉴的政策措施，为推动中国数字普惠金融高质量发展，支持推动弱势群体加快实现共同富裕贡献力量。

为便于读者更好理解《数字普惠金融：理论、实践、工具、监管》，翻译团队对本书各章核心内容进行总结提炼，具体如下。

第一篇　数字普惠金融的理论与实践

1. 数字普惠金融新发展。翻译自世界银行的研究报告《数字普惠金融服务（2020）》[Digital Financial Services（2020）]。

1.1　重要作用。普惠金融服务对国家消减贫困和发展经济发挥重要作用。全球90个国家中有超过8.5亿个数字支付账户，账户日均交易额达13亿美元。从宏观视角看，普惠金融发展有助于实现资金有效配置和降低风险，推动经济高质量发展，减少贫困和降低收入不平等。从微观视角看，普惠金融发展有助于降低贫困率、增强贫困群体抵御风险能力、改善生活。但是，最贫穷的经济体中仍有65%的成年人无法使用基本账户，部分发展中国家只有20%的成年人通过正规金融机构储蓄。技术和商业模式的创新促进了数字普惠金融发展，在降低金融服务成本以及提高金融交易效率、透明度和安全性方面发挥了重要作用。

1.2 主要内容。梳理数字普惠金融最新发展情况，分析促进其成功发展的因素，为全球发展中国家发展数字普惠金融提供经验借鉴。本章包括三方面主要内容：第一，分析数字普惠金融发展对改善贫困群体金融服务的重要作用，梳理发展中国家数字普惠金融在缓解金融可得性限制方面发挥的作用，以及发展机遇、面临的挑战和风险。第二，针对数字普惠金融发展面临的挑战和风险，提出促进数字普惠金融良好发展的政策措施，包括建立有效的法律和监管框架、完善数字普惠金融基础设施以及健全政府辅助支持系统。第三，分析加纳、印度、肯尼亚、坦桑尼亚4个国家发展数字普惠金融的典型做法和经验，介绍印度、孟加拉国、肯尼亚、坦桑尼亚和泰国5个国家私营部门发展数字普惠金融取得的显著成效和可资借鉴的经验。

1.3 经验借鉴。第一，数字普惠金融对缓解传统普惠金融需求和供给方面的限制发挥了重要作用，可更好地向贫困群体提供普惠金融服务。数字普惠金融服务带来了显著的金融普惠效益，为实现可持续发展目标作出贡献。除了可缓解传统普惠金融供需方的限制外，数字普惠金融还有助于改革金融领域商业模式，以更好地满足用户需求，尤其是贫困群体的需求，如通过数字技术解决支付、储蓄、贷款、风险管理和完善政策支持等问题。但与此同时，数字普惠金融也面临数据治理和隐私保护、网络安全和运营风险、金融诚信和监管套利等挑战，以及带来金融排斥、过度负债、歧视和不公平等风险。

第二，政府积极出台政策支持措施，有助于应对数字普惠金融发展面临的各种挑战和风险。一是建立有效的法律和监管框架，包括促进新参与者和新方式、建立公平的竞争环境、保护金融消费者权益，以及提升金融消费者对数字普惠金融的需求和信心。二是完善发展数字普惠金融的基础设施，包括支付系统、信贷基础设施，以及数字信息互联互通基础设施。三是健全政府辅助支持系统，包括建立政府数据平台、数字身份证（ID）以及政府财务管理制度。

第三，新兴经济体和发展中国家发展数字普惠金融的典型做法与经验。一是加纳。主要成效表现为，2014—2017年数字支付账户的拥有量增长近200%，农村地区35%的成年人使用数字支付服务；取得成效的关键因素是，鼓励非银行机构，特别是移动网络运营商开发数字支付；经验借鉴是，监管机构应促进行业竞争、激励私营部门投资，政府建设数字普惠金融基础设施，将其作为"公共产品"以促进行业发展。二是印度。主要成效表现为，拥有银行账户的成年人比例从2014年的53%飙升至2017年的80%，同期性别差距从20%缩小至6%，截至2017年末，超过925家银行已经帮助实现了1.0675亿笔政府对个人（G2P）支付，在两年半内节省支付费用70亿美元；取得成效的关键因素是，建立了生物识别身份项目、堆栈和数字支付系统等支持运用数字技术的基础设施和系统，以及政府优先健全普惠金融规章制度；经验借鉴是，公共部门以身作则发挥表率作用，允许非银行机构通过持有差异化的银行牌照进入数字普惠金融市场。三是肯尼亚。主要成效表现为，肯尼亚拥有非洲最大和最成功的数字支付部门，M－Pesa个人对个人支付使用最为广泛。截至2019年末，肯尼亚共有5 830万个移动钱包，平均每个成年人拥有1.7个移动钱包，数字支付积极推动肯尼亚2%的家庭摆脱了贫困状态。取得成效的关键因素是，建立私营部门主导模式，灵活性监管以及简化客户尽职调查。经验借鉴是，以基于风险的监管方法促进创新和普惠金融发展。四是坦桑尼亚。主要成效表现为，数字支付使用呈现爆炸性增长，注册数字支付用户从2008年的11.2万人增长至2019年的9 510万人以上，随着数字支付使用的增加，坦桑尼亚对贫困群体金融服务的创新蓬勃发展；取得成效的关键因素是，在谨慎平衡创新与发展，确保充分监管的同时，避免扼杀市场发挥的促进作用以及行业主导的互操作性，竞争激烈的移动电信部门以及对代理网络的大量投资；经验借鉴是，相互竞争的数字普惠金融提供商可以合作开发市场，监管部门可以采取"测试和学习"方法加强监管。

各国私营部门积极创新数字普惠金融产品，推动数字普惠金融发展。印度建立数字普惠金融基础设施框架，各金融科技公司在此基础上在各自领域发挥主导作用，创新成果包括移动钱包、替代贷款和保险等。孟加拉国私营部门开展移动银行业务bKash，为提高金融可得性作出了巨大的贡献。肯尼亚私营部门推出M－Pesa支付、移动零售债券M－Akiba和医疗保健服务M－Tiba。坦桑尼亚三大代理商萨康（Selcom）、美思康（Maxcom）和Cellulant为多个银行和移动网络运营商提供服务。泰国私营部门的快速支付服务PromptPay，实现了用户与对应银行账户迅速连通，通用二维码技术提高了客户交易的安全性和便利性。

2. 国家普惠金融战略实践。翻译自AFI的研究报告《国家普惠金融战略：实践现状（2022）》[*National Financial Inclusion Strategies：Current State of Practice* (2022)]。

2.1 实践发展。AFI积极倡导、推动其成员实施国家普惠金融战略（NFIS）。NFIS包括明确的愿景和目标及有效的实施计划，为有序全面推进普惠金融提供路线图，有助于促进普惠金融发展。截至2022年末，63个AFI成员已开始启动NFIS，16个AFI成员正在预制定或制定其NFIS；亚洲地区遥遥领先，已有92%的成员启动了NFIS。随着实施的深入，NFIS逐步将绿色普惠金融（IGF）、性别普惠金融（GIF）和小额保险等跨领域议题纳入其中，而且开始重视金融消费者权益保护、数字普惠金融服务（DFS）、金融教育（FinEd）、（中）小微企业[（M）SME]

金融服务、青年普惠金融和被迫流离失所者（FDP）的金融服务等，体现了 NFIS 日益关注 AFI 成员面对的经济、政治、环境或健康方面的特殊挑战。同时，NFIS 的修订呈现缩短期限趋势，目的是通过不断加强评估所开展活动的影响，为改进战略指明方向。

2.2 主要阶段。本章总结了 NFIS 实践的主要阶段。NFIS 的生命周期主要包括预制定、制定、实施、评估行动，以及进一步的完善措施。

第一，预制定阶段。本阶段主要有三项任务：一是搭建支持制定、实施、持续监测和评估 NFIS 的体制结构。NFIS 的成功实施需要拥有对利益相关者积极而有力的政治领导，通常由中央银行或财政部牵头；政治领导对于推动普惠金融议程、克服障碍、激励广大利益相关者参与，最终实现共同的普惠金融目标至关重要。此外，NFIS 的成功实施还包括良好的治理结构、秘书处、工作组。二是起草 NFIS 政策文件，包括建立 NFIS 的背景、确定关键的政策领域和正在实施的普惠金融活动，以及其生命周期主要阶段的概要。鼓励利益相关者参与政策文件起草工作，特别是与女性、青年、老年人、农民、残疾人和被迫流离失所者等在经济上受排斥的弱势群体进行协商，有助于提高金融普惠程度。三是开展数据收集和诊断工作，这是 NFIS 成功的基石。需要全面了解普惠金融现状、普惠金融服务需求与普惠金融供给的差距，以此确定 NFIS 的关注领域、关键绩效指标，提供评估国家普惠金融战略实施进展的标准。

第二，制定阶段。本阶段的主要任务是制定一份全面的政策文件，明确关键政策行动、战略框架、实施计划和监测与评估（M&E）框架，以更好实现普惠金融目标。一是明确关键政策行动，这是 NFIS 的核心。明确关键政策行动的目的是确保战略的顺利实施，具体包括战略的合理性、愿景和总体目标、关键驱动因素、关键政策领域、具体行动和战略措施，以及明确潜在风险，降低风险的战略，并辅以指示性预算和时间表。二是实施计划。实施计划的主要任务是明确与关键政策领域、普惠金融目标、实施机构路线图、指定时间期间相对应的战略行动和目标。三是监测与评估框架。监测与评估框架的主要任务是构建用于监测和评估 NFIS 实施进展的关键绩效指标，并明确不同层级治理结构的任务要求以及结果评估框架。

第三，实施阶段。通过制定实施计划确保 NFIS 有效执行，包括支持多元协调结构、持续监测，以实现制定的 NFIS 目标。一是实施行动。应建立全功能实施单位（FIS），配备足够熟练的人力资源与充足的资金资源，以确保实施计划顺利起步。FIS 应接受 NFIS 治理的最高层级指导，以促进机构间协调；确保私营部门的积极参与，私营部门是与客户直接接触的主要渠道，对于实现 NFIS 供给侧目标至关重要。二是持续监测。建立强大的监测与评估系统是监测 NFIS 活动的持续进展以及评估实施效果的关键手段，有助于决策机构作出合理决策。同时，强大的监测与评估系统也是有力的问责工具，有助于识别障碍、凸显成果，有效分配资源以实现 NFIS 目标。

第四，评估行动。评估行动包括事后评估和最终评估，应由相关性、影响、效率、有效性、可持续性 5 个评估要素构成。事后评估在战略实施结束后立即进行，最终评估可在战略结束数年后进行。全面的事后评估最好由独立且中立的第三方机构实施，以避免利益冲突。

2.3 成功经验。第一，实施面临的挑战。发展普惠金融和实施 NFIS 具有一定创新性，但尚缺乏熟练的人力资源；缺乏专项或足够的 NFIS 预算资金支持；缺失按性别或年龄分类的数据以及反映普惠金融供求现状的可靠数据；利益相关者参与 NFIS 生命周期不同阶段工作的积极性不高，尤其是私营部门缺乏对 NFIS 的深入认识和充分支持；部分国家政府的政治议程与 NFIS 生命周期在时间上不匹配。

第二，经验借鉴。一是国际发展机构（如 AFI）应在 NFIS 生命周期的不同阶段提供技术和人员等支持援助。技术支持有助于提高工作人员在缩小性别差距、青年普惠金融或金融发展计划等方面的技能，更好设计普惠金融产品，制定可持续发展目标的监测框架。二是通过自下而上的方法，促使利益相关者全程参与 NFIS 工作，确保其在 NFIS 的不同阶段完成其承诺目标，也有助于提高 NFIS 的知名度、获得大量支持，以更好实现战略目标。三是强有力的政治领导对推动实现 NFIS 生命周期不同阶段的目标至关重要。政治领导层应涵盖从最高级别（国家领导人）到关键机构（财政部、中央银行）的领导者。四是确保实施 NFIS 有专项资金保障。五是健全专门法律法规，将 NFIS 作为公共政策的优先事项，确保各方利益相关者认识到 NFIS 是国家优先事项，从而给予积极支持。

3. 女性数字普惠金融发展。翻译自 AFI 的研究报告《运用数字金融发展女性普惠金融的多部门方法案例研究（2021）》[*Case Studies of Multisectoral Approaches to Integrating Digital Financial Services for Women's Financial Inclusion （2021）*]。

3.1 重要作用。推动女性普惠金融发展是实现性别平等、经济发展和社会进步的重要举措。过去 10 年间，虽然深化普惠金融取得了长足发展，但女性在获得金融服务方面仍持续面临着严重的性别差距。2017 年，全球普惠金融性别差距达 7%（以银行账户拥有率衡量），在部分发展中国家和新兴经济体中甚至高达 9%，且自 2011 年以来几乎未发生变化。对部分发展中国家而言，手机拥有率性别差距达 8%，移动互联网使用率性别差距更是高达 20%。AFI 重视促进女性普惠金融发展，将其列为重点工作。随着金融科技的迅猛发展和移动支付的日益普及，数字普惠金融服务在各行各业中的使用持续增长。因此，将数字普惠金融服务有效融入女性参与度较高的行业，可以有效解决女性在获取普惠金融服务时面临的缺乏抵押资产、缺乏正式身份证明、男性代理人偏见、法律歧视等困难。深化女性数字普惠金融发展，推动缩小性别普惠金融差距具有巨大潜力。

3.2 主要内容。分析女性在医疗、农业和中小微企业中面临的融资约束情况，深入总结女性数字普惠金融发展的典型做法，分析推动其发展的成功经验。本章包括三方面主要内容：第一，分析医疗领域促进女性数字普惠金融发展的典型案例。肯尼亚 M‒TIBA 数字支付和管理平台利用 M‒TIBA 账户为用户提供储蓄、支付医疗费用、获得捐赠和补贴等服务，提升了93%的用户就医体验，14%的低收入母亲解决了延迟就医。加纳孕产妇储蓄公司专门为低收入准妈妈提供储蓄和贷款，以及金融素养培训，满足了女性的分娩资金需求。第二，分析农业领域促进女性数字普惠金融发展的典型案例。加纳移动网络运营商 MTN 为家禽价值链数字化中的所有参与者提供即时支付服务、商户钱包和无抵押贷款，对占家禽业劳动力70%的女性普惠金融产生了广泛而直接的影响。第三，分析中小微企业方面促进女性数字普惠金融发展的典型案例。巴基斯坦培训农村女性店主成为手机银行代理人，为女性提供了更舒适的业务环境和更广泛的金融服务机会，使女性账户占比达到新开立银行账户的43%。

3.3 成效与问题。典型案例研究表明，数字普惠金融在医疗、农业和中小微企业方面具有促进女性普惠金融发展的巨大潜力。在医疗领域，数字支付、储蓄和无抵押贷款显著改善了医疗服务，提高了医疗效率。在农业领域，数字工具的使用和女性信贷人员的增加，改善了大量的农业女性劳动力普惠金融服务。在中小微企业，充分考虑女性需求和社会地位，利用现有数字基础设施和金融产品，为女性提供了更有利的金融环境。因此，实现多行业与数字普惠金融结合有助于提升女性普惠金融发展水平，且已取得显著成效，但女性对金融服务的接受和使用程度并未达到预期。一是由于这些金融产品和服务更多是由私营部门立足商业目标设计开发，导致金融产品和服务并未考虑性别因素，推广过程中也没有充分评估女性金融需求。二是在女性普惠金融发展中，公共部门、监管机构和政策制定者的参与程度很低或根本没有参与。因此，提高女性持续接受和使用数字普惠金融的政策措施仍需改进，重点是考虑女性金融需求，且政策制定者和监管者需要持续督促和协调。

3.4 经验借鉴。从监管机构及相关部门、金融机构视角，提出进一步推动女性数字普惠金融发展的可资借鉴的政策措施。第一，应将女性普惠金融发展战略作为国家普惠金融战略、国家数字普惠金融战略的核心内容，实现女性普惠金融发展战略和女性经济赋权政策之间的有效协同，为女性数字普惠金融发展与多行业融合的政策措施夯实基础。第二，政府应鼓励金融机构在产品设计、推广和应用的过程中，按性别分类数据，建立促进性别平等的指标，在促进性别平等和金融消费者权益保护的措施中融入数字金融素养培训。第三，普惠金融领导机构和政府部门应积极创造机会，促进女性广泛参与各行业。第四，国家在制定金融科技发展战略和政策时，应明确性别平等目标，支持金融科技公司促进性别平等。第五，包括金融科技公司在内的金融机构应更多地关注女性参与度较高的行业，全面了解女性金融服务需求，积极开展合作，为女性提供融资机会，促进女性数字普惠金融发展。

第二篇　金融教育与金融素养

4. 国家金融教育战略实践。翻译自 AFI 的研究报告《国家金融教育战略工具箱（2021）》[*National Financial Education Strategies Toolkit* (2021)]。

4.1　重要作用。金融教育可显著提升国民的金融知识、技能和金融行为能力，是实现普惠金融目标和保护金融消费者权益的重要手段。金融教育可以提高个人金融素养，帮助个人和社会更好应对金融挑战。AFI 调查显示，75% 的成员将金融教育视为第一要务，并制定了国家金融教育战略（NFES）。当前，世界各国的金融教育需求日益增加，但 NFES 的实施程度参差不齐，甚至部分国家尚未制定国家金融教育战略。因此，梳理 NFES 生命周期各阶段的重点工作和使用的工具，建立健全国家金融教育工具箱，不仅可以促进已实施此战略的国家改进实施进程，而且可以为正在制定或尚未开始实施此战略的国家提供经验借鉴。

4.2　主要内容。介绍实施 NFES 的详细步骤规划和工具，以深入理解金融教育、金融素养与金融能力培养。第一，综合分析研究有关国际组织，如 AFI 和世界银行等有关金融教育的研究成果，明晰金融教育、金融素养、金融能力、金融健康等的内涵。第二，NFES 生命周期分为预制定、制定和实施三个主要阶段，详细梳理各阶段的工作步骤和使用的工具、方法。

4.3　工作步骤。第一，预制定阶段。此阶段是后续阶段的基础，起重要支撑作用，具体工作包括制定 NFES 规划、实施诊断和分析、建立治理结构和协调机制。一是 NFES 规划是后续更全面地实现覆盖弱势群体、更好地推进实施 NFES 的必要支撑，包括确定战略生命周期、定义关键术语，以及确定时间表和工作语言。二是实施诊断和分析的目的是在需求侧明确 NFES 重点支持的弱势群体的金融教育需求和偏好，在供给侧了解现有利益相关者的金融教育能力与不足，初步建立一套金融教育内容及其传播渠道措施。供需调查是评价后续金融教育成效的重要标准。三是治理结构和协调机制是顺利推进 NFES 的重要保障。NFES 的利益相关者应包括能确保代表宏观、中观、微观层面和公共部门、私营部门、民间社团方面的所有参与者，在此基础上建立有效的协调机制（如利益相关者协商模式）和领导机构

（如中央银行），保证工作重点不偏移、工作动力不懈怠、利益相关者合作不失调。

第二，制定阶段。此阶段工作是 NFES 实施前最重要的环节，具体工作内容包括确定政策优先事项、制定实施规划和监测与评估框架。一是明确指导原则和各阶段战略目标，确保战略目标符合国家愿景和使命，这是实现目标群体的覆盖面、相关性、有效性和影响力的制度保障。二是因地制宜确定教育内容和主题，制定科学、综合性、多渠道的传播策略，最大限度地提高金融教育的普惠性和有效性。利益相关者熟悉进展情况、能有序且及时地评估实施计划是确保战略顺利实施的重要驱动力。此外，确保有充足的资金支持，制定合理预算，尽可能地降低成本是影响战略顺利实施的关键。三是 NFES 的实施应在国家战略层面和项目实施层面配以合理的监测与评估框架，为实施阶段更好地跟踪进展情况、评估实施效果提供依据。

第三，实施阶段。此阶段工作是 NFES 落地的实践环节，具体工作包括准备实施、推广计划、监测与评估。一是金融教育的最终目的是增强金融教育内容在全国目标群体实践中的应用，因此，必须从提升国民金融认知和提升培训师教育能力两方面着手，通过持续的宣传提高国民金融素养，通过阶梯式培训持续扩大培训师规模，为后续课程培训和实践强化夯实基础。二是从典型目标群体和地区的试点转向大规模推广时，仍要继续扩大培训师规模以满足全国金融教育的培训师需求。同时，注意在不同地区分阶段进行，采用政府自上而下和地方机构自下而上相结合，提高金融教育的针对性、有效性、全面性。三是监测国家战略层面和项目实施层面的金融教育实施进展情况，评估其有效性、可扩展性、可持续性及影响力，以更好地提高战略实施质量。

4.4 成功经验。成功实施 NFES 的五大因素包括相关性、效率、可持续性、可扩展性和有效性。相关性是指实施战略时应抓住所有的教育机会，通过个性化的传播渠道和金融教育内容，满足所有目标群体的金融教育需求。效率是指应通过标准化信息、定期会议和广泛的培训师培养网络等措施，迅速取得良好培训效果。可持续性是指应与国家优先事项、现有政策、各层面制度保持一致，持续推动多方利益相关者合作支持战略实施。可扩展性是指在实现规模化之前应通过项目试点方式提高项目有效性，充分利用现有设施、环境、渠道和场景扩大金融教育规模。有效性是指应全面覆盖目标群体，持续提升培训师的培养能力，合理监测与评估金融教育成果。

5. 提高数字普惠金融素养。翻译自 AFI 的研究报告《数字普惠金融素养（2021）》［*Digital Financial Literacy*（2021）］。

5.1 基本内涵。伴随着数字普惠金融服务发展愈加复杂，对金融消费者而言机遇与挑战并存。金融消费者，特别是中小企业必须迅速学习和适应日益复杂多样化的数字普惠金融服务。因此，迫切需要制定满足数字普惠金融素养需求的政策措施，提高 AFI 成员的数字普惠金融知识普及率，提升金融消费者数字普惠金融素养。AFI 将数字普惠金融素养定义为"获得、使用数字普惠金融产品和服务所需的知识、技能、信心和能力，以便根据个人经济状况和社会背景作出明智的金融决策，为实现个人利益所采取的最佳金融行动"。

5.2 框架结构。分析监管机构和政策制定者在制定数字普惠金融素养战略时考虑的关键因素和主要管理措施，并辅以部分国家的典型案例加以佐证。本章主要内容包括：优化数字普惠金融素养的法律、监管和政策环境，供给侧管理措施，需求侧管理措施，以及跨领域问题管理措施。

5.3 经验借鉴。第一，优化法律、监管和政策环境。各国在实施提高数字普惠金融素养监督管理措施时，正在面临地理覆盖范围有限、法律制度政策不健全、财政资源有限和相关机构能力不足等挑战，但目前的法律、监管和政策环境尚不能完全应对这些挑战。因此，应采取的主要管理措施有：一是依据现实状况实施提高数字普惠金融素养的措施；二是全面评估现有的国家普惠金融战略、政策和管理措施，分析存在的问题；三是依据数字普惠金融素养和能力内涵，有针对性地完善现有的金融消费者权益保护政策和法规；四是将提高数字普惠金融素养纳入国家战略，协调公共部门和私营部门，促进多部门参与；五是制定与当地数字普惠金融市场和未来发展相适应的数字普惠金融素养战略。

第二，供给侧管理措施。各国提高数字普惠金融素养在供给侧管理上面临较大风险，如提供商产品设计不当、业务模式和运营相关方面存在新型风险等。因此，各国政府应采取的供给侧主要管理措施包括：一是促进行业协会和数字普惠金融提供商沟通；二是督促相关部门建立沟通和报告机制；三是为数字普惠金融提供商等利益相关者制定数字普惠金融素养指南；四是督促制定产品披露要求和透明度要求；五是鼓励数字普惠金融提供商提高道德水准。尼日利亚为私营部门制定数字普惠金融素养准则，以确保金融消费者能够轻松理解、获取和使用数字普惠金融产品和服务。

第三，需求侧管理措施。各国在数字普惠金融服务需求侧面临的挑战最为严重：金融消费者对数字普惠金融的认识、理解和信任仍然不足，文化水平较低是最主要的原因。因此，监管机构和政策制定者应通过开展有关数字普惠金融的公众宣传活动等方式应对这些新挑战，采取的需求侧主要管理措施包括：一是将数字普惠金融素养纳入现有的金融教育或普惠金融发展计划；二是依据目标群体需求制定措施；三是通过有效、适当、创新的渠道提供数字普惠金融素养管理措施；四是与目标群体相关组织或机构建立协同效应和伙伴关系；五是向目标群体提供针对性服务，确保将需求侧指标纳入整个数字普惠金融素养战略的监测与评估框架。

第四，跨领域问题管理措施。数字普惠金融素养方面跨领域问题的目标群体主要是青年、女性、移民和被迫流离失所者。在分析总结各群体面临挑战的基础上，应采取针对性管理措施。一是青年群体面临的挑战为缺乏对数字普惠金融的深刻认识，主要管理措施为利用数字渠道、与教育部门合作和鼓励数字普惠金融服务提供商开发针对青年的金融产品和服务等。二是女性群体面临的挑战为文化水平低、数字鸿沟大和社会地位低等，主要管理措施为鼓励数字普惠金融提供商在设计金融产品和服务时兼顾女性金融需求和当地社会规范、与女性事务机构等相关部门建立伙伴关系以及鼓励女性榜样发挥积极作用等。三是移民和被迫流离失所者群体面临的挑战为在住房、就业、教育、医疗保健等方面受到歧视等，主要管理措施为对移民和被迫流离失所者群体进行针对性数字普惠金融素养宣传，如利用实践教育机会进行指导等，如出国前指导等。此外，为确保危机中的女性、青年等易受排斥的群体不被忽视，监管机构和金融服务机构的重要任务之一是提升公众数字普惠金融素养，维持数字普惠金融稳定。葡萄牙银行在2017—2020年的战略中将数字普惠金融素养作为核心目标之一，特别关注青年群体，举办了专门针对青年群体的各项宣传教育活动；孟加拉国银行开发了针对女性的数字普惠金融服务；约旦承诺为移民和被迫流离失所者提供数字普惠金融服务。

第三篇　数字普惠金融的工具

6. 数字身份与电子化了解你的客户。翻译自AFI的研究报告《数字身份和电子化了解你的客户（e–KYC）的政策模式（2021）》［*Policy Model for Digital Identity and Electronic Know Your Customer*（e–KYC）（2021）］。

6.1　主要目的。作为识别普惠金融客户的工具，数字身份（数字ID）和"电子化了解你的客户"（e–KYC）在促进数字普惠金融发展过程中扮演着重要的角色。越来越多的国家希望开发或改善其数字ID系统，以期实施e–KYC。AFI全球标准比例工作组（GSPWG）借鉴了AFI成员和其他国家的实践经验，构建了政策模型，为其他国家开发数字ID系统等提供指导。该政策模型包括三个部分，分别是营造监管政策环境、搭建系统的基础设施与技术架构、利用数字ID实施e–KYC的流程。此外，该模型还针对女性及其他弱势群体的普惠金融需求制定了相关规则。

6.2　框架内容。详细说明政策模型的三个因素，为有关国家发展数字ID系统并实施e–KYC提供有益指南。本章主要内容包括：一是介绍为促进数字ID和e–KYC有效使用而搭建的支持性监管政策环境框架，以及数据保护和治理相关的法律、普惠金融与性别普惠战略。二是说明设计和搭建数字 ID 系统、技术基础设施以及支持性架构的原则和相关因素，包括设计数字 ID 系统、接入和注册程序、系统功能以及数据管理和客户服务原则。三是重点分析数字 ID 的关键使用场景，即 e-KYC，阐述为实施 e-KYC 构建全流程的框架和指导原则，包括系统访问和互操作性、"最后一公里"基础设施、使用场景和异常情况处理等。

6.3 经验借鉴。第一，政策和监管框架。一是在实施数字 ID 和 e-KYC 之前，需要在法律和监管方面建立支持性环境。为此，国家应制定数字 ID 和 e-KYC 相关的法律、法规和指导方针。同时，为了确保其有效性，此部分法律应当与各地区的其他法律保持一致，具体包括了解你的客户（KYC）的全球参考标准、基于风险的分级 KYC、e-KYC、客户信息收集及信息更新等内容。二是应针对客户数据保护和隐私保护制定相关法律，将数据保护和隐私保护等相关要素纳入有关个人信息保护的指引，建立独立的数据保护机构，对整个系统进行隐私保护风险审查和评估。三是为了确保数字 ID 和 e-KYC 顺利实施，需要构建相应的治理和制度结构，包括建立负责数字 ID 规划、运营和管理的独立机构，以及在国内推行与数字 ID 相关的创新举措。四是将数字 ID 和 e-KYC 发展纳入国家普惠金融战略，发挥国家普惠金融协调机构的作用。五是为确保数字 ID 实现性别普惠目标，需要对数字 ID 系统相关政策展开全面分析，以制定相应策略；为了更好地制定政策和战略，在收集数据时，应按性别和年龄分类。

第二，建构数字 ID 系统。一是在综合考虑可用性、扩展性、成本、激励措施等因素的基础上，明确数字 ID 的类型以及可以使用 ID 访问的服务类型。在 ID 设计和开发时，需要考虑国际标准和隐私保护有关措施；在签发证件时，需要考虑功能、客户偏好和安全性等因素，选择适合公众使用的证件类型，促进数字 ID 和相关服务的平等使用。二是发布针对不同类型客户的注册要求和流程的指导方针，确保数字 ID 具有广泛的覆盖面与普惠性，方便所有客户加入。同时，确保方便客户在接入点注册并与数字 ID 系统互动，在帮助客户建立信任的基础上，推动数字 ID 与其他使用场景融合，这就需要确保客户的直接成本最小化甚至无成本，以激励其参与数字 ID 系统。三是系统功能方面的内容，包括技术标准、技术特征、技术审核与评估三方面。需要明确具体的技术标准，提供自动去重、欺诈检查、更新机制等技术特征；发布指导方针，定期审查底层技术并及时进行系统升级。四是针对数据管理和客户服务，采取相应措施，保护客户数据，提高客户服务质量。在数据管理方面，执行严格的数据管理程序，保护客户数据免受外部攻击；在客户服务方面，坚持"以客户为中心"的原则，实施机构需与客户建立有效沟通，帮助客户理解 ID 系统的条款、同意事项、权利、义务和使用场景，确保客户拥有数据的控制权。

  第三，实施关键流程。一是建立明确 e‒KYC 服务及其他操作范围和用途的 e‒KYC实施框架，构建灵活、安全且高效的身份验证系统，设定适当的匹配参数。二是建立针对第三方利益相关者访问的标准化参与规则，发布不同数字 ID 服务级别的标准化列表，让业界人士可以根据具体需求进行选择，明确第三方获取数字 ID 平台内数据的渠道和机制，确保其能简便地获取数据和服务；根据利益相关者的支付意愿，采用不同的收费模式，并为其设立监测机制，包括定期报告、违规行为通报、收费和罚款细节等，确保所有参与者遵循数据保护规定。三是制定并发布"最后一公里"身份验证设备的指导方针或行业标准，对使用的设备进行认证，监控工作人员使用情况，确保数据安全和隐私保护。就使用场景而言，鼓励相关参与者对政策和监管要求进行讨论，提高各个方面的互操作性，提高市场交易效率。四是记录实施 e‒KYC 过程中可能出现的问题，明确其处理程序；建立申诉解决机制，帮助客户解决身份管理中出现的各种异常情况。

  7. 数字货币发展。翻译自 AFI 的研究报告《中央银行数字货币——发展中国家和新兴经济体发展普惠金融的机会？（2022）》［*Central Bank Digital Currency—An Opportunity for Financial Inclusion in Developing and Emerging Economies*？（2022）］。

  7.1 重要作用。过去 10 年中，数字支付创新取得了重大进展，加速了发展中国家的无现金支付。但是，在部分发展中国家中，仍有许多成年人得不到充分的金融服务，或被排斥在数字支付系统之外。此外，移动支付也给个人、商户和金融体系带来数据泄露等新风险。因此，仍需思考如何更好地进行创新以满足客户需求，中央银行数字货币（以下简称央行数字货币）逐渐成为既可满足数字支付需求又能缓解潜在风险的重要工具。

  7.2 框架内容。通过评估央行数字货币推动数字普惠金融发展的作用，为发展中国家发展央行数字货币提供政策依据和经验借鉴。本章主要内容包括：第一，概述发展中国家、新兴经济体数字支付和央行数字货币情况，分析各国推行央行数字货币的原因和做法。第二，深入研究 AFI 成员的普惠金融发展现状及机遇；总结发展中国家数字普惠金融服务典型案例，探讨阻碍普惠金融发展的供给与需求障碍。第三，分析央行数字货币缓解普惠金融发展障碍的作用机制，及其产生的潜在风险。第四，评估央行数字货币推动普惠金融发展的作用，为发展中国家中央银行推行数字货币提供决策依据。

  7.3 经验借鉴。第一，发展中国家逐渐成为探索和实践央行数字货币的引领者，数字普惠金融发展是推动其探索央行数字货币的主要驱动力。宣布开展央行数字货币试点的发展中国家占全球的 81%，成为成功经验的主要发源地。

第二，数字支付促进了发展中国家数字普惠金融发展。过去10年，数字支付成为提高公民普惠金融服务使用率的主要驱动力。然而，数字支付不仅各地发展差距较大，如在东亚和太平洋地区、欧洲和中亚地区，通过个人对企业（P2B）支付水电费的成年人比例分别为31%和33%，而在中东和北非地区及撒哈拉以南非洲地区则分别仅为17%和16%。而且供需双方也存在发展障碍，供给方障碍主要包括提供商的互操作性、现金管理、第三方中介机构盛行阻碍数字支付效率提升、连通性，需求方障碍主要包括性别差距、对数字普惠金融的信任、费用、商户接受度、数字素养、身份识别、即时支付、连通性。上述问题给央行数字货币创新指明了方向。

第三，央行数字货币缓解了供需双方障碍的作用机制。一是缓解了供给方障碍的作用机制：央行数字货币可通过应用程序接口（API）降低提供商互操作性成本，缓解互操作性障碍；降低流动性管理成本，提升现金管理能力；促进提供商即时清算和结算，实现即时支付；发挥离线支付功能缓解连通性障碍。二是缓解了需求方障碍的作用机制：央行数字货币离线支付、不可撤销性以及全天候持续可用性提升了需求方信任；降低了数字普惠金融服务费用，提高了成本可负担性；能够为商户创造更多附加价值以激励其使用数字技术，提升商户接受度；具有指导数字金融素养较低群体的内置功能；可满足缓解身份识别困境；利用现有技术支持离线支付，缓解即时支付和连通性障碍。

第四，央行数字货币面临的潜在风险。一是中央银行将承担引入数字货币产生的新声誉风险。二是央行数字货币可能会扩大弱势群体的数字鸿沟，侵犯金融消费者隐私；增加普惠金融发展障碍。三是央行数字货币可能会对传统银行体系，特别是支付服务提供商业务产生负面影响。四是每个参与者可能面对的网络安全相关风险成为最大风险。

第五，推动央行数字货币发展举措。一是探索阶段，明确央行数字货币的政策目标和实施的主要动机，评估央行数字货币的市场需求和准备情况。探索阶段的最终评估结果决定了发展央行数字货币的可行性。二是设计阶段，遵循普惠性、互操作性、即时性、安全性和实用性原则，以推动央行数字货币解决普惠金融发展障碍。三是实施阶段，营造有利于发展央行数字货币的政策环境、监管环境、基础设施环境、行业环境等。四是启动全渠道宣传及沟通活动，以提高公众对央行数字货币的接受度，借助熟悉的、可信赖的支付渠道推动央行数字货币发展。

第四篇　数字普惠金融的监管

8. 加强数字普惠金融监管。翻译自 AFI 的研究报告《金融科技深化数字普惠金融的潜力：监管机构实践荟萃（2020）》［*Harnessing the Potential of Fintech in Deepening Financial Inclusion：Practical Regulators Expositions*（2020）］。

8.1 面临的挑战。数字普惠金融对传统金融带来巨大挑战，降低了金融服务的获取门槛，显著提高了弱势群体的金融服务可得性。因此，各国对数字普惠金融发展进行了诸多探索实践，逐渐形成了一系列经验借鉴，最主要的两个支柱是开放银行和开放式 API、数字 ID 和 e‐KYC。但是，新技术的应用也带来了诸多严峻、复杂的挑战。从宏观角度看，监管机构必须在创新和风险之间取得平衡，既要支持金融机构利用数字技术和数据要素开发更多创新的金融产品和服务，将更多弱势群体纳入金融服务范围，又要保证金融创新伴生的风险在可控范围，谨防新型金融诈骗、用户数据泄露等问题的发生。从中观角度看，行业与行业间、金融行业内的部门之间需要建立有效的协调合作体系，督促金融机构履行实现可持续发展目标、提升金融普惠等责任。从微观角度看，需求者面临数字鸿沟约束、数据泄露风险等造成的金融排斥难题。因此，各国政策制定者必须加强监管，完善监管政策，有效协调利益相关者，为普惠金融持续深化奋楫扬帆。

8.2 框架内容。从监管者角度出发，梳理数字普惠金融发展取得的优秀成果，围绕开放银行和开放式 API、数字 ID 与 e‐KYC 两大支柱探讨取得的成功经验及面临的挑战，为各国创新监管，深化数字普惠金融发展提供决策依据。本章主要内容包括：一是梳理泰国、菲律宾、墨西哥三国开放银行和开放式 API 的发展现状，分析其面临的挑战；分析欧盟监管实践典型案例。二是从数字金融、性别普惠金融以及绿色普惠金融三个方面，分析数字普惠金融应对新冠疫情冲击的积极作用；探讨政府如何利用数字普惠金融实现可持续发展目标，以及缓解其伴生的风险。三是梳理数字 ID 与 e‐KYC 发展现状，分析爱沙尼亚和卢森堡在此方面的创新做法与监管经验。

8.3 经验借鉴。第一，开放银行与开放式 API 是助推数字普惠金融发展的有力引擎，其底层要求是数据共享。欧盟的开放银行和开放式 API 已经取得了长足发展，为市场带来了重大创新，为金融消费者提供了全面的服务。但是，数据共享必须征得用户同意，因此，监管部门应充分重视金融消费者隐私保护、交易安全等风险问题；制定监管政策时应考虑机构的多样化特征，推动机构之间形成公平的良性竞争环境。

第二，数字普惠金融在应对新冠疫情冲击、推动可持续发展目标等方面表现亮眼，但同时也面临以数字支付为主产生的风险挑战。数字普惠金融在保障新冠疫情冲击下的金融服务供给、女性获取金融服务，以及绿色普惠金融复苏方面发挥了关键作用，也在推动实现可持续发展目标方面取得了巨大成果。但是，数字普惠金融当前也面临因数字支付产生的一系列风险挑战，如现金使用者受到排斥、弱势群体金融素养和数字素养较低等问题，应引起监管部门的高度重视。

第三，数字 ID 和 KYC 是实现数字普惠金融生态系统的基石，能够提高各国金融的整体竞争力，推动经济发展。数字 ID 是实现 e–KYC 的必要保障，后者是所有数字金融服务的基础，也是为银行"白户"提供金融服务的重要工具之一，二者相辅相成有助于提高金融服务普惠性。

第四，以开放银行和开放式 API、数字 ID 与 e–KYC 两大支柱推动数字普惠金融持续深化是未来发展趋势。为保障两大支柱的平稳运行，应从政府政策的顶层设计、监管机构的与时俱进、各方利益相关者的协调合作等方面为其保驾护航。

9. 创新型监管方法工具箱。翻译自 AFI 的研究报告《创新型数字普惠金融监管方法工具箱（2021）》［*Innovative Regulatory Approaches Toolkit（2021）*］。

9.1 主要功能。在全球数字金融和金融科技迅速发展的背景下，有效监管创新金融活动，保障金融稳定、金融消费者权益和市场诚信，推动普惠金融和可持续发展成为各国监管机构面临的共同难题。为解决这些问题，数字金融服务工作组（DFSWG）开发了创新型监管方法工具箱，旨在指导全球监管机构建立和运营创新型设施。工具箱提供了结构化方法和步骤，汇聚了丰富的案例研究和实用工作簿，可以帮助监管机构全面提升从理论到实践的监管能力和效率，推进普惠金融和可持续发展。

9.2 框架内容。对创新型监管方法工具箱进行剖析，为监管机构实施创新型监管方法以及建设创新型设施提供指导。本章的主要内容包括：第一，阐述创新型监管方法工具箱开发的背景和目标，梳理工具箱帮助监管机构解决的问题。第二，分析创新中心和监管沙盒两大创新型设施的目标、作用和风险，以工作簿形式有针对性地提出解决问题的指导意见。第三，实施数字金融基础设施、监管框架和金融科技生态系统等数字金融转型战略。第四，监管机构可通过建立嵌入式网络、优化组织架构、提升能力和技能、加强交流和改革监管框架等手段，提高自身监管能力。第五，分析创新中心如何通过参与、询盘、咨询和回复四项功能实现与监管机构和市场的连接。第六，揭示监管沙盒为金融科技企业提供实验环境的作用，分析建立监管沙盒的依据，包括市场、法规、政策、资源和需求因素，介绍实施监管沙盒的四个阶段。第七，以案例分析的形式展示区域监管沙盒通过协调监管降低金融科技创新成本的作用。

9.3 经验借鉴。第一，工具箱的目标是指导监管机构有效运用创新型设施和监管方法，提供自我评估和实践要点的工作簿，以帮助监管机构作出科学决策，平衡数字金融的创新与风险。

第二，创新中心和监管沙盒是监管机构监管金融科技的有效手段，但在实施中也面临一些挑战。创新中心为企业提供指导，帮助其更好地应对监管问题，以此推动建立金融科技创新文化；监管沙盒通过在受监管的环境中对新产品和服务进行试验，帮助企业了解和应对可能的风险。但在实施这些创新型设施中也面临一些挑战，如监管和审批要求不明确、缺乏数字身份认证手段、风险资本不足等。因此，工具箱提出了设计和实施创新型设施应注意的事项，包括创新型政策内容、设施匹配度、政策目标及评估依据等。以南非政府间金融科技工作组（IFWG）的实践为案例进行分析，探究南非平衡金融科技发展和监管的措施。

第三，建立创新型设施的三个关键环节是数字金融基础设施建设、监管框架设计和金融科技生态系统完善。一是依托广泛普及的移动通信设备，尤其是智能手机，数字金融基础设施的核心支柱（包括主权数字身份系统、互操作的数字支付系统、简易账户开立规则和数字化政务服务）正在不断强化。二是在实施创新型设施前，评估当前金融科技框架和机构能力至关重要。有效的监管框架对数字金融基础设施的效率产生影响，需要经历四个阶段，即识别并调整不适当的法规、实施分级监管、升级监管数据系统和技术、创建测试和试点环境。三是金融科技生态系统构建处于关键环节，包括需求、资本投资、人才和有利的商业环境四个关键要素。

第四，赋能监管机构需要遵循五个核心标准，包括监管机构嵌入式网络、组织架构、能力和技能提升、交流和外联活动、监管框架及激励措施。一是构建监管机构嵌入式网络，涵盖了内部市场监管工作组、跨监管机构集团和部门—利益相关者论坛。二是改革组织架构和提升能力，有效的组织架构应能持续监管金融科技创新，保障职能无缝衔接。三是工具箱提供了一个工作簿，此工作簿包含了数字金融基础设施、金融科技生态系统、监管能力、法律体制等多方面的内容，以帮助监管机构和政策制定者在实施创新型设施前，对数字金融和金融科技进行自我评估，检查现有环境是否适合引入创新型设施，确定需要解决的问题，以确保更好地从创新型设施中获益。

第五，创新中心是监管机构和市场之间的中介，必须基于对地方需求和监管能力的精准评估而建立。创新中心的主要目标是促进监管机构和创新者之间的互动，构建友好创新的金融生态系统，次要目标根据监管机构的优先事项而定，可能包括普惠金融、可持续发展等。在内部结构上可以根据需要使用轮辐或集中化模式，在外部结构上至少应提供简化的联系方式。通常情况下，创新中心具备四项功能：参与、接收询问、分配咨询、回复和跟进。为了做好创新中心的规划准备，工具箱提供了工作簿，包括确定利益相关者和合作者、时间和资源、明确法律障碍、豁免和监管工具、风险和责任、创新中心设计等重要因素。

第六，监管沙盒是保障金融消费者权益和鼓励创新、推动市场发展的平台。监管沙盒的建立和运作需深入评估五个主要因素，包括市场成熟度、法律框架、能力和资源、政策重点和金融需求。只有在成熟的市场和适宜的法律环境中，监管沙盒才能得到有效运行。为保障其顺利运行，人员和财力必不可少，而且监管沙盒的设计和目标应与政策重点一致，并考虑参与者的金融需求。在具体实施过程中，监管沙盒包括申请、准备、测试和评估四个阶段。

第七，区域监管沙盒可通过合作监管为金融科技产品的创新提供有力支持。全球金融创新网络（GFIN）构建的区域性监管沙盒、东盟金融创新网络（AFIN）的应用程序接口交易所（API Exchange）、美洲开发银行发起的FinConecta以及太平洋区域监管倡议（PIRI）的监管沙盒等都是区域监管沙盒的典型案例，可以通过共享虚拟测试环境和为信息交流提供更有效的协调监管，发挥规模经济的优势，降低金融科技的创新成本，同时加快产品的上市时间，推动金融科技产品的创新和发展。实践表明，具有类似法律框架的国家之间更容易实施区域监管沙盒。

目 录

第二篇　金融教育与金融素养

第三篇 数字普惠金融的工具

第四篇　数字普惠金融的监管

第一篇
数字普惠金融的理论与实践

1. 数字普惠金融新发展

1.1 引言

提供可负担的金融服务是实现国家减贫目标、促进经济发展的重要手段。国家金融体系发展水平与经济增长密切相关，发达的金融体系不仅能够促进经济增长，而且有助于减少贫困、缓解收入不平等问题。弱势群体（尤其是女性）通过获取金融服务获得了更多经济机会，提高了自身的抗风险能力。交易账户对于弱势群体安全、高效进行交易的重要性毋庸置疑，此外，还能成为其获得储蓄、信贷和保险等金融服务更广泛的基础。然而，在全球最贫困的经济体中，仍有65%的成年人无法使用基础的交易账户；在部分发展中国家，仅有20%的成年人通过正规金融机构进行储蓄，而其余80%的成年人则通过非正规机构或成本更高的方式进行储蓄。

数字普惠金融以金融科技为支撑，有助于降低金融服务成本，提高交易速度、安全性和透明度，为贫困群体提供个性化的金融服务。数字普惠金融具有边际成本低、透明度高的特点，不仅能够消除金融服务供给侧的壁垒（如运营成本过高和竞争不充分），而且能够缓解需求侧的障碍（如贫困群体收入微薄、缺乏身份证明及征信证明、获取金融服务的手续烦琐，以及地理障碍）。在许多发展中国家，得益于手机的高普及率，数字普惠金融服务通过数字支付迎来了首个浪潮。截至2020年4月末，全球注册了超过8.5亿个数字支付账户，涵盖90个国家，日均交易额达13亿美元。撒哈拉以南非洲地区已成为数字支付的领军者，约21%的成年人拥有数字支付账户，为用户获得数字贷款和保险等金融服务奠定了基础。

新冠疫情冲击下数字普惠金融的优势凸显，数字普惠金融大幅降低了零售和金融交易中的实地接触需求，帮助政府提高了向高风险公司和人员提供流动性资金的速度。通过使用数字支付进行远程支付和交易，数字普惠金融有效地保持了社交距离，降低了新冠疫情传染风险。在数字支付支持下，消费者能够在限制面对面接触的情况下，轻松完成从家中、市场或商店进行转账、支付账单，乃至购买商品和服务的操作。数字普惠金融使政府能够在全国各地交通不安全或受限的情况下，快速、安全地向弱势群体提供社会转移支付和其他形式的财政援助。

数字普惠金融除了在数字支付账户汇款和政府对个人（G2P）支付方面的应用之外，还有两个有利于贫困群体的典型场景。截至2021年末，跨境汇款高达6 000余亿美元，超过所有外国直接投资和官方发展援助的总和。全球以现金形式汇款的平均成

3

本为 6.8%，而完全数字化汇款则将成本降低到了 3.3%。自新冠疫情暴发以来，汇款额大幅下降。主要汇款输出国经历了封锁期，严重影响了移民就业等关键服务行业发展，因此，解决此问题的关键是降低交易成本，提高收款人实际可获得的资金。对于向公民和企业发放应急资金的政府而言，数字普惠金融可以强化问责机制、提高追踪政府资金流向的能力，并最终评估管理政策的影响。数字支付可以减少腐败和盗窃造成的资金外流，确保预期受益者获得全部资金。

数字普惠金融有助于企业解决外部冲击所带来的需求、供给和流动性等问题。企业通过数字金融服务，能够在不进行实地访问的情况下，迅速实现无延误、无中断地变现现有信贷额度。数字支付一旦获得批准，即可迅速应用于企业账户。此外，数字普惠金融还可以缓解传统金融体系流动性不足的问题。

对数字普惠金融发展而言，其他辅助技术也很重要。数字身份（数字 ID）让金融机构能够高效地获得客户信息，同时满足反洗钱和其他"了解你的客户"（KYC）要求。开放应用程序接口（API）使数字普惠金融提供商能够从各种公共部门或私人部门获取数据，在不损害数字普惠金融安全性和可靠性的前提下提高供给速度、降低成本。

数字普惠金融催生了全新商业模式，扩展了贫困群体所能获得的金融服务种类。大型电子商务平台和电信运营商利用数字普惠金融促进支付，提供"现购现付"的保险和贷款等服务。例如，蚂蚁金服的"310"贷款，申请时间为 3 分钟，审批时间为 1 秒，0 人际互动。基于平台的供应链发票交易模式，让中小微企业可以利用应收账款获得流动资金。此外，非洲和南亚已经出现了基础数字保险产品。

尽管许多国家已采取措施促进数字普惠金融发展，持续扩大数字普惠金融覆盖面，但仍需出台更有效的措施来保障金融体系的诚信、稳定和良性竞争，包括三个方面：建立有效的法律和监管框架、完善数字普惠金融基础设施、提供政府辅助支持系统。落实这三方面的措施，决策者需要重点关注以下问题。

一是如何实现基本的数字连通和手机普及；二是是否允许以及如何将非银行金融机构纳入国家支付基础设施，并开通数字支付；三是考虑到多数经济体仍以现金为基础，如何启用和监管大量的"代理网点"以满足数字账户兑换现金的需求；四是建设数字和生物识别身份系统；五是如何联通政府数据平台；六是考虑到数字普惠金融平台的主导地位，如何确保数字普惠金融有序竞争以及如何监管非传统参与者。

除了关注推动数字普惠金融发展的积极因素外，政策制定者还需审慎考虑数字普惠金融带来的风险及解决措施。虽然数字金融服务能够为贫困群体带来诸多好处，但其对于用户和金融体系而言也潜藏着风险。对于用户而言，首先，数字普惠金融的数据跟踪可能会引起数据隐私泄露，导致未经授权的信息泄露、个人数据滥用和歧视等问题。其次，获取技术的机会不平等和数字鸿沟可能会将弱势群体（尤其是女性）排斥在数字普惠金融之外。最后，向大量之前未曾获得过金融服务的个人提供数字普惠金融服务可能导致他们过度负债。对于金融体系而言，首先，数字普惠金融带来了网络黑客等网络安全风险和运营风险。使用加密资产、预付卡和其他工具可能会使个人避开反洗钱/反恐怖融资的控制，对金融诚信造成威胁。其次，数字普惠金融亦对市场竞争构成挑战，因为大型平台会利用规模经济及范围经济提高市场集中度，控制数字普惠金融供给渠道。最后，单个机构或基础设施层面的风险可能会溢出到更广泛的经济领域，构成宏观金融风险。

新兴经济体和发展中国家在推动数字普惠金融发展和应对相关风险方面积累了丰富经验。本章1.4节概述了几个国家的典型案例，展示了各国通过具体政策措施在数字普惠金融服务贫困群体方面取得的成功经验，阐明了各国的关键政策及其影响，为其他国家学习先进经验提供了启示。本章还深入探讨了私营部门在向贫困群体提供数字普惠金融服务方面的作用。

世界银行协助新兴经济体和发展中国家发展数字普惠金融，并实施相关风险管理措施。世界银行通过贷款和咨询工具，开展数字身份、数字支付和银行监管等活动，以及G2P支付数字化等各类数字普惠金融活动，支持50多个国家积极开展数字普惠金融相关工作。随着各国持续深入开展数字普惠金融服务，可比较的跨国数据变得越来越重要。虽然世界银行投资了部分数据库，但关于账户使用和支付以外服务成本的跨国数据仍然缺失。国际金融公司（IFC）不断加强金融科技投资，通过推动初创企业创新和现有企业现代化来扩大贫困群体数字金融服务的覆盖面。国际金融公司的投资和咨询服务旨在加快市场和部门层面使用数字普惠金融服务，通过早期股权投资、债权支持和数字转型健全普惠金融市场。

1.2 助力弱势群体的重要作用

1.2.1 新兴经济体和发展中国家的进展

提供可负担的金融服务是国家减贫和促进经济发展的重要手段。在宏观层面[1]，拥有更深层次、更发达金融体系的国家可以更有效地配置资本和缓解风险，实现更高的经济增长，更大程度地减少贫困和收入不平等。在微观层面[2]，普惠金融能够让公众获得和使用基本金融服务，降低贫困率、增强抵御风险能力、改善弱势群体的生活条件[3]。相较于效率较低、风险较高且需要面对面互动的现金渠道，数字渠道能为日常金

---

[1] Beck, T., R. Levine, and N. Loayza. "Finance and the Sources of Growth." Journal of Financial Economics 58, no. 1 (2000): 261-300, and Beck, T., A. Demirgüç-Kunt, and R. Levine. "Finance, Inequality, and the Poor." Journal of Economic Growth 12, no. 1 (2007): 27-49.

[2] Demirguc-Kunt, Asli; Klapper, Leora; Singer, Dorothe. 2017. Financial Inclusion and Inclusive Growth: A Review of Recent Empirical Evidence (English). Policy Research Working Paper; no. WPS 8040. Washington, D. C.: World Bank Group.

[3] 研究表明，肯尼亚的移动支付服务使女性户主家庭的极端贫困减少了22%。此外，当面临收入冲击时，移动支付用户收到了更多的数字汇款，而非移动支付用户收入则减少了7%。据估计，移动支付也让2%的肯尼亚家庭摆脱了贫困。Suri, T., and W. Jack. "The Long-Run Poverty and Gender Impacts of Mobile Money." Science 354, no. 6317 (2016): 1288-1292, and Jack, W., and T. Suri. "Risk Sharing and Transactions Costs: Evidence from Kenya's Mobile Money Revolution." American Economic Review 104, no. 1 (2014): 183-223.

融交易提供更多便利，如帮助公众获得政府转移支付和其他公共服务支付、给家人汇款、支付水电费或领取工资。金融服务有助于促进人们对教育、健康、住房和商业等方面的投资，而且能畅通消费渠道，并通过汇款、基本储蓄、贷款和保险产品增强公众对疾病、失业或收成不佳等冲击的抵御能力，提高公众盈利能力[①]。

📁 专栏 1.1：有关定义

1. 数字普惠金融服务（DFS），指运用数字技术为消费者提供金融服务。

2. 金融科技（FinTech），指采用数字技术改善金融服务，激励创新商业模式或改革现有商业模式、应用程序、服务流程和产品开发[②]。在实践中，"金融科技"一词也被广泛用于描述正在进行的新数字普惠金融浪潮。典型的数字技术应用包括网络、移动、云服务、机器学习、数字 ID 和 API。

3. 金融科技公司，指在金融领域专门提供数字普惠金融服务的新兴企业。金融科技公司包括数字支付提供商、数字保险公司、纯数字银行和个人对个人（P2P）借贷平台。

4. 大科技公司，指拥有成熟技术平台和用户基础的大型公司。大科技公司包括在线搜索引擎、社交媒体平台、电子商务平台、网约车平台和移动网络运营商。部分大科技公司已经开始利用技术和用户网络效应为用户提供数字普惠金融服务。

世界上许多弱势群体仍然无法获得金融服务，或无法获得充足的金融服务。对贫困群体而言，即使有机会获得金融服务，这些服务也往往相对昂贵。世界上大约 1/3 的成年人仍然没有基本金融交易账户，而使用基本交易账户往往是获得储蓄、保险和信贷等金融服务的基础。此外，部分发展中国家只有约 1/5 的成年人通过正规金融机构进行储蓄，而在加入经合组织（OECD）的高收入经济体中，这一比例超过了一半。其余的储蓄者，包括许多拥有交易账户的人，主要依赖非正规渠道进行储蓄，而这可能会产生更高的成本和风险，而且可能导致这些渠道被滥用。此外，数百万正规与非正规中小微企业的信贷需求仍未得到满足。发展中国家信贷总额接近 8.1 万亿美元，约占国内生产总值的 40%[③]。对贫困群体而言，金融服务很昂贵，特别是相对较小的交易规模，每 200 美元现金汇款或寄款的平均成本在 14 美元左右[④]。

①　Demirgüç–Kunt, et al（2018），op cit.

②　The Bali Fintech Agenda. Washington, DC: International Monetary Fund and World Bank Group, 2018, https://www.imf.org/en/Publications/Policy–Papers/Issues/2018/10/11/pp101118–bali–fintechagenda.

③　Bruhn, Miriam; Hommes, Martin; Khanna, Mahima; Singh, Sandeep; Sorokina, Aksinya; Wimpey, Joshua Seth. 2017. MSME finance gap: assessment of the shortfalls and opportunities in financing micro, small, and medium enterprises in emerging markets（English）. Washington, D. C.: World Bank Group.

④　World Bank Remittance Prices Worldwide. https://remittanceprices.worldbank.org/en.

技术和商业模式的创新促进了数字普惠金融兴起，有助于降低金融交易成本，提高交易速度、透明度和安全性，有针对性地提高金融服务可得性，广泛地为贫困群体服务。数字化可以减少金融服务从开户到客户尽职调查（CDD）、验证交易，以及其他特定产品的自动化流程，例如信用评级等生命周期中各流程的摩擦。因此，数字普惠金融的特点是单个账户或单笔交易的边际成本低，可以带来规模效益，降低总成本①。数字普惠金融还提高了交易的透明度，因为每笔交易都会生成数据足迹，进一步增强了对非正式市场参与者正式开发信用评分机制的金融服务能力。

在供给方面，数字普惠金融服务大多由金融部门的新进入者提供，包括金融科技公司（如互联网银行、P2P 贷款平台），以及专注于特定客户网络的在线贷款平台（如移动网络运营商、电子商务平台、社交媒体提供商、在线搜索引擎等）。具备数字技术能力的传统机构也可以提供数字普惠金融服务，如银行、保险公司和资产管理公司。在需求方面，能够操作移动设备的消费者（尤其是年轻一代）更倾向通过数字渠道使用便捷的金融服务。

可大幅推进普惠金融发展的数字普惠金融案例如下。

1. 数字支付。移动技术与手机设备的普及共同支持了数字金融服务的第一波发展浪潮。除此之外，开发数字支付的新商业模式（数字支付运营和代理网络），和支持此类模式的监管措施也同样重要。例如，肯尼亚的 M - Pesa（一款电子钱包 APP）允许无银行账户的弱势群体通过手机以数字方式存储、转账和接收资金，并在代理网点使用，比如在当地的商店等获得存款、取款等金融服务，以此参与当地经济活动②。90个国家注册了超过 8.5 亿个数字支付账户，日均交易额达 13 亿美元③。撒哈拉以南非洲地区 21% 的人拥有数字支付账户，已经成为数字支付的典型④。数字支付系统达到一定规模后，可为使用数字贷款和保险等更复杂的金融服务奠定基础。例如，随着 M - Pesa的成熟，肯尼亚启用了可远程使用的数字小额储蓄和信贷产品 M - Shwari［肯尼亚电信运营商萨法利通信公司（Safaricom）联合非洲商业银行推出的一种支持小额存贷款的手机银行业务］。

2. 平台生态系统。社交媒体、电子商务和网约车等大科技平台利用庞大的用户群和规模经济，开发了新商业模式，掀起了另一波数字普惠金融浪潮。例如，阿里巴巴在中国的电子商务门户网站上线了支付宝，为大约 12 亿用户提供金融服务。同样，印度尼西亚的网约车服务商够捷快（Go - Jek）为够支付（GoPay）的兴起铺平了道路，该服务最初是为了支持客户向司机付款。通过利用云服务和机器学习，这些平台上的消费者数据为信贷、保险和储蓄等数字普惠金融创新奠定了基础，并可通过"超级应

---

① 例如，国际金融公司估计，对南印度银行而言，由实体网点交易转向数字渠道为该行每笔交易节省了13 印度卢比的转账成本。Philippon, T. (2020). On Fintech and Financial Inclusion. BIS Working Paper841. Bank for International Settlements.

② 关于肯尼亚的更多经验，请参见 1.4 节。

③ Pasti, Francesco. State of the Industry Report on Mobile Money 2018. GSMA, 2019.

④ Demirgüç - Kunt, et al (2018), op cit.

用程序"获得使用。例如，亚马逊、阿里巴巴等电子商务平台根据对商户现金流、库存、业绩和其他指标的分析，为在平台上销售的商家提供信贷服务。

3. 开放应用程序接口（API）。开放 API 允许不同的系统交换消费者数据和密令。开放 API 以数字 ID 系统为基础，促进政府、企业和公众之间的互动，有助于贫困群体获得金融服务[1]。例如，在印度，覆盖 10 亿余人的身份证支付系统为一套综合开放 API "印度堆栈"[2] 提供了基础，该系统可通过管理安全的用户共享数据、远程身份识别和认证（如通过在线认证系统登录[3]），用于开设账户和进行金融交易[4]。开放 API 可以强化消费者的权能，改善市场竞争格局，因为市场参与者将不再垄断他们持有的消费者数据。

 专栏 1.2：跨境汇款和数字普惠金融

数字普惠金融支持跨境汇款，跨境汇款是弱势群体重要的收入来源之一。在新冠疫情前，发展中国家的跨境汇款总额已经超过其外国直接投资总额，截至 2021 年末达到 6 000 亿美元。汇款方使用支付卡或数字支付汇款 200 美元时，平均成本降低至 9.20 美元左右，使用现金的平均成本为 14 美元；银行汇款的平均成本为 13.60 美元，数字支付服务商的汇款成本为 6.28 美元。但是，只有少数国家可以提供此服务，而且规模很小。数字普惠金融新模式可以进一步降低交易成本并缩短时间。由于主要侨汇输出国的服务业就业受到新冠疫情封锁措施的沉重打击，侨汇收入大幅下降，削弱了部分发展中国家贫困群体重要的资金安全网。降低汇款成本至少可以抵消部分汇款下降的影响。

为评估国家的数字普惠金融供给侧状况，就需要监测其进展情况，因而要求获得各国高质量可比数据作为监测基准。由于数字普惠金融范围广泛，涵盖多个提供商和监管机构，所需数据的广度和深度较高，因而现有数据存在部分不足，为全面评估数字普惠金融的状况和影响，仍需要对其补充完善。

---

① 到 2030 年，实施数字身份证的新兴市场可以平均增加 6% 的国内生产总值。见 Digital Identification：A Key to Inclusive Growth，McKinsey Global Institute，2019. 也可见 Lowmaster, Kaelyn. 2018. Private Sector Economic Impacts from Identification Systems. Washington, DC：World Bank ID4D.

② 堆栈又称为栈或堆叠，是计算机科学中的一种抽象资料类型，只允许在有序的线性资料集合的一端（称为堆栈顶端）进行加入数据和移除数据的运算。

③ 在 Aadhaar（Aadhaar 是由印度身份识别管理局提供的 12 位唯一身份号码）之前，印度客户的平均登记成本约为 1 500 卢比（约合 20 美元），且需要几天的时间。有了 Aadhaar，客户验证成本约为 20 卢比（约合 0.30 美元），且几乎即时实现。

④ 有关印度经验的更多细节，请参见 1.4 节。

1.2.2　数字普惠金融的作用

数字普惠金融有助于缓解长期存在的需求侧和供给侧限制，向贫困群体提供可负担的、适当的金融服务（见图1.1）。

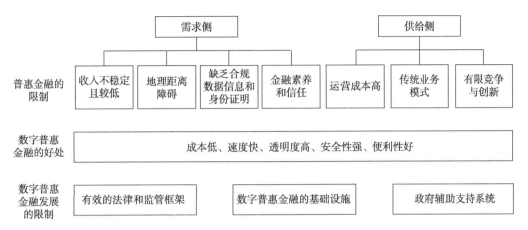

图1.1　限制普惠金融和数字普惠金融发展的因素

1. 需求侧长期存在的限制因素。

（1）收入较低且不稳定。贫困群体需要可负担、价格低廉的金融服务，以应对在非正规部门和农业部门获得的小额、不可预测的收入。许多贫困家庭还依赖小额汇款和政府转移支付等进行生活。数字普惠金融可以通过特殊账户和预付货币产品提供帮助，这些产品无须支付昂贵的维护和交易费用，也无须保持传统金融机构常见的最低余额。在部分发展中国家，在没有使用过金融服务的成年人中，约2/3 认为他们的资金太少因此无须开设账户，约1/4 的成年人认为账户费用昂贵是主要原因[①]。在拉丁美洲和加勒比地区，大约一半没有获得金融服务的成年人表示账户费用太贵。由于边际成本和固定成本较低，数字普惠金融可以用更低的价格提供金融服务，更适合贫困群体。

（2）地理距离障碍。部分发展中国家约1/5 没有获得金融服务的成年人表示，与金融机构的地理距离太远是其拥有账户的障碍。在巴西、印度尼西亚和肯尼亚，同样存在地理距离障碍的成年人超过30%[②]。通过移动技术和代理网络，数字普惠金融减少了公众前往金融机构的需求。数字普惠金融帮助贫困群体通过移动设备进行金融交易，并使用零售汇款或将数字货币的余额转换为现金。

（3）缺乏合规数据信息和身份证明。贫困群体往往在非正规部门从事经营活动，缺乏适当的身份证明，几乎没有留下经济活动和资产的痕迹，这给普惠金融带来了挑

[①]　Demirgüç–Kunt，et al（2018），op cit.

[②]　Demirgüç–Kunt，et al（2018），op cit.

战。在没有获得金融服务的成年人中，近 1/5 的人认为，缺乏身份证明是其拥有账户的一个重要障碍[1]。数字普惠金融可以利用数字认证和交易启动手段为缺乏正规身份证明的贫困群体提供金融支持，降低了成本[2]。基本、小额的数字普惠金融账户简化了客户尽职调查流程，有助于克服与传统账户相关的严格身份证明要求。数字普惠金融可以利用数字交易数据和替代数据，如来自社交媒体或电子商务平台的数据，克服信息不对称，缓解贫困群体缺乏足够的正规信用记录、财务报表以及合法抵押品的问题，使其以更合适的条件获得金融服务。因此，数字普惠金融有助于提供合规身份证明信息[3]。

（4）金融素养和信任。首次使用正规金融服务的贫穷客户、潜在用户往往缺乏对金融服务的认识理解和使用这些服务的技能。事实上，那些没有使用金融服务的人受教育程度可能较低。此外，近 1/5 的人不使用金融服务的理由是不信任[4]。中小微企业的财务管理技能通常较弱，这也带来了更高的财务风险。因此，金融消费者权益保护和金融素养是普惠金融的重要推动力。

2. 供给侧长期存在的限制因素。

（1）运营成本高。从历史上看，许多老牌企业运营着昂贵的实体网络，维护着过时的核心技术，依赖昂贵且耗时的人力和烦琐的文件开展金融业务。这些基础设施和处理成本使得小额交易和维持低余额账户无利可图[5]。数字普惠金融可以自动化运营，根据客户需求定制服务，以较低的成本远程交易，使小金额交易具有商业可持续性[6]。

（2）传统业务模式。历史上许多标准化的金融服务更适合服务于富人和大企业，因为他们依赖城市地区的线下交易渠道和传统的信息来源。然而，收入不稳定的贫困群体可能需要更灵活的还款方式以延长还款时间，或在有现金时及时还款。数字普惠金融根植于新业务模式，以更低的边际成本交易，可以灵活设计金融产品，更好地满足贫困群体的金融需求。

（3）有限竞争与创新。从历史上看，许多发展中国家现存的金融机构具有相当高的市场集中度，受到限制性法规和薄弱产业生态系统所形成的进入壁垒的保护。因此，这些金融机构可获得高额收入和利润率，在开拓性、服务不足的细分市场进行投资及创新的压力较小。数字普惠金融业务模式使新进入者能够提供类似银行的服务，在价

---

① Demirgüç – Kunt, et al（2018），op cit.

② 例如，Aadhaar 生物识别系统实现了数字登记，将客户登记时间减少了 2 小时，将银行每个账户的开户成本降低了 4 420 卢比。

③ G20 Policy Guide：Digitisation and Informality：Harnessing Digital Financial Inclusion for Individuals and MSMEs in the Informal Economy. Global Partnership for Financial Inclusion and G20, 2018.

④ Demirgüç – Kunt, et al（2018），op cit.

⑤ 移动支付模式的成功尤其源于规模经济，即将小额余额汇集到银行机构持有的"浮动账户"。

⑥ 例如，方付通（F – Road）是一家中国公司，它使农村商业银行和农村信用社能够向"最后一公里"的群体（主要是生活在偏远地区的农村农民）提供移动银行服务。2014—2018 年，方付通服务了 750 万新的移动银行用户，促进了 4.12 亿美元非现金交易，总价值为 12.56 亿美元，累计节省了 8.86 亿美元的直接交易成本。

格和质量方面都具有竞争力。现存金融机构努力进行数字化转型或与新进入者合作可以增强竞争，促进创新。

为可持续地实现数字普惠金融规模化，促进数字普惠金融发展，需保障金融消费者权益、金融完整性、金融稳定和竞争环境，创建稳健可信的市场，吸引投资者和消费者（见图 1.1 和图 1.2）。数字普惠金融初期的业务模式缓解了这些限制，以基本技术为基础，响应了市场需求和创新。在短期内，宽松的监管环境和适应创新的意愿往往比建立数字普惠金融监管的特定框架更重要。然而，从长远看，数字普惠金融的发展需要有利于数字普惠金融创新的法律和监管框架，现代、强大、可访问和可互操作的数字与金融基础设施，以及政府辅助支持系统[1]。

数字普惠金融的基础服务已经产生了显著的金融普惠效益，为实现可持续发展目标作出了贡献。事实证明，数字支付是许多非洲和南亚国家在用户获取金融交易账户和降低对现金依赖方面取得进展的关键。首先，在宏观层面，研究估计，放弃现金支付每年可产生高达国内生产总值 1% ~ 2% 的收益。支持数字普惠金融的政府支付为政府和用户降低了成本，带来了收益[2]。他们不但减少了损失[3]，还可以为受人道主义危机影响的人们提供快速金融服务[4]。其次，数字支付通过现购现付服务扩大了贫困群体获得水、太阳能（可持续发展目标[5] 7——能源）和远程学习（可持续发展目标 4——获得教育）等基本服务的机会。例如，Eneza 基金会的移动教育平台在非洲各地拥有 300 多万用户，其中 70% 来自农村地区。研究表明，肯尼亚等国家的数字支付服务通过改善劳动成果（可持续发展目标 8——体面就业），特别是对女性（可持续发展目标 6——增强女性权能），提高了贫困群体的收入潜力（可持续发展目标 2 和目标 3——消除贫困和饥饿），并改进了储蓄水平[6]。肯尼亚的数字支付还

① 同时利用数字金融服务管理风险的好处，参见 International Monetary Fund and the World Bank Group (2018). "The Bali Fintech Agenda." 有关促进数字普惠金融的一系列政策，参见 Global Partnership for Financial Inclusion (2016). "G20 High Level Principles for Digital Financial Inclusion." 关于数字支付服务促进普惠金融发展的作用，参见 CPMI – World Bank Group (forthcoming). "Payment Aspects of Financial Inclusion in the Fintech Era."

② 尼日尔共和国一项社会转移支付计划的评估表明，数字化管理社会转移支付的可变成本比人工分配现金低 20%。在南非，通过数字方式发放社会补助的成本是人工发放现金的 1/3。在墨西哥，一项研究估计，墨西哥政府转向数字支付，每年可将工资、养老金和社会福利支出的费用削减 3.3%，即近 13 亿美元。Klapper, L., D. Singer. "The Opportunities and Challenges of Digitizing Government – to – Person Payments," The World Bank Research Observer 32, no. 2 (2017): 211 – 226.

③ 案例研究证据表明，损失率可能高达 70% ~ 85%。参见 Muralidharan, K., P. Niehaus, and S. Sukhtankar. "Building State Capacity: Evidence from Biometric Smartcards in India." American Economic Review 106, no. 10 (2016): 895 – 929.

④ El – Zoghbi, M., N. Chehade, P. McConaghy, and M. Soursourian. 2017. The Role of Financial Services in Humanitarian Crises. Washington, DC: CGAP.

⑤ 可持续发展目标指联合国制定的 17 个全球发展目标，在 2000—2015 年千年发展目标（MDGs）到期之后，继续指导 2015—2030 年的全球发展工作。

⑥ Suri and Jack (2016), op cit.

使家庭能够从远方的亲友那里获得经济支持，使他们更有能力应对冲击①。乌干达②和孟加拉国③同样取得了类似的成效。最后，研究表明，政府支持的数字支付可以减少腐败④和犯罪⑤，降低管理成本，减少受助人的路程和等待成本。

随着经济体从以现金支付为基础转向数字化支付，建立更复杂的数字普惠金融生态系统潜力巨大。首先，在全球 17 亿未获得金融服务的成年人中，有 2/3 的人拥有手机，发展中国家近一半的成年人可以上网并使用社交媒体。在撒哈拉以南非洲地区，截至 2018 年末，智能手机普及率为 39%，到 2025 年将升至 66%⑥。其次，随着数字经济的发展，商户对日常使用数字支付的接受度将持续增强⑦，会进一步减少对实物现金的需求⑧。最后，消费者数据和数据分析可以在数字信贷与保险等数字支付的基础上建立更复杂的数字普惠金融生态系统。

1.2.3 新商业模式的机遇

除了应对供需方的限制外，数字普惠金融还在许多金融领域改进了商业模式⑨，以更好地满足包括贫困群体在内的各类用户需求。然而，各发展中国家在数字普惠金融的使用程度上存在差异⑩（见表 1.1）。

1. 支付。非银行数字支付运营机构，如电子商务平台或拥有庞大用户基础的电信运营商够捷快（前文所提到的印度尼西亚的共享出行服务商）、阿里巴巴和萨法利通信公司正在使用手机、二维码与代理网络实现数字支付及简单储蓄工具，使得偏远地区的客户能够以低成本、安全地获得小额支付、现收现付等产品或服务。第三方（如应

---

① Jack and Suri（2014），op cit.

② 乌干达移动支付代理网络的发展使非农业自营就业率翻了一番，鞋底成本减少了 1 美元（占人均每日支出的 10%），并降低了远离银行实体网点地区的粮食不安全状况。Wieser，C.，M. Bruhn，J. Kinzinger，C. Ruckteschler，S. Heitmann. 2019. The Impact of Mobile Money on Poor Rural Households. Policy Research Working Paper 8913. Washington，DC：World Bank Group.

③ 对于活跃用户，城乡汇款增长了 26%，农村消费增长了 7.5%。Lee，J.，J. Morduch，S. Ravindran，A. Shonchoy，and H. Zaman. 2019. Poverty and Migration in the Digital Age：Experimental Evidence on Mobile Banking in Bangladesh. Working Paper. New York.

④ 在印度，由于引入了生物识别智能卡以促进政府向受益人转移资金，据估计，资金损失下降了近 13%。Muralidharan et al（2016），op cit.

⑤ 在美国，由于实施了一项电子福利转移计划，整体犯罪率下降了 9% 以上。Wright，R.，E. Tekin，V. Topalli，C. McClellan，T. Dickinson，and R. Rosenfeld. "Less Cash, Less Crime：Evidence from the Electronic Benefit Transfer Program." Journal of Law and Economics 60，no. 2（2017）：361–83.

⑥ Pasti，Francesco，GSMA（2019），op cit.

⑦ 在发展中国家，数字化的个人对企业（P2B）支付仍不到总支付的 50%。撒哈拉以南非洲和南亚较为落后，分别占支付总额的 20% 和 25%。Teima，Ghada，et. al. 2016. Cash vs. Electronic Payments in Small Retailing：Estimating the Global Size. Washington，DC：World Bank Group.

⑧ 在移动支付系统中，约 70% 的交易是为了现金流入流出。Pasti，Francesco，GSMA（2019），op cit.

⑨ International Financial Corporation（2018）. "Fintech"，Thematic Brief No. 6.

⑩ International Monetary Fund and the World Bank（2019）. "Fintech：The Experience so Far." For examples of fintech firms that focus on the poor，见 Murthy，G.，M. Fernandez–Vidal，and R. Baretto. "Fintechs and Financial Inclusion." CGAP Focus Note，2019.

表1.1　数字技术和新商业模式推动金融服务演进

用户需求	传统模式	差距	科技创新				金融科技解决方法
			人工智能/机器学习	大数据云平台	分布式账本技术/加密货币	移动端	
支付	现金/自助柜员机、支票、电汇/借记卡/信贷、信贷集中结算	速度、成本、透明度、通道、安全	低	高	高	高	虚拟货币、汇款、数字支付、移动销售点、P2P支付、企业对企业转账、基于分布式账本技术的结算
储蓄	银行存款、共同基金、债券、股票		低	高	高	低	虚拟货币、流动资金市场、区块链债券
贷款	银行贷款、债券、按揭贷款、贸易贷款		高	高	高	低	贷款建模、平台贷款、集体融资、区块链债券、自动证券包销
风险管理	券商承销、结构性产品、交易监管、遵循KYC原则		高	低	高	低	监管科技、智能合约、加密资产交换、KYC、数字ID
获得措施	理财规划师、投资顾问		高	中	低	中	自动化投资理财、自动化财富经营

注：该表将用户对金融服务的需求与传统解决方案和新兴金融科技解决方案相关联，标出了寻求填补的主要技术缺陷，以及在不同的服务中应用的新技术。人工智能/机器学习指的是运用大量数据支持人工智能和机器学习算法。大数据云平台是基于云平台的技术，通过应用程序接口促进金融科技公司、金融机构、客户和政府之间的数据交换。数字平台的访问可以通过数字识别技术（如生物识别技术）保护数据安全。分布式账本技术/加密货币捕捉分布式账本，如智能合同和相关的去中心化技术。移动端指的是运行金融APP的功能手机和智能手机。表格中反映了特定技术对金融科技相应解决方案的效益水平是低、中还是高。

用程序）现在可以启动用户的银行和支付卡账户支付服务，或通过开放API在获得消费者同意的条件下，获取金融交易数据，促进支付服务提供商间竞争（英国、印度和墨西哥）①。支付基础设施升级促进了支付服务发展，允许银行和符合条件的非银行机构提供全天候的实时支付。

2. 跨境汇款。Transferwise（英国国际汇款交易服务商）和MFS Africa（南非移动支付跨境及跨钱包转账服务提供商）等新金融科技公司通过连通当地支付基础设施与交易双方的银行或数字支付服务商，将汇款—运营商模式扩展到跨境汇款模式。

3. 贷款。数字贷款已经向肯尼亚、坦桑尼亚、赞比亚和加纳的数百万较贫穷家庭提供贷款服务②。数字贷款可以根据用户需求量身定制贷款，并利用支付、电子商务、

---

① Chen, G., and X. Faz. "Open Data and the Future of Banking." CGAP Leadership EssaySeries, 2019.

② Bull, Greta. "We Need to Talk About Credit." CGAP, April 18, 2019.

社交媒体或手机活动等替代数据的机器学习模型来发放贷款，而无须人工干预。基于平台的发票融资模式为中小微企业的应收账款创造了贷款市场，电子商务平台利用卖家的数据提供营运资金。数字贷款为传统模式无法提供服务的中小微企业提供了可行的替代方案。基于平台的逆向保理模式为中小微企业的应收账款创造了贷款市场。

4. 保险①。相较于数字支付和贷款产品，保险产品的成熟度较低，但也已经出现包括车辆、旅行和健康保险在内的基础数字保险产品，这些产品可以个性化定制，通过应用程序或市场按需交付，以满足特定的用户需求。数字保险初期创新主要围绕使用数字渠道交易价值额度较小的保单，使此类小额保单的成本与收入相匹配。南非和巴西，以及坦桑尼亚、卢旺达和巴基斯坦等欠发达国家都有基本的"保险技术"解决方案。与数字贷款类似，机器学习模型可利用远程信息服务系统（Telematics）和替代数据，使风险分类和产品定价更加准确。部分金融科技初创企业正在利用卫星数据和机器学习为农民提供数字保险与贷款②。

5. 投资理财。数字普惠金融使人们能够以新方式投资债券、共同基金或货币市场基金等工具。例如，肯尼亚的 M-Akiba 政府债券通过数字钱包向散户发行。由机器学习驱动的自动化服务也可以通过收集消费者的财务数据和其他数据，为散户投资者和中小微企业提供投资建议与财务规划服务。

1.2.4 新模式和新产品的风险

数字普惠金融面临的各种风险和挑战包括以下几个方面。③

一是数据治理和隐私保护。数字普惠金融在各生态系统参与者之间收集、存储、处理和交换消费者数据。这使消费者面临未经授权披露和使用个人数据的风险，因此需要制定全面的消费者数据保护框架，如欧洲的《通用数据保护条例》。

二是网络安全和运营风险。数字普惠金融过度依赖于数据基础设施，例如云存储和分析、数据供应设施等，易受到网络攻击、第三方服务提供商系统故障的影响，这可能会损害业务连续性和金融稳定性，并影响数据治理。

三是金融诚信。部分数字金融服务，如众筹平台、数字支付、预付卡和加密资产，这些快速和远程的金融交易模式使用户能够规避控制，可能将资金用于非法金融活动。金融行动特别工作组通过对数字 ID、了解客户公用事业和虚拟资产的具体指导，在简化客户尽职调查要求的支持下，支持数字普惠金融发展。然而，发展中国家的实施相对滞后，或将引致潜在风险。

四是监管套利。部分数字普惠金融产品和服务是由新设立的、不受监管的实体机

---

① "Insurtech." 2019. Thematic Brief No. 11. Washington, DC: International Financial Corporation. 2019.

② Murthy et al (2019), op cit.

③ Financial Stability Board. 2018. Financial Stability Implications from Fintech: Supervisory and Regulatory Issues that Merit Authorities' Attention. Washington, DC: International Monetary Fund and World Bank, op cit., and Financial Stability Board. 2019. Fintech and Market Structure in Financial Services: Market Developments and Potential Financial Stability Implications.

构提供，如 P2P 平台或大科技公司，它们推出的产品介于不同部门的监管之间，处于现有法律框架之外。它们的风险和活动与金融机构类似，但并未受到相同的监管，这可能会导致与稳定、诚信和消费者权益保护有关的监管体系之外的风险累积。此外，监管套利可能会导致不公平的竞争环境，破坏竞争和创新。

五是宏观金融风险。网络和运营风险叠加导致数字贷款等快速增长的数字普惠金融活动可能会给单个机构带来风险，尤其是当它们不受监管时。在宏观层面，可能形成顺周期性风险和系统性风险，并有可能对实体经济产生破坏性的溢出效应。

六是公平竞争。由于规模经济、声誉和资本的优势，大型数字普惠金融平台和大科技公司可能会造成总体竞争程度弱化，从而提高金融部门风险集中度。在部分发展中国家，大科技公司已经在支付、贷款、保险和投资管理等一系列金融服务领域占据主导地位。

此外，数字普惠金融可能带来不利于普惠金融发展的新风险。

一是排斥。基础设施和技术获取的不平等加剧了数字鸿沟，如部分群体无法获得基本的电信和金融基础设施，以及可负担的移动设备和网络等。女性和贫困群体往往处于不利地位。

二是过度负债。数字贷款在肯尼亚和坦桑尼亚导致了逾期还款和违约问题，特别是在较贫困群体中，因此，须对数字贷款模式进行深入研究和设计[1]。

三是歧视。与数字普惠金融有关的决策工具，如信用评分，可能无法完全消除基础数据中存在的歧视，或这些工具的设计者思维中的歧视，例如对少数族裔借款人的偏见或歧视。这可能会导致市场细分不公平和定价不恰当[2]。

四是不公平。数字普惠金融可以在有限的数字信息披露条款和条件、代理责任、有效的追索权机制和资金安全的情况下交易，而消费者对提供商的了解很少，也没有面对面的互动，这使消费者面临着滥用、欺诈和运营风险，降低了对数字普惠金融的信任，抑制了其使用数字普惠金融的意愿。

五是数据保护相关风险。传统上被排斥在外的客户可能更容易受到数据隐私、身份盗窃和欺诈等风险，因为他们缺乏其他可替代的金融服务。在消费者金融素养较低的地方，这些风险更为严重，如贫困群体受损失最为明显。

1.3 促进发展的政策措施

图 1.1 明确了限制普惠金融和数字普惠金融发展的因素，政策制定者可以据此制定相应的政策措施促进数字普惠金融安全、高效发展。

一是有效的法律和监管框架；二是数字普惠金融的基础设施（支付系统、信贷基

---

[1] Kaffenberger, M., E. Totolo, and M. Soursourian. 2018. A Digital Credit Revolution Insights from Borrowers in Kenya and Tanzania. CGAP Working Paper. Washington, DC: CGAP.

[2] 然而，来自美国的证据表明，信用评分模型可以减少歧视。Philippon (2020), op cit.

础设施和数字联通基础设施）；三是政府辅助支持系统（数据平台、数字 ID、金融管理平台）。

图 1.2 指出了金融部门从以现金为主到完全数字化的数字化转型的四个主要阶段，并为每个阶段提供了相关国家的案例，其中部分案例将在后文中进行深入分析。表 1.2 显示，沿着这一发展轨迹，不同的政策行动和促进因素在 3 个政策集合之间的相关性逐步增强，以推动数字普惠金融进一步发展。

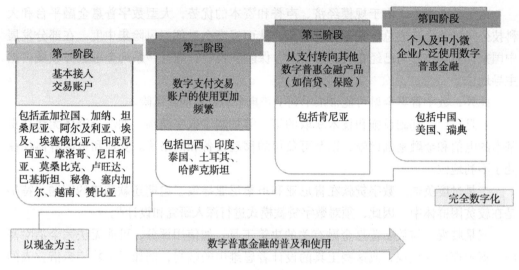

图 1.2　数字普惠金融发展阶段

表 1.2　国家层面的政策措施

按发展阶段划分的政策行动和促进因素			
政策行动和推动者	第一阶段	第二阶段	第三阶段	第四阶段
促进金融和数字基础设施	实现手机高覆盖率、连接通畅	搭建支付系统并实现互操作性	构建信贷基础设施，增强信贷相关数据的覆盖面	支持通用宽带连通，智能手机高普及率
政府辅助支持系统	—	加强金融管理系统，支持 G2P 支付向数字支付转变	开发并扩大数字 ID 的覆盖范围	实现对数字化政府数据平台的自动访问
有效的法律和监管框架	允许非银行机构经营数字支付业务，实施简化的客户尽职调查，促进代理网络的发展	建立支付系统法律体系，允许非银行机构访问支付系统，完善金融消费者权益保护框架，制定和实施竞争政策	建立全面的数字普惠金融提供商监管框架，采取全面的数据保护和隐私保护法律措施，使数字普惠金融供应程序能够公开地使用 API	采取法律措施支持开放银行发展

1.3.1　法律和监管框架

数字普惠金融的发展需要协调一致的法律和监管改革，可分为四个主要领域：一是鼓励新参与者和在位者发展数字普惠金融；二是促进竞争，建立公平的竞争环境；三是保护金融消费者权益；四是提升金融消费者对数字普惠金融的需求和信心。

1. 引进新参与者和新模式。大部分新兴经济体和发展中国家允许非银行机构经营数字支付业务。为了应对市场的发展，许多国家监管政策转向允许非银行参与者（包括移动网络运营商）经营数字支付业务。数字支付账户对总余额、交易量和交易价值设置了上限。部分监管机构已经建立了提供最低限度服务的特殊类型银行账户[①]，即银行基本账户，作为数字账户的补充或替代账户。数字支付账户和银行基本账户余额与每日交易量受到限制，从而使监管机构能够简化客户尽职调查要求，即开设账户只需客户的身份证明，并对客户身份进行数字验证。鉴于许多国家对数字支付的接受程度仍然很低，而低收入客户需要随时方便地获得现金的问题，监管机构允许数字支付运营机构和银行利用离客户更近的小商店与可信的第三方作为代理商，为客户开户提供便利，提供现金流入（存款）、现金流出（取款）服务和其他辅助服务。

数字支付账户的便利性吸引了许多潜在的非银行新参与者进入市场。非银行的企业参与者主要是移动电信运营商，不过也有初创企业和银行与科技公司的合资企业。因此，监管机构面临着决定如何允许这些新参与者进入市场，以及如何监管其活动的挑战。此外，新数字普惠金融产品及其他创新必须得到监管，例如如何就现有产品实施 KYC 等关键流程。相关经验将在下文讨论。

非银行机构在数字普惠金融方面发挥了重要作用，因此需要向其开放相关市场。非银行机构通常通过以下三种渠道进入数字支付等市场：一是非银行机构与银行或其他持牌机构合作；二是授予金融服务提供商专门许可证；三是向非金融部门机构发放专门许可证。

（1）非银行机构与银行或其他持牌机构合作。这种渠道通常无须对监管政策进行重大调整，而只是允许非银行机构与银行或其他持牌机构合作。如果非银行机构的合作伙伴财力雄厚，有能力发挥带头作用，这种方法就会奏效。在孟加拉国，bKash 是孟加拉国布拉克（Brac）银行的子公司，作为数字支付运营机构一直非常成功。在巴基斯坦，挪威电信公司 Telenor 入股 Tameer 小额信贷银行并与之合作[②]，成功开发了基于代理的银行模式。然而，在加纳、摩洛哥、尼日利亚、埃及和埃塞俄比亚等其他大部分国家，这种渠道并不适用。

（2）授予金融服务提供商专门许可证。在这种渠道中，监管机构按金融服务类型划分，为数字普惠金融提供商创建了一个特殊的许可证类别，并允许现有的非银行机

---

①　无支票账户没有最低余额要求，但对总余额设有上限。

②　Tameer 小额融资银行由挪威电信公司 Telenor 部分拥有，随后 Telenor 成为唯一所有者，并将该机构更名为 Telenor 小额融资银行。蚂蚁金服收购了 Telenor 小额融资银行 45% 的股份。

构（如电信公司）设立子公司或独立机构以获得这种专门许可证。这种渠道也允许初创企业进入市场，在某些情况下，现有银行也可以设立子公司提供专门的服务。这种渠道已广泛用于数字支付和其他类型的数字普惠金融（见专栏1.3）。

专栏1.3：颁发数字普惠金融许可证的国家和组织案例

1. 孟加拉国。单独发放数字支付和特殊类型的数字支付提供商的许可证，不允许其处理基于现金的交易，但可以通过数字支付账户提供支付服务。

2. 欧盟。为数字支付和第三方支付交易发放了新许可证。

3. 印度。为预付卡发行方、支付银行和数据代理商发放新许可证。

4. 印度尼西亚。为数字支付和P2P借贷平台发放新许可证。

5. 约旦。为数字支付提供商发放新许可证。

6. 墨西哥。金融科技法为数字支付和贷款平台发放了专门的许可证。

（3）向非金融部门机构发放专门许可证。这种方式并不常见，较为典型的是肯尼亚案例。肯尼亚的电信公司提供数字支付服务，但无须设立单独的法律部门。从监管角度看，金融监管机构可能没有充分的权力监管未经其许可的机构，这是一个风险点，如果出现任何业务失败或其他形式的无序市场退出，监管机构可能无法为客户提供安全屏障。肯尼亚已经开始采取措施，要求提供数字支付服务的非金融部门机构设立一个单独的专门许可部门。

因地制宜采取差别化监管措施，有利于促进各类机构更好地推动数字普惠金融发展。监管机构按照三种不同的方式为新进入者、新产品和其他创新建立专门的监管框架：一是等待和观察；二是测试和学习；三是创新引擎，包括监管沙盒。部分国家考虑到当地环境或在观察到全球发展后，直接建立了监管框架①。

第一，使用等待和观察法的监管机构允许创新的新进入者与商业模式发挥作用，同时远程监测发展趋势，并在必要时进行监管。2018年，中国人民银行实施了综合数字支付监管。等待和观察的方式为支付宝与微信支付的不断创新、实现快速增长创造了良好条件，支付宝和微信支付覆盖了超过9亿用户，但与此同时也需关注客户资金风险。

第二，测试和学习法为每个单独的业务案例创建个性化监管框架，使其在密切监管之下在实际环境中发挥作用。得益于此，肯尼亚推出的第一个数字支付解决方案就取得了成功。2007年，当萨法利通信公司向肯尼亚中央银行提出建立基于手机的汇款

---

① 虽然监管改革可能是上述所有框架的最终结果，但墨西哥等部分国家选择将监管改革作为第一步。这里的保护伞法旨在覆盖市场上的所有金融科技方法和实体，其模式是允许次级法律法规随着环境变化而调整，而无须改变法律。根据墨西哥所依据的民法授权，这是有用的办法。泰国等其他国家则采取了针对特定产品的监管措施，比如针对P2P贷款等另类金融制定了专门的法律。

服务建议时，肯尼亚中央银行援引了《信托法》，对移动网络运营商实施监管，关于萨法利通信公司的 M – Pesa 服务的详细讨论见后文。

第三，为应对数字支付之外出现的数字普惠金融新型模式①，部分国家使用更正式的监管方法，以促进现有新进入者更快地将新产品和创新推向市场。然而，这些监管方法（包括创新中心或办公室和监管沙盒）仍在应用阶段，对结果下定论还为时过早。创新中心（或办公室）为新进入者提供支持、建议和指导，甚至在某些情况下提供实体办公空间，帮助新进入者识别发展机会，并适应监管、政策或法律环境。相比之下，监管沙盒是监管机构创造的虚拟环境，能够以可控和有时限的方式对新产品或服务进行实时测试。在大多数情况下，监管沙盒旨在针对不完全符合监管框架和功能的创新，允许企业在小范围内测试受监管裁量权和比例限制的创新产品、服务、商业模式与交易机制。监管沙盒已在全球 60 多个管辖区使用，包括塞拉利昂、卢旺达和约旦等小经济体国家，效果评价毁誉参半。

2. 建立公平的竞争环境②。新方法对提升市场竞争性大有帮助，但仅靠这一点还不够。一方面，监管机构需要做更多的工作，为新参与者创造与现有企业公平竞争的条件，同时确保公平的竞争环境，避免监管套利；另一方面，数字金融服务通过设计新产品产生网络效应、规模经济和范围经济效应。从中长期看，这可能会导致一个或几个新参与者垄断市场，进而导致市场份额的转移，而对竞争水平没有积极影响，甚至可能提高市场集中度。

为了从数字金融服务中获益，要长期在获取数据、技术和基础设施方面创造公平的竞争环境。在位者在很大程度上控制了关键金融基础设施的接入，技术和通信公司控制了通信、数据服务、电子商务门户、社交媒体平台与搜索引擎等服务的接入。在位者可以利用其对金融基础设施的控制来限制新参与者的进入，电信和通信公司可以利用关键的技术服务与数据提供金融服务，并限制在位金融机构接入和访问这些服务。

监管机构和政策制定者鼓励建立开放的新型基础设施，或审视和修订关键金融基础设施的准入标准。例如，墨西哥中央银行允许非银行机构使用支付基础设施，中国人民银行允许非银行信贷提供商进入其信贷登记系统。在其他情况下，监管机构要求金融基础设施运营商向非银行机构开放准入。印度储备银行要求非银行数字支付账户运营商接入支付基础设施。巴基斯坦和塞拉利昂正在建立对所有数字金融服务参与者开放的新型基础设施。

监管机构要求电信和其他重要数据平台的接入标准公开透明。在许多新兴经济体和发展中国家，数字支付依托短信业务（SMS）和非结构化补充业务数据（USSD）服务发展③，这些服务通常由电信运营商控制。在电信运营商也是数字支付账户运营商的国家，电信运营商可以利用 USSD 限制竞争。在肯尼亚，竞争委员会要求萨法利通信公

---

① IMF – World Bank. 2019. Fintech：The Experience so Far.

② IMF – WBG，Bali Fintech Agenda.

③ 最初用于行政功能的电信信息服务。

司（通过 M - Pesa 提供的数字金融服务）和其他电信运营商提高 USSD 服务的透明度并降低价格。许多国家的金融监管机构支持数字金融服务提供商访问身份系统等政府数据平台。孟加拉国银行支持银行和其他数字金融服务提供商访问选举委员会管理的身份系统。监管机构越来越倾向于认为，社交媒体、电子商务平台和其他数字平台持有的客户数据属于客户所有，应该允许客户访问这些数据。这为获得客户许可的数字金融服务提供商提供了利用这些数据提供金融服务的机会。

进一步地，为了打破现有机构的控制，发达经济体和较大新兴市场国家的监管机构正开展"开放银行"监管改革，允许代表客户的第三方直接访问现有机构持有的账户信息并实施交易。英国和欧盟在这方面处于前沿，许多发达经济体与墨西哥、印度和土耳其等更大的新兴市场国家也紧随其后。欧盟创建了一个新许可类别，根据该类别，非银行机构可以访问客户账户，所有银行都有义务在征得客户同意的情况下向持牌第三方提供访问客户账户的权限。客户可以直接从第三方的应用程序中启动现有银行账户进行支付。由于这些第三方不持有客户资金，因此它们的风险比数字支付服务商低得多，许可证要求也简单得多。在印度，这类第三方无须办理许可证，而是可与银行合作，提供基于统一支付接口（UPI）的支付服务，如谷歌支付。

3. 保护金融消费者权益。新出台的一系列政策措施旨在降低金融消费者风险。政策制定者已经开始调整规则，通过标准化数字支付产品和汇款的总成本指标、要求在交易前提供定价信息以及适当的手机披露等方式，确保信息披露的完整性和及时性。例如，2016 年肯尼亚竞争管理局发布规定，要求提供商在消费者完成交易之前披露数字支付服务的所有使用费用。当时，大多数提供商只是在交易完成后才提供这些信息。此外，部分监管机构要求对产品风险和责任进行明确示警，并通过增加中间步骤来调整"一键式"流程，降低激进营销的风险。正在调整的产品适宜性规则适用于数字贷款等数字金融服务。例如，部分国家要求征信局强制性检查、验证信用模型和偿债能力，还建立了关于提供商对代理行为负责任和数字支付账户资金安全的规范条例。

全球监管机构正在逐步推出有关数据保护和隐私保护的新法律法规[①]。欧盟 2018 年发布的《通用数据保护条例》（GDPR）规定了数据主体人的权利，包括删除、知情同意和可转移等权利，以及收集、存储、处理和分析数据等义务。美国国会正在讨论在联邦层面通过隐私保护法，此外，加州已建立了类似的立法。印度于 2018 年发布了《个人数据保护法》，阐明数据主体和受托人的部分权利与义务。巴西则授予数据主体人数据访问和新立法批准的可转移性等一系列权利。亚太经济合作组织使用跨境隐私保护规则机制为其成员经济体提供内部协调规则，同时也与具有欧盟约束力的公司规则保持一致。欧盟和美国正在努力完善隐私保护，使其与《通用数据保护条例》匹配。

4. 提升金融消费者需求和信心。在努力扩大数字普惠金融服务供应的同时，还需要制定政策，激励人们减少使用现金，转向扩大对数字普惠金融的需求。根据全球普

---

① IMF - WBG. 2019. Fintech：The Experience So Far. Policy Paper no. 19/024. Washington，DC：International Monetary Fund and World Bank Group.

惠金融数据库（Findex）统计[1]，在部分发展中国家，29%的成年人没有交易账户的原因是认为"没有必要"，但只有3%的人认为这是没有交易账户的唯一原因。美国国际开发署对印度的研究[2]以及世界银行对埃塞俄比亚和巴基斯坦的其他研究表明，这种"没有必要"的看法是由于他们的收入和资金来源都是现金，没有使用数字普惠金融的需求，数字普惠金融提供商可通过优化产品及营销手段来解决这一问题。在部分发展中国家，非正规经济（在法律登记和监管之外运作的经济主体）贡献了约1/3的国内生产总值和70%的就业。非正规经济部门的公司主要以现金运营，也以现金支付员工工资。全球约有2.3亿没有交易账户的成年人在私营部门工作，他们以现金方式获取工资，但其中约78%的人拥有手机。在印度尼西亚和菲律宾，私营部门工资支付数字化可以使没有交易账户的成年人比例降低高达29%。孟加拉国的一项研究显示，某服装厂通过将现金直接存入员工交易账户，将工资分配成本降低了一半。

认识和了解使用数字普惠金融的好处，使用数字金融工具可激励并促使非正规公司更易从正规金融机构获得融资支持。与现金销售相比，数字化销售更容易进行跟踪，数字支付也简化了企业纳税流程。此外，数字化工资支付可以使雇主和雇员之间的劳动安排规范化。与此同时，使用数字支付系统可以帮助非正规企业建立信用记录，更易获得正规融资。数字交易和支付产生的数据越来越多地应用于信用评级，有时还与其他非传统数据来源（如从社交媒体收集的信息）结合使用。这些数据使得根据潜在借款人的金融行为，例如及时支付账单或持续收到汇款等，开发"声誉抵押品"以及信用、风险评分成为现实，以便用户从正规金融机构获得贷款。数字支付让企业家更容易获得数字信贷。在肯尼亚，37%的数字信贷用户为短期业务需求（流动资金）借款。在坦桑尼亚，约1/3的借款人将贷款用于满足商业经营需求。然而，数字信贷可及性有可能使金融教育程度较低的客户陷入严重债务困境。

政府利用补贴和其他税收优惠措施鼓励企业与消费者使用数字普惠金融服务，简化公司注册要求。有些政府利用税收优惠鼓励企业和个人使用数字支付，例如乌拉圭[3]和韩国[4]，这些措施提高了数字支付交易量。在政策激励下，许多非正式运营的公司为了获得财政奖励而进行注册，满足了客户对数字支付的需求。印度近5 000万家中小微企业已经使用数字ID在网上进行注册。然而，为了更好地了解数字普惠金融如何加快除企业注册外的其他领域正规化流程，如纳税以及遵守劳动、健康、安全及环境法律和法规，需进一步研究数字普惠金融的包容性与正规化之间的关系。

G2P支付（如社会福利转移支付）即从现金支付转移到直接存入交易账户，通过降低损失和运营费用，为政府带来效率收益，而且有助于数字普惠金融发展。印度政府估计，这一过程在2018年带来的财政收益超过127亿美元。此外，数字普惠金融使政府能够更好地设计社会福利转移计划，例如增加支付频率和巩固多种福利。现在，

---

① https：//globalfindex. worldbank. org/.

② Shepherd – Barron，Jo. 2015. USAID Digital Payments India Merchant and Consumer Research Resources.

③ 为小企业接受的数字支付提供补贴，同时降低企业的预扣税要求，降低消费者的增值税。

④ 允许工薪阶层对使用数字支付购买的物品申请税收减免。

越来越多的现金转账支付直接计入交易账户。世界银行集团 35 个成员（包括《2020 年普惠金融服务倡议》下的所有 25 个普惠金融优先国家）的现金转账支付项目审查显示，47% 的转账支付计入交易账户，24% 以现金支付，29% 两者兼有。精心设计的方案可将社会福利转移支付从现金支付转为直接信贷，并以受援国名义转到交易账户，可以有效促进普惠金融发展，并推动该国数字支付生态系统发展。根据全球普惠金融数据库统计，如果政府将对个人的支付数字化，全球账户所有者数量可能会增加 1 亿个。此外，无银行账户的女性比例将降低，菲律宾最多可能降低 20%，智利最多可能降低 28%。政府当局还可以与其他利益相关者一同促进建立政府对个人支付所需的基础设施，包括后勤安排和代理网络，这些网络也可以用来提供其他金融服务。

除了将对个人支付被视为促进普惠金融的主要手段，政府也可以利用政府收款或个人对政府（P2G）支付来增加数字普惠金融的使用。例如，支付公共交通、支付公共事业账单和支付部分政府服务费用。

政府要实现对个人支付数字化需提高受援者使用数字普惠金融的能力。政策制定者在设计有效的提高公众数字金融能力的金融教育项目时，应包括四项核心能力：数字普惠金融产品和服务的知识；对数字普惠金融风险（网络欺诈、过度借贷）的认识；数字普惠金融风险防控（保护个人身份识别码、账户等个人信息安全；避开垃圾邮件、网络钓鱼等）；了解金融消费者权益和补救程序。政府应通过数字和非数字等各种传播渠道提供金融教育项目。

1.3.2　基础设施

一是支付系统。支付系统[①]通过实现互操作性，促进支付服务提供商的竞争，提高服务效率。数字普惠金融市场包括具有不同机构模式的参与者（银行、非银行机构和微型金融机构）。支付系统应建立通用的标准、规则和程序，以降低提供商和用户风险，促进市场有序发展。支付系统的关键在于能够实现互操作性，即一个数字普惠金融提供商的客户能够支付和接收付款，并向另一个数字普惠金融提供商的客户转账。互操作性提高了用户便利性，通过允许共享自助柜员机、商户销售终端（POS）和代理商等不同的交易渠道提高效率，促进数字普惠金融提供商之间的竞争。在缺乏互操作性的情况下，市场要么集中在少数数字普惠金融提供商那里，要么效率低下，限制了数字支付的使用[②]。在这种情况下，个人和企业必须维护多个账户，并根据交易类型和交易方决定使用哪个账户。例如，企业为了支付工资可能被迫要求其所有员工在同一家银行拥有账户，或者以现金或支票支付。互操作性使贫困群体能够通过一个数字

[①] "支付系统" 包括底层信息与通信技术系统、治理安排、成员规则、运营规则与程序以及商务规则，也包括定价。批发支付系统支持金融机构之间进行金融市场交易或代表其客户进行某些高价值、时间敏感的支付。零售支付系统对最终用户之间的支付提供支持。零售支付系统最终依赖批发支付系统，并在托管的金融机构之间进行结算。

[②] CPMI – WB Payment Aspects of Financial Inclusion, 2016. Bank for International Settlements and World Bank Group.

普惠金融提供商有效满足所有支付需求。坦桑尼亚实施数字支付互操作性的前 3 年交易量增长了 16%（参见后文有关坦桑尼亚的详细讨论）。

二是信贷基础设施。信贷基础设施①能够降低贷款成本，提高服务交付速度，实现负责任的贷款。信用信息共享不仅适用于金融机构等传统贷款机构，而且适合新的数字金融参与者，旨在缓解信贷服务提供商与其客户之间信息不对称的问题。信用报告系统通过整合数据来源形成新的替代数据，以及使用分析工具（人工智能/机器学习）和应用编程系统，降低了贷款成本，提高了服务供给速度和信息质量，从而支持数字贷款模式，并实现金融机构可持续运营。担保交易登记处（STR）可自动化监控资产担保贷款（ABL）产品②的借贷周期和抵押品状况，推动数字化解决方案发展，为中小微企业提供担保，也为许多中小微企业贷款平台提供支撑。此外，数字平台允许交易和获取数字化金融工具的担保权益，如发票、仓库收据、信用卡、应收账款和数字支付。

三是数字互联互通基础设施。数字基础设施对金融基础设施和数字普惠金融提供商的运营至关重要。本节讨论的金融基础设施依赖于更基本的要素，例如在全国范围内广泛覆盖、运行平稳的信息与通信技术网络和可靠的电力供应。获得手机基本服务（语音、短信和非结构化补充业务数据的特殊系统消息服务）对于数字普惠金融基本服务（如肯尼亚的 M－Pesa 和孟加拉国的 bKash）尤为重要。通过基于应用程序提供的数字普惠金融支付服务（如中国的支付宝和印度的 PayTM）访问数据服务（3G 及以上），改善了用户体验。基于 APP 的数字普惠金融服务提供了关于用户数字交互和行为特征的详细信息，能够帮助更好地定制产品以及进行信用评估。

1.3.3 政府辅助支持系统

一是政府数据平台。政府数据的覆盖范围、质量和获取的便利性影响着数字普惠金融服务的成本。数字普惠金融提供商须核实客户身份，持续进行客户尽职调查，验证客户身份及其资产信息。获取政府机构和潜在的其他私营部门参与者持有的信息，例如身份证、土地记录、人口统计信息、收入、税务记录、教育背景和就业经历，有助于开展客户尽职调查。数字普惠金融提供商如何访问政府保存的客户数据会影响其为客户服务的能力。自动化接口能有效提供政府数据，降低数字普惠金融提供商的成本，提高客户便利度。印度的银行通过自动访问政府数据平台，能够在不到一个小时的时间内在线批准中小微企业和个人贷款，而过去则需要花费 20～25 天③。

二是数字 ID。数字 ID 使监管机构在不损害安全性和完整性的前提下，简化客户尽职调查要求，降低数字普惠金融提供商的成本。为了解决贫困群体缺乏合规身份证明

---

① "信贷基础设施"是指一整套法律和制度，通过信息共享、担保交易和抵押品登记以及破产和债务解决程序，使人们能够高效地获得融资、稳定的经济增长。

② 资产担保贷款产品包括保理、反向保理、资产担保贷款循环信贷额度及商户现金垫款。

③ 2018 年 9 月 25 日，印度政府新闻与信息局、财政部发布"中小微企业信贷领域的转型举措将使申请总额为 1 亿卢比以下的中小微企业贷款在 59 分钟内获得来自印度小型产业发展银行（SIDBI）和 5 家公共部门银行的批准"。

的问题，许多国家对客户尽职调查采取了分层处理方式。例如可以用可靠的官方身份证明文件开立包括数字支付账户在内的部分基本账户；在某些情况下，还可以用社区领导的证明信开立账户。有了通用的官方身份证件就可以非常直接地满足客户尽职调查的要求。数字 ID 的可用性进一步简化了此过程，无须维护纸质记录和副本即可远程完成验证或在代理网点完成验证。孟加拉国银行的一项研究表明[1]，数字 ID 将客户登记时间从 4~5 天减少到 5 分钟。此外，数字 ID 日益成为开放银行等金融科技模式的有效核心。开放银行依赖强大的客户身份验证，确保客户同意访问其数据和账户。数字 ID 可以用于开发全行业通用的、强大的客户认证系统等基础设施，而不是让每个机构开发自己的认证系统等基础设施。

三是政府金融管理制度。政府支付数字化需要强化政府金融管理系统[2]。政府的金融规划和交易管理系统的组织方式及其自动化程度极大地影响了政府可以使用的数字支付方式类型。金融管理系统的差距导致各种基于纸质和现金的流程长期存在，向数字支付的转型变得困难，并在一定情况下限制了个人从政府接收和向政府支付的可用提供商范围。

1.4　新兴经济体和发展中国家的典型做法

1.4.1　经验借鉴

本节介绍几个国家的最新经验，为其他国家的应用提供借鉴。

1. 加纳[3]。

（1）主要成效。2014—2017 年，数字支付账户的拥有量增长了近 200%，农村地区 35% 的成年人使用过数字支付服务[4]（见图 1.3）。

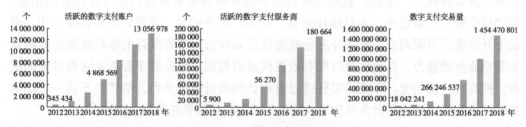

图 1.3　数字支付进展

---

① "Guidelines on Electronic Know Your Consumer（e - KYC），" Bangladesh Financial Intelligence Unit, December 2019.

② Cirasino, Massimo; Baijal, Hemant; Garcia Garcia Luna, Jose Antonio; Kitchlu, Rahul. 2012. General Guidelines for the Development of Government Payment Programs（English）. Financial infrastructure series; payment systems policy and research. Washington, D. C.: World Bank Group.

③ Digital Economy for Ghana Diagnostic Report, World Bank Group 2019; and CGAP case studies.

④ Digital Economy for Ghana Diagnostic Report, World Bank Group 2019; and CGAP case studies.

（2）关键因素。加纳允许非银行机构，特别是移动网络运营商运营数字支付业务。在 2015 年之前，数字支付是传统金融机构的专属领域。移动网络运营商只是代理商，其作用仅限于为这些传统金融机构提供平台。2015 年，新指导意见出台，允许移动网络运营商设立子公司运营数字支付，这些附属公司将由加纳银行直接监管。数字支付不仅可以由传统金融机构运营，而且可以由受监管的移动网络运营商运营。2015 年数字支付运营（EMI）指南实施后，提供商对代理网络的投资出现了爆炸式增长（见图 1.3），活跃账户数量和交易量大幅增加，同时活跃代理商数量也在增加。

世界银行的扶贫协商小组在这一重要发展中发挥了作用，推动了加纳移动网络的创新，特别是中期票据和富达银行的 MTN Y "ello Save"（一种计息储蓄产品）以及商户支付和 PAYGo 支付。截至 2016 年末，得益于数字支付交易的便利性，PEG Africa（现收现付公司）已经拥有了 1.4 万名客户。

自 2015 年准则实施以来，加纳政府采取了进一步措施，2019 年通过《支付制度和服务法》促进数字普惠金融体系发展。新法案虽然仍在等待总统签署，但通过将金融科技的许可程序正式化，为进一步营造竞争和创新环境奠定了基础。这将使国家的金融基础设施向金融科技公司开放。金融科技公司迅速发展，推动开发新模式并增强用户体验，为扩大数字普惠金融的使用提供了前所未有的机会。

除了有利的监管环境外，加纳还投资了必要的支付系统基础设施。加纳银行间支付和结算系统有限公司（GhIPSS）是加纳银行（BoG）的全资子公司，也是该国数字支付基础设施的支柱。该公司推动了银行间转账、自助柜员机网络、国内卡支付、自动清算系统和数字支付间的互操作性。

2018 年 5 月，加纳银行要求数字支付服务之间以及数字支付与银行账户之间实现互操作，提高了数字普惠金融发展水平。自 2018 年 12 月起，所有数字支付服务商都连通到加纳银行间支付和结算系统有限公司的基础设施，使数字支付提供商和银行之间能够完全互操作。该措施允许资金在数字支付、银行和本国预付支付卡品牌 e – zwich 账户之间自由流动，实现无缝转移①。2019 年 9 月，不同数字支付提供商的客户之间记录了超过 100 万笔交易，比 2018 年同期增长了 250%。

几乎 100% 的政府对个人（G2P）支付及政府对政府（G2G）支付均为数字支付。然而，约 90% 的政府对企业（G2B）支付和其他政府支付仍通过支票或现金进行②。就交易金额而言，86% 的政府支付是数字支付，但个人对政府（P2G）和企业对政府（B2G）支付仍以现金为主。企业对政府支付的 47% 为数字支付，个人对政府支付中有 27% 通过数字方式进行。

加纳政府多使用 e – zwich 卡进行 G2P 支付。虽然政府支付有多种渠道（e – zwich、数字支付、银行卡和直接借记卡/信用卡），但政府数字支付的增长主要来源于 e – zwich

---

① 这些是在加纳的商业和农村银行开设的数字支付账户。持卡人会获得一张带有 e – zwich 品牌的银行卡，可以在所有 ATM 和 POS 上使用。这些卡具有离线功能，即使在没有连通网络的情况下，持卡人也可以在代理商和商户处使用。

② BTCA，2017.

交易。为了推广 e – zwich 计划，政府鼓励使用该系统支付公务员工资、扶贫生计赋权受益人和国家服务计划人员的工资。2017 年，只有 6% 的成年人通过手机获得了政府支付[①]。e – zwich 在政府支付之外的应用尚存在挑战，大多数 e – zwich 转账会立即被收款人兑现，这意味着政府支付不会停留在数字支付的生态系统中[②]。

在世界银行的加纳数字化项目支持下，加纳还建立了新的数字支付门户网站（GEPP），旨在方便与加纳政府开展业务的公民、企业和其他部门对政府服务进行数字支付。该数字支付门户网站接受银行卡支付、数字支付和银行转账等一系列支付选项，可用的服务包括支付固定费用、有形商品、服务付款和缴纳税款等。但是，使用该门户网站的客户需支付交易费，因此这些服务的使用率很低[③]。

（3）启示。监管应该促进行业竞争，激励私营部门投资。加纳的原有世界银行伙伴关系模式可能削弱了移动网络运营商投资基础设施和产品创新的动力，而且移动网络运营商也没有获得对业务相应的控制权。加纳通过为所有参与者创造公平的竞争环境，激励非银行机构扩大对数字普惠金融的投资，并自主控制创新和投资所有权[④]。

政府需要投资于数字普惠金融基础设施，并将其作为"公共产品"促进行业发展。鉴于私营部门不愿投资互操作性平台，加纳政府必须带头投资加纳银行间支付和结算系统有限公司和 e – Zwich，以提高国家支付系统的互操作性。

2. 印度。

（1）主要成效。印度在数字普惠金融方面的主要成效是，通过数字渠道获得账户和交易量的大幅增加，以及 G2P 支付数字化的大幅增加。在过去 3 年中，超过 3 亿成年人获得了银行账户。在印度，拥有银行账户的成年人比例从 2014 年的 53% 飙升至 2017 年的 80%，同期性别差距从 20% 缩小至 6%。随着访问权限的增加，印度的统一支付接口（UPI），即使用该国银行和其他第三方的移动应用程序（如谷歌支付）在两个银行账户之间即时转账的实时支付系统，每月处理数字交易量从 2016 年的 1 790 万笔增加到 2020 年的 13 亿笔。

随着全面数字支付系统的建立，印度政府利用该系统大规模地推进 G2P 支付数字化。截至 2017 年末，超过 925 家银行已经实现了 1.0675 亿笔 G2P 支付，总价值超过 441.4 亿卢比，将其以数字方式存入收款人的银行账户。收款人可以使用与这些账户相关的借记卡和移动应用程序进行收款与付款。每个账户都有一个唯一的 ID（Aadhaar）链接，避免了重复问题。2017 年，通信和信息技术部估计，直接向账户转账的方式在 2 年半的时间里节省了 70 亿美元资金。这在很大程度上是由于消除或减少了因二次倾斜和向不符合条件的受助人支付而造成的资金错配[⑤]。此外，政府对女性受益人进行数

---

① Findex，2017.

② BTCA，2017.

③ BTCA，2017.

④ 商务报告：https：//www. ghipss. net/products – services/ezwich/banking/interest – rate – on – e – zwich – card/12 – blog/investment/165 – mobile – money – interoperability – hits800 – 000 – transactions – report.

⑤ e CGD（2019）"Public Financial Management and the Digitalization of Payments. "

字化转账支付不仅成本低、安全性高、透明度高，而且有助于增加女性的权利①。

（2）主要推动者。得益于对支持创新的技术基础设施和系统，以及反映政府优先发展普惠金融的规章制度这两个关键因素的投资，2014 年印度启动了一项全球最激进的数字普惠金融举措。印度的数字普惠金融发展一直是以技术为主导、以银行为基础的模式，因此，优先创建有利的数字身份识别和支付等基础设施和辅助系统是关键。

生物识别 ID 项目为金融机构提供了便宜、可靠和数字 ID 验证的能力。印度政府领导的生物识别身份项目 Aadhaar 成立于 2009 年，扩大了数字普惠金融覆盖范围。如前文所述，获得传统金融服务通常需要大量的证明文件，这将缺乏合适身份证明的贫困群体排斥在了金融体系之外。在印度，Aadhaar 提供了一种简单的识别方法，允许在开设银行账户之前使用该方法来满足 KYC 要求。此外，Aadhaar 允许即时开设账户，因为数字化身份验证和认证可以在代理点进行，这将 KYC 的成本从 441.4 亿卢比降低到 20 亿卢比左右。

印度堆栈连通了数字基础设施的不同组成部分。印度堆栈是政府主导的基于 API 的数字基础设施，实现了无实体、无纸化和无现金的数字支付，是数字生态系统发展的基础。印度堆栈能够有效发挥作用必须具备五个基本要素：生物识别身份数据库、虚拟支付简化地址（允许通过电话号码和其他别名向他人进行交易）、数字支付互操作性、安全保存文件副本和与服务提供商共享的"数字储物柜"，以及数字授权系统。单独来看，这些要素都不是印度独有的，在多个国家均具备。印度堆栈的特别之处在于，所有这些数字基础设施都相互连通，可以协同工作，简化用户体验。

数字支付系统稳健运行，具有跨多个交易渠道和开放标准的互操作性。印度的数字支付系统允许个人无论在哪家银行持有账户②，都可以选择提供商的交易渠道和移动应用程序实现顺畅支付。在印度，个人和企业可以使用互联网、手机和银行卡等多种渠道进行交易，从国内任何银行账户支付和收款。UPI 通过选择使用别名、二维码和应用程序进一步简化了支付过程。为确保使用简单的功能手机（而不是智能手机）的互操作性，印度国民支付公司（NPCI）建立了国家统一非结构化补充服务数据平台（NUUP），提供基于非结构化补充业务数据（USSD）的数字支付服务。印度国民支付公司为非基于互联网的移动设备提供 UPI 服务。印度国民支付公司于 2016 年提供的 UPI 允许账户之间 24 小时进行即时支付。印度国民支付公司由印度商业银行的一个财团所有，在设计方面得到了印度储备银行的帮助和支持。

支付系统有以下特点：一是允许个人和企业设置别名作为支付地址，省去了向支付者传递多条信息的要求③；二是在印度，商户只需要一个二维码就可以收到不同支付

---

① Fields et. al. 2019. "On Her Own Account: How Strengthening Women's Financial Control Impacts Labor Supply and Gender Norms."

② 其他关键支付系统包括即时支付系统（IMP）、所有渠道的即时零售支付系统和 Aadhaar 启用的支付系统（AEPS），该系统允许消费者通过认证其 Aadhaar，在任何银行的商业代理的微型自助取款机上进行可互操作的金融交易。

③ 例如，他们的银行名称和代码、账户号码、地址和账户持有人姓名。

方式的付款（包括维萨卡和万事达卡）；三是客户可以选择任何提供 UPI 服务的移动应用程序，而不限于其银行提供的移动应用程序。许多新支付系统仅具备上述的一两个特点，但不包含全部三个特点。例如墨西哥的 CODI 系统和泰国的"即时支付"（PromptPay）没有第三个特点，而中国的支付系统有第二个特点但不具备其他两个特点。在中国，相较于支付系统，二维码的使用更加普遍，但商户必须为每个支付服务提供商提供单独的二维码（一个用于支付宝，一个用于微信支付等），这样缺乏互操作性，加上支付宝和微信支付市场份额较大，中国支付市场集中度较高。

健全的法律和监管框架将推动数字支付系统有序快速发展。2007 年《支付与结算系统法案》（PSS）的颁布以及之前的其他监管措施为支付与结算系统的发展提供了良好法律基础。PSS 将印度储备银行确立为国家整个支付系统和所有提供支付服务的金融机构的监管者；提出印度储备银行有权利允许非银行机构提供数字支付账户，允许设立印度国民支付公司等机构，这些机构可以建立自己的规则和程序，从而促进 UPI 的引入与使用。印度储备银行早期就制定了金融消费者权益保护措施，以银行业监察专员（BO）计划作为解决银行与其客户之间纠纷的替代性纠纷解决机制；设立制定行业标准的机构，即印度银行业守则和标准委员会（BCSBI），约束银行遵守自己制定的准则，提供有效快速的客户服务。鉴于数字支付交易的增加及非银行支付服务提供商及运营商的进入，印度储备银行成立了数字交易监察专员计划（OSDT），为客户通过持牌非银行支付服务提供商进行的数字交易提供免费及迅速的投诉补救机制[1]。此外，印度储备银行采取措施限制客户进行未经授权的数字交易[2]。

（3）经验与教训。印度使用技术主导的方法发展数字普惠金融，凸显了让公共部门以身作则的价值。就印度而言，政府对发展普惠金融的承诺、G2P 支付的创新和为数字化提供必要的基础设施与系统的愿景，对数字支付的快速发展至关重要。印度对这些系统进行适当的监管，以创造公平的竞争环境。确保互操作性也是印度数字支付成功的关键。

印度经验表明，在某些情况下，银行主导方法可能会奏效，并证明了可以允许非银行机构通过差异化的银行牌照进入市场。印度完全由银行主导普惠金融发展。虽然非银行机构可以提供数字支付服务，但它们从来没有专门为无银行账户的人提供服务。存入数字支付账户的钱只能用于支付，不能在代理机构或自助取款机上提取现金，这显然不符合无银行账户群体的需求。但是这对部分银行客户的账单支付、电子商务和其他此类特定支付需求是有用的。为允许非银行机构提供数字普惠金融服务，印度监管机构对专门从事小额储蓄和支付服务的有限目的银行（称为支付银行）设立了审慎要求较低的专门牌照。在印度，成立支付银行的资本要求大大高于其他国家（如加纳、肯尼亚和坦桑尼亚）对同类机构的许可要求。许多提供数字支付服务的移动网络运营

---

① Reserve Bank of India. "Consumer Education and Protection.", and Reserve Bank of India. January 13, 2019. "The Reserve Bank introduces Ombudsman Scheme for Digital Transactions".

② Reserve Bank of India. 2019. "Customer Protection – Limiting Liability of Customers in Unauthorised Electronic Payment Transactions in Prepaid Payment Instruments (PPIs) issued by Authorised Non – banks".

商和金融科技公司都获得了支付银行牌照。判断印度的支付银行市场是否能够扩大和发展还为时过早,早期的迹象并不是很乐观。但如前所述,第三方服务提供商可以利用 UPI 提供支付服务。

虽然印度持有账户人的数量显著增加,但账户使用率仍然较低。数据表明,2020年 1 月至 3 月,只有 54% 的账户持有人进行了交易。印度试图通过重新评估数字普惠金融来解决这一问题①。

印度数字普惠金融技术在快速发展的同时也面临个人隐私保护问题。在印度,Aadhaar 的设计和安全性一直受到隐私保护和安全方面的批判,尤其是生物识别数据库规模过大导致的安全问题。

3. 肯尼亚。

(1) 发展成效。肯尼亚拥有非洲最大和最成功的数字支付部门,无论是在规模还是创新方面,肯尼亚在非洲一直处于领先地位。M – Pesa 于 2007 年由移动网络运营商萨法利通信公司首次推出,该公司在电信市场占有 79% 的主导份额②。M – Pesa 已成为肯尼亚个人间转账的普遍方式,2019 年推动了肯尼亚超过 80% 的人口使用普惠金融服务,该比例在非洲国家是最高的。截至 2019 年末,肯尼亚共有 5830 万个移动钱包,相当于每个成年人拥有 1.7 个移动钱包。2020 年的研究表明,数字支付已经积极推动了肯尼亚 2% 的家庭摆脱贫困状态,促进了财务韧性和储蓄增长,以及从农业向商业的转变,并对女性群体产生了显著福利效应③。

M – Pesa 的 P2P 支付的基本解决方案是发展更广泛、更多样化的数字普惠金融生态系统的基础元素。M – Pesa 最初的广告口号"寄钱回家"(send money home),指出了它为低收入群体提供支付服务的核心功能:主要是促进从城市到农村的国内汇款。这得到了代理网络的广泛支持,使 M – Pesa 客户能够将现金转换为电子货币,并在需要时兑换为现金。随着时间的推移,M – Pesa 开发了各种 P2P 和 P2B 支付工具,涵盖了许多适用场景,如从小型非正式部门支付和对非正式储蓄团体的捐款,到支付公用事业以及加油站、超市和医院的账单。

M – Pesa 与银行部门合作提供渠道服务,如信贷、储蓄和透支类工具。多年来,萨法利通信公司与各种商业银行建立了伙伴关系,提供 P2P 支付和商户支付以外的额外服务。2012 年,萨法利通信公司发展了最重要的金融服务,与非洲商业银行合作提供 M – Shwari(移动运营的银行账户),客户可以获得利息储蓄账户和完全自动化的数字信贷产品。2016 年,萨法利通信公司与肯尼亚商业银行合作,在其平台(KCB M – Pesa)上提供类似的数字信贷产品。2019 年,萨法利通信公司推出了透支工具 Fuliza,允许 M – Pesa 客户在移动钱包中的可用余额不足时完成商业交易。2016 年之

① 政府正在制定退税规则,要求银行免除小企业数字化转账及支付交易的所有费用,目标是实现政府对个人(G2P)支付所有项目的数字化,包括由州政府管理的项目。

② Joseph, Michael. FY 2008 – 2009 Annual Results Presentation and Investor Update. Safaricom May 2009.

③ Tavneet Suri, William Jack. "The Long – run Poverty and Gender Impacts of Mobile Money." Science Magazine 354, no. 6317 (December 2016): 1288 – 1292.

后，肯尼亚市场上又推出了多种类似的产品，如股权银行易智贷（Eazzy Loan）和分支产品（Branch）、塔拉（Tala）等金融科技数字信贷产品。2018 年，肯尼亚的一项研究估计，肯尼亚有 1/3 的手机用户从手机上进行了借款[1]。

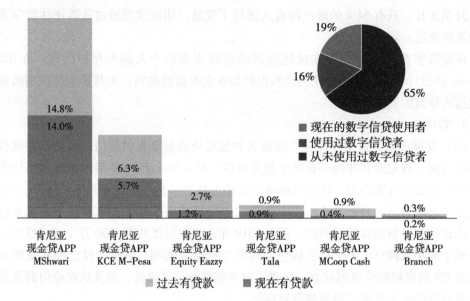

图 1.4　2019 年肯尼亚使用数字信贷的情况

（2）关键驱动因素。私营部门主导模式（推出 M – Pesa 的移动运营商萨法利通信公司）。M – Pesa 的成功得益于三个因素：拥有大量私人投资、强有力的执行力度和在电信市场占据主导份额。萨法利通信公司是肯尼亚占主导地位的移动网络运营商，在推出 M – Pesa 时拥有超过 80% 的市场份额。它斥巨资建立了一个覆盖城乡的庞大代理网络。M – Pesa 启用了大量小型零售代理商（2019 年 12 月约 225 000 家），其中许多是现有的杂货店或零售店，允许其通过简单的基于 SIM 卡的应用程序存入或提取现金。尽管萨法利通信公司在 2018 年推出了 M – Pesa 智能手机应用程序，但大多数交易仍然通过基本的 Sim – Toolkit（STK）进行，该项目无须智能手机，甚至无须互联网连通即可使用。自 M – Pesa 推出以来，数字支付用户和代理商数量急剧增加。2019 年，肯尼亚 79% 的成年人在使用 M – Pesa[2]，M – Pesa 为萨法利通信公司创造了 75 亿美元收入。在银行实体网点和自助柜员机基础设施稀缺的情况下，M – Pesa 使得远程汇款和收款方式更便宜、更安全、更高效。

监管灵活性。监管机构采取“测试和学习”方法也是 M – Pesa 取得成功的重要因素。2007 年的监管框架并没有为监管非银行机构的产品提供法律依据。肯尼亚中央银

---

　　[1]　Kaffenberger, Totolo, and Soursourian. 2018. A Digital Credit Revolution: Insights from Borrowers in Kenya and Tanzania.

　　[2]　FinAcces. 2019 FinAccess Household Survey. Nairobi: Central Bank of Kenya, 2019.

行管理层对 M – Pesa 的商业模式进行了法律和运营评估之后，决定不反对这一商业模式。评估结论是 M – Pesa 未提供银行服务，主要是因为它不接受客户存款①，不提供金融中介服务，也不支付储蓄利息②，所以 M – Pesa 不会对金融稳定构成威胁。肯尼亚中央银行要求 M – Pesa 的 e – float 余额必须存储在当地银行的信托账户中，且必须每天对账。从信托账户中提款必须经过授权③。这在当时是极大的创新，但不一定适用于其他国家。随后，肯尼亚的经验表明，虽然这种方法能够迅速扩大数字支付规模，但必须建立全面的监管框架，以应对竞争和保护金融消费者权益。

简化客户尽职调查。简化客户尽职调查对基于手机的银行账户发展至关重要。M – Shwari 和 KCB M – Pesa 等 M – Pesa 平台上提供的信贷和储蓄产品使用简化的客户尽职调查流程，允许在没有任何额外文件要求的情况下开设虚拟账户和远程账户。银行只需访问客户在注册阶段向萨法利通信公司提供的信息（例如，身份证或护照）。然后，这些信息会与肯尼亚政府运维的官方数据库"综合人口登记系统"（Integrated Population Registration System，IPRS）进行交叉验证。客户可以在其 M – Shwari 银行账户中最多存入约 2 500 美元，当超过该金额时，则需要额外核实。简化的客户尽职调查在不同的国家均是推动数字普惠金融发展的重要因素，可被视为普适性因素。

（3）启示。肯尼亚在数字普惠金融方面的成功经验表明，基于风险的监管方法可以促进创新和普惠金融发展。肯尼亚中央银行没有采取保守的做法，没有在缺乏监管的情况下拒绝萨法利通信公司提升运营能力，而是采取了"测试和学习"的方法，对萨法利通信公司发展进行更有效的监测，使其能够在市场上运营。这为监管机构和数字普惠金融提供商之间的积极合作奠定了基础，允许当时的监管框架更密切地监测监管范围外的新的和混合的业务模式。

尽管灵活的监管方式让数字支付和数字信贷蓬勃发展，但也引发了公众对金融消费者权益保护的担忧。M – Shwari 和 KCB M – Pesa 等数字信贷产品的成功吸引了市场上许多不受监管的金融科技参与者加入。因此，金融消费者可以从多个提供商那里借款，导致近年来违约率飙升，尤其是首次借款人的违约率居高。微型储蓄（MicroSave）的研究显示，2018 年有 220 万数字信贷借款人在征信机构有不良贷款记录，约占成年人口的 10%，其中一半的未偿还余额不足 10 美元④。肯尼亚金融深化的研究显示，2019 年应用程序商店中列出的 100 多家数字信贷提供商，其中大部分没有执行关键的数据隐私和金融消费者权益保护原则。非银行金融科技提供商市场行为和金融消费者

---

① 评估的结论是，用现金交换电子货币并不代表存款，因为它始终由客户控制。M – Pesa 代理商被要求在 M – Pesa 钱包中预先存入 e – float，而 M – Pesa 钱包则由当地银行在信托账户中持有。因此，客户或萨法利通信公司都没有信用风险。

② Alliance for Financial Inclusion. 2010. Enabling Mobile Money Transfer. The Central Bank of Kenya's Treatment of M – Pesa.

③ 截至 2019 年末，肯尼亚中央银行实施了额外的要求，包括多样化要求，要求萨法利通信公司在一家银行存储最多 25% 的 e – float（一旦 e – float 超过 95 万美元），至少两家存储 e – float 的银行必须是评级较高的。此外，信托账户的收入只能按照信托立法使用或捐赠给公共慈善机构，而不能支付给客户。

④ MicroSave. 2019. Making Digital Credit Truly Responsible.

权益保护的监管框架仍然是一个有待进一步解决的重要领域。

肯尼亚竞争管理局（CAK）已采取措施促进市场竞争并降低客户费用。肯尼亚竞争管理局采取了三项关键措施促进数字支付市场竞争。首先，要求非结构化补充业务数据（USSD）服务定价透明，这对提供数字支付服务至关重要，因为这一要求有利于银行和电信公司处于平等地位。其次，肯尼亚竞争管理局禁止数字支付独家代理合同，使代理商能够向多个数字支付服务商提供服务。最后，肯尼亚竞争管理局与其他当局合作，要求数字支付服务具有互操作性。尽管竞争逐渐加剧，但 M－Pesa 仍然是肯尼亚最大的数字支付服务商。然而，新兴起的竞争将促进数字支付服务价格下降。

4. 坦桑尼亚。

（1）发展成效。自 2008 年首次提供数字支付服务以来，在激烈竞争和充分合作的市场下，坦桑尼亚数字支付使用呈现爆炸性增长。注册数字支付用户从 2008 年的 11.2 万人增长到 2019 年的 9 510 余万人，月均活跃用户数为 2 390 万人，且至少进行了一笔交易。移动网络运营商之间的竞争降低了转账成本，并促使市场规模每年以两位数的速度增长。坦桑尼亚移动金融服务市场的独特之处在于，四大参与者积极竞争客户，同时也共享代理网络（截至 2019 年末有超过 56 万代理商），这在接入点数量方面以及服务成本方面对消费者有明显好处。2017 年，78% 的农村地区坦桑尼亚人生活在接入点附近 5 千米内。2015 年，坦桑尼亚转账 20 美元的服务成本为 0.17 美元，而肯尼亚为 0.37 美元。

随着坦桑尼亚数字支付使用的增加，其对贫困群体服务的创新也蓬勃发展。银行逐渐意识到与数字支付提供商合作，能够以更低的成本获得更多的客户，从而带来了对普惠金融有重要影响的几项创新，包括：南非共和国移动网络通信运营商沃达康（Vodacom）和非洲商业银行的数字储蓄和信贷产品 M－Pawa；非洲金融科技公司 Jumo 和金融科技公司 Airtel 的 Timiza 数字信贷产品以及 FINCA 小额信贷银行和 Halotel 的数字储蓄 HaloYako。2017 年，在之前一年的储蓄中，有 35% 的坦桑尼亚人使用手机钱包，高于银行储蓄占比（16%），但仍低于家庭储蓄的占比（43%）。此外，越来越多按需付费的太阳能公司也在通过数字化渠道支付廉价的离网能源[①]。

（2）关键驱动因素。坦桑尼亚数字普惠金融市场的快速增长和竞争性发展有 2 个主要驱动因素：坦桑尼亚中央银行在谨慎平衡确保充分监管的同时，避免扼杀市场发挥的促进作用以及行业主导的互操作性。蓬勃发展和竞争激烈的移动电信部门以及对代理网络的大量早期投资也促进了该国数字普惠金融发展。

为了促进创新，坦桑尼亚中央银行采取了与肯尼亚类似的"测试和学习"方法。起初，当创新者试图进入数字支付领域时，坦桑尼亚银行的回应是发布 2007 年《数字支付指南准则》，该指南只适用于银行和类似的金融机构。为了使非银行机构能够进入市场，坦桑尼亚银行允许移动网络运营商通过签发无异议函提供自有支付服务。有了

---

① 离网能源指的是独立于传统电力系统网络的情况下，通过储能设备将可再生能源储存起来，并在需要时释放出来以满足电力需求。

这一工具，坦桑尼亚银行允许非银行机构在其监管下合法提供服务。仅仅 3 年后，数字支付市场就有了 4 个强大的市场竞争对手 M – Pesa（沃达康公司）、Airtel money（Bharti Airtel公司）、Tigo Pesa（Tigo 公司）和 Z – Pesa（Zantel 公司）。在目睹了市场进入和数字普惠金融带来的繁荣之后，坦桑尼亚银行于 2015 年颁布了《国家支付系统法案》（*National Payments Systems Act*）和《数字支付服务商指导守则》（*Electronic Money Issuer Guidelines*），强化了监管框架。虽然无异议函给了提供商投资和创新的信心和空间，但《国家支付系统法案》明确通过发放移动金融服务提供商许可证，建立适用于所有人的明晰要求和程序，对不合规行为实施处罚，提高了系统的透明度和同质性。

坦桑尼亚的监管框架源于"测试和学习"方法，也引入了促进竞争的关键措施，包括 3 个关键要素①：一是针对非银行机构发行预付账户，设立专门的牌照窗口，不受针对银行的全套审慎规定限制，也不允许这些机构进行资金中介活动；二是允许数字支付提供商使用第三方代理商提供的金融服务；三是简化的客户尽职调查使得在开立某些类型的账户时需要的文件更少。

行业主导的互操作性框架。数字支付服务的互操作性是在有利的监管环境下由行业主导的结果。《数字支付服务商指导守则》规定，支付服务必须能够与其他数字支付服务提供商提供互操作性的服务。该守则为行业首次创建一套治理和操作规则提供了框架，通过行业参与者之间的频繁磋商，实现了数字支付的互操作性。这些工作由国际金融公司推动和比尔和梅琳达·盖茨基金会（BMGF）提供资金资助。

截至 2014 年，提供商就参与标准、清算和结算原则以及解决争端的方法达成一致。标准到位后，提供商就会同意进行双边连通和谈判定价。这与肯尼亚不同，肯尼亚在 2018 年强制要求互操作性，但早期进行互操作性交易的情况很少。坦桑尼亚互操作性的交易从 2014 年的 17.4 万笔增加到 2017 年的 690 万笔，约占所有 P2P 交易的 28%。到 2017 年，坦桑尼亚 60% 的数字支付用户报告称，在过去 6 个月里进行了互操作性的 P2P 交易。然而，如下文所述，使用双边协议建立一个行业主导的互操作性框架可能也有其自身的风险。

（3）启示。坦桑尼亚发展数字普惠金融的做法表明，相互竞争的数字普惠金融提供商无须中央银行授权，即可合作开发市场。允许行业牵头协商互操作性标准和规则，有助于从一开始就获得重要支持。行业主导的互操作性标准是坦桑尼亚在短期内成功发展数字支付的关键催化剂。

但是，这种双边协议的互操作性方法仍有部分局限性，坦桑尼亚中央银行正在建立具有多边方案的集中支付系统。首先，新进入者面临的挑战是，需要与所有其他提供商建立自己的双边协议。与中央基础设施和多边协议的监管潜力相比，坦桑尼亚中央银行对互操作性安排的预见性能力也有限，无法充分监测风险。其次，互操作性框

---

① 此外，监管措施激励了数字支付市场的竞争。《数字支付服务商指导守则》规定了代理商的非排他性，允许 Tigo 利用沃达康现有的代理网络提供服务，专注于招募现有的 M – Pesa 代理商。然而，2016年手机账户数量有所下降，当时通信监管机构要求移动网络运营商停用所有注册不当的 SIM 卡。这也导致数字支付账户渗透率下降了 8 个百分点，降至53%。

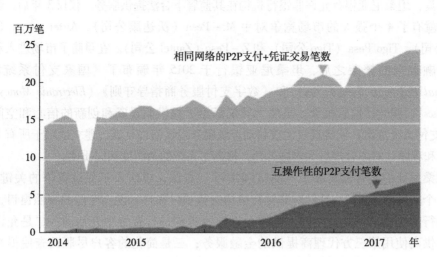

图 1.5 P2P 和互操作性的 P2P 支付数量

架仅适用于数字支付之间的交易，不允许银行账户和数字支付账户之间的互操作。最后，要求所有数字支付服务商与其他运营商保有账户，保持足够的余额，这对系统流动性提出了更高的要求，随着交易量的增长，运营可能无法持续。因此，坦桑尼亚中央银行正在建立集中系统，其中包括涵盖数字支付账户和银行账户之间交易的多边计划。在拟议的系统中，数字支付服务商和银行只需要维护结算账户。新数字支付服务商和其他持牌机构将不再需要进行双边谈判定价和结算安排，而是直接加入多边计划。

金融消费者权益保护仍然是监管需完善和关注的重要领域。随着坦桑尼亚数字信贷的高速发展，过度负债已成为令人担忧的问题，毕竟坦桑尼亚有 21% 的手机用户获得了数字贷款。坦桑尼亚的违约和逾期付款持续增高，有 31% 的借款人违约（比肯尼亚高出 3 倍），有 56% 的借款人逾期偿还数字贷款[①]。缺乏透明度可能是用户过度负债的主要原因，因为近 1/3 的数字借款人有过贷款人收取额外费用、超额提款的经历，或者表示不了解贷款的成本和条款。

1.4.2 私营部门的典型案例

1. 印度。截至 2017 年末，印度约有 1 500 家金融科技公司[②]。印度早已运用技术手段应对普惠金融发展的挑战。例如，印度最早的金融科技、金融创新及网络运营公司（FINO）于 2017 年成立，是为金融机构提供端到端的 IT 及服务解决方案的服务提供商，使金融交易能够扩展到无银行业务的地区。国际金融公司是早期的股权投资者。FINO 提供了一个银行和支付的核心系统，使用智能卡和 POS 终端机为银行的远程客户提供低成本、可靠的金融交易服务。FINO 也为服务印度农村地区的银行、微型金融机

---

① "A Digital Credit Revolution: Insights from Borrowers in Kenya and Tanzania." CGAP/FSD, October 2018.

② PwC. 2017. Fintech India Report 2017.

构、保险公司和政府机构提供业务代理的解决方案。到 2015 年，FINO 为 40 家金融机构提供"最后一公里"的银行家服务，运营着一个由 3 万人（1/3 是女性）组成的代理网络，服务着 8 500 万客户。2017 年，FINO 根据印度储备银行（RBI）新法规成立了支付银行。国际金融公司的金融机构咨询服务集团与 FINO 就提交给印度储备银行的业务计划进行了战略合作。金融科技、金融创新及网络运营支付银行拥有 265 家实体网点和超过 17 万个服务点，通过合作伙伴按照成本效益原则向农村客户提供存款、储蓄、贷款和保险服务，以及每月进行 100 多万笔汇款。

印度堆栈、当地强大的技术和金融科技、风险投资的可得性和成熟的适应颠覆性的变革环境，是金融科技初创公司成功建立的主要原因，并使其在印度蓬勃发展。由于融资渠道缺失和传统金融服务提供商手续烦琐缓慢，部分金融科技公司以非常快的速度扩张，现已在各自领域中占据主导地位，主要的应用包括移动钱包、替代贷款和保险。

在印度，移动钱包用户量激增，部分钱包已经大规模使用。PayTM（印度最大的支付平台）的移动钱包用户超过 2 亿，允许客户从任何账户免费支付以及向任何账户支付，并使 800 多万商户能够接受数字支付。PayTM 吸引了软银（Softbank）和蚂蚁金服（Ant Financial）的投资，并于 2017 年获得印度储备银行的许可，成立支付银行。谷歌于 2017 年开发了支付应用程序，以统一支付接口为基础，通过简洁的界面实现账户对账户转账；截至 2019 年末，其月活跃用户达到 6 700 万，年交易额达到 1 100 亿美元。有 2.5 亿印度人使用的 WhatsApp（免费的信息与视频通话应用软件）正在测试 WhatsApp 支付应用，已获得监管部门批准并于 2020 年全面推出。沃尔玛 PhonePe 支付和亚马逊支付也使用了统一支付接口设计支付应用程序。通过这些和其他应用程序，统一支付接口在不到 4 年的时间里获得了超过 1 亿用户[①]。

随着金融科技初创公司推动 P2P、消费者和中小微企业贷款的发展，替代贷款在印度蓬勃发展。知名公司包括 Mintifi（IFC 的投资方）、Capital Float（网上借贷平台）、Faircent（P2P 平台）、Lendingkart（借贷平台）、Money Tap（借贷平台）和 Power2SME（总部位于印度古尔冈市的中小微企业 B2B 线上采购平台）。这些公司利用生物身份识别项目（Aadhar）、统一支付接口和印度堆栈，简化从引入到信贷决策、支付和收款的流程。他们运用大数据分析覆盖那些没有传统信用记录的客户，并快速作出信贷决策。与银行审批长达几周的时间相比，它们可以在申请后几小时内完成贷款发放。

不同的商业模式需要不同的监管结构。部分在线贷款机构使用市场模式发放贷款，但最终由合作银行实施。另一部分则获得了非银行金融机构的牌照，使用自己的资金，偶尔与银行合作发放贷款。直到 2017 年印度储备银行推出特定的非银金融机构—P2P 规则，P2P 市场才被正式认可。获得 P2P 许可的平台可以将个人借款人与贷款人联系起来，但不能从自己的账户中支付，限制了个人贷款人和借款人对这类资产的需求。

---

① Rai, Saritha. "Google, Walmart Help Drive India Payments Past 1 billion Transactions." The Economic Times, November 1, 2019.

同样，印度堆栈协助新用户注册，贷款资金则通过统一支付接口从贷款人银行账户直接支付至借款人账户。

Policy Bazaar（印度保险平台）、Coverfox（印度保险科技公司）和 Turtlement（印度保险科技平台）等在线保险市场通过数字化简化购买保单流程，提高了客户知情权。根据业务模式，这些公司作为代理商或经纪人推动保险发展，并受监管局监管。

2. 孟加拉国。2011 年，孟加拉国的监管改革允许银行成立受监管的子公司，提供移动银行服务。中央银行和电信监管机构还鼓励该国的移动网络运营商（MNOs）向移动银行提供商提供接入其网络的服务。这些叠加措施为金融机构与移动网络运营商合作服务客户奠定了基础，到 2012 年，移动网络运营商的覆盖率达到 65%。孟加拉国布拉克银行（BRAC）于 2011 年开展了移动银行业务 bKash。

2013 年，国际金融公司以 1 000 万美元的股权投资收购了 bKash12.5% 的股份，支持其发展为孟加拉国最大的移动金融服务提供商。bKash 是全球第二大代理机构，2019 年在全国拥有 3 000 万注册用户和约 22 万代理商。bKash 代理商可以是社交视频服务（airtime）提供商、自助服务机或杂货店老板，他们对 bKash 发挥着关键作用，不仅提供"现金进账和现金出账"服务，让客户有效地提取现金，并将现金存入账户，还指导用户如何逐步进行交易。现金存取业务也可以在孟加拉国农村发展委员会银行的自助取款机上完成。bKash 早期的战略服务对象为低收入客户提供了可以在具有基本功能手机上使用的用户界面。

bKash 日均处理约 550 万笔交易，使孟加拉国的账户覆盖率从 2011 年的 31.7% 提高到 2017 年的 50%，极大地提高了金融可得性。bKash 的收费结构是对银行账户中的现金和进行转账不收取费用，对汇款收取的费用很低，旨在鼓励用户使用。bKash 大大提高了支付的便利性和安全性，并降低了从城市向农村汇款和其他个人对个人转账的成本。到 2017 年，孟加拉国 30% 的成年人使用过数字支付，高于 2014 年的 6%。

国际金融公司扩大了交易规模，并在帮助增加商户对 bKash 平台的使用方面提供了咨询支持。bKash 于 2014 年将移动商户支付添加到其服务产品中。国际金融公司的金融机构咨询服务集团为制定产品战略和收购新商户提供了支持。bKash 的平台用户为孟加拉国各地的 5 万多家商户。商户对消费者支付免费，并使小型企业能够参与支付网络，微型企业无须支付高达 15 000 孟加拉塔卡的费用，而对于较大的交易量，则需要支付 1% 的费用。

3. 肯尼亚。肯尼亚广泛使用数字支付，创建了提供金融和非金融服务所需的转账基础设施。例如分期付款购买太阳能电池板，通过 M－Pesa 偿还贷款，并提供微型保险和综合性贷款等。肯尼亚是非洲最发达的金融科技市场之一，有几十家初创企业、数家孵化公司和本土投资者，成为金融科技市场不断发展的基础。2019 年数字普惠金融 50 强获奖者中，有 9 位来自肯尼亚或在肯尼亚开展业务。

肯尼亚市场最重要的影响之一，是零售商户支付广泛接受 M－Pesa。在肯尼亚辖内的大多数市场，大多数金融交易发生在商店，但出于商户费用、税收和行政考虑，店主可能对接受数字支付犹豫不决。在肯尼亚，超过 7 万商户接受 M－Pesa 支付，每天有近100万客户使用该服务。"Lipa na M-Pesa"（通过M-Pesa，客户可以使用移动设备进行存款、取款、转账、为商品和服务买单）几乎无处不在。商户的接受程度在很大程度上由消费者需求驱动，可追踪数字支付收入提供的低成本贷款也是吸引部分商户接受数字支付的重要原因①。

2017年，肯尼亚成为第一个推出移动零售债券M-Akiba的国家，允许以低至30美元的价格小额投资政府债券。该产品由肯尼亚政府通过财政部下属的肯尼亚中央银行（CBK）与内罗毕证券交易所（NSE）、中央存款结算公司（CDSC）、移动网络运营商、肯尼亚股票经纪人和投资银行协会（KASIB）合作提供。数字支付用户可以使用他们的SIM卡和身份证注册，并使用M-Pesa为他们的投资提供资金。政府在2017年3月23日发行"特别限量发售"债券，共筹集资金1.5亿肯尼亚先令，截止日期为4月7日，但提前两天（4月5日）已售罄并结束发售。

2015年至2020年，移动应用数字贷款机构Branch International已向300多万客户提供了1500多万笔贷款，通过M-Pesa支付了总计3.5亿美元。2018年3月，国际金融公司对其实体网点进行了股权投资，并通过额外的股权和债务方式支持其进一步发展。该机构的实体网点也在尼日利亚、坦桑尼亚、墨西哥和印度开展业务。潜在借款人下载Branch应用程序，验证身份，并同意Branch访问客户的智能手机数据。该系统能够在几秒钟内创建个性化贷款选项，允许实体网点在几分钟内批准贷款，贷款期限从几周到一年多不等，贷款金额通常约为50美元。85%的借款人使用这些贷款创办或发展企业或资助教育。用户通常使用M-Pesa支付和偿还贷款。如果使用传统的人工信用评估方法和现金处理流程，对这种规模和速度的贷款进行承保和服务是不可行的。

肯尼亚农业数据分析公司农业驱动（FarmDrive）为银行服务不足的小农提供金融服务，同时帮助金融机构经济高效地增加农业组合贷款。FarmDrive使用简单的手机技术、替代信用评分和机器学习，弥补了数据空白，能够支持小农获得金融服务，促进他们发展农业并增加收入。风险管理工具和高效流程的结合使金融机构能够以可持续的方式进入一个服务成本不高的市场。FarmDrive于2015—2016年开始试点，是2017年Fincluders训练营的一部分。该公司2019年的贷款发放规模达1300万美元，未来5年将发放小农贷款300万美元②。

数字支付也有助于改善医疗保健服务。萨法利通信公司的M-Tiba使80余万肯尼亚人享有在400多家医院的急救和治疗服务。截至2017年末，M-Tiba已向客户支付了1.268亿肯尼亚先令，累计就诊超过8.3万人次③。

4. 坦桑尼亚。坦桑尼亚的数字普惠金融市场更具竞争力，已发展到与邻国肯尼亚竞争。在2014年引入互操作性后的短短一年时间里，坦桑尼亚79%的手机用户对数字支付的认知度达到了95%，63%的成年人使用过数字支付。服务商提供的服务越来越

---

① Joseph, Michael. FY 2008 – 2009 Annual Results Presentation and Investor Update. Safaricom, May 2009.

② Writer, Staff. "FarmDrive Receives Additional Investment to Provide Credit to 3 million Smallholder Farmers in Kenya." Techmoran, February 2019.

③ Joseph, Michael. FY 2008 – 2009 Annual Results Presentation and Investor Update. Safaricom May 2009.

复杂，用户的接受程度也很高。到 2015 年，约 50% 用户在个人和商业交易中都使用个人对个人转账，32% 的人正使用有偿储蓄和贷款等服务。2014 年，Tigo 开始根据客户 Tigo Pesa 钱包中的余额向他们支付季度奖金。坦桑尼亚中央银行现在要求所有数字支付服务商对持有人信托账户产生的利润提供分成。

坦桑尼亚的代理商有强劲的市场聚合能力，有几个大型、积极发展的代理网络为银行和移动网络运营商提供服务。单个代理商可以为多个提供商提供服务，这使得聚合模式降低了代理商的成本。三大代理商萨康（Selcom）、美思康（Maxcom）和赛兰坦特（Cellulant）也提供自己的场外增值服务。客户无须使用手机即可通过代理商支付账单和进行汇款①。

坦桑尼亚在数字支付基金会的基础上分层开展储蓄、贷款、保险和其他服务等业务。例如，2014 年，沃达康公司与非洲商业银行合作推出了 M – Pawa，提供储蓄和贷款；截至 2017 年末，该服务拥有超过 500 万客户，每月发放约 35 万笔小额贷款。2017 年，坦桑尼亚 FINCA 小额信贷银行与 MNO Halotel 合作，提供一种数字储蓄产品"HaloYako"，可以在实现储蓄目标时提供免费账户和通话时间奖励。ACRE Africa 是 2019 年数字普惠金融 50 强机构之一，向坦桑尼亚以及肯尼亚和卢旺达的小农提供作物、牲畜和指数保险产品。数字支付还为非金融业务模式提供基础，推动按需支付的太阳能业务在坦桑尼亚快速增长。

5. 泰国。PromptPay 快速支付服务具有实时清算和结算功能，并结合代理查找服务，可以安全地将国家 ID 号码、企业税务 ID 或电话号码与对应银行账户连通。这使用户能够从他们的账户向参与其中的 23 家银行的另一个账户付款。PromptPay 是泰国通用自助柜员机国家银行间交易管理和交换公司与技术提供商 VocaLink（现在是万事达卡的子公司）的产品。PromptPay 于 2017 年 1 月推出，到 2019 年年中，注册用户达 4 900 万（70% 的人口），日均处理 400 多万笔交易②。银行对低于 5 000 泰铢的 PromptPay 交易不收取手续费。PromptPay 平均交易金额为 3 000 泰铢，其中大部分交易是由现金交易转向数字交易，而不是转向银行卡或数字资金转账。2016 年到 2018 年，泰国数字支付增长了 83%，而 2018 年通过银行实体网点转账的资金下降了 30%，自助柜员机使用下降了 34%③。这一转变的一个关键贡献是能够通过互操作的二维码系统快速、安全地向商户付款。

标准化的 Promptpay 二维码是体现泰国银行（Bank of Thailand）监管沙盒理念的首批创新成果之一。在许多国家，二维码系统是专有的，客户必须使用与商户相同的提供商二维码才能付款（在实践中，许多商户登录多个系统，以便能为更多的客户服务，但必须在这些单独的账户上管理资金）。泰国银行指导该行业朝着开放基础设施互操作性的共同解决方案发展，业界协作建立标准和业务规则。2017 年 8 月至 12 月，11 家银

---

① Digital Access: The Future of Financial Inclusion in Africa.

② Payment Systems Roadmap No. 4 (2019 – 2021) page 11, and Vocalink. "PromptPay Transforming Thailand Towards a Digital Economy." News Release.

③ "Digital Payments on the Rise." The Bangkok Post, February 15, 2019.

行在泰国银行监管沙盒中联合测试了通用二维码系统的技术、客户服务和安全性等方面。二维码系统很快被商户使用。到 2019 年年中，超过 370 万商户接受 Promptpay 二维码支付，而 14 万商户接受拥有 48 万台传统 POS 设备的银行卡支付。Promptpay 和商户二维码支付为泰国数字支付增长作出了重大贡献，降低了实施和接受数字支付的成本，提高了客户交易的安全性和便利性，改善了商户的运营环境和透明度。泰国银行与外国银行合作的几个东盟国家现在可以使用跨境二维码系统，例如 Krungsri 与日本三菱日联金融集团（MUFG）的合作，使泰国客户能够在外国商店使用泰国二维码系统[1]。泰国银行和柬埔寨国家银行在 2019 年签订合约，创建了一个可互操作的"柬埔寨—泰国"二维码系统，三家柬埔寨银行将使用该系统[2]。

---

[1] Krungsri. "Krungsri – MUFG Team up to Drive Thai Financial Landscape Toward Global Arena; Launching Thai QR Code Payment in Japan for First Time." News Release, October 16, 2018. Krungsri.

[2] Pisei, Hin. "NBC Seletcs Three Banks for Pilot QR Code." The Phenom Penh Post, June 18, 2019.

2. 国家普惠金融战略实践

2.1 引言

2.1.1 主要内容

全球普惠金融数据库（Findex）2017年的调查数据显示[①]，全世界约有17亿人无法获得移动支付等正规金融服务[②]。普惠金融在实现各国可持续发展目标方面发挥着关键作用，已成为全球金融发展的重要趋势。国家普惠金融战略（NFIS）包括明确的愿景、目标和有效的实施计划，为有序推进普惠金融提供了指南，有助于提高金融服务可得性和覆盖面，促进普惠金融发展。

普惠金融联盟（AFI）通过其NFIS同行学习小组促进NFIS的制定、实施、监测与评估（M&E）。AFI在2018年发布的NFIS实践现状报告中强调了将绿色普惠金融（IGF）、性别普惠金融（GIF）或小额保险等跨领域议题纳入国家普惠金融战略的趋势和重要性[③]。新冠疫情凸显了发展普惠金融的重要性，有必要了解AFI各成员在2022年启动、调整或评估其NFIS方面的情况。

AFI为评估新纳入NFIS的重要领域，发布了关于NFIS实践现状的第二阶段同期报告。此报告的数据和信息来源包括与AFI成员进行的18次访谈、AFI成员的NFIS和AFI的出版物。该报告总结了AFI成员如何完成其NFIS的预制定、制定、实施、监测与评估等工作。

71%：2018年共有47个AFI成员制定了NFIS；2021年已有63个AFI成员制定了NFIS，占AFI成员总数的71%。

+16：16个AFI成员正在预制定或制定NFIS。

中东和北非（MENA）以及东欧和中亚（EECA）地区所有已启动NFIS的成员实行了第一阶段NFIS，拉丁美洲和加勒比（LAC）以及太平洋（PAC）地区有超过40%的国家实行了第二或第三阶段的NFIS。AFI成员在修订NFIS时更倾向于缩短期限，以

---

① 由于新冠疫情对全球普惠金融数据库数据收集和分析造成干扰，此处使用了普惠金融数据库2017年的数据。

② World Bank. 2017. 2017 Findex, Chapter 2, The Unbanked.

③ AFI. 2018. NFIS: Current State of Practice.

加强对活动影响的评估，以便及时进行改进。

AFI 成员通过将普惠金融、气候变化和绿色金融等议题纳入其 NFIS 的关键政策领域，凸显了其在落实 AFI 各项协议承诺方面的决心和工作，如《德纳鲁行动计划》中的女性普惠金融、《索契协议》中的金融科技促进普惠金融、《基加利声明》中的促进弱势群体普惠金融，以及《沙姆沙伊赫协议》中的普惠金融、气候变化和绿色金融。

自 2018 年以来，几乎所有推出 NFIS 的 AFI 成员都将金融消费者权益保护、数字普惠金融服务（DFS）和金融教育（FinEd）作为关键政策领域①。还有少数 AFI 成员将解决普惠金融性别差距、中小微企业（MSME）金融服务、微型保险和青年普惠金融作为关键领域。此外，也有部分 AFI 成员将绿色金融和解决难民（FDP）金融服务需求纳入政策领域。这些体现了 AFI 不同成员面对的经济、政治、环境或健康方面的差异化挑战。

中东和北非地区有 4 个 AFI 成员，57% 的成员制定了 NFIS，29% 的成员正在拟定 NFIS，100% 的成员处于 NFIS 的第一阶段。东欧和中亚地区也有 4 个 AFI 成员，57% 的成员拥有 NFIS，29% 的成员正在拟定其 NFIS，100% 成员处于 NFIS 的第一阶段。亚洲地区有 12 个 AFI 成员，制定 NFIS 的成员占比为 92%，正在拟定 NFIS 的成员占比为 8%；75% 的成员处于 NFIS 的第一阶段，8% 的成员处于 NFIS 的第二阶段，17% 的成员处于 NFIS 的第三阶段。拉丁美洲和加勒比地区有 9 个 AFI 成员，拥有 NFIS 的成员占比为 69%，正在拟定 NFIS 的成员占比为 15%；56% 的成员处于 NFIS 的第一阶段，44% 的成员处于 NFIS 的第二阶段。撒哈拉以南非洲地区有 26 个 AFI 成员，拥有 NFIS 的成员占比为 87%，正在拟定 NFIS 的成员占比为 13%；处于 NFIS 第一阶段的成员占比为 68%，处于 NFIS 第二阶段的成员占比为 28%，处于 NFIS 第三阶段的成员占比为 4%。太平洋地区有 7 个 AFI 成员，88% 的成员拥有 NFIS，正在拟定 NFIS 的成员占比为 12%；处于 NFIS 第一阶段的成员占比为 57%，处于 NFIS 第二阶段的成员占比为 29%，处于 NFIS 第三阶段的成员占比为 14%。

每个国家的金融生态系统存在差异，但文献研究和与 AFI 成员的访谈表明，各国面临的部分挑战相同。这些挑战包括：缺乏普惠金融和 NFIS 的专业化人才；缺乏专项及充足的 NFIS 预算；缺乏按性别或年龄分类的数据，以及与普惠金融相关的供需双方数据；利益相关者缺乏对 NFIS 的认识和支持，如私营部门在 NFIS 生命周期的不同阶段的参与度不高；部分国家政府的政治议程与 NFIS 目标在时间上不协调。

尽管上述挑战仍然存在，但本章的研究结论证实了 AFI 成员继续致力于制定和执行 NFIS，以推动普惠金融发展。AFI 成员对 NFIS 持续关注源于 NFIS 为利益相关者提供了以协调、集中和一致的方式开展工作的机会，能够围绕具有广泛影响的政策领域确定资源和任务的优先次序，这有助于在金融生态系统中以可持续的方式提高普惠金融水平。

在 NFIS 实施过程中，AFI 成员获得了宝贵的经验，主要包括：一是要求相关国际

---

① 不包括突尼斯、俄罗斯和乌兹别克斯坦，因为它们的 NFIS 不可用。

发展机构（如 AFI）在 NFIS 生命周期的不同阶段提供技术支持。二是通过自下而上的方法，从 NFIS 推行之初，就让利益相关者积极参与进来，并确保他们在各阶段完成其工作。三是强有力的政治领导。四是确保实施 NFIS 的资金保障。五是国家应制定具体法规或总体条例，将 NFIS 作为公共政策的优先事项，提高对 NFIS 战略重要性的认识。

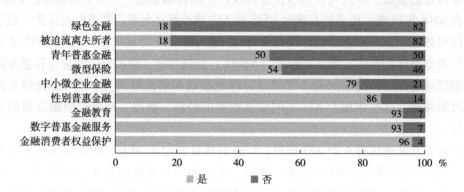

图 2.1　2018 年以来 AFI 成员 NFIS 的关键政策领域占比

2.1.2　微型金融

AFI 成员包括近 90 个新兴经济体和发展中国家的约 100 家中央银行和其他金融监管机构。AFI 及其网站通过普惠金融战略同行学习小组促进 NFIS 的发展、实施和监测。

NFIS 是通过参与金融发展的公共部门和私营部门利益相关者协商，在国家层面制定的公开性 NFIS，以系统地促进普惠金融发展。[①] NFIS 通常包括分析国家普惠金融的现状和制约因素、衡量普惠金融目标、提出实现目标的建议以及评估 NFIS 的进展和完成程度的时间与方法。

监管机构或政策制定者在制定 NFIS 的过程中经常会向同行学习或向国际组织寻求支持，如 AFI[②]、世界银行[③]、联合国资本发展基金（UNCDF）或美洲开发银行。AFI 和世界银行分别于 2016 年和 2018 年开发了 NFIS 工具箱，分享最佳做法和经验，支持各国制定和实施 NFIS。

此外，2013—2021 年中提供的各种知识产品和 6 项协议，可以证实 AFI 及其合作伙伴和捐助者已授予国家金融部门行动权限，并提供了有效信息。AFI 协议有助于指导和促进国家金融部门对特定主题领域制定实际政策解决方案，如绿色普惠金融、性别普惠金融、中小微企业普惠金融、金融科技、青年和难民普惠金融。这些主题通常都反映在 AFI 成员的 NFIS 核心内容中。

---

① 由 AFI 普惠金融战略同行学习小组成员制定的定义。

② AFI. 2016. National Financial Inclusion Strategies a Toolkit.

③ World Bank. 2018. Developing and operationalizing a NFIS.

专栏 2. 1：萨沙纳协议

2013 年的《萨沙纳协议》旨在为制定普惠金融政策和战略提供指导，为金融产品和服务的获取、使用和质量提供数据支撑，评估战略产生的影响。对于 AFI 成员来说，获得高质量和可靠的数据仍然面临挑战。截至 2019 年 6 月末，超过 50 个成员机构报告至少使用了 AFI 普惠金融的一项核心指标。

 专栏 2. 2：马普托协议

《马普托协议》于 2015 年启动，并在 2021 年进行了更新，重申了 AFI 将中小微企业正规化融资作为提高普惠金融关键政策支柱的重要性，体现了《玛雅宣言》的目标，确定了国家关于中小微企业融资的方针。中小微企业对新兴市场主体的经济和社会发展至关重要，但通常难以获得金融服务，已经成为 NFIS 的重点内容。为此，AFI 多次举办了旨在增强中小微企业的融资能力、可持续发展能力和生存能力的能力建设对话。

 专栏 2. 3：德纳鲁行动计划

2016 年推出的《德纳鲁行动计划》确定了 AFI 成员可在 10 个不同领域采取的措施，在金融产品的获取途径、使用和质量方面为发展女性普惠金融创造有利环境。该计划体现了 AFI 成员为推进女性普惠金融，以及通过高影响力的政策行动缩小普惠金融性别差距而做出的工作。

所罗门群岛、斯威士兰、洪都拉斯和尼日利亚的部分成员机构已经提前制定了单独的女性普惠金融国家政策（计划/框架），以加快推动女性普惠金融进展，并履行其在 2016 年《德纳鲁行动计划》中的承诺。

专栏 2. 4：沙姆沙伊赫协议

2017 年的《沙姆沙伊赫协议》使政策制定者和监管者意识到了普惠金融服务在人们应对气候变化影响方面发挥的作用。

AFI 成员机构通过制定和实施缓解气候变化的政策、法规和国家战略，主动减轻了普惠金融、气候变化和绿色金融的压力。2021 年圣多美和普林西比开始在 NFIS 中将绿色普惠金融作为 4 个优先领域之一；马达加斯加在 2020 年通过了新保险法，推出了干旱指数保险试点产品，不久之后又推出了由世界粮食计划署支持的产量指数保险试点产品。

专栏2.5：索契协议

　　鉴于金融科技各种创新带来的挑战，AFI 成员基于 2018 年通过的《索契协议》，利用数字普惠金融服务和金融科技促进普惠金融发展。这一举措促使各国特别关注数字普惠金融服务、数字识别、数据保护以及所有相关规定。

　　在新冠疫情之前，一些成员机构已经投资了数字普惠金融和数字创新。但是，正如洪都拉斯中央银行、利比里亚中央银行和菲律宾中央银行等机构所指出的，新冠疫情加快了数字基础设施建设，推动了数字普惠金融发展。

 专栏2.6：基加利声明

　　2019 年在卢旺达基加利举行的 AFI 全球政策论坛期间发布的《基加利声明》，旨在加快推动普惠金融发展，加速实现《玛雅宣言》和其他 5 项普惠金融协议的目标。

　　阿根廷、印度、约旦、尼日利亚、尼泊尔和巴勒斯坦等成员以青年和难民（FDP）为核心主题制定了 NFIS。在这一战略下计划开展的活动旨在了解这些目标群体的需求，并通过将他们纳入金融服务范围来提高经济潜力。

2.1.3　研究目标

　　考虑到 NFIS 的平均持续时间为 4 年，AFI 决定在 2022 年对 AFI 成员在启动或调整其 NFIS 方面的进展进行评估，作为《2018 年实践现状报告》的后续行动。在这一过程中，AFI 着重关注成员的 NFIS 新趋势、新关键议题或其他变化，特别关注新冠疫情对 NFIS 的影响[1]。

　　因此，本章的主要目标是全面覆盖 NFIS 生命周期不同阶段的实践，包括对各国当前 NFIS 实践的概述，强调实践演变的最新动态以及新冠疫情冲击对 NFIS 决策的影响。报告所涉及的数据和信息来源广泛，包括与 AFI 成员进行的 18 次访谈、AFI 成员的NFIS 和 AFI 知识产品，以评估 AFI 成员如何实施其 NFIS 的预制定、制定、实施和监测与评估。

2.2　普惠金融联盟成员的国家普惠金融战略实践

　　截至 2022 年末，有 63 个 AFI 成员（2018 年为 47 个成员）已实施 NFIS，包括实施

---

　　[1]　AFI. 2018. NFIS: Current state of practice.

独立的 NFIS 或将之嵌入更广泛的普惠金融战略和国家发展战略中（见附录 2.1）①。此外，有 16 个 AFI 成员正在预制定或制定其 NFIS。不同地区为实施 NSFI 所做的努力值得关注：

92%：亚洲地区遥遥领先，已有 92% 的成员实施了 NFIS（2018 年这一比例为 42%）。

88%：有 88% 的太平洋（PAC）地区成员实施了 NFIS。

87%：截至 2022 年末，87% 的撒哈拉以南非洲地区（SSA）实施了 NFIS（16% 在 2018 年之后启动），另有 4 个成员正在制定 NFIS。

69%：有 69% 的拉丁美洲和加勒比（LAC）地区成员实施了 NFIS（22% 在 2018 年之后启动），有 2 个国家正在制定 NFIS。

在中东和北非地区的 7 个成员中（埃及、伊拉克、约旦、摩洛哥、巴勒斯坦、突尼斯和也门），有 4 个成员在 2018 年后制定了 NFIS，还有 2 个成员处于正在制定阶段。欧共体地区也有 4 个成员实施了 NFIS，2 个成员处于正在制定阶段。

东欧和中亚及中东和北非地区所有已启动 NFIS 的 AFI 成员仍在实施其第一阶段 NFIS。但在其他地区，如拉丁美洲和加勒比地区，44% 的 AFI 成员正在实施第二阶段 NFIS。相比之下，亚洲、撒哈拉以南非洲和太平洋地区已启动第三阶段 NFIS。

AFI 成员在修订 NFIS 时略微缩短了其周期：第一阶段 NFIS 的平均实施周期为 4.6 年，第二阶段为 4.4 年，而第三阶段则平均为 4 年。这反映了成员希望更频繁地评估实施活动的影响，并更及时调整、更新行动计划。总体而言，更新计划要考虑到创新、现有数据、金融服务提供商（FSP）的需求以及普惠金融前景和公众需求等方面。

在制定 NFIS 时，主要有两种方法：大多数国家倾向于制定独立战略，但也有部分国家将 NFIS 纳入更广泛的国家发展战略，如国家金融发展战略。例如，加纳分别推出了 NFIS 和发展战略，而尼泊尔、肯尼亚和白俄罗斯则将其普惠金融战略纳入国家发展战略。75% 及以上国家首选制定独立的普惠金融战略。

在一般情况下，这些战略是以国家普惠金融计划的方式制定，如安哥拉的国家普惠金融计划、中国的国家普惠金融发展规划、坦桑尼亚的国家普惠金融计划等。然而，在部分国家，如墨西哥、萨尔瓦多或莱索托，NFIS 则被制定为国家普惠金融政策。例如，莱索托在第一个 NFIS（2012—2017 年）结束后，着手制定了普惠金融政策，这是因为莱索托财政部和中央银行希望满足建立强有力的普惠金融政策和监管框架的需求，并以此为基础确定其潜在的 NFIS 战略核心。在本章中，无论其名称和方式如何，都将被视为 NFIS。

NFIS 为中央银行和政府提供了实施革命性改革的能力，特别是针对人群中的弱势群体（女性、青年或难民），以确保为人们提供更广泛地高质量的金融产品和服务，使人们能够可持续地使用。

---

① 附录 2.1 列出了拥有 NFIS（包括非 AFI 成员）的完整国家名单。

撒哈拉以南非洲
26个国家拥有NFIS

> 安哥拉*   > 纳米比亚
> 布基纳法索*   > 尼日尔
> 布隆迪   > 尼日利亚
> 科特迪瓦   > 卢旺达
> 斯威士兰   > 圣多美和
> 埃塞俄比亚   普林西比*
> 加纳*   > 塞内加尔
> 肯尼亚   > 塞拉利昂
> 莱索托   > 坦桑尼亚
> 利比里亚   > 冈比亚
> 马达加斯加   > 多哥
> 马拉维   > 乌干达
> 莫桑比克   > 赞比亚
              > 津巴布韦

5个国家正在制定NFIS

> 刚果（金）民主   > 毛里塔尼亚
  共和国   > 南非
> 几内亚   > 苏丹

亚洲
12个国家拥有NFIS

> 孟加拉国*   > 马尔代夫*
> 不丹*   > 尼泊尔
> 柬埔寨*   > 巴基斯坦
> 中国   > 菲律宾
> 印度   > 斯里兰卡*
> 马来西亚   > 泰国

1个国家正在制定NFIS

> 蒙古国

东欧和中亚
4个国家拥有NFIS

> 白俄罗斯   > 乌兹别克斯坦*
> 俄罗斯*
> 塔吉克斯坦

2个国家正在制定NFIS

> 亚美尼亚
> 吉尔吉斯斯坦共和国

中东和北非
4个国家拥有NFIS

> 约旦*   > 巴勒斯坦*
> 摩洛哥*   > 突尼斯*

2个国家正在制定NFIS

> 埃及
> 伊朗

太平洋
7个国家拥有NFIS

> 斐济   > 所罗门群岛
> 巴布亚新   > 东帝汶
  几内亚   > 瓦努阿图*
> 萨摩亚
> 塞舌尔

1个国家正在制定NFIS

> 汤加

拉丁美洲和加勒比
9个国家拥有NFIS

> 阿根廷*   > 洪都拉斯
> 哥伦比亚   > 墨西哥
> 厄瓜多尔   > 巴拉圭
> 萨尔瓦多*   > 秘鲁
> 海地

2个国家正在制定NFIS

> 哥斯达黎加
> 多米尼加共和国

注：＊表示自2018年起启动首个NFIS的国家。

图2.2　各地区AFI成员的NFIS情况

自2018年以来，AFI成员中11个国家实施了17项与性别普惠金融有关的政策，旨在促进女性普惠金融发展。其中，超过1/3的政策制定者着重制定按性别分类的数据（SDD）① 框架，积极收集相关数据。这凸显了金融监管机构和政策制定者与政府其他机构合作，发挥其在推动性别普惠金融发展方面的关键作用。

---

① AFI. 2020. Policy and regulatory reforms in the AFI networks 2020.

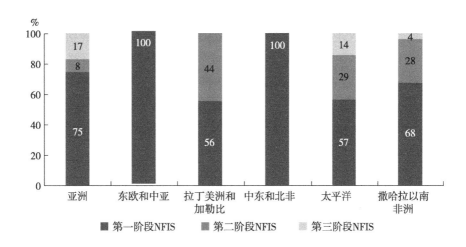

图 2.3　各地区的 NFIS 更新情况

	1年	2年	3年	4年	5年	6年
第一阶段NFIS	●	●	●	●	◖	
第二阶段NFIS	●	●	●	●	◖	
第三阶段NFIS	●	●	●	●		

注：在更新的过程中，NFIS的平均持续时间缩短。

图 2.4　NFIS 的平均持续时间

2.3　国家普惠金融战略生命周期

各国在制定和实施 NFIS 路线图时可采取不同的方法，以各类知识产品作为参考，如 2012 年世界银行的普惠金融战略参考框架、2016 年 AFI 的国家 NFIS 工具箱、2018 年世界银行的 NFIS 工具箱以及 AFI 在 2020 年制定的 NFIS 政策模型。

NFIS 政策模型提供了标准化的 NFIS 生命周期框架，其内容动态更新，各国可根据其需求和优先事项在生命周期的不同阶段增减特定内容。例如，AFI 各成员在其 NFIS 中着重考虑了性别分类数据、数字普惠金融服务、金融知识、金融消费者权益保护、性别普惠金融、中小微企业金融服务和绿色普惠金融等主题领域。

2020 年，AFI 的普惠金融战略同行学习小组制定了 NFIS 政策模型，作为 AFI 成员规划其 NFIS 路线图的标准框架。孟加拉国、斐济、所罗门群岛、巴拉圭和津巴布韦等国已使用 NFIS 政策模型和 NFIS 中的性别与女性普惠金融框架制定后续战略。AFI 还在 NFIS 生命周期的不同阶段（诊断研究、NFIS 开发和同行审查、中期审查和后期评估）向其成员提供技术支持。本章将使用 AFI 的国家普惠金融战略政策模型对 AFI 成员在 NFIS 生命周期不同阶段实施做法进行评估、分析和反思。

图 2.5 展示了典型的 NFIS 生命周期，包含预制定、制定和实施三个主要阶段，每个阶段都有独特目标、相应的活动及取得的成果。然而，在实践中这些阶段难以区分，

相互交织，特别是在预制定和制定阶段，而且政策模型①并不一定反映 NFIS 的阶段及其顺序。例如，AFI 的 NFIS 政策模型建议在预制定阶段建立监测和评估小组（并明确职权范围），而目前大多数国家更强调在制定或实施阶段考虑这些问题。NFIS 的生命周期包括 NFIS 从预制定、制定、实施，再到监测与评估，以及进一步的完善措施的所有阶段。

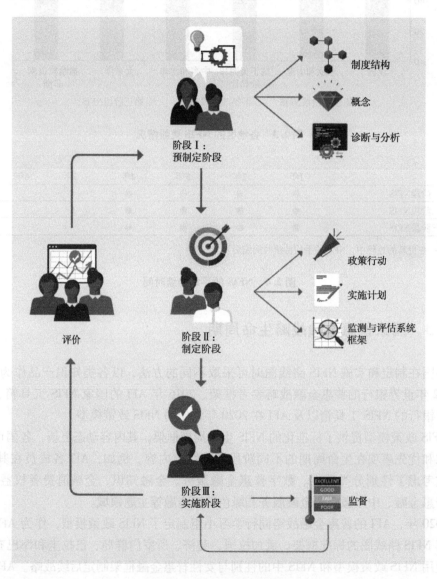

图 2.5　NFIS 的生命周期

---

① 本报告可能反映了偏离 AFI NFIS 政策模型的部分做法，特别是案例研究和国家实例。

2.4 国家普惠金融战略开发实践

2.4.1 第一阶段：预制定

预制定阶段主要有三项任务：一是搭建支持制定、实施、持续监测与评估 NFIS 的体制结构；二是起草 NFIS 政策文件；三是开展数据收集和诊断工作。上述任务属于《2018 年 NFIS 实践现状报告》中的"制定"部分。不过，还需将这些任务进一步明确划分，这是制定战略的基础。

1. 制定和实施国家普惠金融战略的体制结构。NFIS 的成功实施需要积极、有力的政治领导，如中央银行或财政部。在不同的国家，共同主导这项工作的机构或其他具有类似政治实力的机构可能有所差异。在大多数已经实施 NFIS 的 AFI 成员中，中央银行是主要牵头机构（占 63%），其次是财政部（占 18%）（见附录 2.1）。例如，瓦努阿图储备银行在其 NFIS 中提到①，他们"在推动瓦努阿图的普惠金融方面发挥战略主导作用"。在巴勒斯坦，巴勒斯坦货币管理局与巴勒斯坦资本市场管理局签署了联合领导协议，共同制定、实施和监测 NFIS。

政治领导对推动普惠金融发展、克服发展障碍、激励广大利益相关者参与，最终实现普惠金融目标至关重要。无论哪个机构在制定 NFIS 方面发挥政治领导作用，牵头机构都必须拥有（通过法令的）正式授权或强大的政治支持来促进普惠金融发展。正式授权对一些国家 NFIS 的实施进程至关重要（见专栏 2.7）。但这一点因国家而异，在约旦，强有力的政治领导足以简化这一步骤。

📋 专栏 2.7：萨尔瓦多和约旦——政治领导推动 NFIS 发展

在萨尔瓦多，中央储备银行于 2014 年着手实施其 NFIS。然而，由于缺乏强有力的领导来明确活动和所需资源的优先次序，战略实施一度停滞不前。这一状况在 2019 年 10 月得到了转机，当时总统签署了第 28 号行政令，组建了国家普惠金融和金融教育委员会，规定中央银行为技术协调机构，并赋予其将国家普惠金融政策纳入国家政策的责任。总统签署这项法令，表明了政府对普惠金融发展的支持，有助于简化国家普惠金融政策（NFIP）的制定过程，该政策已于 2021 年发布②。

在约旦，首相于 2015 年 11 月成立国家普惠金融指导委员会，并明确约旦中央银行领导约旦国家普惠金融政策的制定和实施，从而增强了其可信性。受此影响，利益相关者积极参与到符合《G20 创新普惠金融原则》的政策进程③。

---

① Reserve Bank of Vanuatu, 2018 Vanuatu NFIS 2018 – 2023.

② Central Reserve Bank of El Salvador, 2021 El Salvador NFIS 2021 – 2024.

③ G20 普惠金融专家组"创新获取"分组在 2010 年制定的《G20 创新普惠金融原则》至今仍然适用。该原则强调了领导的重要性，明确政府对普惠金融发展的支持，以帮助减轻贫困。

在确定政治领导层之后，就需要为国家普惠金融战略的制定和实施建立治理结构和程序。治理结构应该是包容性的、多层次的，每个机构在 NFIS 生命周期的各个阶段都有明确的作用和责任。治理结构由各种利益相关者组成，包括监管者、政策制定者、私营部门代表和公共部门的技术人员以及发展机构，其目的是确保全面解决 NFIS 各个领域的问题。一旦 NFIS 启动，行动计划和优先事项就会一直贯彻下去，建立治理框架是推动这一进程和确保 NFIS 安全的基本要求。

根据 2018 年后的实践观察，各成员在治理结构的选择上有相似之处，例如一般涉及1 ~ 4 个机构，主要由宏观层面的利益相关者组成。金融部门的生态系统通常包括参与NFIS 治理结构的利益相关者，这些利益相关者在宏观、中观和微观层面上都很活跃。

例如，摩洛哥设立了三个机构作为其 NFIS 治理框架的一部分：一是国家普惠金融委员会（NCFI），负责 NFIS 的整体监测，由经济和财政部（MEF）主持，由各部委、政府当局和积极参与该战略的金融机构协会的高级代表组成；二是战略委员会，负责指导战略实施，动员（关键）利益相关者，作出重要决策，确保 NFIS 的实施，并在需要时提供仲裁，由中央银行行长主持，由经济和财政部与各种普惠金融项目发起人的代表组成。三是指导和协调委员会，负责战略的运作，包括负责战略的运营、业务管理和监测评估实施情况，由经济和财政部与中央银行的代表组成[①]。

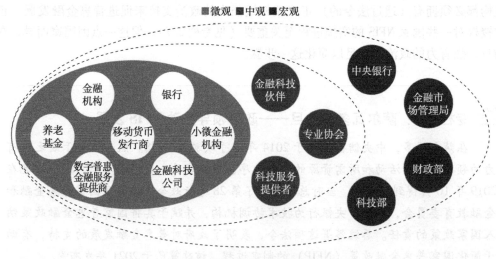

图 2.6　NFIS 治理结构的参与者

合理融合不同层次的参与者是高级治理机构的另一有效做法。在马达加斯加，指导委员会的 53% 由宏观层面的行动主体组成（包括财政部、农业部、经济部、贸易部、国家教育部、私营部门发展部和中央银行）。剩下的 47% 由中观层面的行动主体组成，如银行专业协会、小额信贷机构专业协会、马达加斯加保险公司委员会、马达加斯加

---

① Bank Al – Maghrib. 2019. NFIS.

储蓄团体促进者网络协会、电子货币机构专业协会以及技术和金融合作伙伴。

NFIS 秘书处是常设机构，在 55% 以上的案例中都有其参与。例如，所罗门群岛、利比里亚、不丹和阿富汗的 NFIS 设有秘书处，负责搜集、协调并推动不同层次行动主体之间的信息交流。秘书处还发挥 NFIS 治理机构之间的纽带作用。在厄瓜多尔、加纳和尼日尔的 NFIS 中，秘书处是位于三级治理结构中第二级的成熟机构，基本上都是发挥纽带作用。

秘书处作为提供行政支持并进行监测行动的关键角色，通常设立于中央银行内部，但这一角色也可以划归给某个部委。治理结构的复杂程度因国而异，利比里亚采用的是精简的协调方法，而圣多美和普林西比则采用了将技术工作组整合在一起的复杂治理结构。

工作组是其他机构、公共部门和私人部门之间协调合作的主要机制，其数量因 NFIS 旨在解决的关键主题而异。2018 年后启动 NFIS 的国家，特别是拉丁美洲和加勒比地区的国家，倾向于在 NFIS 开始时（以及持续期间）不固定主题和工作组，而是采取灵活的方法，通常由治理结构中的主管机构领导。这样一来，新的相关市场参与者，如新进入者（金融科技公司）以及提供创新产品和服务的提供商，就更易加入其中。在厄瓜多尔，普惠金融委员会每年将根据其特殊需求确定工作组；类似地，马达加斯加在 NFIS 中没有规定工作组的数量，而是在指导委员会或国家普惠金融协调会的要求下，根据 NFIS 行动计划建议的优先事项设立工作组。在利比里亚，虽然 NFIS 中设立了指导委员会，但中央银行负责确定各工作组，工作组的成员一般是中观和微观层面的行动主体。

 专栏 2.8：普惠金融秘书处在推动尼日利亚 NFIS 中发挥重要作用

2018 年修订版的尼日利亚 NFIS 凸显了设立普惠金融秘书处（FIS）的重要性，是 2012 年启动的 NFIS 的重要组成部分。FIS 对尼日利亚中央银行提供支持，协调外部利益相关者参与 NFIS 实施活动。FIS 作为一个专门机构，契合国际普惠金融最佳实践，关注和推动普惠金融。2014 年 FIS 成立（NFIS 启动 2 年后）后，NFIS 实施的活动显著增加，体现了 FIS 作为 NFIS 推动者的重要作用[①]。

专栏 2.9：利比里亚的 NFIS 治理结构

国家普惠金融指导委员会由各政府机构和参与机构的高级管理人员组成，旨在确保高层的认同和决策。执行委员会由利益相关者机构的高级官员组成，负责执行由各自机构牵头的行动项目。FIS 设在中央银行内，负责实施更广泛的金融部门战略。

---

① Central Bank of Nigeria. 2018. NFIS（revised）.

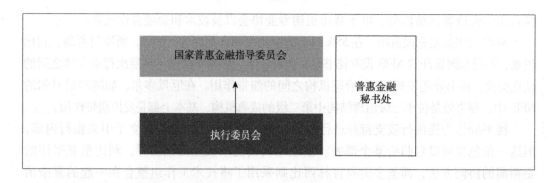

在所有理事机构、协调机构、咨询机构和弱势市场部门均有性别平等的代表，这对于确保 NFIS 在整个生命周期内从不同角度考虑相关问题非常重要。NFIS 需采取统筹的方法为弱势市场部门建立普惠金融体系，促进性别多样性并涵盖其他弱势群体的代表，为 NFIS 的治理框架树立榜样。因此，NFIS 需要吸收公共部门（包括部委和政府机构）和私营部门（如非政府组织、金融服务机构、协会）的代表，同时也要考虑那些负责赋予弱势群体权利的发展机构，如开发计划署。正如所罗门群岛中央银行国家普惠金融部门经理琳达所说："在国家普惠金融战略治理结构的不同层面上应确保有女性参与者，这有助于推动对性别活动和目标的关注。"例如，墨西哥成立了政府工作组，该工作组包括了全国女性协会以及财政和公共信贷部的性别部门。但是，许多国家（如尼日利亚、利比里亚、萨尔瓦多）并没有将治理结构内的性别多样性建立在性别配额上，相反，它们根据机构的性别比例来选择代表。在此情况下，尽管机构负责人有可能是女性，但是女性代表性较低，机构领导仍然偏向于男性。

治理结构可以根据国家的需求而灵活确定。正如 2020 年 AFI 的 NFIS 政策模型中提到的，治理结构关键在于"在预制定阶段就确保所有相关的协调机构拥有足够的、经过充分培训的工作人员，并且具备执行其职能所需的资源"[1]。南非国家财政部普惠金融局负责普惠金融的主任诺托贝科·卢比西说："当普惠金融部门在人员数量和技能方面过于分散时，很难提出优质方案。我们需要的是拥有发展金融资质的专业人才，而不仅仅是经济学家。"

📋 专栏 2. 10：圣多美和普林西比的 NFIS 治理结构

圣多美和普林西比在其 2021—2025 年的 NFIS 中建立了三层治理结构。最高层是国家普惠金融委员会（NCFI），由负责与战略支柱相关领域的政府成员组成，作为 NFIS 治理和协调的指导机构。中央银行的秘书处（普惠金融股）负责向 NCFI 提供技术、行政和科学支持。该结构还纳入了由相关公共部门和私营部门代表组成的技术工作组，负责处理与 NFIS 政策目标一致的专题领域。

---

[1] AFI. 2020. Policy Model for NFIS.

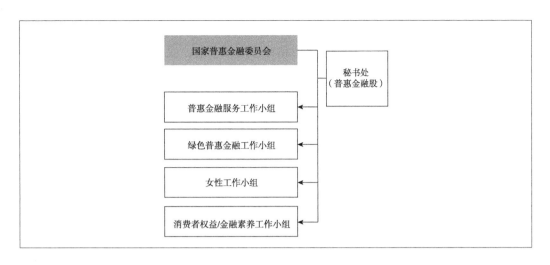

2018年之前的NFIS	2018年之后的NFIS
巴布亚新几内亚 > 数字普惠金融服务 > 普惠保险 > 金融素养/教育 > 金融消费者保护 > 为非正规和农业企业提供融资渠道 > 中小微企业金融 > 资源部门参与	**摩洛哥** > 移动支付 > 小微金融 > 普惠保险 > 银行信贷 > 为非常小的企业和初创企业提供金融支持工具服务 > 非物质化支付 > 数据和测量
巴拉圭 > 储蓄 > 信用卡 > 保险 > 支付 > 金融教育 > 消费者保护 > 弱势群体	**瓦努阿图** > 监管 > 普惠产品和服务 > 中小微企业金融 > 金融素养和消费者权益
塞拉利昂 > 响应性监管和政策框架 > 数字普惠金融服务 > 罚款、扫盲和消费者保护 > 中小微企业金融 > 扶贫产品和服务 > 数据和测量	**圣多美和普林西比** > 数字普惠金融服务 > 绿色普惠金融 > 女性 > 消费者赋权/金融素养
津巴布韦 > 女性融资与发展 > 农村和农业金融与发展 > 中小企业金融与发展 > 金融素养与消费者权益 > 保险、养老金和资本 > 青年人 > 小微金融	**加纳** > 银行和专门吸收存款机构 > 养老金和保险 > 资本市场 > 能力与教育 > 数字金融

图2.7 按政策专题领域划分的工作组

在制定 NFIS 后，治理框架作为协调各工作组多元利益的渠道，确保强有力的实施保障和监测评估，关键在于独立设立监测和评估协调小组，或将其作为 NFIS 治理结构的一部分。监测和评估协调小组可以监督任务时间表的执行情况，以及里程碑和目标的实现进度。正如斐济储备银行（RBF）金融系统发展部首席经理派萨先生所言："NFIS 第二阶段中的监测和评估框架相对薄弱，希望在 NFIS 第三阶段中对其强化。此外，相比每 5 年一次的定期活动，常态化进行监测和评估活动非常重要。"

2. 起草 NFIS 政策文件。商定并建立治理结构之后，需要起草 NFIS 政策文件。国家普惠金融战略政策文件主要内容包括：决定建立 NFIS 的背景、确定关键的政策领域和正在进行的普惠金融活动、NFIS 生命周期主要阶段的概要。NFIS 在采取战略性协调方法时，应考虑适当情况，并纳入更广泛的国家发展计划或战略，同时鼓励利益相关者参与政策文件起草工作。

在起草政策文件期间，需要确保参与普惠金融活动的主要利益相关者参与进来，通常包括政策制定者、金融服务机构、非政府组织、农业和工业联盟以及其他类型的合作社或社区团体。利益相关者的参与是重要步骤之一，可以从 NFIS 的征求意见阶段就开始，这有助于实现其目标。农村发展基金会金融系统发展部首席经理波萨·韦雷科罗曾说过："虽然 NFIS 是国家政策，但利益相关者认为它是中央银行的政策，因此，确保利益相关者接受和拥护的最佳方式是在前期制定阶段就进行公开协商。"

在起草政策文件之前可与利益相关者进行协商，以讨论需要纳入的战略重点（见专栏 2.12），也可以在草案准备好之后进行，以将其意见纳入反馈和修正（见专栏 2.13）。特殊情况下，草案会先与普惠金融委员会（或相应的理事机构）沟通，如多米尼加共和国，中央银行或财政部采纳草案后，将会与更多的公共部门和私营机构分享反馈意见。

专栏 2.11：南非——与国家发展计划保持一致

2012 年，南非政府制定并公布了《2030 年国家发展计划（NDP）》，旨在消除贫困，减少不平等，实现充分就业，为所有人提供体面工作和良好生活。该国家发展计划设定了 2030 年实现 90% 人口拥有银行账户的目标。然而，普惠金融不仅局限于开立银行账户，而且包括提供高质量的金融服务，以保障可持续地使用金融服务。南非的普惠金融政策已作为咨询草案发布，并于 2022 年获得批准，着重确保普惠金融管理措施的设计和执行能够实现国家发展计划的目标。

专栏 2.12：安哥拉——从国家普惠金融计划到国家普惠金融战略

安哥拉政府根据针对普惠金融的国家计划和金融系统发展项目推出了《国家普惠金融计划（2018—2022）》，他们正在制定新的 NFIS。

> 与先前的普惠金融国家计划不同，NFIS 强调在预制定阶段引入利益相关者，规划其活动，并确保其更深度地参与和介入 NFIS。

专栏2.13：墨西哥——与公共部门和私营部门的行动主体进行多轮磋商

作为开放政府的一部分，墨西哥积极邀请各方利益相关者作为咨询伙伴，参与公共政策制定过程。来自普惠金融及其教育领域的学者、顾问和专家、行会、联邦政府机构和国际发展机构的意见，都成为制定数字普惠金融政策的基本组成部分。2019 年 12 月到 2020 年 2 月，国家普惠金融政策（NFIP）采用了反复沟通的方式开展咨询，理事会通过普惠金融监测小组向利益相关者介绍了 NFIP 的初步设想，以获得利益相关者对战略和行动方针的反馈，从而扩大其传播力，引导更多利益相关者加入。

在多轮磋商中，理事会共收到了 300 多条意见，对行动方针进行了补充和修改。这项工作有助于强化战略和行动方针，明确其优先次序，增强合作和联系，促进普惠金融利益相关者深入参与。

政策指南的起草工作一般是在治理框架中关键利益相关者的核心小组指导下进行的。部分合作伙伴，如世界银行、AFI、美洲开发银行、非洲开发银行和联合国资本发展基金会，通常可以提供技术支持。例如，在摩洛哥，由马格里布银行的金融部以及由世界银行和德国国际合作有限公司支持的外部数字普惠金融工作组指导 NFIP 的预制定阶段。

专栏2.14：利比里亚起草国家普惠金融战略政策指南的步骤

利比里亚中央银行的金融发展部首先对国家普惠金融战略的有关非正规出版物进行了案头审查，包括非洲金融协会的出版物。

他们评估了现有的金融产品和服务，以及普惠金融的监管框架，并与世界银行技术团队以及内部和外部利益相关者开展了知识共享活动，讨论战略重点。他们还对利比里亚农村地区进行了实地考察，了解人们如何进行日常经济活动，以更深入了解偏远农村地区人们的金融需求。然后，他们将上述所有内容整理成政策性说明，在利益相关者启动会议上提出并进行了讨论，获得批准后将其作为帮助起草和发展 NFIS 的基础性材料。

此外，起草 NFIS 还应与女性、青年、老年人、农村社区、残疾人和难民等受金融排斥的群体进行协商，将其金融需求纳入 NFIS，确保制定有效的目标，提高金融普惠程度。① 例如，洪都拉斯国家银行和保险委员会金融教育部门负责人玛塞拉解释称，与利益相关者的磋商反映了他们在女性普惠金融方面的相对不足，这启示他们需在这一领域做更多工作。因此，洪都拉斯国家银行和保险委员会 2019 年制定了发展女性普惠金融的具体框架。

3. 数据收集和诊断。确定了治理结构和政策说明后，须进行全面诊断研究，以了解普惠金融的状况，从而进行循证决策。几乎所有国家都认为可靠的供需双方定性数据，以及进行监管和政策审查，是国家普惠金融战略成功的基石。因此，有必要了解普惠金融的状况、普惠金融需求情况与差距。诊断研究的结果有助于确定国家普惠金融战略的关注领域，并为确定关键绩效指标和衡量国家普惠金融战略实施进展奠定参照标准。但是，并非所有国家都能轻易获得这些信息。

例如，萨尔瓦多在 2021 年启动了其 NFIS，而在此之前的 2016 年，得益于 AFI 的支持，萨尔瓦多进行了关于普惠金融需求和差距的调查，取得了可靠的需求方数据。然而，萨尔瓦多在获得高质量的供给方数据方面面临困难，这使得对普惠金融现状的整体诊断变得复杂。尼日利亚却遇到了相反的问题，他们从供给方获得良好、可靠的数据并不是什么大问题，但是，由于该国幅员辽阔，非正规部门庞大，农村人口众多，尼日利亚很难获得可靠的需求方数据，难以对战略制定作出准确诊断。部分国家，如墨西哥，已经通过建立定期的全国调查来解决需求方数据问题。斯威士兰、津巴布韦、利比里亚、莱索托、马达加斯加和摩洛哥等国家则依靠普惠金融指数或 FinScope 数据分析普惠金融差距、关键政策重点和目标群体。

专栏 2.15：墨西哥——定期开展全国性调查，为制定 NFIS 提供信息

墨西哥国家银行和证券委员会与国家统计和地理研究所合作，开展了全国普惠金融调查和全国商业融资调查，旨在获取关于墨西哥家庭和公司的金融产品和服务在使用与需求方面的最新统计信息。

自 2012 年以来，墨西哥全国普惠金融调查每 3 年进行一次。该调查对 14 500 个家庭进行抽样，获得的数据按地区、地方规模和性别进行分类，涵盖了社会人口特征、费用管理和金融行为、储蓄、信贷、支付、保险、退休储蓄账户、金融渠道的使用、用户的保护、金融能力和决策以及资产所有权等方面。

自 2020 年起，NFIP 利用 2018 年的调查结果进行诊断设计，制定普惠金融和教育方面的目标，并利用下一次调查来监测进展情况。

---

① AFI. 2020. Integrating Youth Into A National Financial Inclusion Strategy, AFI. 2017. INTEGRATING GENDER AND WOMEN'S FINANCIAL INCLUSION INTO NATIONAL STRATEGIES and AFI. 2020. Integrating FDPs in NFIS.

专栏 2.16：斯威士兰——利用 Finscope 数据进行普惠金融评估

在斯威士兰，普惠金融中心和中央银行与芬马克信托公司合作进行普惠金融评估。芬马克信托公司协助开展了 2011 年和 2014 年斯威士兰 FinScope 消费者全国调查以及 2014 年"使可得性成为可能"金融诊断研究。

FinScope 调查提供了需求方面关于成年人如何看待和管理其财务的解释因素的观点。收集到的数据和观点使诊断有了充分依据，从而形成了全面的 NFIS。

进行需求方调查也可以帮助证实从供给方研究分析中得出的假设，或者探索、诊断新的主题领域，以便由绿色普惠金融（IGF）等机构处理。斐济储备银行普惠金融和市场行为部经理认为："需求方调查数据印证了我们已经知道的普惠金融状况，反映了实际情况，为制定新的 NFIS 提供了基础证据。"

专栏 2.17：津巴布韦——通过诊断研究了解 NFIS 的情况

津巴布韦储备银行参考对第一阶段 NFIS（2016—2020）进展情况的诊断研究结果，牵头制定第二阶段 NFIS。对普惠金融进行评估一般依据受监管的金融服务机构提供的供给方数据，而普惠金融的使用和质量方面则将通过需求方调查进行评估，包括由世界银行资助的中小微企业 FinScope 调查和 AFI 资助的消费者调查。这些研究结果有助于确定第一阶段 NFIS 的标准和目标。津巴布韦储备银行曾对坦桑尼亚银行第一阶段 NFIS 进行了知识考察，审查了斐济的 NFIS，并利用世界银行全球普惠金融数据库（Global Findex）报告对同行国家的普惠金融进行评估。在制定第二阶段 NFIS 时，瑞士银行与坦桑尼亚银行举行了远程会议，学习他们的经验。

数据应按年龄、农村或城市、性别、个人或公司进行分类。由于政策措施和监管设计需要可靠的、分类的供给方和需求方数据提供信息，许多国家将数据作为支柱或横向工作领域，纳入其 NFIS。例如，洪都拉斯正致力于建立按性别和其他变量分列的数据采集系统，以生成统计数据，评估女性在普惠金融和其他方面的进展。

萨尔瓦多和墨西哥将普惠金融的数据收集和分析作为跨领域的工作。瓦努阿图在其战略目标"创造有利的政策环境和金融基础设施"中解决了"弥合数据鸿沟，以便为循证决策和有效的产品与服务开发进行严格的数据收集"的需要。此外，正如洪都拉斯国家银行和保险委员会监管、研究和发展部经理达斯汀·桑托斯·巴拉霍纳所言："因为诸如数据分类及其在公共政策问题中的使用等问题新颖且多变，所以必须对工作人员进行培训，使其具备专业技能。"

除了从既往 NFIS 中吸取经验教训外，通过分析相关的金融政策、法规或参考其他国家的 NFIS，也可了解全球实践和标准。例如，多米尼加共和国正在制定其第一个 NFIS，他们不仅学习了拉丁美洲和加勒比地区的国家如危地马拉和秘鲁的普惠金融战略（NFIS），还参考了肯尼亚这些国家所使用的方法。由于新冠疫情的限制，他们未能对其他国家进行访谈，但是与秘鲁等其他中央银行的同行进行了对话，讨论如何创建自己的数据可视化模块和关键绩效指标，以便将这些经验纳入其 NFIS。

在进行诊断和分析结果时，明确普惠金融的定义是一项重要任务[①]。虽然已有各种普惠金融的定义，但根据具体国情界定正确的普惠金融定义，涵盖普惠金融中的"谁（Who）、什么（What）、哪里（Where）和怎么做（How）"等方面，对于明确制定 NFIS 标准至关重要。国家对普惠金融的正式定义是提出共同愿景的基础，有助于设定和实现战略目标。同时，消费者了解并信任金融机构所提供的服务也很重要。

在进行需求方研究时，须了解消费者的金融知识，因为"只拥有低水平的金融知识可能会阻碍对金融产品和服务的使用或导致不负责任的使用"[②]。表 2.1 显示，许多国家在其普惠金融的定义中考虑了这一点。

表 2.1　普惠金融的定义

国家及相关战略	定义
加纳 NFIDS（2018—2023 年）	能够普遍获得并经常使用广泛的、可负担的正规金融服务，包括信贷、储蓄和投资产品、保险、支付和汇款服务、移动支付等，这些服务应满足消费者需求、得到理解和信任
厄瓜多尔 NFIS（2019—2022 年）	个人和公司可以以知情的方式选择、获取和使用高质量的金融服务。金融机构提供的金融产品和服务必须透明、负责任和可持续，并且必须满足消费者需求
斐济 NFIS（2016—2020 年）	创造有利环境，使所有斐济成年人，无论居住在哪里、社会经济地位或性别如何，都能获得并有效使用广泛的、可负担的、适当的金融产品和服务，并辅之以适当的金融教育和金融消费者权益保护政策

2.4.2　第二阶段：制定

在预制定阶段确立了 NFIS 计划的基础后，NFIS 计划的制定通常呈现为全面的政策文件，包括明确关键政策行动、战略框架、实施计划和监测与评估框架，以实现普惠金融目标[③]。该计划分为三个主要内容：NFIS 的政策行动、实施计划和监测与评估框架。

1. NFIS 的政策行动。NFIS 的政策行动构成了 NFIS 的核心，因为它提供了战略框

---

① Centre for Financial Inclusion，The Fletcher School and the G-20，Financial inclusion definitions.
② AFL. 2020. Policy Model for NFIS.
③ Ibid。

架，论证了战略的合理性，明确了愿景和总体目标，确定了关键的推动因素、政策领域，以及实现具体行动和目标的战略措施。此部分还明确了潜在风险，并结合降低风险的战略，辅以指示性预算和时间框架，确保战略的顺利实施。

（1）分析制定 NFIS 的理由。制定 NFIS 的第一步，是在诊断研究的基础上评估、确定问题，并说明战略解决问题的理由。根据普惠金融不同阶段，应当对具体国家的问题陈述和战略理由进行分析。通常情况下，NFIS 的理由强调了金融排斥的现状、普惠金融的差距（性别、地域、部门），阻碍普惠金融发展的根本原因，并将其转化为战略需求，以及在规定的时间内解决所述普惠金融问题的措施。

应当全面且充分地分析 NFIS 解决问题的理由，以便调动所有利益相关者为实施战略提供必要支持。例如，应明确表达普惠金融对实现其他发展目标的推动作用，如减贫、性别平等和持续经济增长，NFIS 目标需与国家、部门主要利益相关者和机构的优先事项以及国家目标相一致。

菲律宾中央银行（BSP）的米纳德·莫吉卡认为，"争取利益相关者对国家普惠金融战略的正确认同和支持，使他们了解国家普惠金融战略提出的普惠金融举措如何促进实现其各自机构的目标，从而推动普惠金融发展，这是国家普惠金融战略面临的主要挑战"。

（2）愿景声明。愿景声明确定了战略长期持续方向和理想的普惠金融状态，应该简明扼要、目的明确，清晰界定目标群体（谁）和具体目标（衡量标准），并规定在特定时期（何时）实现。本章呈现了不同的愿景声明，包括一般性的愿景和明确的、务实的愿景，如表 2.2 所示。例如，埃及、斐济、约旦、卢旺达、尼日利亚、巴布亚新几内亚、坦桑尼亚和乌干达等国家的愿景声明与《德纳鲁行动计划》承诺的明确的性别目标相一致。相比之下，其他国家，如科特迪瓦、斯威士兰、瓦努阿图和津巴布韦，则更关注社会弱势群体和服务不足的领域。

（3）首要目标。根据金融排斥的广度和深度，各国确定被排斥的群体/部门，并明确关键政策领域的优先次序，这构成了制定总体目标和具体目标的基础。总体目标是关键的、可量化的国家层面目标，全面概括了 NFIS 致力于实现的任务。大多数总体目标反映了各国的承诺，如《玛雅宣言》中的承诺[1]。有些战略虽然没有具体的总体目标，但有战略目标，即具体和可衡量的指标。例如，孟加拉国 2021—2026 年 NFIS 的第一个目标是"由国家认证的评估框架衡量[2]，到 2024 年将所有成年人的普惠金融水平（至少拥有一个受监管的金融服务账户）提高到 100%，以迈向无现金社会"。同样，加纳 2018—2023 年 NFIDS 的总体目标是"到 2023 年将成年人口获得正规金融服务的比例从 58% 提高到 85%"。

与关键政策领域相对应的总体目标和具体目标是根据诊断分析结果，并通过与利

---

① 2011 年，AFI 发起了《玛雅宣言》，这是一项负责任和可持续的普惠金融全球倡议，旨在减少贫困，确保金融稳定，造福所有人。这也是第一项全球性的、可衡量的国家普惠金融承诺，包括发展中国家和新兴经济体对国家普惠金融战略的承诺。

② Central Bank of Bangladesh. 2021. NFIS – Bangladesh.

益相关者反复磋商达成的共识而确定的。这些目标通常反映了在普惠金融的"准入""使用"和"质量"方面解决金融排斥的管理措施。采取第一种战略的国家通常有优先获得金融产品和服务的国家目标，采取第二种或第三种战略的国家则侧重于金融产品和服务的使用与质量。有趣的是，比起愿景声明，更难找到有使命声明的国家。一些国家认为所有的关键政策领域都同样重要，而另一些国家则在行动计划中设定了高级别的目标，以实现既定的愿景①。

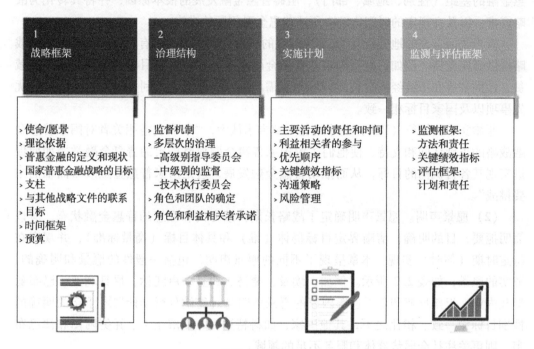

图 2.8　制定阶段

表 2.2　AFI 部分成员的愿景声明

国家及相关战略	愿景声明
安哥拉 NPFI（2018—2022 年）	为所有安哥拉人提供享受充分的金融教育与获得各种金融产品和服务的机会，以负责任和可持续的方式满足他们的所有金融需求
不丹 NFIS（2018—2022 年）	建立所有不丹公民都能更好地获得、使用高质量和可负担的正规金融服务的普惠金融体系
加纳 NFIDS（2018—2023 年）	由健全、负责任、创新的金融机构提供广泛的、可负担的优质金融服务，以满足所有加纳公民的金融需求

---

① Republic of Ghana. 2018. National Financial Inclusion and Development Strategy 2018 – 2023.

国家及相关战略	愿景声明
利比里亚 NFIS（2020—2024 年）	建立运用数字普惠金融深深扎根的可持续金融部门，以提供广泛的、可负担的金融服务，并提高其使用率
尼日利亚 推进尼日利亚女性 普惠金融的框架	到 2024 年底，成为全球公认的、日益包容的金融部门，消除性别鸿沟
巴勒斯坦 NFIS（2018—2025 年）	建立发达的金融部门，充分满足巴勒斯坦社会各阶层的金融需求，增进其福祉
斯威士兰 NFIS（2017—2022 年）	为所有群体和中小微企业提供适当且高质量的金融产品和服务
所罗门群岛 NFIS（2021—2025 年）	确保所有所罗门群岛公民都能获得和使用优质、可负担的金融产品和服务，在不断增长的数字经济中提高运用能力，改善其生活
瓦努阿图 NFIS（2018—2023 年）	通过普惠金融服务、金融消费者权益保护，为瓦努阿图公民和中小微企业创造有利环境

表 2.3　部分国家普惠金融战略的总体目标

国家及相关战略	总体目标
利比里亚 NFIS（2020—2024 年）	到 2024 年底，将获得正规金融服务的人口（15 岁及以上）比例从 35.7% 提高到 50%
巴勒斯坦 NFIS（2018—2024 年）	到 2025 年底，将普惠金融的成人覆盖率从 36.4% 提高到至少 50%
尼日尔 NFIS（2018—2023 年）	促进弱势群体，特别是女性、青年、中小微企业和农村人口可持续地获得多样化、创新、优质和负担得起的金融产品和服务。这种服务必须在适当的体制、法律、经济和金融环境下提供

（4）确定关键政策领域。确定以事实为基础的关键政策领域（KPAs），使之与行动、目标和时间框架相匹配，是制定重点突出、目标明确的 NFIS 的关键。大多数确定性关键政策领域是每个国家根据普惠金融发展程度而具体制定的，只有在少数领域有共同之处，如与全球或区域相一致的性别平等和中小微企业政策。

39%： 截至 2020 年 9 月末，有 71 个国家作出了实现《玛雅宣言》的承诺，共设立了 873 个目标，其中已经完成了 39%。

制定和实施 NFIS 的成本很高，而且存在挑战，因此，必须全面确定对实现高级承诺（战略的关键目标）影响最大的关键政策领域。

表 2.4　部分 NFIS 的关键目标

国家及相关战略	关键政策领域	关键目标
斯威士兰 NFIS（2017—2022 年）	加强电子货币的交易和储蓄 为弱势群体提供正规的汇款金融产品 提供保险以降低风险 深化银行部门 获得生产性贷款和金融消费者权益保护	（1）农村金融：到 2022 年，将无银行账户成年人的比例从 27% 降至 15%； （2）小额信贷：到 2022 年，将成年人获得小额信贷的比例从 3% 提高到 12%； （3）中小微企业融资：到 2020 年，将中小微企业的融资比例从 4% 提高到 25%； （4）农业融资：到 2022 年，将中小微企业担保计划的农业覆盖率从 2% 提高到 15%； （5）女性和青年金融：到 2018 年，按性别对所有金融/银行数据进行分类
所罗门群岛 NFIS（2021—2025 年）	获取和使用金融服务 金融知识和金融消费者权益保护 正规贷款 数据和评估框架	到 2025 年： （1）将金融账户的活跃用户数量从 283 954 人增加到 400 000 人（50% 应为女性）； （2）将接入点的数量从 825 个增加到 1 155 个
瓦努阿图 NFIS（2018—2023 年）	有利的政策环境 具有普惠特色的金融产品、服务和渠道 中小微企业融资 金融知识和金融消费者权益保护	2023 年： （1）确保再有 5.4 万（总数为 13 万）成年人成为正规或半正规金融服务的活跃用户（50% 为女性）； （2）确保 40% 的金融人员是活跃用户； （3）确保提供一套中小微企业融资产品，并根据女性和青年领导的企业的需求进行定制

（5）关键政策领域的趋势。由于经济、社会、政治、环境和健康方面的挑战，再加上各国对 2030 年可持续发展议程的承诺，关键政策领域发生了转变。

在相互包容的关系中，国家战略更加注重金融消费者权益保护、金融教育、性别普惠金融、绿色普惠金融和中小微企业融资等关键政策领域[1]，因为它们是普惠金融和可持续发展目标的驱动力。

例如，像斐济和孟加拉国这样易受自然灾害影响的国家将数字普惠金融列为优先事项。而拥有许多非正规企业的国家，如柬埔寨、加纳、尼泊尔和津巴布韦，则将中小微企业融资作为优先事项。安哥拉、埃及、约旦、厄瓜多尔、海地、摩洛哥、尼日利亚和所罗门群岛等女性受经济排斥程度较高的国家，则将性别普惠金融作为优先事项。

---

[1]　普惠金融有助于实现 17 项可持续发展目标中的 8 项。UNCDF《普惠金融与可持续发展目标》。

表 2.5　2018 年后 NFIS 中涉及的关键政策领域

国家	数字普惠金融	金融消费者权益保护	金融教育	性别普惠金融	中小微企业融资	小微保险	青年	难民	绿色金融
安哥拉	●	●	●	●	●	●	○	○	○
阿根廷	●	●	●	●	●	●	●	●	○
孟加拉国	●	●	●	●	●	●	●	●	●
不丹	●	●	○	○	○	○	●	●	●
布基纳法索	●	●	●	●	●	●	●	●	●
柬埔寨	●	●	●	●	●	○	●	●	●
哥伦比亚	○	○	●	●	●	●	●	●	●
科特迪瓦	●	●	●	●	●	●	●	○	●
厄瓜多尔	●	●	●	●	●	●	●	●	●
萨尔瓦多	●	●	●	●	●	●	●	●	●
加纳	●	●	●	●	●	○	●	●	●
印度	●	●	●	●	●	●	●	●	○
约旦	●	●	●	●	●	●	●	●	○
利比里亚	●	●	●	●	●	●	●	●	●
马达加斯加	●	●	●	●	●	●	●	○	●
马尔代夫	●	●	●	○	●	●	●	●	●
墨西哥	●	●	●	●	●	●	●	●	●
摩洛哥	●	●	●	●	○	●	●	●	●
尼日尔	●	●	●	●	●	●	●	●	●
尼日利亚	●	●	●	●	●	●	●	●	●
巴勒斯坦	●	●	○	●	●	●	●	○	●
秘鲁	●	●	●	●	●	●	●	●	○
圣多美和普林西比	●	●	●	●	●	●	●	●	●
所罗门群岛	●	●	●	●	●	●	●	●	●
斯里兰卡	●	●	●	●	●	○	●	●	●
坦桑尼亚	●	●	●	●	●	○	●	●	○
瓦努阿图	●	●	●	●	●	●	●	○	○

注：信息来自对各国 NFIS 的审查，但不包括突尼斯、俄罗斯和乌兹别克斯坦，因为这些国家的普惠金融战略不可用。

　　随着新冠疫情带来流动性限制问题，数字普惠金融作为普惠金融的关键驱动力获得了更多关注。关键政策领域优先级的转变也反映了成员机构对 AFI 各项协议的承诺，如关于女性普惠金融的《德纳鲁行动计划》、关于金融科技促进普惠金融的《索契协议》、关于提高弱势群体普惠金融的《基加声明》以及关于普惠金融、气候变化和绿色金融的《沙姆沙伊赫协议》。

自 2018 年以来，许多推出 NFIS 的国家将金融消费者权益保护、数字普惠金融和金融教育作为关键政策领域，很多国家还充分体现了性别普惠金融（86%）和中小微企业融资（79%）的需求[①]。

鉴于全球发展中国家在普惠金融方面存在 9% 的性别差距[②]，中小微企业融资缺口达 500 万美元（其中 32% 与女性拥有的中小微企业有关）[③]，用户金融知识水平低，以及对使用金融服务缺乏信任等现象，对普惠金融发展提出了严峻挑战，亟须采取针对性的管理措施。其他关键政策领域，如绿色金融（18%）、被迫流离失所者（18%）和青年（50%），是少数成员的关键绩效指标，主要取决于诊断研究的结果和具体国家的普惠金融需求和优先事项。

专栏 2.18：斐济——具有关键政策领域的 NFIS

斐济重点关注数字普惠金融和国家支付系统的改革，研究如何建立强大的国家支付基础设施，实现 NFIS 的目标。鉴于斐济面对自然灾害的脆弱性，NFIS 第三阶段将绿色金融列为重点领域优先事项。自 NFIS 第二阶段实施以来，女性在普惠金融方面的处境有所改善，但仍然存在性别差距（7%），因此，NFIS 第三阶段的重点之一是让更多的女性参与正规金融服务。在 NFIS 第三阶段中，更多将重点放在存在差距的领域，而不是覆盖所有的普惠金融领域。最后，将每个目标与实际成果挂钩，以监测和报告真正的进展，并获得数据支持。

（6）数字普惠金融服务（DFS）。数字技术主要通过移动支付发挥作用，将金融服务覆盖扩大到无银行账户和银行服务不足的群体。2020 年全球范围内的数字支付交易为 414 亿笔，交易总值达 767 亿美元，其中移动支付的交易额达到 10 亿美元[④]。

DFS 解决了女性获取和使用金融服务的三个主要痛点：移动性、便利性、安全性，是女性普惠金融的重要驱动因素。全球普惠金融数据库 2017 年的数据显示，2014 年至 2017 年，女性移动支付账户的普及率提高了 3 个百分点，意味着女性能够比以往获得更多的正规金融服务。但是，需要特别注意的是，如果不能够提高女性数字素养和金融知识，有效识别客户，数字普惠金融将会扩大普惠金融的性别差距，而非缩小。

部分国家已经认识到数字技术发展在实现 NFIS 目标方面的重要作用，特别强调将数字技术，包括 DFS，列为优先考虑的行动。截至 2020 年末，AFI 成员中有 18 个国家的报告显示，已经采取了 34 项 DFS 改革政策作为缓解新冠疫情影响的措施，占比达到

[①] 不包括对俄罗斯、乌兹别克斯坦和突尼斯的分析。
[②] The World Bank. 2017. The Global Findex Database.
[③] SME Finance Forum. MSME FINANCE GAP.
[④] GSMA. 2021. The mobile economy.

50%。2018 年以来，AFI 成员在 DFS 政策改革方面的趋势主要体现在国家支付系统、电子货币政策和金融科技等领域①。

另一个政策趋势是建立健全的国家支付体系，以加强支付服务提供商与金融消费者权益保护之间的互操作性。2021 年 2 月，斐济政府通过制定支付系统法案为国家支付系统在该国的运行提供了法律保护。该法案建立了可靠的框架，规定提供支付服务必须通过中央银行获得许可，同时为客户提供了使用支付服务的保护选项。乌干达于 1999 年发布了国家支付系统法案，目标是 2020 年在监管传统系统的同时监管支付系统。这一举措通过中央银行的相关职能以及国家支付制度系统委员会的协同作用提高了支付系统的安全性和效率。

 专栏 2. 19：菲律宾——推出 e–KYC 系统

菲律宾有 11 家银行拥有数字化设施，在数字渠道中采用"了解你的客户"（KYC）流程。菲律宾国家身份证系统于 2022 年推出"电子化了解你的客户"（e–KYC）功能，得到了普惠金融指导委员会和菲律宾中央银行的支持，进一步强化了数字化设施。e–KYC 还有助于银行执行菲律宾中央银行的 KYC 简易版标准，允许开设"无手续费账户"。此外，菲律宾中央银行的电子货币法规也使开设电子货币账户（即交易账户）变得更加便捷，有助于推动数字普惠金融发展。

 专栏 2. 20：利比里亚的 NFIS——发展中的 DFS

数字普惠金融是利比里亚 2020—2024 年 NFIS 的重要组成部分，该战略支持零售支付数字化，以促进数字支付生态系统的发展。此外，该计划还将建立数字信贷框架，帮助女性消除在获得贷款方面的障碍。

 专栏 2. 21：埃塞俄比亚——2021—2024 年国家数字支付战略

2019 年埃塞俄比亚国家银行重新制定了其 NFIS，以更好地与新领导层的新兴政策优先事项保持一致，并更加注重利用数字普惠金融。其目标是促进金融部门创新，并通过数字普惠金融实现普惠金融政策目标。埃塞俄比亚制定了 2021—2024 年国家数字支付战略作为其国家银行改造支付系统的路线，旨在建立减少现金使用、建立更具金融普惠性的经济体②。

---

① AFI. 2020. Policy and regulatory reforms in the AFI networks 2020.

② World Bank. 2021. Technical note：Lessons from Implementing a NFIS.

数字普惠金融的定位逐渐演变为催化剂，能够加速各部门和服务不足群体的金融普惠性，引起法律和监管改革以及商业模式变革，推动普惠金融体系发展。例如，在数字储蓄和信贷、移动支付、共享代理网络、数字支付、中小微企业电子市场、合作开发数字普惠金融产品和服务、数字身份证系统、e‑KYC、监管沙盒以及小额信贷机构和储蓄俱乐部的数字化等方面，都可以看到数字普惠金融的影响。

（7）金融消费者权益保护和金融教育。在适当的金融教育战略支持下，建立有效的金融消费者权益保护框架有助于保护被边缘化的金融消费者权利，创造公平、公正、透明、受良好监管的金融市场，从而推动实现普惠金融目标。金融消费者需要具备一定的数字普惠金融素养，以及对获取和使用金融服务的信任。实施 NFIS 的金融消费者权益保护和金融教育，需将其作为关键政策领域，通过针对性的政策行动和国家确定的金融教育战略进行落实[①]。

> **专栏 2.22：斯威士兰和瓦努阿图——NFIS 中的金融消费者权益保护和金融教育**
>
> 斯威士兰的 NFIS 强调通过设置利率上限、全面披露金融服务收费和信贷条款与条件来实施金融消费者权益保护。此外，斯威士兰 2016 年颁布的《消费者信贷法》提供了详细的法律框架，加强对信贷提供商的有效监管，确保该国信贷提供商和消费者之间的公平竞争环境。
>
> 同样，瓦努阿图也将金融知识普及和金融消费者权益保护作为其 NFIS 的优先战略目标。主要政策行动包括加强教育机构的金融教育，提高公众对金融消费者权益保护法规的认识，要求充分披露金融产品定价和成本，建立有效的救济和追索机制，以及制定金融知识普及战略。

（8）性别普惠金融。越来越多的 AFI 成员制定了与性别普惠金融相关的政策，实现了《德纳鲁行动计划》的承诺，性别普惠金融和女性普惠金融获得了良好发展。《德纳鲁行动计划》概述了 AFI 成员实施性别普惠金融的十点计划，加快女性的普惠金融发展，努力在 2021 年底之前将普惠金融方面的性别差距缩小 50%。自 2011 年以来，部分发展中国家在获得金融服务方面的性别差距一直保持在 9%，亟须缩小普惠金融性别差距。根据 2020 年《玛雅宣言》进展报告，越来越多的 AFI 成员将性别普惠金融作为主要的专题政策优先事项，并实现了《玛雅宣言》确定的 40 项目标。

39： 截至 2020 年末，39 个 AFI 成员已将性别平等和女性普惠金融目标纳入其 NFIS。其中 33 个成员的 NFIS 包含以女性为重点的具体关键绩效指标（KPI）、行动计划、监测与评估框架等。

---

① AFI 关于数字普惠金融消费者权益保护的政策模型。

关于将性别普惠金融和女性普惠金融纳入国家战略的 AFI 指导说明，为制定对性别问题有深刻认识的国家战略提供了重要指导。

 专栏 2.23：斐济 NFIS 中的女性普惠金融

自斐济 NFIS 第二阶段实施以来，女性的普惠金融可得性有所改善，但仍然存在性别差距（7%）。在 NFIS 第三阶段中，斐济将着重吸引更多女性参与正规金融服务。NFIS 第三阶段希望专注于有针对性的重点领域，而不是广泛的普惠金融行动，覆盖普惠金融的所有领域。NFIS 第三阶段更加关注性别差距，因此 NFIS 会更加精简，将每个目标与切实可靠的结果挂钩，并通过实时监测评估进展。

表 2.6　NFIS 中具有性别关注/目标的案例

国家及相关战略	案例
安哥拉 NFIP（2018—2022 年）	通过使用至少来自其中一个部门的两到三项服务，将 500 万人（50% 为女性）纳入金融体系
利比里亚 NFIS（2020—2024 年）	制定政策，推动女性加入金融体系，包括促进设立专门关注女性特殊需求的金融机构
尼日尔 NFIS（2019—2023 年）	重点是为女性团体、青年和农业牧民开发创新的金融教育工具，并支持女性企业家获得融资
所罗门群岛 NFIS（2021—2025 年）	第三战略的战略目标 3 侧重于使女性、青年和农村成年人全面参与国家金融部门
东帝汶 NFIS（2017—2021 年）	第一战略的所有广泛战略领域中至少有一项措施促进女性获得金融服务。鉴于青年和中小微企业的高经济排斥和金融排斥率，因此优先考虑他们，并专门设立了一个广泛的战略领域，全面关注他们的发展

《德纳鲁行动计划》的第六个要点是鼓励 AFI 成员"开发和推广在收集、分析和利用性别分类数据方面的最佳实践，并通过普惠金融数据工作组促进女性普惠金融发展"[①]。AFI 成员在收集性别分类数据并将其用于 NFIS 制定方面处于不同阶段。

11：2018—2020 年，11 个 AFI 成员实施了 17 项与性别普惠金融相关的政策改进，其中超过 1/3 与性别分类数据的收集和开发框架有关。性别分类数据的定义是分别收集男性和女性的数据[②]。

---

① AFI. 2019. Denarau Action Plan：The AFI Network Commitment to gender and Women's Financial Inclusion.

② AFI. 2020. Policy and regulatory reforms in the AFI networks 2020.

性别分类数据基础设施帮助各国通过基于事实的性别优先政策解决普惠金融中的性别差距。性别分类数据还能提高各国监测政策在解决女性和弱势群体（如青年、难民和残疾人）获取和使用金融服务所面临的障碍方面的有效性。金融服务提供者可以利用性别分类数据构建适用于女性不同细分市场的业务活动，通过开发以客户为中心的产品和服务充分满足女性的金融需求。建立在事实基础上的普惠金融战略还有助于中央银行实现其金融稳定、金融诚信和金融消费者权益保护目标。正如2018年扶贫协商小组 I–SIP 工具箱所介绍的，它们相辅相成，并具有包容性。

坦桑尼亚银行的图基亚·坎卡萨·马布拉博士认为，"如果没有数据，政策制定者将难以察觉性别差距，只能基于假设来制定政策。将性别差距纳入政策制定具有挑战性，因为这对中央银行而言是全新领域"。

AFI 成员已经认识到性别分类数据的价值，比如加纳银行，创建了数据收集门户网站——在线监管分析监视系统（ORASS），用于接收受加纳银行监管的金融机构的性别分类数据。尽管 AFI 成员普遍认为收集和使用性别分类数据有助于制定有利于性别普惠金融的政策，但在接受调查的40个成员中，只有45%（2019年为73%）的成员已收集性别分类数据（需求方或供给方），用以解决普惠金融中的性别差距[①]。这一做法受到多方面挑战影响，包括缺乏开发和实施性别分类数据收集框架的经费、分析性别分类数据的技能和知识不足，以及在收集性别分类数据方面的供给方挑战。

（9）绿色普惠金融。从综合角度考虑，绿色普惠金融政策有助于实现普惠金融和绿色金融的共同目标[②]。内嵌绿色普惠金融管理措施的 NFIS 可以有效解决与积极环境成果相关的普惠金融政策，重点关注那些容易受气候变化影响的社区和企业。措施包括促进储蓄、贷款、微型保险和数字支付等，旨在增强弱势群体的抵御能力，减轻气候变化造成的损失。

越来越多的 AFI 成员对绿色普惠金融政策表现出浓厚兴趣。AFI 的《绿色普惠金融政策观察调查报告》表明，AFI 成员将绿色普惠金融措施直接或间接纳入其 NFIS 或其他金融部门战略。2021年 AFI 发布了关于将绿色普惠金融政策融入 NFIS 的指南，将绿色普惠金融政策的四项原则（促进、提供、保护和预防）纳入 NFIS 的指导。

须对政策优先事项进行评估、识别和排序，制定相应的措施和目标，从而优化解决普惠金融的主要障碍和差距所需的可用资源。这些挑战因人口分布、地理位置和领域而异，也会受到监管和供给方面的影响，并与金融体系的成熟程度直接相关。

---

① AFI, GIF Mapping Exercise, Master Sheet, 24 July 2020.
② 根据联合国环境规划署（UNEP）的定义，"绿色金融是增加金融（来自银行、小额信贷、保险和投资）流向支持可持续发展优先事项的公共部门、私营部门和非营利部门的水平"。

表 2.7 AFI 成员直接或隐含绿色普惠金的案例

AFI 成员	案例
孟加拉国	银行与金融机构环境及社会风险管理指南（2017 年） 收集并发布有关绿色金融的数据（包括性别分类数据） 绿色融资应至少占 5% 的贷款和投资 购买低碳产品的贷款补贴
尼泊尔	银行与金融机构环境及社会风险管理指南（2018 年） 总贷款组合中至少应分配 10% 用于绿色能源项目 太阳能、沼气和废物处理项目的贷款补贴 对受洪水和火灾影响的重建地区提供再融资设施
瓦努阿图	建立自然灾害重建信贷设施 瓦努阿图公民可以从养老金账户中提取 20% 的资金以重建住宅

资料来源：AFI. June 2020. Inclusive Green Finance：A Survey of The Policy Landscape.

与发达金融体系相比，欠发达的金融体系通常面临更多竞争性的普惠金融优先事项，这在不同利益相关者中尤为明显，因为它们的目标来自不同的特定机构和部门。既有研究显示，各国使用不同的方法排列其优先事项，优先考虑那些能够产生较大影响和效益潜力的事项。在大多数战略中，弱势群体位列优先事项的前列，主要包括由女性拥有的并在非正规部门运营的中小微企业、数字普惠金融服务（DFS）、绿色金融（微型保险）、金融消费者权益保护、金融和数字素养。

（10）NFIS 的持续时间与预算。大多数 NFIS 的时间跨度在 3~5 年。但有些国家定期审查和修订 NFIS，因而其期限有所差异。比如尼日利亚于 2012 年制定 2018 年修订的 NFIS[①]。但无论 NFIS 的持续时间长短，都应为 NFIS 生命周期的各个阶段提供充足的时间，确保每个阶段取得最佳成果。因此，应努力促使 NFIS 的时间周期与国家和部门政策以及利益相关者目标保持同步。

AFI 大多数成员认为，预算规划和动员所需财务资源是影响 NFIS 成功的最具挑战性或限制性因素之一。一个经过良好规划的时间期限，能够得到足够的人力和财务资源（预算）支持，并与 NFIS 生命周期 3 个阶段中的各种活动相匹配。虽然在制定阶段无法准确规划 NFIS 预算，但与 NFIS 活动和利益相关者（发展机构、政府和中央银行）相匹配的指示性预算，对于实现优先政策事项和战略目标具有重要意义。

（11）正式启动。战略一旦制定并通过审查和最终确定后，就要准备好正式启动。战略的正式启动最好由政府首脑或治理结构的主席（通常是中央银行行长或财政部部长）执行，并由其他政府代表陪同，以体现高层重视，获得主要利益相关者对有效实施战略的支持。例如，斯里兰卡的第一个 NFIS 于 2021 年 3 月 4 日由总理在财政部部长、货币与资本市场部长以及其他高级官员的陪同下正式启动。同样，所罗门群岛的 NFIS 第三阶段（2021—2025 年）于 2021 年 4 月 23 日由所罗门群岛总理在霍尼亚拉正式启动。

---

① CBN. 2018. NFIS（revised）.

表 2.8 预算支持 NFIS 典型案例

国家及相关战略	案例
坦桑尼亚 国家普惠金融框架（2018—2022 年）	该框架行动计划的实施将通过内部资金或国内外发展合作伙伴的预算来融资。这些合作伙伴有兴趣以协作的方式支持行动计划中的活动
尼泊尔 第三战略计划（2017—2021 年）	与中央银行的年度活动一样，预算已经预先分配给 2017—2021 年第三战略计划下的普惠金融行动计划，并在尼泊尔中央银行的预算计划中获得批准。AFI 正帮助审查普惠金融素养框架，并促进与其他中央银行的互动。国际金融公司和联合国资本发展基金也为部分领域提供帮助
摩洛哥 国家普惠金融战略（2019—2030 年）	尽管用于实施该战略的初步预算计划主要由财政部承担，但已在最高治理层面进行了讨论，以确保新的融资来源。此方法的目标是防止战略实施的融资过于依赖国家机构

在同步进行的过程中，应通过各种媒体进行路演和增强公众意识活动，最大限度地提高战略目标和普惠金融目标的传播程度。正式启动还可用于规范利益相关者实施和负责推动实施阶段发展机构之间的正式安排。应制定全面的传播计划，超越启动阶段提高认知，通过可访问的渠道将战略的不同重点传达给不同群体。

（12）传播策略。为了高效执行和实施 NFIS，应制定并不断宣传明确有效的传播策略，概述 NFIS 的目的、目标和愿景。传播计划包括内部计划和外部计划。前者旨在促进战略的有效实施，后者则旨在通过宣传使公众和外部利益相关者了解普惠金融的最新动态。在制订传播计划时，应考虑不同的受众，利用相关渠道与他们建立联系，采用最佳的传播方式增加他们对 NFIS 的理解。AFI 提供的关于 NFIS 实施的有效传播策略的指导意见，为此提供了有益的参考资源。

2. 实施计划。制定阶段的第二环节是准备实施计划，也称为行动计划。实施计划列出了与关键政策领域、普惠金融目标、实施机构路线图和指定时间期限相对应的战略行动与目标。实施计划的质量和效力在战略实施阶段体现。虽然没有固定的实施计划方式，但建议遵循 AFI 2021 年 NFIS 监测与评估工具箱，以及世界银行 2021 年有关实施 NFIS 经验教训的出版物中记录的 NFIS 先锋国家的最佳实践[①]。

专栏 2.24：孟加拉国的 NFIS 沟通策略

孟加拉国 2021—2026 年的 NFIS 包含了沟通策略，提供了一个网站和基于网络的监测与评估追踪装置，以及内部和外部利益相关者的能力建设，还设有一个金融素养知识中心。另外，孟加拉国银行设有中小微企业门户网站，通过提供有价值的信息促进中小微企业的发展。

---

① World Bank. 2021. Lessons from Implementing a National Financial Inclusion Strategy. Financial Inclusion Support Framework.

专栏 2.25：坦桑尼亚的 NFIS 沟通策略

坦桑尼亚实施了两种沟通策略：一种用于宣传国家普惠金融框架（NFIF I），另一种（正在实施中）旨在支持实施 NFIF II（2018—2022 年）。财政部通过内部和外部两种途径协调国家普惠金融委员会的沟通策略。内部沟通的目标是 NFIF 实施机构，而外部沟通旨在提高认知，并争取私营部门对普惠金融的支持①。

3. 监测与评估（M&E）框架。M&E 框架由 NFIS 的 M&E 计划构成，其中包括一组用于测量和监测 NFIS 实施进展的关键绩效指标（KPIs）。在制定 M&E 计划时，应从一开始就考虑性别因素。大多数国家都会制定 M&E 计划，并明确不同层级治理结构的任务要求（ToRs）以及实施结果评估框架。

（1）监测的定义。监测是一个持续的过程，用于收集、分析和审查信息，比较管理措施的实施情况与预期结果之间的差距。

（2）评估的定义。评估是对计划中、正在进行或已完成的管理措施的评估，以确定其相关性、连贯性、效率、有效性、影响和可持续性。

监测计划描述了持续监测战略实施进展的过程（是什么、如何以及何时进行监测），以评估普惠金融战略措施/行动进展与设定目标之间的差距。这些目标受到 KPI 的支持。各国可以制定自己的 KPI 来监测和衡量战略的实施情况。但是，大多数国家选择采用 AFI 的普惠金融核心指标集，该指标集为跨国统一监测和追踪普惠金融进展提供了良好基础②。在可能情况下，指标最好还应按性别和年龄分类。

表 2.9　行动计划——摘自利比亚的 NFIS

获得金融服务和信贷	实施机构		优先级	时间表/年
	首要机构	第二机构		
扩大接入点并使其多样化				
支持基于分析驱动评估的接入点物理网络扩展	私营部门	财政和发展规划部	低	3 +
修订代理银行条例，促进代理的非排他性并与有关移动支付代理的要求协调一致	利比亚中央银行	利比亚中央银行	高	1
开发培训师的培训计划，以支持采用代理银行模式	利比亚中央银行	利比亚银行家协会，合作伙伴	中	2
建立理财账户开户分级制度，推出相应的基础交易账户	利比亚中央银行	利比亚银行家协会，合作伙伴	中	2

---

① AFI. 2019. Guideline note：Communication strategies for NFIS implementation.

② AFI. 2019. AFI Policy Model：AFI Core Set of Financial Inclusion Indicators.

续表

获得金融服务和信贷	实施机构		优先级	时间表/年
	首要机构	第二机构		
促进支持正规金融部门与乡村储蓄贷款协会（VSLAs）之间联系的政策	私营部门	合作伙伴	中	2 +
专业化非银行金融机构部门				
采用和实施非银行金融机构的分级监管框架	利比亚中央银行	世界银行	高	1
加强对非银行金融机构的监管，包括利比亚中央银行的能力建设	利比亚中央银行	发展伙伴	高	1 +
就非陆银行与农村金融机构的作用制定明确的指导方针和正式协议	利比亚中央银行	非陆银行	中	1

资料来源：Central Bank of Liberia. 2020. Liberia's NFIS.

表 2.10　普惠金融接入和使用指标

接入情况	指标
接入 1.1	每 10 000 名成年人拥有的接入点数
接入 1.2	至少拥有一个接入点的行政单位的百分比
接入 1.3	生活在至少有一个接入点的行政单位的总人口的百分比
使用 2.1	至少拥有一种受监管存款账户的成年人的百分比
使用 2.2	至少拥有一种受监管贷款账户的成年人的百分比

　　评估计划明确定义了后期实施评估的目的、范围、方法以及评估人员，以衡量 NFIS 在实现目标方面取得的成果。尼日利亚、所罗门群岛、坦桑尼亚、赞比亚和津巴布韦等国家已经对其 NFIS 实施了评估，从中获益匪浅，帮助它们制定了后续发展战略。

　　尽管 NFIS 治理结构的不同层级负责根据其特定的角色和职责对战略进行持续监测，但大多数战略都委托普惠金融秘书处（FIS）收集、分析和公布 NFIS 的进展报告（监测）。同时，评估工作由独立的 M&E 单位或外部机构实施，避免可能因自我监管产生的利益冲突。2021 年 AFI 的 NFIS 中的 M&E 工具箱可以作为一个很好的参考，用于开展对 NFIS 实施进展和 M&E 有效成果的评估[①]。

 专栏 2.26：所罗门群岛——M&E 框架的趋势

　　第一阶段 NFIS 的 M&E 仅关注数据的获取，第二阶段 NFIS 则在数据获取的基础上进行了数据和绩效指标的分析，尽管数据不完整。在第三阶段 NFIS 中，所罗

---

　　①　AFI. 2021. NFIS Monitoring and Evaluation Toolkit.

门群岛中央银行将聘请专家审查供给端关键绩效指标，以确保 M&E 框架有效跟踪、监测和衡量第三阶段 NFIS 的管理措施，同时支持第三阶段 NFIS 中推荐的国家需求端调查。所罗门群岛还密切关注斐济的情况，后者进行了 2020 年的需求端调查，评估了第一阶段 NFIS 对女性普惠金融等方面的影响。

 专栏 2.27：津巴布韦——M&E 框架的趋势

津巴布韦储备银行（RBZ）将在 AFI 的指导下，协调并制定第二阶段 NFIS 的 M&E 框架（制定中）。该框架将参考 AFI 的知识产品、南部非洲发展社区的工具箱以及其他国家的战略。根据 2021 年 FinScope 的调查结果，第二阶段 NFIS 纳入了女性普惠金融目标，并通过 M&E 框架进行跟踪和监测。如有需要，还将进行必要的调整。普惠金融进展监测将由各自的监管机构（银行、保险和证券）实施，并由津巴布韦储备银行的 FIS 进行整合。

2.4.3　第三阶段：实施

第三阶段是有效实施 NFIS 的政策措施。在这一过程中，需要通过支持多元协调结构、持续监测和事后评估，实现制定的 NFIS 目标。

1. 实施。实施阶段取得的成果对实现 NFIS 目标至关重要。鉴于普惠金融领域的政策交叉、目标、指标、愿景和各类金融体系参与者的不断演变和迅速变化，NFIS 利益相关者通常采用动态方法来实施 NFIS，以确保对战略目标和成果的完全自主权和问责制。应建立普惠金融秘书处（FIS），配备足够专业的人力和充足的财务资源，确保其顺利启动。这一点尤为重要，因为治理结构的领导通常是高级官员，在 NFIS 的生命周期内可能会离职。如果发生这种情况，治理结构必须设法维持国家普惠金融战略的实施动力。

FIS 应受 NFIS 治理的最高层级（国家普惠金融战略委员会或工作组）的指导，以促进机构间协调（主题工作组），确保其角色和责任符合实施计划的要求。同时，在 FIS 内部或承载 FIS 的机构中，应确保有效的机构内协调，就战略目标和愿景达成共识。来自关键公共部门机构（如中央银行、保险、证券和电信监管机构、经济和财政部、女性事务部、中小微企业发展和其他重要部委）的密切积极协作对解决 NFIS 中确定的关键绩效指标、监管和数字普惠金融基础设施障碍至关重要。

应采取措施确保私营部门（金融服务提供商、移动支付提供商、金融科技公司、微型金融机构、金融合作社）的积极参与，因为他们是与客户直接接触的主要渠道，对于解决国家普惠金融战略供给侧目标至关重要。从预制定阶段到实施阶段，都需要着力吸引私营部门，获取他们的全面支持，提高国家普惠金融战略实施的成功机会。

公共部门及公共部门和私营部门之间需要密切合作。国家普惠金融战略的有效实施需要全面的治理安排，明确各方责任，确保利益相关者的认可和可协调。有效协调结构的模式和案例多种多样，通常包括注重咨询、授权、伙伴关系和决策制定的结构。AFI 在 2019 年发布的关于国家普惠金融战略有效实施、利益相关者协调的指导文件中，提供了有关利益相关者协调模式和支持材料的有益信息。

专栏 2.28：斐济和马达加斯加——国家普惠金融战略实施的治理结构

NFIS 由斐济储备银行（RBF）主导，州长担任国家普惠金融工作组主席，这是 NFIS 治理结构中的最高层级。斐济储备银行金融体系发展组下的普惠金融与市场行为部门扮演了 NFIS 秘书处角色，负责实施斐济储备银行的普惠金融倡议。

马达加斯加的普惠金融国家协调机构设立在公共财政部。该单位前身为国家小额信贷协调单位，随着小额信贷部门和马达加斯加公民需求的不断演变，其角色也发生了变化，其职责是贯彻政府颁布的普惠金融部门（小额信贷、小额保险、移动金融服务、金融教育和金融消费者权益保护）的政策。这些政策是 NFIS 的重要内容，以确保公共资金的有效利用。

---

2. 持续监测。建立强大的 M&E 系统对于监测 NFIS 活动的持续进展以及评估实施效果至关重要。M&E 有助于决策机构作出明智的决策，并根据 AFI 的 NFIS 中的 M&E 工具箱提出的实施计划进行修订[①]。资源充足、得到所有利益相关者广泛认可的、协调良好的 M&E 系统是有效的问责工具，有助于识别障碍、凸显成果、有效分配资源，进而实现 NFIS 的目标。监测和评估的区别在于，监测是对输入、输出、流程和操作计划的持续跟踪，而评估则是对 NFIS 实施的结果和影响的定期评价。

持续监测应根据制定阶段确定的监测计划进行，以确保收集的普惠金融数据与战略中的 M&E 指标保持一致。这些数据应当来源可靠，具有一致性和高质量特征，可有效定性和定量评估战略进展。由于实施阶段面临着可能妨碍实现战略目标和愿景的诸多挑战，因此需要根据定期评估和中期评估的结果调整和更新战略活动、预算和时间表。部分国家（如萨尔瓦多或墨西哥）会进行年度审查来监测不同的行动，评估进展程度，并决定是否需要调整、删除或新增项目。

此外，中期评估通常作为年度评估的补充，适用于持续 4 年或更长时间的 NFIS。战略中期评估旨在"评估迄今为止取得的进展，并决定是否需要调整 NFIS 的目标、范围或实施计划[②]。"

---

① Ibid.

② AFI. 2020. Policy Model for NFIS.

专栏 2.29：乌干达——国家普惠金融战略的中期评估

2017 年，在 AFI 的支持下，乌干达银行制定了乌干达的 NFIS（2017—2022年）。2020 年，乌干达银行请求普惠金融联盟对其国家普惠金融战略（2017—2020年）的实施进展按照行动计划和关键绩效指标进行独立的中期评估。中期评估报告提交了评估结果，并就其对乌干达银行及其他主要利益相关者的影响进行了讨论。报告还提出了在剩余实施期内推进 NFIS 和帮助各方履行好各自职责的建议。中期评估的主要目标包括：（1）评估实现设定绩效指标和目标的进展；（2）监测行动计划中突出的活动或倡议的实施情况；（3）评估 NFIS 主要目标与乌干达未开户和少开户人口的优先需求的相关性；（4）识别可能妨碍 NFIS 成功实施的潜在风险；（5）对现有活动和进展进行"性别镜像"。这份 60 页的中期评估报告提供了建设性意见，为在 2022 年实施期结束时得以实现 NFIS 目标提供保障，并为平稳过渡到NFIS 第二阶段奠定了基础。

正如在制定阶段详细说明的那样，M&E 部门将负责持续的 M&E 工作，NFIS 治理结构的最高层应根据其结果采取必要的行动。例如，瓦努阿图在负责普惠金融任务组下成立的各工作小组，将对其 NFIS 具体行动进行半年评估，并向普惠金融任务组报告，以获得必要的指导。在圣多美和普林西比，国家普惠金融战略实施计划的监测与评估由政府 2020 年第 26 号法令设立的多学科结构组织执行，NFIS 将其角色描述为"促进国家普惠金融战略及其实施状态的有关知识传播、评估实践、政策和系统，并识别提高普惠金融水平、实施适当纠正措施的机会和关键障碍。"多学科结构组织还扮演了国家普惠金融委员会（治理链的负责人）的角色，负责监测与评估 NFIS 的工作，通过跟踪实施进展情况，获得监测与评估结果。[①] NFIS 还计划进行中期评估，为变更或调整目标提供决策依据。

大多数国家使用 NFIS 的结果框架对其 NFIS 进行监测与评估。尽管各国类型各异，但典型的 NFIS 结果框架通常包括在制定阶段确定的与战略目标相对应的关键绩效指标，包括基准指标、负责实施的机构以及实现目标的时间安排（短期、中期和长期）。

专栏 2.30：阿富汗——NFIS 的结果框架

阿富汗制定了 NFIS 的结果框架，确保 NFIS 行动计划按照制定的时间表由负责实施的机构执行，并与结果框架保持一致。每个执行机构向协调机构（阿富汗中央银行的普惠金融部门）报告执行进展情况，着重报告 NFIS 行动计划的执行偏差，

---

① AFI. 2021. Sao Tome e Principe's NFIS 2021 – 2025.

以便及时采取纠正措施。监测取得的成果包括全国普惠金融年度报告，其中包括项目级和小组级的数据①。

表 2.11　阿富汗 NFIS 的结果框架

政策领域	编号	影响指标	基准线（2018 年）	目标					资源	报告频率	报告细分
				2020 年	2021 年	2022 年	2023 年	2024 年			
传递渠道	1	每 10 万成年人的商业银行分支机构	2.2	2.7	3	3.2	3.5	3.7	IMF FAS/DAB	每年	按省份划分
	2	每 10 万成年人的代理银行	0	0.01	0.05	0.15	0.05	0.2	DAB	每年	按省份划分
	3	每 10 万成年人的 ATM	1.6	2.5	3	3.5	4	4.5	IMF FAS/DAB	每年	按省份划分
	4	每 10 万成年人的注册移动支付账户	9.1	15	18	20	23	30	IMF FAS/DAB	每年	按省份划分
	5	部署数字平台的机构数量	3	4	—	—	—	—	DAB	每年	按省份划分
产品	6	每 10 万成年人（15 岁以上）的银行账户	15 000	15 000	17 500	19 000	22 000	25 000	DAB	每年	按省份划分
	7	每 10 万成年女性（15 岁以上）的银行账户	7 000	7 000	7 200	7 500	8 000	9 000	DAB	每年	按省份划分
	8	每 10 万成年人（15 岁以上）的移动支付账户	6 500	7 300	7 700	8 200	9 500	12 000	DAB	每年	按省份划分
	9	每 10 万成年人（15 岁以上）的支付卡	3 264	6 000	8 000	9 500	11 000	12 500	DAB	每年	按省份划分
	10	拥有账户的成年人（15 岁以上）占比	15%（2017 年）	15.5%	—	—	22%	—	全球普惠金融数据库	3 年一次	按性别、年龄、农村、收入、省份划分

对不同 NFIS 的分析显示，各国为满足其特定需求采用了不同的监测与评估方法和机制。此外，在实际操作中，无法清晰区分和理解 NFIS 行动中监测与评估之间的差异。需要注意的是，一些国家缺乏明确的监测与评估框架，而有些国家的监测与评估框架提供的内容与实际实施之间存在差距，造成了实施风险。例如，部分国家需要监测与评估其 NFIS 的普惠金融指标以反映 NFIS 进展，但实际情况可能并非如此。因此，

---

① 阿富汗的国家普惠金融战略（2020—2024 年）。可访问以下链接：National Financial Inclusion Strategy for Afghanistanfinal. pdf（dab. gov. af）.

缺乏定期的监测会导致难以实现 NFIS 目标。在没有定期监测情况下，战略目标会被忽视，各级行动主体可能根据自身情况盲目行动。相反，如果省略评估机制或对其管理不当，那么 NFIS 行动的效果可能会很差或难以捕捉。

摩洛哥是一个有趣的例子。在摩洛哥，国家普惠金融战略的监测与评估框架在一定程度上提供了监测行动和评估效果的详细方法。

 专栏 2.31：摩洛哥——监测与评估体系

1. 战略目标的确定

根据各国的实际情况，以摩洛哥为基准进行比较分析，摩洛哥已经为 2023 年和 2030 年的 NFIS 设定了中期和最终目标。针对主题缺乏可靠数据库的情况，尤其是在微型企业的融资领域，目标设定有一定延迟。因此，摩洛哥中小微企业观察组织启动了建立可靠且协同的生态系统基础的项目。

2. 监测机制

为了按照设定的截止日期跟踪工作组的路线图，NFIS 定义了监测指标。在指导和协调委员会的协助下，工作组负责这一层面的工作。

3. 评估机制

普惠金融维度的评估：定义了一系列指标，用于评估符合战略范围的产品和服务的目标群体访问、使用和质量。

战略的影响评估：旨在评估 NFIS 的措施在实现其设定目标方面的有效性。为此，该体系定义了由各方利益相关者采用的方法和工具，以跟踪其工作进展。

摩洛哥在其 NFIS 治理结构下已经设立"数据与监测"工作组来实施上述评估机制。该工作组明确了访问和使用的指标、数据的可靠来源以及负责收集相关数据的机构。

指导和协调团队负责数据汇总和指标的监测。

报告频率大多是每两年一次或每年一次，具体取决于指标性质。

图 2.9　工作监测仪表板模板

---

3. 评估行动。除了执行 NFIS 行动计划之外，还有一点是分析在实施阶段由当局确定的下一步措施。由于 44% 的策略已不再处于实施阶段，那么对于这些国家来说，下一步行动将是什么呢？因此，有必要审查制定阶段 M&E 框架的评估计划。

评估类型分为两种，即事后评估和最终评估。战略的事后评估是在战略实施结束后立即进行的，而最终评估可以在战略结束数年后进行。为避免利益冲突，最好由独立且中立的第三方对战略进行全面的事后评估。无论何种类型的评估，都应包括相关性、影响、效率、有效性和可持续性五个要素，以全面分析战略实施及其有效性。评估在战略前期制定阶段的诊断研究中确定的普惠金融挑战、障碍和差距方面的结果、成果、性能以及影响的实现程度。例如，斐济、所罗门群岛、尼日利亚和瓦努阿图等国制定的缩小性别差距等重要目标的战略评估，应该分析性别差距在普惠金融战略实施后是否已缩小到期望的水平，或者没有缩小。

44%： 44% 的 AFI 成员进行了 NFIS 的事后评估。东欧和中亚地区以及太平洋地区是实施 NFIS 事后评估占比最高的地区，达到 55%。

评估还应该反映战略如何推动了普惠金融发展，包括造成的不良后果。还应将评估结果传达给内部和外部利益相关者，认可他们对战略实施所做的贡献，为实施未来战略所需的合作打好基础。评估报告对指导未来战略发展至关重要。此外，评估应该补充对性别和年龄分类的需求方和供给方调查数据，以从用户即需求方角度（普惠金融的使用和质量维度）和供给方角度（访问维度）分别评估普惠金融的结果与影响。

专栏 2.32：尼日利亚——NFIS（2012—2020 年）评估和随后采取的行动

2017 年 10 月到 2018 年 6 月，尼日利亚根据 2012 年 NFIS 监测计划，基于研究报告、数据分析和与来自公共部门、私营部门、发展伙伴的利益相关者进行磋商，对 NFIS（2012—2020 年）进行了中期评估。主要发现：

NFIS 利益相关者将普惠金融视为国家发展的有效工具，因此 NFIS 在战略实施方面取得了显著进展。然而，无法使用 POS 终端、限制性政策和法规对使用移动支付的制约，成为促进女性普惠金融发展的重要挑战。在尼日利亚北部地区，文化和宗教因素也阻碍了普惠金融的发展。

NFIS 评估推动了 NFIS 目标修订、优先事项和尼日利亚普惠金融原则（于 2018 年 10 月修订并发布）。AFI 的 NFIS（2021 年）监测与评估工具箱为 NFIS 的评估者提供了有价值的启示。该工具箱明确了评估标准和需要解决的核心问题，还提供了一个评估设计矩阵的格式①。

---

① Central Bank of Nigeria. 2018. NFIS（revised）.

亚洲地区 AFI 成员有 50% 正在实施 NFIS，50% 未实施 NFIS；东欧和中亚地区 AFI 成员有 25% 正在实施 NFIS，75% 未实施 NFIS；拉丁美洲和加勒比地区 AFI 成员有 57% 正在实施 NFIS，33% 未实施 NFIS；中东和北非地区 AFI 成员有 75% 正在实施 NFIS，25% 未实施 NFIS；太平洋地区 AFI 成员有 43% 正在实施 NFIS，57% 未实施 NFIS；撒哈拉以南非洲地区 AFI 成员有 60% 正在实施 NFIS，40% 未实施 NFIS。

2.5 新冠疫情对金融生态的影响

新冠疫情冲击产生了较大影响，尤其是对弱势群体而言，如金融服务短缺和资源获取困难的群体。这次冲击更凸显了采取措施，保护那些受到严重影响的以女性为代表的弱势群体重要性。

南非国家财政部普惠金融司负责人农特贝科认为，新冠疫情加剧了南非高失业率的问题。萨尔瓦多中央储备银行公共政策和金融创新部门的公共政策和金融创新专家瓦内萨表示，新冠疫情暴露了需要推动并制定改善某些群体生计和普惠金融的公共政策，尤其是弱势群体。

有关国家领导人在新冠疫情冲击中关注到建设更具普惠性和韧性经济的迫切需求。因此，关注重点从 NFIS 转向危机管理。几乎所有接受采访的 AFI 成员都提到，新冠疫情直接影响了他们的 NFIS 预制定、制定和实施阶段的工作。总体而言，各项活动都已停滞或被推迟到 2021 年。

东帝汶就是一个典型案例。东帝汶中央银行金融体系部的代理经理蒂莫特奥表示："新冠疫情对国家普惠金融战略相关活动的日程造成了冲击。我们推迟了大多数需要与其他组织互动的活动，如与利益相关者的磋商、协调会议、培训和课程。相反，我们利用这段时间修订了培训材料、监测与评估框架以及协调策略"。

AFI 在其政策文件《降低新冠疫情冲击对国家普惠金融战略的影响》中论述了新冠疫情对 NFIS 的影响。该出版物说明了如果治理机构就职权范围达成一致，明确了新冠疫情冲击管理工作组的普惠金融宗旨和结构，它们将获得哪些益处[①]。为了能够快速部署，该说明书需要得到所有利益相关者的接受和认可。AFI 为支持其成员管理和缓解新冠疫情冲击而采取的其他举措包括能力建设和同行分享研讨会。每项举措都明确了结论：无论 NFIS 处于哪个阶段，都必须采用灵活的方法进行反复评估以调整其行动计划。

在新冠疫情冲击期间，尽管这可能颇具挑战，但冲击管理的一个关键要素是能够定期更新可访问的数据。例如，由于封锁和社交隔离的要求，安哥拉的微型金融机构（MFIs）调查受到了影响，因为工作人员无法访问许多地区。但是，使用微软团队（Microsoft Teams）和 Zoom 等软件有助于减轻对结果的负面影响。不幸的是，与

---

① AFI. 2021. Mitigating the impact of pandemic crises on NFIS Policy Note.

Finscope的合作被推迟了①。所罗门群岛第二阶段的 NFIS 实施也受到了影响，因为由于流动受到限制，能够完成的举措较少。例如，因不再可能采用新冠疫情之前的面对面方式，参加储蓄组会议和在农村培训中心的金融素养项目受到阻碍。甚至 NFIS 工作组会议也受到了影响，因为必须遵守新冠疫情下的协议。

然而，正如包括安哥拉、布隆迪、多米尼加共和国、斐济、洪都拉斯、摩洛哥、尼泊尔、尼日利亚、巴勒斯坦和菲律宾在内的许多国家提到的，新冠疫情冲击推动了数字普惠金融服务迸发。鉴于各国在实施其战略方面所面临的挑战与新冠疫情冲击相关，从 2020 年新冠疫情冲击开始，数字技术在推动数字普惠金融服务方面的作用就已经积聚了动力。不同国家采取了多项措施，支持新冠疫情冲击中的低收入群体，例如小微企业、女性和农业工作者。表 2.12 显示了部分国家为缓解新冠疫情冲击采取的部分数字普惠金融服务（DFS）措施。

表 2.12　缓解新冠疫情冲击影响的措施

国家	相关措施
安哥拉	2020 年推出代理银行政策 中央银行与移动运营商 Unitel 签署协议，发展移动支付 由于更加注重提高服务质量，数字金融服务激增 中央银行设立孵化器，支持金融科技公司和初创企业（有些已被选中与中央银行进行更密切的合作，有些正在自己或与银行合作进入市场）发展
利比亚	政府制订计划，向小商贩提供资金支持 政府要求银行允许借款人延迟数个月偿还贷款，以缓解新冠疫情冲击 将 NFIS 活动推迟 1 年，NFIS 结束日期调整到 2024 年
斐济	斐济中央银行提供 100 万美元给移动运营商 Vodafone，斐济政府追加 50 万美元，以支持中小微企业能在线上电子商务平台提出服务需求，从而帮助在线向中小微企业在线销售产品。这种平台还能帮助中小微企业改善其信用评级报告，促进其从正规金融服务提供商获得融资便利
布隆迪	中央银行与电信监管机构合作，促进和管理数字金融服务的供给与需求
菲律宾	推行远程开设银行账户以便顾客轻松入驻 11 家银行设立数字入驻设施，采用数字渠道的"了解你的客户"（KYC）流程 菲律宾国家身份证系统开发了 e－KYC 功能（于 2022 年推出 e－KYC 设施） 发布通告（有关基本存款账户的政策），允许以最低 KYC 要求（例如，村长开具信函）开设"无底线账户"
所罗门群岛	频繁的封锁和社交隔离措施影响了女性参与储蓄俱乐部，而这些俱乐部正是获取正规普惠金融服务的途径。所罗门群岛已优先推动储蓄俱乐部的数字化，促进女性普惠金融发展，以应对这些挑战

资料来源：初级和二级研究。

---

① FinScope 调查是一项需求侧数据来源，提供了国家层面的普惠金融指标测量以及有关个人对金融产品和服务的态度与看法的信息。

2.5.1　主要挑战

1. 缺乏熟练人才。对部分国家而言，普惠金融和 NFIS 是相对较新颖的话题，并非所有中央银行和 NFIS 利益相关者都具备实施 NFIS 生命周期不同阶段所需的专业知识和人力资源。此外，许多国家提出，他们的人力资源较为分散，这会导致 NFIS 在预制定阶段和制定阶段的延迟或推迟，或者在实施行动计划和实施阶段的不当执行，以及跟踪工作的缺失。例如，在斯威士兰，尽管国家普惠金融战略包括了监测实施活动的计划，但缺乏足够的员工执行这项任务。

2. 缺乏明确的预算。部分国家提出，NFIS 缺乏明确的预算支持。在大多数情况下，NFIS 是在没有明确预算的情况下制定的，涉及的政府机构需要将他们年度预算的一部分（内部资源）分配给履行 NFIS 具体职责的部门，这可能导致不同阶段目标因为缺乏预算支持而进展缓慢，或某些活动直接被取消。尼日利亚的情况充分印证了许多国家反映的上述问题。尼日利亚中央银行的普惠金融执行部门（以前是普惠金融部门）负责人保罗·奥卢伊克佩博士表示："预算限制直接影响了 NFIS 的实施。因为资金不足，我们不得不重新设置优先级并缩小范围。"

3. 时间不匹配。对于部分国家而言，重要挑战是政府的政治议程与 NFIS 目标之间的时间不匹配。例如，当 NFIS 的生命周期与国家政府的变更同时发生时，新政府的优先事项可能与 NFIS 的目标不相符。这可能导致 NFIS 生命周期的停滞或 NFIS 的优先事项发生变化，意味着有些倡导者或技术专家会流失。设立一个负责分担责任和控制的专门监管机构将有助于降低这种风险。

4. 性别和年龄的细分数据。大多数 AFI 成员都提到，难以获得性别和年龄的细分数据以及需求方和供给方普惠金融的可靠数据。缺乏数据可能会延迟国家普惠金融战略的制定，或者影响战略的实施质量。没有基准数据，就无法衡量"起点"，以及在实施过程中取得的进展。没有性别和年龄的细分数据，就无法确定 NFIS 的各项举措是否会以不同的方式影响不同人群。例如，在所罗门群岛，NFIS（2021—2025 年）主要基于所罗门群岛中央银行的供给方数据，因为最新的需求方数据是 2015 年的数据。所罗门群岛中央银行国家普惠金融部门经理琳达·弗里亚认为："缺乏完整的、高质量的性别和年龄细分数据，对制定国家普惠金融战略构成了重大障碍，特别是对关键政策领域循证决策。"

5. 缺乏来自利益相关者的参与意识和支持。AFI 成员普遍反映，在 NFIS 的生命周期各阶段难以与私营部门和公共部门的利益相关者进行有效互动。利益相关者通常对 NFIS 存在误解，认为 NFIS 是中央银行或财政部的专属事项，而不是国家议程本身的内容，因此导致利益相关者的参与受限或完全缺失。许多成员认为，协调各方利益相关者获取他们的支持，以及围绕 NFIS 行动开展创新活动是一项具有挑战性的任务。例如，在墨西哥，国家银行和证券委员会金融服务获取总部的哈维尔·苏亚雷斯·伦加斯表示："总的来说，利益相关者有他们的活动或优先事项，有时候协调各机构的优先事项会很困难。在与利益相关者的圆桌会议上，每个人都谈到了他们的议程和愿望，但是满足每个人的需求非常困难。"

此外，部分国家金融服务提供者（FSPs）并不支持普惠金融倡议，特别是在实施阶段，因为他们不认为向未享受服务和服务不充分的市场提供服务能够盈利。这需要加强FSPs的能力建设，消除他们的抵触情绪，使他们认识到在商业上可以获得扩大普惠金融覆盖弱势群体的市场机会。

NFIS在促进上述方面发挥着关键作用，以打造更具普惠的金融生态系统。可靠的数据分析、坚实的财务实现基础和启用规则，是支持解决没有银行服务和银行服务不足的群体需求的重要举措。

虽然每个国家都有独特的金融生态系统，但通过文献研究与AFI成员机构的评估和访谈提出的普适性挑战和经验教训，可能是解决NFIS生命周期不同阶段问题的有益手段。

2.5.2 主要经验

1. 技术支持。请求发展机构提供技术支持，帮助解决NFIS生命周期不同阶段面临的问题。例如，多米尼加共和国获得了美洲开发银行的支持，进行了全面的普惠金融定性评估，为其制定NFIS提供了坚实的基础。斯威士兰获得了AFI的技术支持，实施了NFIS中期评估。萨尔瓦多获得了AFI、世界银行和美洲开发银行的技术支持，他们为NFIS的预制定和制定提供了丰富经验，简化了NFIS生命周期过程。顾问的帮助也可以丰富员工在整合性别差距、青年或金融发展计划（FDPs）等方面的技能，设计普惠金融产品，并制定性别分类数据（SDD）的监测框架。

2. 自下而上的方法。通过自下而上的方法吸引利益相关者参与NFIS，已被证明比自上而下的方法更为有效。确保所有利益相关者（公共部门、私营部门和发展机构）的充分支持对于NFIS成功至关重要。为此，在NFIS规划的早期阶段，吸引利益相关者的参与有助于确保他们在整个生命周期内都积极支持战略实施。例如，摩洛哥在NFIS预制定阶段曾组织过一次会议，分享初步研究结果，讨论普惠金融进展，并告知利益相关者普惠金融所面临的挑战。如果所有利益相关者齐心协力，全面开发NFIS，这些挑战就可以得到解决。与此同时，正如AFI的负责人波萨·韦雷科罗所言："尽管普惠金融联盟已经付出了很多努力，但我们无法独自完成所有任务。建立可持续的伙伴关系和人际关系对推动实现战略目标至关重要。与NFIS的利益相关者密切合作，建立联系、管理关系，确保每个人理解战略的愿景和使命，并在各自的领域为实现战略目标而努力。"确保利益相关者参与治理结构有助于提高NFIS的知名度、获得支持，实现战略目标。

3. 坚强的政治领导力。强有力的政治领导力对推动国家普惠金融战略生命周期各个阶段目标的实现至关重要，正如普惠金融联盟大多数成员所提到的，国家普惠金融战略的领导层涵盖从最高级别（国家领导人）到国家普惠金融战略发展关键机构（财政部、中央银行）的领导者。

4. 资金安全。确保NFIS的实施应有充足的资金保障。大多数AFI成员都提到了有效执行 NFIS 生命周期的主要挑战是缺乏预算。安哥拉中央银行普惠金融部主任特蕾莎·帕斯科尔建议:"设计和保障 NFIS 预算需要各主要利益相关者的参与,协商一致的资金框架有助于协调各监管机构和国家金融稳定理事会或财政部的贡献。"同样,孟加拉国中央银行普惠金融部联合主任皮纳基·兰让·萨克尔建议:"需要采用健全的融资策略,以确保公共和私人资金以及发展援助之间实现平衡的对应关系。"

5. 特定法规。部分国家通过制定特定的法律或全面性的法规,将 NFIS 确立为公共政策优先事项,如萨尔瓦多、菲律宾、墨西哥和莱索托。它们认识到,NFIS 的发展必须有法可依,以保障其合法性。例如,总统令规定了 NFIS 的发展,并建立了多部门的 NFIS 治理结构,这有助于确保各方必要的支持和承诺,因为 NFIS 不是中央银行/财政部的倡议,而是一个国家的优先事项,任何人不可忽视。

6. 普惠金融的不断进步。实施一个或多个 NFIS 的国家在其普惠金融发展过程中会表现出不断进步的趋势。例如,所罗门群岛于 2011 年发布了其首个 NFIS (2011—2015年),并于 2016 年发布了第二个 NFIS (2016—2020年)。这些战略的成功实施显著提高了该国的普惠金融水平。首个 NFIS 侧重于金融服务可得性,正规金融机构中的账户数量在 2015 年增加到 78 000 个,比该战略的全国目标 70 000 个账户超出了 8 000 个,取得了里程碑式的成就。在第二个 NFIS 中,使用率变得更为重要,尽管新冠疫情冲击对其实施产生了干扰,但金融服务的活跃用户占比从 2015 年的 34% 提高到了 2020 年的 64%。同样,2018—2020 年,正规信贷用户增长了 198% (从 10 754 人增加到32 067 人),而金融素养参与者在同期增长了 137% (从 39 250 人增加到 93 025 人)。

NFIS 为利益相关者提供了确定资源优先次序协调一致的方式,围绕主要政策领域开展任务,实现全面推动普惠金融可持续发展的金融体系。本研究的结果证实了 AFI 成员推动普惠金融发展的进程和实施 NFIS 举措的正确性。

附录 2.1:国家普惠金融战略实施进展

表 2.13 国家普惠金融战略实施进展

国家	地区	总结	以 2018 年为基准	NFIS 1	第一阶段开始(年)	第一阶段结束(年)	NFIS 2	第二阶段开始(年)	第二阶段结束(年)	NFIS 3	第三阶段开始(年)	第三阶段结束(年)	领导机构
安哥拉	撒哈拉以南非洲	第一阶段 NFIS	晚于 2018 年	实施	2018	2021	未实施			未实施			中央银行
阿根廷	拉丁美洲和加勒比	第一阶段 NFIS	晚于 2018 年	实施	2020	2023	未实施			未实施			经济部门
孟加拉国	亚洲	第一阶段 NFIS	晚于 2018 年	实施	2021	2026	未实施			未实施			中央银行

续表

国家	地区	总结	以2018年为基准	NFIS 1	第一阶段开始（年）	第一阶段结束（年）	NFIS 2	第二阶段开始（年）	第二阶段结束（年）	NFIS 3	第三阶段开始（年）	第三阶段结束（年）	领导机构
白俄罗斯	东欧和中亚	第一阶段NFIS	早于2018年	实施	2014	2019	未实施			未实施			未报道
不丹	亚洲	第一阶段NFIS	晚于2018年	实施	2018	2024	未实施			未实施			中央银行
布基纳法索	撒哈拉以南非洲	第一阶段NFIS	晚于2018年	实施	2018	2022	未实施			未实施			金融部门
布隆迪	撒哈拉以南非洲	第一阶段NFIS	早于2018年	实施	2015	2020	未实施			未实施			中央银行、小微金融机构
柬埔寨	亚洲	第一阶段NFIS	晚于2018年	实施	2019	2025	未实施			未实施			中央银行
中国	亚洲	第一阶段NFIS	早于2018年	实施	2016	2020	未实施			未实施			中央银行
科特迪瓦	撒哈拉以南非洲	第二阶段NFIS	早于2018年	实施	2013	2017	实施	2019	2024	未实施			金融部门
哥伦比亚	拉丁美洲和加勒比	第二阶段NFIS	早于2018年	实施	2016	2019	实施	2019	2022	未实施			中央银行
厄瓜多尔	拉丁美洲和加勒比	第二阶段NFIS	早于2018年	实施	2013	2015	实施	2020	2024	未实施			中央银行
萨尔瓦多	拉丁美洲和加勒比	第一阶段NFIS	晚于2018年	实施	2021	2024	未实施			未实施			中央银行
斯威士兰	撒哈拉以南非洲	第一阶段NFIS	早于2018年	实施	2017	2022	未实施			未实施			金融部门
埃塞俄比亚	撒哈拉以南非洲	第一阶段NFIS	早于2018年	实施	2017	2020	未实施			未实施			中央银行
斐济	太平洋	第二阶段NFIS	早于2018年	实施	2010	2014	实施	2016	2020	实施	2022	2030	中央银行
加纳	撒哈拉以南非洲	第一阶段NFIS	晚于2018年	实施	2018	2023	未实施			未实施			金融部门
海地	拉丁美洲和加勒比	第一阶段NFIS	早于2018年	实施	2014	2019	未实施			未实施			中央银行、小微金融机构

国家	地区	总结	以2018年为基准	NFIS 1	第一阶段开始（年）	第一阶段结束（年）	NFIS 2	第二阶段开始（年）	第二阶段结束（年）	NFIS 3	第三阶段开始（年）	第三阶段结束（年）	领导机构
洪都拉斯	拉丁美洲和加勒比	第一阶段NFIS	早于2018年	实施	2016	2020	未实施			未实施			中央银行
印度	亚洲	第二阶段NFIS	早于2018年	实施	2014	2015	实施	2019	2024	未实施			中央银行
约旦	中东和北非	第一阶段NFIS	晚于2018年	实施	2018	2020	未实施			未实施			中央银行
肯尼亚	撒哈拉以南非洲	第一阶段NFIS	早于2018年	实施	2015	2018	未实施			未实施			中央银行
莱索托	撒哈拉以南非洲	第一阶段NFIS	早于2018年	实施	2012	2017	未实施			未实施			金融部门
利比亚	撒哈拉以南非洲	第三阶段NFIS	早于2018年	实施	2009	2013	实施	2014	2018	实施	2020	2024	中央银行
马达加斯加	撒哈拉以南非洲	第二阶段NFIS	早于2018年	实施	2013	2017	实施	2018	2022	未实施			金融部门
马拉维	撒哈拉以南非洲	第二阶段NFIS	早于2018年	实施	2010	2014	实施	2016	2020	未实施			中央银行
马来西亚	亚洲	第一阶段NFIS	早于2018年	实施	2011	2020	未实施			未实施			中央银行
马尔代夫	亚洲	第一阶段NFIS	晚于2018年	实施	2018	2022	未实施			未实施			中央银行
墨西哥	拉丁美洲和加勒比	第二阶段NFIS	早于2018年	实施	2016	2024	实施	2020	2024	未实施			中央银行
摩洛哥	中东和北非	第一阶段NFIS	晚于2018年	实施	2019	2030	未实施			未实施			中央银行
莫桑比克	撒哈拉以南非洲	第一阶段NFIS	早于2018年	实施	2016	2022	未实施			未实施			中央银行
纳米比亚	撒哈拉以南非洲	第一阶段NFIS	早于2018年	实施	2012	2021	未实施			未实施			金融部门
尼泊尔	亚洲	第三阶段NFIS	早于2018年	实施	2006	2010	实施	2012	2016	实施	2017	2021	中央银行
尼日尔	撒哈拉以南非洲	第二阶段NFIS	早于2018年	实施	2015	2019	实施	2019	2023	未实施			金融部门

续表

国家	地区	总结	以2018年为基准	NFIS 1	第一阶段开始（年）	第一阶段结束（年）	NFIS 2	第二阶段开始（年）	第二阶段结束（年）	NFIS 3	第三阶段开始（年）	第三阶段结束（年）	领导机构
尼日利亚	撒哈拉以南非洲	第二阶段NFIS	早于2018年	实施	2012	2020	实施	2018	2020	未实施			中央银行
巴基斯坦	亚洲	第一阶段NFIS	早于2018年	实施	2015	2020	未实施			未实施			金融部门
巴勒斯坦	中东和北非	第一阶段NFIS	晚于2018年	实施	2018	2025	未实施			未实施			巴勒斯坦货币管理局与巴勒斯坦资本市场管理局
巴布亚新几内亚	太平洋	第二阶段NFIS	早于2018年	实施	2016	2020	未实施			未实施			中央银行
巴拉圭	拉丁美洲和加勒比	第一阶段NFIS	早于2018年	实施	2014	2018	未实施			未实施			中央银行
秘鲁	拉丁美洲和加勒比	第二阶段NFIS	早于2018年	实施	2015	2021	实施	2019	2030	未实施			金融部门
菲律宾	亚洲	第一阶段NFIS	早于2018年	实施	2015	2017	实施	2022	2028	未实施			中央银行
俄罗斯	东欧和中亚	第一阶段NFIS	晚于2018年	实施	2018	2020	未实施			未实施			中央银行
卢旺达	撒哈拉以南非洲	第二阶段NFIS	早于2018年	实施	2012	2014	实施	2016	2020	未实施			金融部门
萨摩亚	太平洋	第一阶段NFIS	早于2018年	实施	2017	2020	未实施			未实施			中央银行
圣多美和普林西比	撒哈拉以南非洲	第一阶段NFIS	晚于2018年	实施	2021	2025	未实施			未实施			中央银行
塞舌尔	太平洋	第一阶段NFIS	早于2018年	实施	2017	2020	未实施			未实施			中央银行
塞拉利昂	撒哈拉以南非洲	第一阶段NFIS	早于2018年	实施	2017	2022	实施	2022	2026	未实施	2022	2026	中央银行
所罗门群岛	太平洋	第二阶段NFIS	早于2018年	实施	2011	2020	实施	2016	2020	实施			中央银行
斯里兰卡	亚洲	第一阶段NFIS	晚于2018年	实施	2021	2024	未实施			未实施			中央银行

续表

国家	地区	总结	以2018年为基准	NFIS 1	第一阶段开始（年）	第一阶段结束（年）	NFIS 2	第二阶段开始（年）	第二阶段结束（年）	NFIS 3	第三阶段开始（年）	第三阶段结束（年）	领导机构
塔吉克斯坦	东欧和中亚	第一阶段NFIS	早于2018年	实施	2010	2015	未实施			未实施			中央银行
坦桑尼亚	撒哈拉以南非洲	第二阶段NFIS	早于2018年	实施	2014	2016	实施	2018	2022	未实施			中央银行
泰国	亚洲	第三阶段NFIS	早于2018年	实施	2004	2008	实施	2010	2014	实施	2016	2020	中央银行
冈比亚	撒哈拉以南非洲	第一阶段NFIS	晚于2018年	实施	2022	2025	未实施			未实施			中央银行
东帝汶	太平洋	第二阶段NFIS	早于2018年	实施	2014	2025	实施	2021	2025	未实施			中央银行
多哥	撒哈拉以南非洲	第一阶段NFIS	早于2018年	实施	2014	2018	未实施			未实施			其他
突尼斯	中东和北非	第一阶段NFIS	晚于2018年	实施	2018	2022	未实施			未实施			中央银行
乌干达	撒哈拉以南非洲	第一阶段NFIS	早于2018年	实施	2017	2022	未实施			未实施			中央银行
乌兹别克斯坦	东欧和中亚	第一阶段NFIS	晚于2018年	实施	2021	2023	未实施			未实施			中央银行
瓦努阿图	太平洋	第一阶段NFIS	晚于2018年	实施	2018	2023	未实施			未实施			中央银行
西非/非西非国家中央银行①	撒哈拉以南非洲	第一阶段NFIS	早于2018年	实施	2016	2020	未实施			未实施			中央银行
赞比亚	撒哈拉以南非洲	第一阶段NFIS	早于2018年	实施	2017	2022	未实施			未实施			中央银行
津巴布韦	撒哈拉以南非洲	第一阶段NFIS	早于2018年	实施	2016	2020	实施	2022	2026	未实施			中央银行
塞内加尔	撒哈拉以南非洲	第一阶段NFIS	晚于2018年	实施	2022	2026	未实施			未实施			财政预算部
土耳其（非成员）	中东和北非	第一阶段NFIS	早于2018年	实施	2014		未实施			未实施			中央银行
巴西（非成员）	拉丁美洲和加勒比	第一阶段NFIS	早于2018年	实施	2012	2017	未实施			未实施			中央银行
印度尼西亚（非成员）	太平洋	第二阶段NFIS	早于2018年	实施	2016	2020	实施	2021	2025	未实施			中央银行

续表

国家	地区	总结	以 2018 年为基准	NFIS 1	第一阶段开始（年）	第一阶段结束（年）	NFIS 2	第二阶段开始（年）	第二阶段结束（年）	NFIS 3	第三阶段开始（年）	第三阶段结束（年）	领导机构
牙买加（非成员）	拉丁美洲和加勒比	第一阶段 NFIS	早于 2018 年	实施	2016	2020	未实施			未实施			中央银行
危地马拉（非成员）	拉丁美洲和加勒比	第一阶段 NFIS	晚于 2018 年	实施	2019	2023	未实施			未实施			中央银行
阿富汗（非成员）	亚洲	第一阶段 NFIS	晚于 2018 年	实施	2020	2024	未实施			未实施			中央银行
阿塞拜疆（非成员）	中东和北非	第一阶段 NFIS	早于 2018 年	实施	2016	2020	未实施			未实施			中央银行
卡塔尔（非成员）	中东和北非	第一阶段 NFIS	晚于 2018 年	实施	2018		未实施			未实施			中央银行
北马其顿（非成员）	中东和北非	第一阶段 NFIS	晚于 2018 年	实施	2021	2025	未实施			未实施			中央银行
科摩罗	撒哈拉以南非洲	第一阶段 NFIS	早于 2018 年	实施	2011	2013	未实施			未实施			中央银行
英国	欧洲	第二阶段 NFIS	早于 2018 年	实施	2004		实施	2007		未实施			英国财政部
越南	亚洲	第一阶段 NFIS	晚于 2018 年	实施	2020	2025	未实施			未实施			中央银行

注：包括非 AFI 成员。

①AFI 成员，非国家：为属于西非和货币联盟的国家制定的 NFIS 区域框架。考虑到不是国家，建议不反映，保持现状。

3. 女性数字普惠金融发展

3.1 引言

3.1.1 主要内容

普惠金融水平在过去 10 年中稳步提高，但在发展中国家和新兴经济体中，女性在金融服务可得性方面仍存在 9% 的性别差距。2011 年以来，虽然监管机构和政策制定者尽最大努力缩小这一差距，但收效甚微。

由于存在金融监管机构无法控制的多方面复杂因素，金融服务的全球性别差距高达 7%。与此同时，许多国家的数字普惠金融服务（DFS），特别是移动支付和相关服务显著增长。鉴于大多数行业的数字化驱动，本章研究探讨了使用 DFS 是否可以提高女性普惠金融水平以缓解金融服务的性别不平等问题。

本章重点关注医疗、农业和中小微企业等女性参与度较高的行业，在这些行业中使用数字普惠金融可能会提高女性普惠金融水平。

本章基于桌面研究以及对普惠金融联盟（AFI）主要信息提供者的针对性访谈，旨在增强普惠金融服务和政策的实用性。本章介绍了四个案例，而且引用了补充实例，包括医疗领域的 2 项研究（肯尼亚的 M－TIBA "健康钱包" 服务和加纳孕产妇医疗储蓄产品）、加纳家禽农业价值链数字化（VCD）研究和巴基斯坦女性企业家担任手机银行代理商的研究案例。

案例研究表明，在这些行业使用数字金融服务将会提升女性普惠金融水平。然而，总体而言，女性对这些金融服务的接受和使用程度并未达到预期。这主要是因为大多数服务不分性别，并不具备性别敏感或性别变革基础。大多数案例的服务创新都是由私营部门以商业利益推动，通常由性别中立的企业提供（围绕孕妇建立的加纳孕产妇医疗储蓄产品案例除外）。在所有案例中，监管机构、政策制定者或公共部门的参与程度很低或根本没有参与。

本章案例研究旨在深入了解跨行业的数字普惠金融如何深化女性普惠金融发展，进而提高金融监管机构和政策制定者对其潜力的认识。本章研究结论为监管机构提供了一系列详细的政策措施建议，包括积极建立多部门协调论坛、促进女性普惠金融和国家赋予女性经济权利之间协同发展、提高服务提供商在提供产品时考虑性别敏感基准的意识。

3.1.2 发展现状

普惠金融深化在全球范围内已取得显著进展，但女性获得金融服务时仍然处于不平等地位，2017年全球无银行账户人口达17亿，其中一半以上是女性。[①]

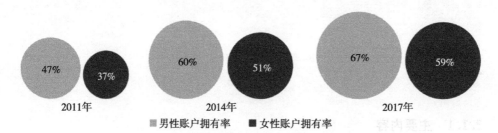

图3.1 发展中国家账户拥有率的性别差距

全球普惠金融数据库数据显示，普惠金融领域的性别差距一直存在，2017年全球性别差距达7%。2011年至2017年，发展中国家的情况略有改善，但差距仍保持在8%，各地区之间也存在差异，如表3.1所示。

表3.1 2017年发展中国家账户拥有率的性别差距

单位：%

地区	男性	女性	性别差距
欧洲和中亚（不包括发达国家）	69	62	7
拉丁美洲和加勒比地区	59	52	7
中东和北非（不包括发达国家）	52	35	17
撒哈拉以南的非洲	48	37	11
南亚	75	64	11
东亚及太平洋地区（不包括发达国家）	73	68	5

除了银行账户拥有率，男性手机拥有率比女性高出8%，男性移动互联网使用率比女性高出20%。[②]为应对这种性别差距，自2008年成立以来，支持和促进性别普惠金融（GIF）和为女性经济赋权一直是AFI的工作重点。2016年AFI全球政策论坛在斐济纳吉举行，AFI成员通过了《德纳鲁行动计划》（DAP），承认存在普惠金融性别差距，并提出10项行动计划，供成员参考制定缩小普惠金融性别差距的改革性监管和政策措施。

---

① 世界银行，2017，《全球普惠金融数据库2017》。

② Margaret Miller, Leora Klapper, Ghada Teima & Matthew Gamser, 2020, How can digital financial services help a world coping with COVID-19?

　　AFI 成员不断分享开发特定产品方面的经验，为缩小普惠金融的性别差距提供借鉴，详情参见附录 3.1。

　　在过去 10 年中，数字普惠金融的使用程度大幅增长，并将持续走高。其中，移动支付服务最为突出的成效是推动许多国家提高普惠金融水平，特别是在撒哈拉以南的非洲，该地区的活跃账户在 2020 年增长了 20%。

26：2016 年以来，已有非洲、亚洲和拉丁美洲的 26 家移动运营商（覆盖 14 个 AFI 成员)① 正式承诺缩小其移动支付客户的性别差距。

　　移动支付使用率的提高得益于监管框架优化、移动基础设施、实惠的移动设备以及广泛的代理机构网络。金融科技的重要性日益增强，意味着可以用数字化的方式提供大多数传统金融服务以及新型数字普惠金融产品。

　　然而，女性在获得数字普惠金融服务方面仍然比男性面临更多约束，具体包括以下几个方面②：一是有限的金融能力和金融素养。许多国家需求侧调查一致表明，女性的金融素养水平和对金融能力的自我评价低于男性。二是缺乏可抵押资产。女性的土地和财产所有权通常要比男性低得多，她们向贷款人提供"传统"抵押品的能力有限。三是缺乏正式身份证明。女性拥有正式身份证明文件的概率低于男性，而正式身份证明文件是满足"了解你的客户"（KYC）要求所必需的证明文件。四是手机拥有率低。与男性相比，拥有手机和 SIM 卡的女性较少，这使她们在获得数字普惠金融方面处于不利地位。五是男性代理商。在存在严格性别障碍的地区，女性获得数字普惠金融服务存在困难，主要原因是由男性作为代理商提供服务，女性在银行网点不受欢迎，男性代理人提供服务也难以解决社会文化对女性产生的不利影响。六是存在法律歧视。在部分国家，存在继承法、家庭法等有利于男性的法律，使女性无法获得金融服务。七是收入水平低。女性可能更缺乏获得或维持数字普惠金融账户所需的收入水平。

　　面对普惠金融领域存在的严重性别差距问题，可采取以下三方面措施加以缓解：一是利用数字普惠金融缩小性别差距，解决女性在使用数字普惠金融产品时面临的限制。AFI 的《使用数字金融服务促进女性普惠金融发展政策框架》以及已确定的政策支撑是行之有效的参考政策。二是缺乏抵押品对女性获得金融服务的影响尤为严重，因此在大多数情况下，促进普惠金融所需的配套政策和基础设施对女性更重要，包括按性别分类数据、国家数字身份识别系统以及评估信贷风险的替代方式。三是性别中立政策或方法不会促进平等，只会重复现有的结构性障碍。必须明确考虑女性生活的实际需求，采用性别敏感或变革性的方法实现女性经济赋权。

　　要解决与性别经济平等有关的问题，就必须采取综合的跨行业方法，考虑女性参与的社会各方面活动以及所有影响因素。广泛的利益相关者参与是解决性别平等问题

---

　　①　马来西亚、马尔代夫、马里和塞内加尔（BCEAO）、孟加拉国、卢旺达、布隆迪、坦桑尼亚、乌干达、加纳、津巴布韦、巴基斯坦、肯尼亚、巴拉圭、刚果（金）。

　　②　2016 年 3 月，AFI，促进女性普惠金融发展政策框架；2020 年 5 月，AFI，利用数字普惠金融加强女性普惠金融的经验。

的一个关键推动因素。

本章致力于揭示通过将数字普惠金融融入女性参与度高的行业的基础设施来深化女性普惠金融发展，分析这些行业使用数字普惠金融产品的具体案例，以及推进女性普惠金融发展存在的不足、机会和经验教训。

3.2 助力医疗、农业和中小微企业

本节案例研究揭示了数字普惠金融与医疗、农业和中小微企业有机融合，共同提升女性普惠金融的潜力。

在发展中国家和新兴经济体，女性在这些行业中的参与度和依赖性都比较高，而且这三个行业的特点都是线上活动不断增加，如提供在线医疗服务、农业价值链数字化（VCD）以及越来越多的中小微企业进驻数字平台。将数字普惠金融与这些日益数字化的服务基础设施相结合，有可能深化女性普惠金融。因此，为了深入了解深化女性普惠金融的潜力，我们选择这三个行业进行案例研究。

70%：在许多发展中国家，女性在家庭中的责任包括提供简单的医疗服务。此外，女性约占全球医疗卫生劳动力的70%，在部分国家甚至超过了75%。[①]

弱势群体的"资金可得性决定了医疗质量"，对于孕产妇和儿童而言尤其如此，无法及时获得资金可能会造成致命后果。储蓄、信贷、小额保险和众筹产品等数字普惠金融服务创新，为包括女性在内的社会最弱势群体提供了及时获得应急医疗资金的机会。通过传统金融体系向低收入客户提供创新产品不仅存在风险，且价格昂贵，然而数字普惠金融能在"最后一公里"以更低成本扩大金融产品供应范围。除帮助家庭减轻医疗负担外，数字普惠金融还可以显著改善医疗支付交易效率，包括患者支付护理费和药费、医院支付医护人员工资，以及系统个体参与者（如药房、实验室、保险公司、捐赠者等）之间的其他交易等。

通过利益相关者的创新合作关系，数字普惠金融已成功向低收入群体提供低成本医疗保险，提高了其及时获得可负担医疗资源的机会。如科技公司微保险（MicroEnsure）与移动网络运营商、小额信贷组织和合作社合作，通过手机成功向非洲、加勒比地区和亚洲的4200万名消费者提供保险。

66%：孕产妇医疗状况在大多数发展中国家仍令人担忧，仅撒哈拉以南的非洲国家的孕产妇死亡数量就占全球66%左右。[②]

尽管造成孕产妇死亡的原因很多，但获得及时医疗资金可能有助于解决这一问题。

---

① Mathieu Boniol, Michelle McIsaac, Lihui Xu, Tana Wuliji, Khassoum Diallo, Jim Campbell March 2019, Gender equity in the health workforce.

② Genesis Analytics, 2018, Exploring fintech solutions for women.

数字普惠金融正在探索孕产妇医疗融资产品及服务创新。事实证明，数字普惠金融可以有效应对人道主义灾难。在塞拉利昂埃博拉病毒流行期间，数字支付帮助及时地支付了医疗工作者的薪酬。[①] 新冠疫情期间，数字普惠金融在封控期间有效地保障了日常金融交易，尤其是针对女性等弱势群体的金融交易。[②]

43%： 农业在促进女性普惠金融方面具有巨大潜力。[③] 在发展中国家，女性是农村地区就业的主要来源，占该行业劳动力的43%。

农业领域，女性劳动力在拉丁美洲占比为20%左右，撒哈拉以南非洲和亚洲部分地区达50%以上，在少数国家高达80%，甚至超过90%。发展中国家的农户通常同时兼顾工作、农业生产和照料家庭以维持生计，如自给农业、家务管理、照顾儿童和老人。在农业生产和照料家庭时，女性通常比男性付出更多的时间和努力，但没有得到相应报酬。[④] 如在巴基斯坦，女性每天比男性多工作4.9个小时。[⑤] 为女性提供数字化解决方案、工作机会和数字普惠金融的相关培训，可以提高她们的生产力和市场适应能力。

数字普惠金融对农业的影响体现在三个方面：一是直接使用数字普惠金融，如移动支付和指数保险；二是数字化价值链，即将价值链中的所有参与者彼此联系起来，并提供价值链的特定数字金融服务；三是利用数字平台为小农提供服务。农业数字化能够显著提高交易效率，使该行业的所有参与者都受益。这对女性来说尤其重要，她们将更易获得信息，通过买卖双方直接联系进入更广阔的市场，获得更全面的金融服务。但女性的市场机会仍然存在许多障碍。

90%： 中小微企业（MSMEs）是大多数经济体的经济增长引擎，占全球企业数量的90%以上，提供了一半以上的就业机会。

在新兴经济体中，正规MSME贡献了高达40%的GDP，创造了70%的就业机会。其中，女性领导的MSME是提高女性经济地位的重要推动力，约占发展中国家和新兴经济体MSME的35%，为经济发展作出了重大贡献。全球约有2.52亿女性创业者，另有1.53亿女性正经营着MSME。[⑥]

融资渠道受限是制约MSME发展的主要因素，也是MSME在新兴经济体和发展中国家发展业务的第二大障碍。女性拥有的MSME仅占所有MSME的23%，但未满足的融资需求却占发展中国家融资缺口的32%。因为MSME不太可能获得贷款融资，如果算上直接融资，这个比例实际上要高得多。在发展中国家，MSME未满足的融资需求

① Lauren Braniff, Pamela Riley , December 2017, A Digital Finance Prescription for Universal Health Coverage.
② 请参阅普惠金融联盟关于数字普惠金融在应对新冠疫情冲击中的作用的出版物附录。
③ FAO, Employment, work and time use in agricultural contexts: what data do we need for gender analysis?
④ FAO, Employment, Work and Time Use in Agricultural Contexts: What Data Do We Need for Gender Analysis?
⑤ FAO, IF AD and WFP , 2020, Rural Women and Girls 25 Years after Beijing.
⑥ Policy Framework for Women's Financial Inclusion Using Digital Financial Services.

约为 5 万亿美元，是 MSME 贷款额的 1.3 倍。

MSME 的数字化表现为多种形式，例如数字支付的普及、传统融资工具数字化、P2P 等融资替代工具的出现、电商支付服务的使用、数字平台提高效率以及进入原本不可能进入的市场。数字化发展对 MSME 的女性从业者尤为重要，因为促进女性企业家获得信贷有助于缩小金融服务使用的性别差距。尽管社会和制度对女性的偏见持续阻碍着女性参与该行业，但数字普惠金融是应对这些挑战的潜在解决方案。

3.2.1　数字普惠金融惠医发展

本部分探讨数字普惠金融与医疗行业的结合，重点关注支持移动支付的金融产品。随着手机的普及，新兴的数字普惠金融医疗服务系统（包括数字支付、储蓄、众筹和小额保险等）可以更好地满足医疗需求。在新兴经济体和发展中国家的医疗业中，从储蓄和信贷等基本数字金融服务转向中级服务（众筹和小额保险等）的现象越来越普遍。

1. 肯尼亚 M – TIBA 服务。肯尼亚的 M – TIBA 数字支付和管理平台成立于 2015 年，旨在帮助所有受自付医疗费用影响的低收入肯尼亚人获得医疗服务。尽管其设计和应用不分性别，但该平台为推进女性普惠金融提供了机会。

（1）M – TIBA 的目标和服务合作伙伴。M – TIBA 数字平台旨在确保肯尼亚公民及时获得医疗服务，特别是低收入家庭，实现普遍提供"基本医疗服务"的联合国可持续发展目标。金融科技和支付管理公司凯雷支付（CarePay）、医药存取基金（PharmAccess Foundation）、肯尼亚移动运营商萨法利通信公司（Safaricom）和 UAP 保险是 M – TIBA 的服务合作伙伴。他们提供一系列金融产品，包括以信用为基础的移动储蓄账户（"健康钱包"）、受益人医疗保险、为捐助者和诊所提供的医疗基金和支付管理服务。M – TIBA 还为关联的医疗提供商和医疗保险公司提供管理服务。

M – TIBA 账户可用于接收汇款，并免费提供价值高达约 80 美元的个人意外保险。M – TIBA 账户通过一款允许客户数字化缴纳保费的应用程序与肯尼亚国家医疗保险基金（NHIF）关联。尽管一个家庭每月的 NHIF 费用大约仅需要 5 美元，但注册人数仍然很少。鉴于占肯尼亚劳动力 80% 以上的非正规部门工人均为自愿参保，因此数字支付至关重要。

（2）M – TIBA 的运营模式。M – TIBA 运营模式依赖于 M – TIBA 平台上连接的医疗提供商网络。该平台可管理所有医疗程序和交易记录。平台于 2016 年推出，截至 2021 年末已拥有 470 万用户、3 128 家医疗提供商注册。该平台每年处理超过 10.48 亿笔交易和超过 100 万份医疗索赔。

M – TIBA 平台用户可以使用该平台将钱存入储蓄账户使用收付款服务，并使用区域 M – PESA 移动支付服务支付医疗费用。M – TIBA 可作为用户安全收付款的渠道，例如用户可将家人和朋友转账资金专门用于医疗支出。用户还可使用 M – TIBA 账户作为安全获得捐赠者补贴的渠道，捐助者的资金用于解决具体医疗目标（如治疗疟疾）。M – TIBA 基金只针对参与该平台的医疗提供商使用，保护医疗融资不被挪作他用。符合 M－TIBA 标准的医疗提供商在可接受 M－PESA 电子支付系统和业务管理方面的培训后使用该平台。医疗提供商之间的联系和对他们的管理支持提高了医疗系统效率，降低了成本。

M－TIBA 用户还可以使用手机搜索选择附近的医疗提供商。M－TIBA 采用国际公认的安全保护（SafeCare）标准与医疗服务提供商合作，并不断提高管理水平。M－TIBA 为患者存款、获得家人和朋友的捐款、获得政府补贴提供了便利。

为预防性医疗服务提供资金还可以降低患长期、昂贵疾病的风险。通过 M－TIBA，医疗服务提供商和医疗保险公司可以获得更有效的支付和信息服务，捐助者也可以更有效地跟踪资金使用情况。

（3）M－TIBA 对女性普惠金融的影响。尽管 M－TIBA 的性别区分不明显，但 2015 年该平台的市场试点接受度证实 M－TIBA 对低收入群体女性产生了积极影响。

63%：一项包含 5 000 名住在内罗毕周围贫民窟且有 5 岁以下孩子的母亲（女性）的调查显示，在试点前 6 个月，63% 的人使用过"健康钱包"，14% 的人表示如果她们不是 M－TIBA 用户的话，将可能会推迟就医。

2020 年 8 月，由凯雷支付对医疗移动服务进行的一项具有全国代表性的调查证实了 M－TIBA 对医疗融资的影响。超过 37% 的受访者表示，他们使用手机主要是用于购买医疗保险和支付医药费，最常用的移动服务包括肯尼亚 NHIF、M－PESA 和 M－TIBA。

93%：在医疗体验方面，93% 的受访者表示使用移动服务提升了就医体验，使他们能够更好地掌控治疗过程、获得更高质量的医疗服务、享受更高效的支付流程。

58%：就诊过程中仍然有 58% 的自付费用，其中大部分是由未注册 M－TIBA 的人支付。

（4）利用 M－TIBA 促进女性普惠金融发展的思考。从上述调查得以一窥 M－TIBA 在低收入女性市场中的潜力。M－TIBA 是由商业驱动的性别中立产品，产品设计和使用不关注促进性别平等，但它具有促进女性普惠金融的巨大潜力，能够深化女性在移动支付和小额保险之外的数字普惠金融服务。

加强针对女性的营销和支持，可以改善女性的金融产品可得性和使用率。M－TIBA 在为女性医疗提供专业保险方面具有巨大潜力，特别是产科（孕前、产前和产后护理）和妇科（一般指产妇生产医疗服务）。通常，这些专业医疗服务（如孕产妇护理、瘘管病、乳腺和宫颈护理）所需资金由捐助者或公共福利援助提供，但这些援助的覆盖面和可持续性有限。与相关捐助者和公共福利合作可为针对女性医疗的微型保险产品提供专门资金。同时，纳入其他补充产品（如小额贷款、储蓄和信贷）也可以弥补女性在医疗融资方面的差距，有可能提高女性使用 M－TIBA[1] 的概率。

2. 加纳孕产妇储蓄公司。加纳孕产妇储蓄公司是一家医疗科技初创公司，为准妈

---

[1] M－TIBA, February 2021, Consumers and COVID－19 Driving Digitization in Healthcare.

妈们提供基于移动支付的数字储蓄产品,有助于应对低收入女性群体在获得孕产妇医疗资金时面临的困难,帮助女性逐步积累储蓄,与为孕产妇提供基本医疗保险的国家医疗保险项目形成互补。能否在产前至产后阶段获得足够的资金对母亲和婴儿都有影响。在此期间,女性无法获得充足的资金支持可能会加剧健康脆弱性,有可能引发紧急情况,甚至导致孕产妇和新生儿死亡。

(1)产品运作。该产品利用移动支付以及与储蓄和贷款机构的合作关系,为客户提供针对性的小额储蓄产品。孕产妇储蓄公司和加纳医疗服务机构之间的一项协议允许孕产妇进入公共卫生中心,孕产妇储蓄公司在公共卫生中心利用定期产前课程向参加课程的女性推销孕产妇储蓄产品,并在产前课程中提供金融素养培训。该公司正在努力与农村银行协会合作,期望覆盖农村地区,扩大规模。

该公司正在探索合作补充服务,如与网约车服务、快消品零售商和小额养老基金(提供灵活的联合投资和年金产品)合作,提高产品使用率。作为金融科技公司,该公司仍处于起步阶段,但市场接受度一直较好。一是女性在产前课程中注册率在20% ~30%。与初为人母的女性相比,已经成为母亲的女性更有可能注册,因为她们更清楚储蓄的重要性。二是20% ~30%的客户贡献了大约80%的存款。该产品被认为是一种理财产品,而不仅是用于特定目的的储蓄产品。三是该产品能够满足女性分娩储蓄需求,女性客户满意度很高。因为女性通常在怀孕时开始储蓄,并倾向于在怀孕9个月内或分娩时使用这些资金,所以金融机构并不适用于满足孕产妇储蓄的短期融资需求。四是在新冠疫情封控期间,人们为应对病毒肆虐和封控而增加提款的行为,使与之合作的金融机构的其他储蓄和存款产品出现净下降,但孕产妇储蓄存款却增长了161%。五是孕产妇储蓄公司已经开始以机器学习生成客户档案和行为特征,从而强化产品设计和业务预测的能力。

(2)橙色货币(Orange Money)。在马里,一款人寿/残疾和孕产妇医疗保险产品也具有类似特点。橙色货币①和其他服务合作伙伴在橙色货币平台上推出了储蓄产品辛托尼(Sini Tonon)以及结合人寿/残疾和孕产妇的医疗保险产品帝诺哥亚(Tin Nogoya)。上述产品在满足客户(特别是女性客户)需求的同时,扩展了数字普惠金融使用范围。在使用辛托尼储蓄产品的女性中,55%以前没有储蓄,而只有48%的男性在以前没有储蓄。

97%: 在使用帝诺哥亚保险产品的女性中,有97%以前从未参保,这是她们第一次使用数字保险。这再次说明了低收入女性群体对该产品的需求更加迫切。

(3)利用孕产妇储蓄产品提高女性普惠金融的思考。该产品在促进低收入女性群体的普惠金融方面具有巨大潜力,因为她们是该产品的直接客户。该产品可通过与金融机构合作扩大服务范围,覆盖孕产期以外的生命周期,例如延长储蓄时间、开设用

---

① https://www.gsma.com/mobilefordevelopment/wp - content/uploads/2016/03/Connected - Women - Orange - Mali - Case - Study - FINAL. pdf.

于婴儿的补充信托账户，以及创新用于支付女性其他医疗服务的储蓄产品。这样做可以吸引更多女性在孕期以外进行长期储蓄。新证据还指出了让丈夫或伴侣参与储蓄产品的重要性，因为这有可能提高客户储蓄水平，促进孕产妇储蓄公司可持续发展。

定期进行需求侧调查，审查处于生命周期各个阶段目标女性的医疗融资需求，可为产品设计和推广提供信息，从而提高产品与女性普惠金融的相关性和实用性。孕产妇储蓄公司可以利用医疗服务提供商等相关参与者的数据信息完善产品设计。

3. 马达加斯加玛丽·斯特普斯。还有部分案例采取其他更有针对性的方法，而不是上述的基础或系统性方法，例如马达加斯加玛丽·斯特普斯（Marie Stopes Madagascar，MSM)① 开展了补贴代金券计划，以扩展自愿计划生育服务。客户向 MSM 的42 家当地医疗服务提供商（通常由女性经营）中的任何一家出示代金券，就可以换取计划生育服务。MSM 使用移动支付而不是传统支付方式（通常是现金）向服务提供商付款，这有助于偏远地区、农村地区和交通不便的地区获得医疗服务。这表明数字支付可以显著提高女性医疗服务的覆盖面、效率和可持续性，同时促进深化女性数字普惠金融。

4. 政府和监管机构也可以积极帮助扩大数字普惠金融在医疗行业的使用，造福女性。(1) 印度医疗和家庭福利部派遣了近100 万名经认证的社会卫生宣传员（ASHAs）作为全国农村卫生特派团的重要组成部分。ASHAs 由社区中的女性组成，担任医疗促进者、服务提供者和卫生宣传员。她们根据所从事的活动类型获得报酬激励，但这些报酬支付往往会受到行政干预，即使以现金支付，宣传员也不能及时收到报酬，这可能会使 ASHAs 缺乏动力。因此，拉贾斯坦邦的国家医疗特派团使用了软件平台 ASHA Soft 简化管理，将报酬以数字方式支付到拉贾斯坦邦 4.7 万名 ASHAs 的银行账户。2020 年评估发现，该方式直接使女性受益，建议推广。

(2) 埃及的一项市场调查显示，家庭面临的最大经济风险是疾病和意外伤害。针对这种情况，埃及金融监管局在国际捐助者的技术援助下制定了一项保险法，以扩大低收入家庭的保险覆盖范围。该保险法鼓励保险公司以数字方式营销、发行保单、收取保费和处理索赔，扩展了私营部门的产品市场。例如，德莫克朗斯（Democrance）是一家用软件提供服务的金融科技公司，主要为低收入群体提供数字保险产品。德莫克朗斯与埃及最大的小额信贷机构 MFIs 合作提供信用人寿保险，该险种在借款人去世时偿付未偿还的贷款金额。德莫克朗斯还提供医院现金保险产品，旨在赔付与住院有关的交通或住宿等杂费。信用人寿保险客户群的很大一部分为低收入群体，由女性企业家为其提供小额贷款业务等。

5. 将数字普惠金融与医疗行业结合促进女性普惠金融发展的宝贵经验。对医疗行业数字普惠金融促进女性普惠金融发展的主要观点、对所述产品和服务的理解，以及来自其他案例的信息，都证明了可以使用数字普惠金融帮助女性获得医疗服务，提升女性普惠金融水平。

---

① USAID, 2019, The Role of Digital Financial Services in Accelerating USAID's Health Goals.

一是数字支付与改善医疗服务相辅相成。数字支付提高了医疗服务的运营效率（能消除或最大限度地减少差旅成本、欺诈或盗窃风险），同时也促进了女性更深入地使用金融服务，特别是低收入和居住在交通不便地区的女性。二是捐助者或公共主导的女性医疗代金券（如计划生育、孕产妇医疗）的数字化，能从需求侧和供给侧同时推动女性普惠金融发展。三是由于医疗提供商通常被视为社区中值得信赖的中心，因此医疗提供商可以作为代理商或联络点，吸引女性使用数字普惠金融平台。在社会和文化习俗影响女性与男性接触的社区，可选择女性医护者、孕产妇中心作为女性数字金融服务代理商。共享社区中心还可以降低服务提供商的进入成本。四是在数字普惠金融支持医疗业发展，促进女性普惠金融的过程中，需明确女性需求，并考虑她们的金融和数字素养水平。五是涵盖系统中所有相关行为主体（如相关政策机构、医疗提供商、药房、社区女性团体、移动支付机构等）的多方利益相关者措施至关重要，这可以确保资源利用、相关价值链整合以获取客户以及最大限度减少重复工作等。在可行的情况下，可探索公私合作关系，提高筹资便利性以及将数字普惠金融融合到医疗服务中的可操作性，从而促进女性普惠金融发展。六是将服务（如储蓄、信贷、保险等）扩展到更广泛的女性医疗领域，有可能扩大产品目标客群，提高女性普惠金融水平。七是收集、分析和使用按性别分类的数据有助于监管机构制定政策、优化提供商的营销方法。但在提供商之间，这项工作仍处于萌芽状态。加强宣传并使监管机构能够采取性别敏感和性别变革的政策措施，有助于改进按性别分类数据的收集、分析和使用。

3.2.2　数字普惠金融助农发展

农业的金融交易和服务趋向数字化。下述案例研究和补充案例展示了将数字普惠金融与农业相结合，从而改善女性普惠金融的机会。

1. 加纳 MTN 家禽价值链数字化（VCD）[①]。MTN 是加纳最大的移动网络运营商，其子公司加纳移动钱包（Mobile Money Ghana）运营移动支付业务。MTN MoMo（MTN Mobile Money，加纳移动钱包）拥有 57% 的客户市场份额，引领加纳移动支付行业快速增长。

（1）VCD 的运作方式。作为市场发展战略的一部分，该公司启动了实现主要农业产品和行业的 VCD 计划，特别是可可和家禽市场行业。VCD 利用数字支付平台 MTN MoMo，使价值链中的所有参与者能够在该平台发起和完成交易。数字平台建立了价值链中涵盖的所有参与者的数据库，为参与者提供互相无缝支付服务以及向平台之外的银行账户等其他系统转账的服务。数字化支付交易产生的数据可提供客户信用信息，使客户无须抵押品即可获得信贷。

70%：本案例研究重点是家禽业的 VCD。在家禽业，女性占劳动力的 70%（但只有

---

① 根据 2021 年 3 月 25 日对加纳 MTN MoMo 负责人伊莱·希尼和欧内斯特·曼普希先生的采访。加纳银行的克拉丽莎·库多沃尔女士也出席了该采访。

7% 的女性拥有农场），相比之下，可可种植业的劳动力中只有 25% 是女性。

波诺地区是加纳重要的家禽中心，约占鸡蛋供应销售量的 50%。据估计，在波诺地区家禽中心，80% 以上的鸡蛋批发销售商为女性。在波诺 VCD 之前，家禽交易主要依靠现金（尤其是鸡蛋交易）。因此，VCD 虽然是不分性别的商业发展措施，但对女性普惠金融发展却产生了广泛而直接的影响。

为了在家禽业实施 VCD，MTN 移动支付借助正在进行的家禽业发展项目——加纳家禽项目，利用其平台向女性和价值链中的其他参与者营销，与她们深度接触并最终确认入驻。在该项目中，MTN MoMo 开放商户钱包支持参与者业务经营。MTN 为签署 VCD 的参与者提供培训和支持，不断评估参与者的需求，确保 VCD 能满足其金融需求。

大部分女性处于鸡蛋销售的下游环节，对她们而言，MTN MoMo 商户钱包提供了现成的现金流分析数据，她们可以依靠商户钱包分析业务的盈利能力并管理收支。在此之前，许多商户几乎没有正式的销售或交易记录，MTN 还帮助客户在其商户钱包中关联银行账户以便于交易。因为没有额外的银行费用和流程，使用 MTN MoMo 作为 VCD 的支付渠道降低了参与者成本和管理难度。

MTN 正在考虑在 VCD 中加入其他要素以扩大 VCD 范围，如行业运营不可或缺的运输服务，以及考虑将 VCD 扩展至零售市场，扩大其客户群。

（2）增强女性普惠金融的思考。虽然 VCD 是性别中立的，但鉴于家禽业存在大量女性劳动力，它对实现女性普惠金融具有显著影响。创新的政策激励可以进一步推动这一过程。例如，可以提供激励措施，激励更多项目利用 VCD 开拓新市场、改善产品服务、整理数据，进而促进女性普惠金融发展。

同样，专业设计和交付可以增强 VCD 深化女性普惠金融的潜力。此外，将性别基准和指标纳入正在进行的行业评估，有助于在 VCD 的设计和交付中提升性别敏感性。收集和分析按性别分类的数据也可以为设计互补产品和服务提供更深入的参考。

2. 肯尼亚的多功能数字农场（DigiFarm）平台。多功能平台服务在许多领域逐渐兴起，例如肯尼亚农业的数字农场。

52%：农业是对肯尼亚 GDP 贡献最大的行业，不仅直接贡献了 26%，而且通过相关行业间接贡献了 27%。其中，女性约占农业劳动力的 52%。

（1）平台运作。数字农场由移动网络运营商萨法利通信公司所有并运营，为小农户提供进入农业系统共享信息和进行金融交易的渠道。[1] 数字农场平台的设计参考了小农户的日常生活数据以及他们最需要的业务方案。该平台注重性别平等，能根据按性别分类的数据和对女性农民的细分类别开展针对性别的市场推广活动。

---

[1] "Kenya: Safaricom Launches Digifarm Depot In Burnt Forest Town To Bolster Agribusiness." MENA Report, Albawaba（London）Ltd., May 2018.

表 3.2　数字农场注册和服务使用数据

服务内容	注册用户/%	男性/%	女性/%
注册	—	64	36
网络学习	40	54	46
输入贷款数据	<7	52	48
进入市场和数字支付	32	48	51

注：数字农场的用户刚刚超过 100 万。

50%： 数字农场服务总体效果较好，各项服务的收入和产量增长率一般在 20% ~ 50%。[①]

（2）从女性普惠金融的角度看，主要有两点值得注意。一是注册用户中的女性农民比男性农民更广泛地使用数字普惠金融，从而提升了数字普惠金融使用率，主要原因可能是针对不同性别的市场推广方式存在差异。二是与男性农民相比，女性农民不太能接受数字农场的一系列服务。这可能与男女对金融体系的相对信任程度差距有关，但也可能是因为女性在商界经历的固有偏见，导致不愿接受此类服务。总体而言，数字农场和类似平台可能会提高女性普惠金融水平，尤其是提升农村地区的女性普惠金融水平。对性别实施市场干预取得了积极成果，但初始价值主张和市场定位需要谨慎设计，并应根据女性用户的实际情况进行调整。

3. 政府机构在女性农民建立和推广数字普惠金融中发挥着关键作用。例如，哥伦比亚的费纳格罗（FINAGRO）是由法律授权的公私合作组织，隶属于农业农村发展部，并受哥伦比亚金融监督管理局监管。2014 年，费纳格罗与加拿大政府、哥伦比亚农业银行、40 家金融机构及 30 家合作社签署了协议，在哥伦比亚启动了"支持农业金融系统项目"（PASAC），促进小农普惠金融，缓解农村贫困，普及金融素养，促进农业部门性别普惠。PASAC 专注于数字金融工具，并将替代数据应用于其信用评估工具 DE-CISION。该数字普惠金融工具可通过智能手机和平板电脑访问，能将现场收集的申请人数据与特定部门的具体数据相结合，通过算法处理后评定申请人的信用等级。

57%： 截至 2019 年末，3 500 名信贷人员（其中 57% 是女性）接受了关于新算法和 DECISION 工具的培训，已有 8 万名农民获得了 13.6 万笔信贷。

数字工具的使用和女性信贷人员的存在对女性农民有很大的好处。

4. 将数字普惠金融与农业结合促进女性普惠金融发展的宝贵经验。大量女性参与农业生产为利用数字普惠金融改善女性普惠金融提供了巨大机会，并且已产生正向效果。一是以循证法确定目标定位，为产品设计、营销、推广和交付提供依据，对于成功将数字普惠金融与农业结合，促进女性普惠金融发展至关重要。关键是要考虑到女

---

① 该影响仍在通过随机对照试验进行量化。

性群体的独特现实和差异（如文化、经济、价值链中的地位或参与度、金融和数字素养），以产生最大影响。二是与医疗行业一样，需要采取多方利益相关者广泛参与的措施，通过数字普惠金融促进女性农民普惠金融发展。产品和服务应涵盖相关使用场景与金融服务，以确保农业数字普惠金融充分满足女性的金融需求，同时为服务提供商提供可持续的商业案例。利用金融技术实现全方位服务也是农业服务供应的重要组成部分。三是从政策角度看，监管机构和政府可以通过以下方式促进农业女性普惠金融发展：确定女性参与度较高的优先领域和价值链，鼓励和支持其实现数字化；为女性落实具体的奖励、补贴和现金福利政策；与使用数字普惠金融的私营部门、高校和其他利益相关者合作。四是公私合作仍然是将数字普惠金融与农业女性结合的关键推动因素。普惠金融的相关政策制定者和监管机构在推动与促进这些合作方面发挥着非常重要的作用。

3.2.3 数字普惠金融益企发展

女性企业家在获得融资方面面临着许多限制。除了中小微企业普遍面临的不利因素（如资深贷款机构不感兴趣、缺乏传统抵押品和金融信息）外，她们还必须应对贷款决策中的性别偏见和文化障碍。数字普惠金融可以提供有效的解决方案，比如信贷决策采用创新的替代方案以规避传统要求。本部分重点介绍数字贷款方面的创新在促进中小微企业发展以提升女性普惠金融方面的巨大潜力。

1. 巴基斯坦女性店主担任手机银行代理人。[①] 在巴基斯坦，只有7%的女性拥有正规金融机构账户，性别差距为28%。通过手机银行改善这一差距的目标尚未实现。

（1）联合实地项目运作。提高巴基斯坦女性普惠金融的4个合作组织包括移动金融服务提供商（FSP）爵士现金（JazzCash）、消费品提供商联合利华、巴基斯坦发展融资公司卡拉达兹巴基斯坦（Karandaaz Pakistan）和全球组织女性世界银行（WWB）。合作的目标是建立代理银行模式，有效地为低收入女性服务。

造成农村女性金融服务性别差距的主要因素是女性与男性银行代理人交易意愿偏低。由于99.9%的爵士现金代理人是男性，因而女性不愿意使用爵士现金移动产品。因此，爵士现金利用联合利华在农村和低收入地区广泛的女性零售代理网络——古迪巴吉斯（Guddi Baajis）来布设其女性代理网络。

女性世界银行与爵士现金、联合利华一起建立了联合实地项目，以爵士现金和古迪巴吉斯的名义吸引并帮助农村女店主，向她们提供业务支持，以提高销售额。因为这些店主同时是爵士现金和联合利华的代理人，两家公司可以以更低成本扩大代理范围。联合实地项目培训农村女性店主成为代理商。每个店主都要在爵士现金和联合利华两家公司注册为零售商，熟悉爵士现金和联合利华的产品。她们能获得销售培训和用来提高商店知名度的促销产品。女性店主可以同时销售两家公司的产品，以增加收入。

---

① Women's World Banking, 2018, The Power of Partnership: A Corporate Collaboration to Advance Women's Financial Inclusion in Pakistan.

43%： 该方法的可行性试点表明，参与该项目的女性店主通过爵士现金佣金平均每月增加了 9.40 美元的收入。试点涵盖的 32 名女性店主为爵士现金新开了 566 个账户，其中 43% 是女性账户。

该试点项目还表明，通过培训和支持，农村女性可以成功胜任手机银行代理人。爵士现金首席执行官阿米尔·易卜拉欣称，爵士现金致力于为巴基斯坦无银行账户的群体，尤其是女性提供基本的金融服务。在其代理网络中增加女性的目的就是为女性提供更舒适的环境来开展业务，增加女性使用金融服务的机会。

（2）增强女性普惠金融的思考。上述合作证明，充分考虑女性需求和社会地位，设立女性手机银行代理人，有可能促进女性使用手机银行产品。女性代理人为女性提供了更有利的金融环境。

2. 服务提供商利用现有数字系统提供更多数字金融服务的例子不胜枚举。

（1）科波科波。科波科波（Kopo Kopo）最初是为小型商户提供数字支付服务 M－Pesa 的数字化平台，通过分析商户业务数据信息为商户预支无担保现金。该平台服务于 1.25 万名小商户，其中大多数是女性。

本质上，商户交易记录被转化为另类信用记录，使商户借款无须担保，而且没有滞纳金或罚款，实现了商户借款的便利性和即时性。店主需选择以每日销售额的一定比例还款，科波科波在客户收到付款时会自动扣除该比例借款。

科波科波使用非传统数据进行信用评级，直接为没有信用记录的女性小商户提供帮助。女性商户更青睐于科波科波而非传统贷款产品，主要是由于科波科波还款的灵活性与商户波动的业务量相匹配。

科波科波为商户提供管理各种客户关系的数据工具，帮助商户更好地管理、跟踪和细分业务交易，提高客户忠诚度。科波科波还通过向小型零售商提供客户关系数据和相应的分析工具，帮助他们开发业务并渗透市场。例如，科波科波可根据营销目的进行分段交易和跟踪交易，这使女性能够在不聘请其他服务提供商的情况下增加收入。

（2）利迪亚。另一个案例是尼日利亚中小企业数字贷款机构利迪亚（Lidya），自 2016 年以来该公司的市场影响力持续增强。利迪亚建立了一个为中小微企业提供 500 美元至 1.5 万美元无担保贷款的在线平台。中小微企业使用该平台的数字发票工具来满足短期融资需求。利迪亚利用这些企业数据作为数字发票贷款的决策基础，通过分析 100 多个数据点来确定企业是否适合融资。通过这种数字化流程，利迪亚能够将不良贷款和运营成本保持在较低水平，同时维持较高的重复贷款率。利迪亚强大的社会责任感表现为使无银行账户、获取金融服务不足的群体和弱势群体获得融资，因此中小微企业中的女性是其重要客户。尽管利迪亚并不是一家专门面向女性的数字贷款机构，但对于中小微企业中信用记录有限的大量女性来说，它是使女性摆脱传统信贷环境困扰的可行替代方案。利用商户数字业务服务数据生成信用决策信息还具有另一个好处，即不存在任何影响申请结果的潜在偏见。此服务可以帮助缩小女性领导的中小微企业融资缺口。

3. 监管机构在向中小微企业推广数字普惠金融服务中发挥了关键作用。例如，菲律宾中央银行（BSP）将数字普惠金融服务目标群体定位为街头小贩，通过提高其数字支付使用率，扩大数字支付覆盖面，最终使菲律宾实现通过手机完成街头摊位支付的目标。由于许多街头小贩都是女性，因此这一目标更深入地促进了女性普惠金融发展。菲律宾实施数字普惠金融服务的首要目标群体就是 88% 不使用手机支付的智能手机客户。调查显示，大多数菲律宾人不知道可以使用数字支付，其中很多知道数字支付的群体也不信任这项服务，BSP 正在积极地通过社交媒体宣传来解决这一问题。其中一种策略是将二维码作为国家支付系统的一部分，因为二维码可以被广泛应用到杂货店、中小微企业、大公司等各类企业中。BSP 还正在与电信公司、金融科技公司和有关政府部门合作，期望降低互联网服务价格，进而降低数字支付交易成本。

4. 数字普惠金融支持中小微企业发展提高女性普惠金融水平的宝贵经验。女性领导的中小微企业不仅面临着中小微企业普遍存在的资金不足问题和正规金融服务性别歧视的双重制约，还面临着严格的监管要求，如了解你的客户、金融素养不足以及行政程序烦琐等困难。数字普惠金融与中小微企业的运营和金融环境相结合，提高了中小微企业获得融资和使用金融服务的便利性。

一是尽管性别中立的数字普惠金融也促进了女性普惠金融的发展，但监管机构仍需鼓励金融机构在设计和销售产品时考虑性别基准、目标或指标。二是为促进女性领导的中小微企业使用数字普惠金融，金融科技服务必须从供给端到服务端均使用数字普惠金融。这意味着应通过金融科技完成整个流程链（例如贷款申请），并在流程中根据需要使用数字普惠金融。三是女性普惠金融发展面临的一个主要挑战是让女性领导的中小微企业获得资金，这可以通过使用替代数据源和可移动抵押品系统为信贷供给机构提供决策信息，包括在金融系统之外使用的数据，但要注意保护数据隐私。然而，基于不同开发者的假设，用于决策的算法也可能包含性别偏见，可以通过内部重点小组或使用工具箱（例如 WWB）来检测和减轻性别偏见。四是监管机构之间需协调，使女性能够更多地参与金融活动。理想情况下，金融、贸易、税务和许可机构应该合作，以便跨行业推广数字普惠金融服务和交易。五是互联网和移动服务方面的数字鸿沟限制了女性使用数字普惠金融。例如，就手机拥有率而言，女性比男性落后 7 个百分点。监管机构和移动服务提供商可以通过降低手机价格、提供更优惠的手机信贷等方式来缩小这一性别差距。六是政府可以向所有行业的公众推广数字普惠金融。在孟加拉国，信息获取机构（A2I）是一个跨政府机构，负责改善政府为公民提供的服务。

该机构发现，如果政府共享项目信息并使用统一的政府支付平台以简化支付，就能使政府和公民都受益。2016 年，A2I 与扶贫协商小组、比尔和梅琳达·盖茨基金会、无现金联盟以及普华永道合作，对支付基础设施进行现状评估，并利用该国现有的支付基础设施为政府支付设计数字普惠平台。到 2019 年，该系统已经可以在政府不同部门开展试点。其中，孟加拉国银行（BB）建立了身份证电子账户，允许公民凭借生物识别特征开立低价值账户，允许客户以电子方式验证国家身份证数据库信息，以生物识别方式进行国家支付交易，发挥了至关重要的作用。通过这种方式，孟加拉国政府和监管机构扩展了全国数字基础设施，使金融机构得以迅速发展，并使国家支付系统的客户广泛受益。[①]

3.3 主要经验与政策措施

1. 主要经验。第一，研究表明，数字普惠金融在医疗、农业和中小微企业方面具有促进女性普惠金融发展的潜力，但并不是简单地在上述行业提供此类服务，应注意考虑以下因素确保管理措施有效实施。一是考虑女性不同的需求和要求，利用循证手段采取针对性措施。二是考虑系统中所有行为者的作用，采取综合性措施确保目标一致性。三是在监测与评估时考虑性别因素，为产品和项目开发提供信息。四是确保政策制定者和服务提供商持续协调数字普惠金融管理措施。第二，私营部门和企业家是非金融业中最有可能发起和促进利用数字普惠金融服务的群体。监管者和政策制定者则在推动此类举措中的参与或领导程度很低。第三，这些服务和举措主要来源于私营部门的商业发展目标，似乎并不受国家普惠金融或女性普惠金融战略或政策的影响，也不与之直接相关。尽管商业发展目标可能有助于数字普惠金融的可持续发展，但监管机构和政策制定者的支持可以加速扩大其覆盖面及影响。第四，女性在接受和使用数字普惠金融服务方面的成果表明，这些举措满足了女性在各行业的部分金融需求。然而，仍存在使用率低和间隔期长的问题，意味着确保女性持续接受和采取数字普惠金融的措施仍需改进。第五，这些举措未考虑性别因素，而是采取了性别中立的方式。在推广这些服务之前，也没有充分评估女性需求。因此，女性使用这些工具是市场需求的结果，而不是有意提高女性普惠金融水平的结果。除了专门为女性提供的医疗服务外，这些措施并不能充分满足市场中不同行业女性的需求。第六，系统方法对于增强数字普惠金融产品的相关性和应用至关重要。其中，使用者和金融服务提供商的有效对接是增强数字普惠金融产品的相关性与应用的基础。满足客户在所有商业生活中的需求需要服务提供商的广泛参与，但由于缺乏主导者，实现这一目标具有很大挑战性。

2. 监管和政策因素。多行业的数字普惠金融举措在促进女性普惠金融发展方面取得了显著成效，但仍需要一个健全的监管和政策框架来指导管理措施、制定目标和协调利益相关者。

监管机构和相关部门可以在多行业采取以下政策措施促进女性普惠金融发展。一是将女性普惠金融作为国家战略的重要内容，嵌入国家普惠金融战略（NFIS）或国家数字普惠金融战略，确保政府主要或相关部门的有效协调、简化主要利益相关者的目标、整合专业知识等资源，并促进监测和评估。如果没有关于女性普惠金融的内容，那么政府应努力将具体的女性普惠金融标准与相关框架相结合。除了普惠金融和相关政策框架，如 NFIS、国家金融教育战略（NFES）、数字普惠金融政策之外，政府还应

---

① GPFI 2020, Advancing Women's Digital Financial Inclusion.

寻求女性普惠金融战略和国家女性经济赋权政策之间的协同作用，为将女性普惠金融融合到多行业的管理措施奠定基础。在女性参与度较高的价值链或行业实施数字化举措，不仅可以实现金融机构和金融科技公司业务的可持续发展，还可以促进女性普惠金融发展。政策框架可包括对相关行业女性的具体奖励、补贴和现金福利。

二是随着金融机构利用数字普惠金融促进女性普惠金融发展的作用和潜力日益增强，政府应鼓励金融机构将促进性别平等的标准融合到产品设计、推广和使用中。例如，鼓励收集、报告和使用按性别分类的供给侧调查数据，为以女性为重点的政策设计提供信息；鼓励金融机构在市场研究中使用促进性别平等的指标，为产品设计、推广和使用提供信息，促进实施性别平等的管理措施；扩大市场监测和评估系统范围，以评估潜在跨行业举措的进展和影响；鼓励金融机构在产品中融入促进性别平等的数字金融素养普及和消费者权益保护措施，使弱势女性群体能够持续接受、信任和使用数字普惠金融服务；建立促进女性普惠金融发展的基础设施和法规，如数字支付系统互操作性、简化"了解你的客户"文件要求和数字身份证等；协调金融机构、学校和研究机构以及其他利益相关者充分利用数字普惠金融服务促进女性普惠金融发展；普惠金融领导机构应促进各行业所有相关参与者的调查、动员和协调，结合数字普惠金融服务促进女性普惠金融发展。利益相关者包括监管机构（保险、证券、养老金部门、电信公司等相关监管机构）、卫生部、农业部、教育部、女性/性别部、贸易部等。

三是所有政府机构和部委都应推广政府对个人（G2P）和政府对企业（G2B）的支付数字化。普惠金融领导机构应发挥协调作用，确保能建立数字支付系统。

四是国家制定金融科技战略和新政策时应考虑性别平等目标。已经具有监管沙盒的司法管辖区、金融科技创新办公室或项目应考虑结合性别平等标准，进一步促进性别平等的产品和服务创新发展。

五是政府应充分挖掘机会，推动社会企业共同提供资金，以促进女性普惠金融发展的管理措施和产品创新。从中短期来看，这有助于缓解私营部门对投资于低收入群体的女性普惠金融商业活动的顾虑。

六是由于金融科技为女性普惠金融发展带来了广阔前景，监管机构应向金融科技公司提供技术支持，在其产品设计和使用过程中促进性别平等，包括创新的政策激励、行业意识和道义劝告等。

3. 供给侧因素。为促进女性普惠金融发展，需要将数字普惠金融与其他行业相结合。为此，金融机构需要采取以下措施。一是扩大规模对提升女性普惠金融至关重要。快消品公司与以女性为主的社会组织或宗教组织以及女性零售店主之间的战略合作关系可以证明这一点。公私合作关系可利用私营部门的商业发展战略推动女性普惠金融。二是在中短期内，对许多金融科技公司和金融机构而言，为低收入女性群体提供产品都是一个挑战。为普惠金融服务的金融科技公司和金融机构提供融资激励，支持其度过业务发展早期阶段，实现规模扩大和业务可持续性是有效激励其向低收入女性群体提供产品的手段。政府或其他机构向初创企业和数字普惠金融机构提供融资机会可有效缓解女性群体的资金限制。三是鼓励金融服务机构关注女性参与度较高的项目或行业，如本章前文讨论的行业，以及教育业和零售业，特别是政府促进女性普惠金融的行业，如旅游业和酒店业。将重点放在这些领域，能有针对性地促进女性普惠金融发展。四是金融科技公司和其他数字普惠金融机构需全面了解女性领导的中小微企业的金融需求，并获取这些中小微企业与其他参与者（如提供商、客户、物流公司等）交易产生的数据。这可为设计性别平等的金融科技服务和数字普惠金融解决方案提供信息支撑。鼓励金融科技公司和其他数字普惠金融机构寻求能够提供关键措施的合作伙伴。

4. 结论。医疗、农业和中小微企业的案例研究提供了令人信服的证据，表明数字普惠金融有助于加速实现女性普惠金融发展。鉴于女性在这些行业占据较大比例，采取多行业与数字普惠金融结合提升女性普惠金融的办法很有价值，应予以推行。为了挖掘这一潜力，使针对性别变革的举措能够产生有意义的影响，政策制定者、监管机构和数字普惠金融机构（包括金融科技公司）之间需要加强合作。

附录 3.1：性别普惠金融研究文献与案例

1. AFI 关于性别普惠金融（GIF）和数字普惠金融的文献

《德纳鲁行动计划》（2016 年实施）和 GIF 委员会有效地为 AFI 关于女性普惠金融和性别平等的倡议与活动奠定了基础。AFI 促进性别平等的倡议。

标题：女性企业家拥有的中小微企业的融资政策调查报告

日期：2017 年 3 月

简述：调查说明和调查结果

涉及的非金融领域：中小微企业

标题：平衡普惠金融和反洗钱及打击恐怖主义融资（AML/CFT）中的性别因素

日期：2018 年 11 月

简述：国家/数字身份和相关基础设施问题是反洗钱/打击恐怖主义融资实施的关键要素

涉及的非金融领域：国家身份

标题：女性普惠金融发展

日期：2019 年 3 月

简述：如何发展女性普惠金融

涉及的非金融领域：通信

标题：利用数字普惠金融推动女性普惠金融的政策框架

日期：2019 年 9 月

简述：四大政策支柱

涉及的非金融领域：非正规微型企业、数字身份

标题：利用数字普惠金融促进女性普惠金融发展的经验
日期：2020 年 5 月
简述：利用政策框架、案例研究和政策干预举措解决性别差距
涉及的非金融领域：中小微企业

标题：利用数字普惠金融应对全球突发事件的政策框架——以新冠疫情为例
日期：2020 年 6 月
简述：促进数字普惠金融、支付、基础设施应对突发事件的七大政策支柱
涉及的非金融领域：医疗、政府、弱势群体

标题：为什么应对新冠疫情的经济波动需要普惠和性别敏感的金融体系？
日期：2020 年 9 月
简述：发展全面普惠和对性别敏感的金融体系的五大支柱
涉及的非金融领域：医疗

标题：性别分类数据报告模板的指导说明
日期：2020 年 11 月
简述：如何获取按性别分类的数据
涉及的非金融领域：数据收集

标题：女性领导的中小微企业融资政策框架
日期：2021 年 1 月
简述：七大政策框架支柱和局限性
涉及的非金融领域：中小微企业

标题：GIF 网络研讨会——在新冠疫情政策解决方案中纳入性别因素
日期：2021 年 3 月
简述：网络研讨会报告旨在确保女性不会在新冠疫情复苏中落后
涉及的非金融领域：无

2. 研究案例

标题：在埃及中央银行（CBE）框架中纳入性别和女性普惠金融
日期：2019 年 4 月
简述：政策和监管框架、多方参与和协调
涉及的非金融领域：中小微企业，特别是惠及女性的社会保障计划

标题：津巴布韦女性的经济赋权和普惠金融

日期：2019 年 8 月

简述：需明确客观处理政策目标的情况——社会偏见、性别中立不会减少性别不平等

涉及的非金融领域：中小微企业、数字金融素养普及

标题：提高性别储蓄团体的规模并将其纳入正规金融体系

日期：2020 年 12 月

简述：赞比亚、埃及、卢旺达和厄瓜多尔的 4 个案例研究，包括储蓄团体对女性普惠金融的重要性

涉及的非金融领域：数据收集、农村地区

第二篇
金融教育与金融素养

4. 国家金融教育战略实践

4.1 引言

1. 创建工具箱的必要性。金融教育提升了危机或紧急情况下不同年龄、性别、收入和教育水平群体的金融韧性与自我效能。金融教育为低收入家庭提供信息与技能培训，帮助其在具有金融知识、信任、知情权的基础上与金融机构交流，作出与其金融目标和人生阶段相一致的选择。2020 年对 AFI 成员的调查显示①，金融教育是公认的第一要务，有 75% 的成员认为这是重要的政策领域，其次是金融消费者权益保护（74% 的成员）和数字金融素养（70% 的成员）。许多 AFI 成员都认识到金融教育对普惠金融、金融消费者权益保护政策的补充作用和对维护金融稳定的重要贡献，制定了国家金融教育战略（NFES）。不仅如此，各国制定国家金融教育战略、利益相关者参与战略，实施、监测与评估（M&E）战略以及提升国民数字金融素养等活动的需求日益增加。

国家金融教育战略是实现普惠金融的重要先决条件与驱动因素。政府可选择的金融教育战略包括独立战略、融入现有战略的混合战略或独立项目（见表 4.1），往往需要从混合战略或独立项目开始实践，独立战略是最理想的战略选择②。

表 4.1 选择 NFES

战略类型	内容
独立战略	独立战略的主要内容是明确 NFES 设计、实施、评估阶段的步骤、任务和职责
混合或集成战略	在混合或集成战略下，金融教育通常是国家普惠金融战略（NFIS)①或相关国家战略的支撑部分、关键组成部分或目标
独立项目	独立项目通常是 NFES 的初期形式，涵盖了覆盖各种目标群体的方法，但不包含协调机构或监测与评估系统等其他组成部分

注：①AFI Policy Model for National Financial Inclusion Strategy（2020）.

2. 工具箱作用。消费者赋权及市场行为工作组（CEMCWG）认为，创建一个包含如何制定、实施、监测与评估 NFES 的工具箱（是指采取的多项措施及其组合）对以

---

① AFI Member Needs Assessment（MNA）2020.
② 对于这几种方法，均有普惠金融联盟成员采用，详见附录 4.2 中的工具 2。

下三类国家具有重要作用：一是已实施 NFES 的国家，可以向正在实施或尚未实施此项战略的国家提供经验借鉴，同时也可以了解如何改进实施进程以及更好地监测与评估进展情况；二是正在制定 NFES 的国家，可以更高效地管理和推进此项战略；三是尚未开始制定此项战略的国家，可以借鉴经验，更熟练、有效地规划此项战略。

本章创建的工具箱包括实用的步骤、技巧、示例和清单，为参与国家金融教育项目和战略预制定、制定、实施、监测与评估政策的制定者、监管者以及其他利益相关者提供专业指导，以完成战略预制定、制定、实施、监测与评估四个阶段的工作。

4.2　使用范围和内涵

在过去 10 年间，金融素养、金融教育和金融能力的定义层出叠见。普惠金融联盟（AFI）成员也使用了诸多术语，根据成员经验，明晰这些定义可以为统一 AFI 出版物和相关活动中使用的术语提供参考。根据经济合作与发展组织（OECD）和世界银行（WB）的现有定义，AFI 与 CEMCWG 成员①通过协商提出以下定义指导读者，各国也可以根据本国机构的实践与优先事项进行完善、吸收或扩展。

金融素养（Financial Literacy）：个人拥有金融知识和使用金融产品的能力，能根据经济状况和社会环境管理个人财富。

金融教育（Financial Education）：金融教育是提高金融素养的一种途径。"通过提供与金融相关的准确、权威的信息，培养人们的金融知识、技能、态度和经验，使人们能够作出明智的金融决策并采取适当的行动。"金融教育通过提供相关知识、指导、权威信息来提高人们的金融技能，具体过程需要在工具箱中进一步讨论。

金融能力（Financial Capability）：金融能力扩展了金融教育的定义，可以看作金融教育的结果。个人具备金融知识和技能，能对个人和家庭金融作出明智的、自信的决策，能采取改善金融状况的行动。

金融健康（Financial Well-Being）：金融健康是另一个体现金融教育结果或目标的重要概念。个人可以完全满足当前或未来的金融需求，能够应对未来的金融风险，更好地掌控生活，获得经济安全感。这意味着一个人既可以满足日常生活开销的需求，也可以抵御未来金融风险冲击，以获得经济安全感。②

行为经济学（Behavioral Economics）：行为经济学是研究一系列因素如何影响金融行为的学科，包括认知因素（知识和意识）、情绪因素（动力、自制力和自我效能等态度）和社会因素（社会影响、动机和被社会接纳的渴望）等。行为经济学家推荐使用说服、经验法则和提醒等方式来培养金融能力。

---

① AFI 成员现有定义的示例见附录 4.1。
② OECD 有一个类似的金融健康框架，将金融控制、日常金融生活和长期金融规划融为一体（OECD，2019）。

金融教育
提高金融素养的工具
技能导向的方法

金融素养
金融知识+技能

金融能力
金融知识+技能+行为
结果导向的方法

图 4.1　关键术语和内涵

虽然本工具箱的标题侧重金融教育，但也有助于国民理解或提高金融素养，甚至可以用于提高金融能力。

表 4.2　NFES 生命周期

阶段	行动	步骤	工具
预制定	制定 NFES 规划	1. 确定 NFES 的生命周期 2. 定义关键术语 3. 确定时间表 4. 确定使用的语言 5. 开展调查和分析	
	开展调查和分析	1. 确定国家背景和目标群体 2. 开展需求侧调查和分析 3. 开展供给侧调查和分析 4. 确定国际、国家和区域的最佳实践措施	工具 1：供给侧调查 工具 2：实施金融教育战略的 AFI 成员名单
	建立治理结构和协调机制	1. 建立治理结构 2. 建立领导机构 3. 协调主要利益相关者 4. 明确职权范围	
制定	明确政策优先事项	1. 确定愿景和使命 2. 确定优先考虑的主要目标群体 3. 确定指导原则 4. 确定战略目标	
	制定实施计划	1. 确定相关内容及其优先级别 2. 确定相关传播渠道及优先级别 3. 确保利益相关者参与 4. 制定实施计划 5. 确定资金来源和预算	工具 3：内容调整的注意事项 工具 4：金融教育的主题和目标
	建立监测与评估框架	确定国家战略与项目实施的监测与评估框架	

续表

阶段	行动	步骤	工具
实施	准备实施	1. 与最佳实践保持一致 2. 提升国民金融教育认知 3. 提升金融教育能力 4. 小规模试点测试与修订完善	工具5：培训师培训研讨会（TOT）总议程样本 工具6：观察清单 工具7：参与者反馈 工具8：培训师反馈
	推广计划	1. 继续提升教育能力 2. 在国家和地区两级推广	工具6：观察清单 工具7：参与者反馈 工具8：培训师反馈
	实施监测与评估	1. 在国家层面监测与评估 NFES 绩效、进展和影响 2. 在项目层面监测与评估 NFES 绩效、进展和影响	工具9：满意度调查 工具10：国家层面评估框架 工具11：债务管理测试 工具12：项目层面评估框架

4.3　阶段一：预制定

4.3.1　国家金融教育战略规划

NFES 规划的推荐活动有确定 NFES 的生命周期、定义关键术语、确定时间表、确定语言和开展调查和分析。

第一，确定 NFES 的生命周期。图 4.2 概述了 NFES 生命周期的预制定、制定和实施阶段的主要步骤。

第二，定义关键术语。NFES 规划的一个重要步骤是定义金融素养、金融教育和金融能力等关键术语。在预制定阶段可以先给出初步定义，然后在制定阶段与治理机构的主要利益相关者一起完善，或在分析需求侧和供给侧调查结果后与领导机构一起进行完善。初步定义可以通过以下方式给出：一是回顾本工具箱中提出的定义；二是参考其他国家在 NFES 中采用的定义；三是考虑当地情况和弱势群体状况；四是确保定义全面、可测度；五是归纳主题，如资金管理、金融规划、提高抗风险能力、金融消费者权益保护、金融服务使用等。

第三，确定时间表。在 NFES 中列出预制定、制定、实施、监测与评估四个阶段的时间表至关重要。大多数 NFES 的周期是 4～5 年，也需要将时间安排体现在下一阶段制定的 NFES 实施方案中。

第四，确定使用的语言。制定 NFES 应确定使用的语言。为了包容弱势群体，可以用多种语言起草 NFES，这样也有利于国际社会的审查，并从中受益。例如，马来西亚《2019—2023 年国家金融素养普及战略》就有英语和马来语两个版本。

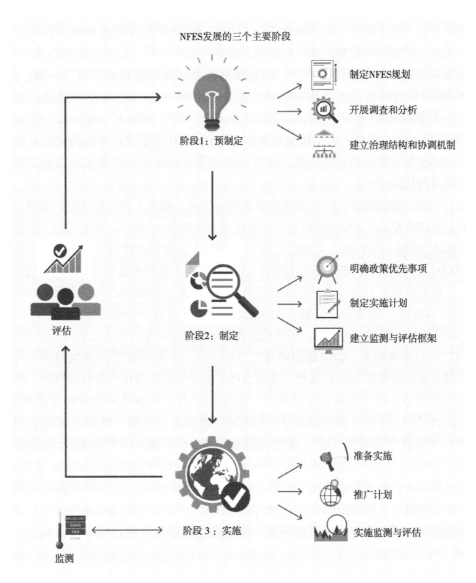

图 4.2 NFES 生命周期

　　第五，开展调查和分析。NFES 需要与在下一步开展的调查和分析阶段及制定阶段的行动等保持一致，这关系到战略规划是否与国家背景、主要目标群体以及供给侧的资源、能力和基础设施相匹配。随后的每个阶段也都能为 NFES 的政策制定和操作流程提供可供参考的信息。

4.3.2　开展调查和分析

　　调查和分析阶段的主要行动包括确定国家背景和目标群体、开展需求侧调查和分析、开展供给侧调查和分析以及确定国际、国家和区域的最佳实践措施。

1. 确定国家背景和目标群体。调查和分析的第一步是确保金融教育与现有国家政策、项目和优先事项保持一致，如 NFIS、针对青年①或女性等特定群体的政策（如国家青年政策、国家性别政策）和针对低收入家庭的政府项目（如社会保障项目）。金融教育还需要与其他政策的优先事项，如金融消费者权益保护法规等保持一致。例如，赞比亚 NFES 的目标是"到 2030 年实现全民金融教育"，这与其 2030 年愿景"到 2030 年成为一个繁荣的中等收入国家（NFES Zambia 2019—2024）"相一致。乌干达的 NFES 与将乌干达"建设成为现代化繁荣国家"的 2040 年愿景，和以构建更好融资渠道为目标的国家发展计划 II 相一致。在参照此类现有政策后，国家就可以确定相关的弱势群体及其优先次序。

2. 需求侧调查和分析。（1）确定并完善调查工具。确定了目标群体后，紧接着就要确定最合适的调查工具，如果距离上次全国性调查已经有 4～5 年，则需对有关数据进行更新。部分全国性调查内容有金融能力调查（AFI）、金融能力调查（WB）、金融素养调查（OECD）、普惠金融调查（芬马克信托）。选择调查工具必须适合当地情况，包括以下步骤：一是审查调查工具，确保所有的短语、术语、概念和案例都与目标群体相关，必要时可进行调整；二是确定需要删减或增加的问题；三是翻译调查工具；四是用 3～5 人的目标群体小样本测试调查工具；五是根据需要进行修改并完善调查工具。

（2）开展基期调查。确定最佳调查工具后，下一步是开展全国基期调查，分析目标群体的金融教育需求和偏好现状，确保 NFES 规划的设计适合各类目标群体，并与政策优先事项保持一致。该调查可以作为一种分析工具，在项目开始时确定基期数据，也可以作为监测与评估工具，通过 3～5 年的后续调查（中期、终期）来评估项目结果。调查可以辅之以定性工作，如焦点访谈（FGDs）或不同目标群体的深度访谈（IDIs）。

需求侧调查的目的是确定每个特定目标群体的具体情况，包括学习概况（如文化水平、受教育程度、教育经历、对学习的喜爱程度）、个人与金融相关的现有行为和不足、最适合的金融教育传播渠道和场景、最适合的金融教育内容以及行为和学习方面的差异。

📋 专栏 4.1：马拉维案例——基期和后续金融素养调查

2013 年，马拉维储备银行（RBM）开展了全国金融素养调查，此次调查随机抽取了城市、市区城镇、城郊和农村地区四个阶层的近 5 000 户代表性样本家庭。2018 年，RBM 又进行了后续金融素养调查，对农村和城市阶层随机抽取了 4 400 户代表性样本，其中还包括一小部分来自各学校招生区或普查区的教师与社区领导样本。

---

① 参考书目：AFI Guideline Note on Integrating Youth into a National Financial Inclusion Strategy (2020).

（3）教育内容和传播渠道的策略。在需求侧调查中，主要目的就是初步形成一套适合不同目标群体的金融教育内容和传播渠道的策略。传播渠道可以通过目标群体的学习方式、以往经历（培训、研讨会、社区活动）以及学习偏好和空闲时间（如工作时间、季节时间表）来确定。当然，这些策略还应在供给侧调查阶段进行完善与扩展，并与国家、区域和国际上的最佳实践措施保持一致。此外，还应把金融教育活动与市场体系有机结合起来，发挥需求侧和供给侧的协同效应。

专栏 4.2：马拉维案例——基于国家金融素养调查的策略

根据 2013 年进行的基期金融素养调查结果，马拉维储备银行作出以下策略。

内容：提供有针对性的内容，弥补目标群体在资金管理、金融规划、金融产品和服务、金融消费者权益保护等方面知识和技能的不足。

传播渠道：除了为中小学生提供金融教育课程之外，还要利用大众媒体进行传播，比如广播剧、论坛和电视剧。

在 2018 年进行的后续调查中，由于马拉维手机使用率呈指数级增长，RBM 还建议将短信作为金融教育传播渠道。

---

3. 供给侧调查和分析。（1）调查现有基础设施、利益相关者能力、最佳实践措施和 NFES 反馈情况。供给侧调查和分析有助于确定有利于国家金融教育的环境，调查范围包括现有基础设施（如教材、辅导员/培训师、传播渠道、场所、监测与评估系统）、利益相关者能力（如技术知识和技能）和作用、最佳实践措施、对国家金融教育现状的反馈。这些调查可以通过对宏观、中观和微观层面的主要利益相关者代表进行调研或对不同目标群体的深度访谈来完成。

宏观层面利益相关者包括中央银行、各部委（如财政部、教育部、青年部、性别平等部、地方政府、农业和渔业部、劳工部、商务部）、监管机构（如资本市场、保险业）。中观层面利益相关者包括主要利益相关者团体或服务组织（如女性协会、家长教师协会、商业协会）。微观层面利益相关者包括金融教育提供者［如金融机构、非营利组织、中小学校、大学、职业技术教育和培训（TVET）机构、专业培训机构］。主要目标群体包括女性、青年、难民、农村社区、中小微企业（MSME）[①]、残疾人、老年人等。

AFI 建议将以下四项活动应用于 NFES 的利益相关者调查：一是明确不同层面（宏观、中观、微观）利益相关者对金融教育基础设施或其他金融教育资源投入的兴趣；二是分析利益相关者的感兴趣程度和能力、基础设施情况（如资源）和主要目标群体；三是调查利益相关者之间的现有关系；四是根据预先确定的优先事项划分利益相关者

---

① AFI Case Study on Financial Education for the MSMEs: Identifying MSME Educational Needs (2020).

等级，并确保各地区、行业和细分市场的利益相关者具有足够的代表性。

在分析、整理、报告调查结果时，可以根据不同层面（如宏观、中观和微观）或部门（如公共部门、私营部门和民间社团）对利益相关者进行分组，对他们的访谈可以按照附录4.2中工具1的结构进行综合分析。供给侧调查样本方案详见附录4.2中的工具1。

（2）分析不足和机会。在供给侧调查过程中，分析现有利益相关者的能力很重要，还应补充以下调查内容：供给侧基础设施所需的资源和存在的不足（如教育能力、技术支持、教材、资金）；潜在机会［如利益相关者（尤其是公共部门和私营部门）的合作、集中资源、将金融教育与教师考核要求相联系］；确定地区或层面划分是否重叠，避免重复工作，并促进相似目标群体利益相关者之间的合作，挖掘潜在协同效应。该调查结果同样可以按目标群体和利益相关者层面（如宏观、中观或微观）进行细分。

4. 确定国际、国家和区域最佳实践措施。与国际、国家和区域最佳实践措施保持一致，能够保证需求侧分析中对金融教育内容和传播渠道的策略适用于不同目标群体，对于处于NFES发展后期阶段的国家也是有用的。不同国家可以使用类似于供给侧调查的工具（见附录4.2中的工具1）进行互访，同一地区的国家可以进行实地考察或互访，不同地区的国家可以在全球范围内进行线上访问。

已完成或正在实施NFES的AFI成员名单见附录4.2中的工具2。

4.3.3　建立治理结构和协调机制

1. 建立治理结构。在NFES的后续制定、实施和评估阶段，要有明确的治理结构和利益相关者协调机制。[①] 此外，治理结构成员的合理性别比例也很重要，有利于获得利益相关者的广泛支持，促进利益相关者的参与度、合作积极性和普惠性，更容易按照计划实现金融教育的目标。一个有效的利益相关者协调机制可以提高金融教育有效且权威的地位；更高效、精简地实现目标；利益相关者的主人翁意识和责任感；利益相关者的问责制和有效监督；促进利益相关者之间的紧密合作，互相提供持续的支持。

利益相关者协商模式要求一种明确的协调机制，其形式为指导委员会，该委员会由公共部门、私营部门以及民间社团成员组成，定期举行会议评估NFES的进展，并讨论下一步行动。大多数实施NFES的国家都设有金融教育指导委员会、金融教育技术委员会或金融教育实施委员会、技术秘书处以及每个优先目标群体的子工作组。秘书处负责设立工作组，并向工作组提供战略指导和技术支持，工作组则负责为实施NFES每个目标市场的战略提供充足资源支持。图4.3展示了赞比亚2019—2024年NFES中采用的类似模式。

---

① AFI Guideline Note on Effective Stakeholder Coordination for National Financial Inclusion Strategy Implementation (2019).

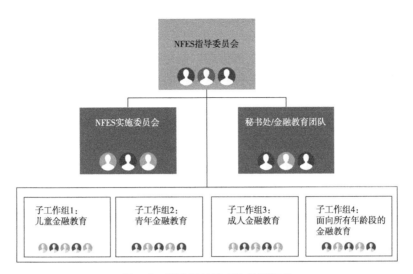

图4.3 赞比亚的治理和协调机构

2. 建立领导机构。建立治理结构后，就是建立领导机构。为实施 NFES 部署工作重点、激发动力和进行有效的协调，AFI 认为领导机构的关键特征是：有能力且坚定地推动战略实施、拓展新的利益相关者；在各利益相关者中有信誉和影响力；不推广或销售自己的产品和服务的独立机构。

中央银行符合上述特征，因此中央银行通常是 NFES 的领导机构。通常情况下，中央银行行长是金融教育领导者，担任金融教育指导委员会的主席，或与财政部的一名高级官员共同担任联合主席。

3. 协调主要利益相关者。利益相关者应为代表公共部门、私营部门和民间社团的有关参与者，还应是代表在供给侧调查中确定的宏观、中观和微观层面的参与者，他们要有与调查和分析阶段确定的主要目标群体合作的经验。

在宏观层面，要让中央银行和相关部委（特别是财政部和教育部）从战略规划阶段就参与进来，面向公众进行宣传，给他们阐明好处，以获得公众支持、培养利益相关者金融教育能力。这种做法可能会使金融教育最终以跨学科的方式成为国家课程的一部分。[1]

私营部门是主要的利益相关者，但还应与相关机构进行合作。在私营部门参与的情况下，为保证金融教育内容能够给公众提供的客观、公正的重要参考，应明确分离金融教育与金融产品服务营销。

4. 明确职权范围。需要明确指导委员会和技术委员会等主要实施机构的职权范围（TOR），确保其能够系统地实施计划，还要明确领导机构中主席的 TOR，以便其管理协调机构的工作。乌干达银行（BoU）为其金融素养普及小组委员会制定了职权范围，包括：明确 NFES 的金融教育背景并进行规划；制定协调机构的目标；明确成员的职

---

[1] 有关将金融教育触达青年群体以及将金融教育纳入国家学校课程的其他内容，请参阅所附的指导说明。

责；建立会议与沟通制度；明确成员结构与标准；明确设立专门工作组和秘书处或子工作组的程序；明确选举主席的程序。

成员具有以下职责：一是制定政策措施。制定有利于金融教育的政策，确定优先实施领域。二是协调。确保获得主要利益相关者的支持；与利益相关者沟通；协调实施计划中规定的所有活动；维护利益相关者数据库。三是实施。确定资金来源，监督预算制定和资金分配，保障规划中金融教育举措的实施，确定对主要利益相关者的技术援助与教育需求。四是监测与评估。为国家层面和项目层面的监测提供指导；向主要利益相关者报告 NFES 的实施进展情况；推进项目评估。

4.4 阶段二：制定

4.4.1 明确政策优先事项

第一，确定愿景和使命。NFES 的目标应因地制宜，且要与需求侧调查结果相一致。表 4.3 分别介绍了马来西亚、不丹、乌干达、马拉维的 NFES 愿景和使命。

表 4.3 AFI 成员的愿景和使命

国家	愿景	使命
马来西亚	改善马来西亚公民的金融状况	提升马来西亚公民的金融素养，提倡负责任的金融行为和理性的态度
不丹	提高金融能力，让不丹所有公民受益于更好的普惠金融	—
乌干达	丰富乌干达公民财富管理知识、提升金融技能和信心	—
马拉维	建设一个包容的、有金融素养的国家	保障马拉维男性和女性的普惠金融权利，帮助他们负责任地管理个人和家庭财富

第二，优先考虑的主要目标群体。在确定主要目标群体时，需要对需求侧调查成果进行细化和优先排序。例如，优先考虑在基期调查中得分较低的某些弱势群体细分市场。其中，弱势群体细分市场一般包括女性、青年、难民、老年人和农村群体市场。[①]

第三，确定指导原则。NFES 的基本原则或指导原则应与全球最佳实践和其他政策优先事项保持一致。以下是由 AFI 成员的金融教育战略汇编而成，与全球最佳实践一致的指导原则示例，包括：倡导和促进合作；确保所有主要利益相关者的协调和权责；利用现有的策略、渠道、场景、空闲时间和新技术；采用多渠道方法；确保实施机构之间的协调；保证传播的普惠性、公正性和可持续性；建立监督和反馈机制确保战略对主要目标群体的覆盖面、相关性、有效性和影响力，确定相关活动的优先次序。

---

① 关于如何为这些主要目标群体提供 NFES 的其他指导，请参阅附录的指导说明。

第四，确定战略目标。为 NFES 的四个阶段确立战略目标很重要。表 4.4 展示了前三个阶段的战略目标。

表 4.4 前三阶段战略目标示例

阶段	目标
预制定	确定国家背景 确定项目基期 确定制度和协调机制
制定	确定政策优先事项 确定教育内容 确定传播策略 制定实施计划 建立监测与评估框架
实施	提升国民金融教育认知 提升金融教育能力，提供持续的支持 为细分目标群体提供直接培训 提供实践机会，强化金融教育 在国家和项目层面持续监测 进行评估，保证实施的效率、相关性和有效性

4.4.2 制定实施计划

1. 确定相关内容及其优先级别。（1）审议最佳实践。全球最佳实践表明，需要根据目标群体定制、简化教育内容，提供激励和实践的机会，促进金融服务的普惠性（见表 4.5）。这些最佳实践也符合成人有效学习的原则与实践。

表 4.5 金融教育内容的最佳实践

主题	最佳实践
定制	根据目标群体的知识水平、数学能力、金融知识、技术能力、学习风格、金融偏好和需求确定金融教育内容
	根据目标群体的生活阶段、生活环境以及社会和文化习俗确定金融教育内容
	根据不同的数学能力、知识水平和金融知识水平，将金融教育内容分为基础、中级和高级三个层次
简化	将金融任务分解成简单的步骤，为目标群体提高成功率、增强信心、提升自我效能感（如每周、每两周、每月的预算或目标）
	鹰架理论：把复杂的想法细成可实现的目标
	使用简单的信息、启发式教学法和经验法则等方式让人们更容易记住教育内容，并付诸行动

续表

主题	最佳实践
激励	使关键信息、概念或金融决策与个人目标挂钩，激发目标群体的积极性和行动力
	使用小组工作、讨论和学习等方式
	通过互动活动、故事、戏剧和游戏让金融教育内容富有趣味性和社交性
实践	提供实用的建议、技巧和可行性操作步骤
	按照三段式划分行动的优先级别（如现在、明天、未来）
普惠性	确保公平对待所有群体（如具有不同性别、年龄、社会背景、文化、能力的群体）
	确保所有参与者都能方便地参加所有活动
数字工具	开发数字化工具（如储蓄计划、预算、费用追踪、目标追踪、贷款能力测算和债务偿还日历），也可以打印后手动分发
	保证数字化工具的准确性、完整性、时效性和可靠性

资料来源：Hopkin s，Danielle. IF Consulting. 2020. Synthesis of best practices from OECD，World Bank，UNCDF，CFPB，CFI，Microfinance Opportunities and IP A.

 专栏 4.3：秘鲁案例——储蓄和预算应用程序

2015 年，秘鲁银行、保险和法新社监管局（SBS）开发了金融教育数字工具，包括手机和网页应用程序（APP），可以帮助用户制定预算、比较不同项目在不同时期的费用。SBS 还开发了一个储蓄 APP，用户可以设定储蓄目标，上传储蓄目标照片，这样他们就可以在每月的特定日期收到提醒，帮助达到预先设定的目标金额。

（2）根据当地情况调整金融教育内容。在确定与国家、区域和国际层面的最佳实践相一致的金融教育内容后，必须根据目标群体的实际情况、培训师的能力、当地金融环境以及其他当地情况调整课程，保证金融教育内容既适合目标群体和培训师又符合当地文化要求。金融教育内容调整的主要注意事项模板参见附录4.2中的工具3。

（3）确定关键主题及其优先级别。由金融教育带来的行为改变过程通常是缓慢的、渐进的，并涉及多个阶段（如知识、技能和态度的改善），由此达到预期结果。这个过程并不一定是线性的，低收入家庭可能从金融教育中不同的内容开始学习（见图4.4）。如果受众的资金管理经验有限，他们可以从学习基础的资金管理知识、技能或态度开始，然后再学习规划未来、提高抗风险能力、使用和评估最适合其生活阶段（如学校在读、结婚成家或退休）的传统或数字金融服务，最终学会作为金融消费者保护自己的权益。

图 4.4　金融教育的连续过程

金融教育主题需要根据在预制定阶段进行的诊断和分析确定优先级别，并确保所有合作伙伴能向目标群体规范地传递信息。同时，还应提供不与任何一家金融机构挂钩的公正且通用的建议或信息。上述金融教育的主题都可以在 AFI 的成人金融能力矩阵（2020）中找到，不过该矩阵还要增加一个与个人金融状况特别相关的抗风险能力类别。附录 4.2 中的工具 4 提供了金融教育主题清单，许多 AFI 成员的 NFES 都包含这些主题。

2. 确定相关传播渠道及其优先级别。（1）考虑多方面因素。传播渠道包括纸质媒介（如小册子、报纸、漫画书、传单）、广播、电视、电话（如短信）、智能手机和互联网（如 APP、社交媒体、在线游戏、网站）、社区活动（如信贷和储蓄小组、舞蹈团、路演、街头戏剧）、培训活动、研讨会以及与个人和家庭的面对面会议或线上会议（如咨询）。世界银行 2017 年研究发现，金融教育可通过多种渠道（如线下课堂、在线研讨、咨询、行为引导）发挥同样的作用。选择传播渠道时要考虑的主要因素包括四个：一是成本和可扩展性。大众媒体的整体成本更高，但覆盖面更广；课堂培训①人均成本较高。二是影响。大众媒体覆盖面更广，面对面培训、线上培训或一对一咨询内容参与度更深。三是接触度。面对面交流和社区活动接触度更高，例如线上培训、大众媒体和技术设备传播接触度较低。四是时间和频率。是否具有空闲时间和获取途径。五是获取途径。是否使用手机，能上网，能看电视。六是便利性。是否能利用数字渠道增加某些目标群体（如 MSME）的参与度，或增加目标群体在危机、疫情期间的参与度。七是衡量。与大众媒体和技术设备渠道相比，面对面交流和社区活动的成果更容易衡量。

（2）采用多传播渠道方法。全球最佳实践表明，采用多传播渠道的方法可以最大限度地提高金融教育的有效性。相似的关键信息和传播渠道可以在提高认识、直接培训、实践和强化学习等不同方面发挥作用。例如，一个展示成功储蓄者的视频可以用来推广金融教育项目，同时也可以作为直接培训或强化储蓄培训的工具。表 4.6 提供了 AFI 的消费者赋权及市场行为工作组金融教育子小组成员正在使用的各种传播渠道范例。

---

① 请参阅 AFI 的亚美尼亚案例研究（2020），了解更多关于农村地区金融教育课堂研讨会的长期有效性。

表 4.6　金融教育传播渠道

阶段	传播渠道
提高认识	广播：以当地语言传播到农村地区 电视台：传播到城市地区 市场宣传活动的教育娱乐视频 社交媒体，例如优兔（YouTube）、脸书（Facebook）、瓦次普（WhatsApp） 网站、应用程序 印刷品，例如海报、宣传册和报纸 戏剧、游戏
直接培训	研讨会（现场、线上） 青年中心：面向高等教育的学生和校外青年 教堂 社区领导人和地方机构 储蓄小组 金融教育青年大使计划
实践	金融教育周 金融教育博览会 储蓄俱乐部 全球理财周 全球创业周 青年周 诈骗防范周
强化	社交媒体 课外活动 全国储蓄日

专栏 4.4：拉丁美洲和加勒比地区案例——新冠疫情期间线上培训

　　新冠疫情期间，拉丁美洲和加勒比地区的许多 AFI 成员转向了线上培训，包括洪都拉斯、萨尔瓦多和秘鲁。在洪都拉斯，越来越多的人开始关注并参与国家银行和保险委员会举办的线上金融教育研讨会，特别是忙于照料家务的女性或忙碌的小微企业家。在萨尔瓦多，教师现在可以参加由中央储备银行举办的线上研讨会，获得培训师资格后就可以在学校开展金融教育。教师在线上研讨会期间会通过网络游戏来增强互动性，如卡胡特（Kahoot）。在秘鲁，银行、SBS 已经将"为您融资"（Finanzas para ti）转为在线项目。截至 2020 年 9 月末，该在线项目已经提供了 130多场线上研讨会，培训了超 2.5 万人，并培训了 1 200 多名教师。

专栏 4.5：乌干达案例——广播节目和多渠道传播方法

乌干达一半以上的家庭认为广播是他们的主要信息来源。2020 年，乌干达小额信贷机构协会与乌干达银行合作开展了"SMART"运动，开发了一个关于金融消费者权益保护的广播节目，节目主题包括数字安全、信息透明度、欺诈、涉及数字信贷和体育博彩的正当借贷。广播节目的形式包括：戏剧，15 分钟；专家访谈，30 分钟；电话连线，15 分钟。

广播节目采用了多渠道传播的方式，在节目播出前通过短信通知提高节目知名度，短信内容还提供了对防范诈骗的建议："与推销公司联系时要始终注意核实短信是否合法。"除此之外，政府还计划在各个监管机构的网站增加广播节目以强化信息传播。

（3）制定传播策略。此步骤的主要目标是根据每个目标群体的情况、调查分析结果、金融教育主题、传播渠道、频率或强度以及主要利益相关者，为目标群体定制传播媒介和策略。

根据需求侧研究成果确定的目标群体的学习风格、偏好和空闲时间（如工作时间、季节时间表），为不同的目标群体量身定制传播策略。同时，传播渠道也必须符合目标群体的社会经济特征（如受教育程度、知识水平、地理位置、女性的活动限制），可以考虑利用现有渠道进行传播，包括学习环境［如学校、课外活动、俱乐部、技术学院或职业技术教育和培训（TVET）机构、工作场所］、教育时机（如从政府领取现金补贴的时候）、生活阶段（如开办新业务、购买房产）和其他场景（网络和政府项目，如社会保障、医疗或教育）。上述传播策略会把金融教育与实际相关的金融决策联系起来。

专栏 4.6：马拉维案例——调查期间确定的场景

在 2013 年进行的调查阶段，马拉维储备银行将扩大社会保障补贴项目活动视为向目标群体提供金融教育的机会，还将公共工程项目视为覆盖农村人口的场景。RBM 建议不仅要使这些项目的直接受益者受益，还要使实施该项目的社区中其他家庭受益，实现乘数效应。

（4）将所有传播渠道标准化并重复重要内容。针对不同的细分市场确定不同的传播策略，同时，重要的金融教育内容应在较长时间内通过各种渠道不断重复强化，引导目标群体巩固知识和行为[1]，这是一种经济有效的方法。

---

[1] 有关如何针对弱势群体细分市场定制传播渠道的其他指导，请参阅 NFES 指南说明。

3. 确保利益相关者参与。建议为治理结构和领导机构的参与者举办为期一天的高级研讨会（见表4.7），向他们报告进展情况，并与之确认下一阶段的实施计划。除调查结果外，本工具箱的其他内容也可为研讨会提供信息，特别是引言中提到的金融教育必要性和定义部分。

表 4.7 金融教育高级研讨会实例

时间	第一天
9：00—10：00	介绍 研讨会目标与安排
10：00—11：00	金融教育概述——术语定义和必要性阐述
11：00—11：15	休息
11：15—12：30	金融教育需求基准概述
12：30—13：30	午餐
13：30—14：30	弱势群体细分市场
14：30—15：30	金融教育内容及传播渠道概述
15：30—15：45	休息
15：45—17：00	金融教育课程的模拟与分析

4. 制定实施计划。大多数NFES都有5年的实施期。实施计划是有顺序且有时限的，应规定利益相关者的职责，列出能够产生初期成果并保持利益相关者积极性的高优先级行动（低、中、高优先级），应定期重新评估，确保金融教育内容合适度，还应该确定针对特定目标群体的期望目标。赞比亚《国家成人金融教育战略》的实施计划就包括目标群体、主要活动、不同利益相关者的职责、时间表及各项活动的优先级。表4.8是该实施计划的部分示例。

表 4.8 赞比亚金融教育计划

主要活动	主要参与者	优先级	年份
金融教育桥梁 可信赖的中介机构，包括教会、其他宗教组织、卫生服务供给者和诊所、女性团体、传统领袖、社区团体、储蓄信贷合作社和其他自助团体、中小微企业培训提供者、工会、农民协会、农业推广工作者	财政部（MOF）、酋长和传统事务部、社区发展部、商务部、养老金和保险局（PIA）、赞比亚金融深化机构（FSDZ）	高	2019—2024
向工作人员传播金融教育知识	财政部、赞比亚银行（BoZ）、PIA、证券交易委员会（SEC）、FSP、雇主、工会	高	2019—2024
向非正式人员传播金融教育知识	财政部、BoZ、PIA、SEC、FSP、雇主、工会	高	2019—2024
向社会保障补贴受益者传播金融教育知识	社区发展和社会服务部	中	2019—2024

5. 确定资金来源和预算。实施计划的一个关键是在明确政策和战略目标的优先级之后，确定资金来源并制定预算。资金来源直接与治理结构或协调机构挂钩，可以从政府（中央银行、职能部门）、私营部门、捐助者、其他合作者等利益相关者处筹集。

如果相关制度规则是由一个部门或监管机构领导的特定工作组（与其职责相一致的优先细分市场）制定的，那么该部门或机构可能需要承担资金来源的主要责任，或在某些情况下，与工作组的其他成员分担责任。资金可包括货币资金和实物资源，如为金融教育项目提供人员和场地。如果中央银行或其他部门担任秘书处的领导，从而领导协调机构，那么工作组可能需要向秘书处申请资金。此外，还可以创建一个为利益相关者筹集资金的国家基金。例如，马拉维储备银行在向国际捐助者提出的所有建议中都包括为金融教育提供资金。

筹资情况也可能与监管环境直接相关，在某些情况下，政府可能会要求私营部门向消费者提供金融教育资金，如玻利维亚、洪都拉斯、印度尼西亚、塞舌尔和南非。在塞舌尔，国家企业社会责任税要求收入超过 100 万里亚尔的私营部门缴纳收入的 0.5%。塞舌尔的 NFES 计划将该税收的可自由支配部分（0.25%）集中由国家分配给金融教育项目使用。

降低国家金融教育项目成本的方法包括：利用现有资源（如金融教育教材或课程、辅导员/培训人员、技术、培训场所）、渠道和项目；为各类主题制定可以在各种渠道上进行改编、整合、重复的关键标准化内容；避免不必要的重复工作（例如，与其开发多个提供金融知识的网站，不如只开发一个包含所有资源和教材的金融教育网站）；建立跨部门和层级的合作关系；为农村社区和女性等难以触达的群体提供线上培训。

 专栏4.7：拉丁美洲和加勒比地区案例——金融教育资金监管环境

洪都拉斯《债务减免法条例》相关准则规定（第 7 条：金融机构的义务，第 3 项），国家金融体系的所有机构必须为金融教育提供预算资金。玻利维亚《金融服务法》第 393 条规定，金融机构必须为消费者设计、安排、提供金融教育项目。

4.4.3 建立监测与评估框架

每一个国家金融教育项目都应制定监测与评估框架。监测部分包括定期收集和分析信息，跟踪 NFES 进展情况。评估则是对正在进行或已完成项目的设计、实施和结果进行的定期或一次性评估。

开展监测与评估有利于判断国家金融教育项目的发展趋势、运作模式、成功之处和遇到的挑战；跟踪 NFES 进展情况并落实相关责任；对项目进行完善和改进；测试面向不同目标群体传播渠道的效果；确定项目的相关性、有效性、效率、影响和可持续性；确定项目的可复制、可推广计划；通过同侪学习和分享最佳实践的方式促进社区实践。

在国家战略层面和项目实施层面完善监测与评估框架非常重要，在国家层面衡量预先设定目标的进展情况，在项目层面监测项目的质量和规模。乌干达在 2019—2024 年金融素养普及战略中采用了这种多层方法（见图4.5）。国家战略层面的活动主要有三项：根据预先设定的目标监测 NFES 的表现和进展；评估 NFES 对主要目标人群的有效性和影响力；评估 NFES 的相关性、效率、影响和可持续性。

图 4.5　2019—2024 年乌干达的监测与评估方法

4.5　阶段三：实施

4.5.1　准备实施

1. 与最佳实践保持一致。在开始实施之前，必须确保实施情况与金融教育的最佳实践相一致。表4.9 展示了如何在实施阶段利用传播渠道提供针对性的、嵌入式的金融教育内容，以强化激励、拓展数字工具使用、增强普惠性，最终提高金融教育内容在实践中的应用程度。

表 4.9　传播渠道最佳实践

主题	最佳实践
	及时在相关活动中嵌入金融教育（如创业、购买第一套住房、退休等时机）
定制	利用传播渠道提升国民金融教育认知，提供直接培训以及适合目标群体的实践与强化的机会
	为非正式员工提供金融教育

主题	最佳实践
简化	在现有学习环境中嵌入金融教育（如中小学校、高校、工作场所）
	在现有场景中嵌入金融教育（如定向会议、与金融机构或代理商进行金融交易的前中后阶段、团体会议或领取社会保障金时）
激励	庆祝一些小小的胜利，为目标群体实现更大的目标提供成就感
	提供激励措施、奖励、证书和正反馈，激发人们的动力（如在社交网络中或建立全球排行榜时，鼓励参与竞赛）
	利用现有的社交网络，促进同侪学习、互动（如讨论版块、社交媒体群组），培养责任感，提高毅力与自我效能
	提供提示、提醒和默认选项，保证人们"不偏航"，帮助他们保持动力
数字工具	汇总展示正面金融行为的视频（如良好的金融行为）
	通过直接体验、同侪经验或观察他人等方式建立对数字工具的信心
	利用技术和在线工具（如 APP）使学习游戏化
普惠性	确保环境安全，让所有部门都能感受到他们的参与和贡献是有价值的
	确保能触达所有目标群体
应用	将金融教育与应用机会联系起来（例如开设与管理银行账户或贷款、整合 APP 与银行账户时），并逐渐加以强化

资料来源：Hopkin s，Danielle. IF Consulting. 2020. Synthesis of best practices from OECD，World Bank，UNCDF，CFPB，CFI，Microfinance Opportunities and IP A.

 专栏4.8：亚美尼亚案例——关键事实说明

2014 年，亚美尼亚中央银行（CBA）引入了关键事实说明（KFS）。KFS 是一个包含所有费用和其他重要信用信息的标准化表格，客户使用这些信息可以比较产品、寻找替代方案、作出最优决策。2017 年对 KFS 的一项评估显示了与全球最佳实践相一致的以下事项。

时间问题。大多数客户在签订贷款合同之后才收到 KFS，而在签署贷款合同之前在线阅读合同的客户会更了解贷款条款和 KFS。

有必要将高接触和低接触方式搭配使用。面对面口头解释 KFS 条款更加便于客户理解。

保持简洁。客户喜欢简单、色彩鲜艳、用户友好且不包含太多信息的设计。

2. 提升国民金融教育认知。提升认知是多阶段方法的第一步，接下来是直接培训、实践和强化（见图 4.6）。提升国民金融教育认知的核心在于：多渠道开展公众金融教育活动；根据调查结果，确定优先考虑的金融教育内容和传播渠道；针对不同目标细分市场细化传播策略；利用现有传播渠道和场景；发挥政府与媒体公司的现有合作关系；提高新闻人员的素养和认识；持续性的宣传；对实践进行评估，以获得最有效的信息、渠道与最佳实践。

图4.6　多阶段方法

3. 提升金融教育能力。（1）确定培训结构。建立一个多元化的培训师团队满足不同目标群体的需求相当重要。阶梯式培训方法是最有效且可持续的培训结构之一，即高级培训师培训新培训师，新培训师培训最终用户或目标群体。该培训方法可以在多个层面提高金融教育能力，同时扩大工作人员或培训师规模。高级培训师大多来自金融教育工作组或子小组的成员，例如财政部或教育部的工作人员，特别是当金融教育涉及学校青年群体时。[①]

（2）制定培训师标准。高级培训师的资格标准包括：具备个人理财或金融教育相关的技术知识；能基于成人或青少年有效学习原则，以参与式、体验式的方法教学；有目标群体或地方工作经验者优先；具备培训他人的责任感；能胜任报告工作。

（3）制定认证计划。培训师认证计划明确规定了对潜在培训师的要求和对不同级别培训师的期望，是一种高效、可持续地提升金融教育能力的模式。乌干达于2011年采用了三级认证计划，已为全国400多个组织培训了2 000名培训师。认证分为三种级别：金融素养培训师、认证金融素养培训师和高级认证金融素养培训师（见表4.10）。每个认证级别都需要培训他人，实现乘数效应。

表4.10　乌干达三级培训认证计划

级别	要求	期望	认证类型
培训师（一级）	参加由乌干达银行或经认可的金融素养培训合作伙伴之一提供的培训师培训研讨会（TOT）计划	有能力将金融知识传达到机构和社区活动	金融素养培训师
认证培训师（二级）	满足一级要求 在一年内至少为100人进行两次不同模块的培训 使用线上问卷提交培训报告，提供培训考勤名单和培训课程图片	有能力开展培训，并通过乌干达银行认证成为一名培训师	认证金融素养培训师

---

① 关于如何最有效地为年轻人提供金融教育的其他指导，请参阅附录的指导说明。

级别	要求	期望	认证类型
高级认证培训师（三级）	满足二级要求 至少为 300 人进行 4 次涵盖所有模块的培训 使用线上问卷提交培训报告，提交培训考勤名单和培训课程图片 至少协助一名高级认证金融素养培训师对培训师进行培训，并在培训能力和金融能力方面获得正面评价	能够代表乌干达银行进行培训	高级认证金融素养培训师

（4）编制培训手册。培训手册应以制定阶段确定的课程为基础。表 4.11 概述了阶梯式培训方法中针对提升不同金融教育能力的材料，适用于工作组成员、高级培训师、项目工作人员和培训师以及最终用户（即目标群体）。

表 4.11　提升金融教育能力的材料

资料	人员	内容
宣传册	工作组成员	金融教育的必要性和术语定义 金融教育基本需求 弱势群体细分市场 金融教育内容和传播渠道
TOT 手册	高级培训师	技术内容 引导技能 练习环节 提供和接受反馈
培训师指南	项目工作人员和培训师	学习目标 教材 时间 步骤 培训师说明 主要内容 学习活动
手册	目标群体	工作表/工作簿 工具

（5）举办培训师研讨会。研讨会的目标是：普及金融教育的重要性和好处；培养培训师使用参与式、体验式方法的教育技能；丰富培训师对各种金融教育主题专业内容的知识，提高培训信心；为培训师在研讨会中练习和应用新知识与技能提供机会；在实践中反馈意见；提高培训师教育他人的责任感。

为了保证培训课程的质量、参与度和体验感，需要将 TOT 的规模限制在 20～25 人，建议由 2 名主持人主持 TOT 总研讨会，每次 TOT 为期 2～3 天。在研讨会的参与者演示环节，建议选择较难的专业内容且多样化的方法（如小组工作、故事、角色扮演、游戏等）。附录 4.2 中的工具 5 概述了一个为期 3 天，包含 2 个金融教育主题的 TOT 日程。

（6）监测并保证培训质量。建议定期为高级培训师提供进修课程，以确保培训课程的质量。比如乌干达的 NFES 就建议每 2 年提供一次进修培训课程。观察清单（见附录 4.2 中的工具 6）可以用来决定进修培训课程应侧重于哪些方面，这份清单包括对高级培训师专业内容掌握程度、课程管理和组织能力、内容通俗化程度、教学技巧以及培训态度的评估。与高级 TOT 一样，建议高级培训师与另一位培训师共同开展后续研讨会。可用观察清单评估课程的有效性。团队教学可以提高培训质量，同时可以发挥培训师独特的技能，提高对专业内容的信心。

专栏 4.9：所罗门群岛案例——团队教学

太平洋普惠金融计划与美拉尼西亚圣公会和 3 个职业技术农村培训中心合作，在所罗门群岛开展为期 6 个月的金融教育试点项目。该项目采用团队教学的方式，由 2 名或多名教师共同为学生教授金融教育课程。这种方法行之有效的原因在于：老师之间可以相互合作，互相分享观点和技巧；老师在技术内容上遇到困难时可以相互支持；当老师生病或缺席时，后备老师可接续以避免课程中断；学生可以与不同的老师互动，提高参与度。

---

4. 小规模试点测试与修订完善。下一步是选择不同的地区和目标群体，对金融教育进行小规模的试点测试。此外，对上一步培训过的高级培训师也需进行试点测试，如果有机会观察高级培训师的工作，可以使用观察清单评估测试学习环节的有效性。在完成课程后，可以通过对不同目标群体的深度访谈、焦点访谈或调查等方式收集最终用户和高级培训师双方关于金融教育内容与传播渠道适用性、相关性与效率的反馈。在反馈阶段，建议将信息按不同的目标群体（如性别、青年、难民）分组，以确保这些目标群体与金融教育内容的相关性。在观察培训工作和审查反馈后，可以对金融教育内容或传播渠道进行修订，以确保对每个目标群体的适用性、相关性和效率。可使用附录 4.2 中的工具 7 和工具 8 收集参与者和培训师的反馈。

4.5.2 推广计划

第一，继续提升金融教育能力。在完成试点测试、修订教材后，应继续使用阶梯式方法构建一个更广泛的高级培训师网络，促进金融教育的成功实施。在这一阶段可以创建一个认证计划，具体要求参照认证金融素养培训师和高级认证金融素养培训师的做法（见前文乌干达案例）。

第二，在国家和地区两级层面开展推广。建立了广泛的培训师网络之后，就可以考虑全面实施 NFES 了。为了便于组织工作、人力资源管理以及项目及时修订，推广过程中要在不同地区采取分阶段的方法。在推广期间，特别需要重视监测培训的质量，这一阶段仍可使用观察清单和反馈工具。在扩大教育规模之前，还有必要实施更严格的监测与评估。

推广时建议采用组合方法：由政府作为在政策层面具有影响力的可靠利益相关者采取自上而下的方法推广；在了解如何接触弱势目标群体的社区领导人的帮助下，由地方机构采取自下而上的方法推广。这样结合的推广方法更有针对性、更全面。

 专栏 4.10：马拉维案例——地方机构推广金融教育

马拉维 NFES 的四大战略支柱之一是由宗教和社区领袖进行普惠金融素养普及。为了深入农村社区，马拉维储备银行建立了由地方实施委员会或政府部门负责人组成的地方金融素养普及委员会，该委员会的任务是：分析所在地区金融素养的现状与不足；制定满足所在地区公民需求的主要金融教育内容；制订金融教育实施计划；确定金融教育的有效实施渠道；协调金融教育活动；管理金融教育资源；向马拉维储备银行报告金融教育进展情况、成功经验和遇到的挑战。

4.5.3 实施监测与评估

监测与评估需在国家战略层面与项目实施层面保持一致。表 4.12 列出了监测与评估的目标及其对应的两级工具。

表 4.12　监测与评估的目标和工具

层面	目标	工具
国家战略层面	监测 NFES 的实施和进展情况	集中信息管理系统（MIS）
	评估 NFES 对主要目标群体的有效性和影响力	结果/逻辑框架
	评估 NFES 的相关性、效率、影响和可持续性	评估框架
项目实施层面	监测项目实施进度	变化理论（TOC） 培训质量检查清单 培训前后测试
	评估项目对主要目标群体的效果	培训后关键绩效指标（KPI）测试
	评估项目的相关性、效率、可扩展性和可持续性	评估框架

1. 国家战略层面的监测与评估。（1）监测 NFES 的实施和进展。可开发一个集中信息管理系统，跟踪战略规划中确定的主要目标或时间节点的进展情况并进行例行监测。如前所述，应为不同的细分市场制定主要目标，并由分配给每个细分市场的工作组监督。另外，也可以成立一个单独的监测与评估工作组。例如，哥伦比亚成立了由中央银行领导的国家经济和金融教育战略监测与评估子工作组。考虑到时间表或政治领导层可能会发生变化，需要每年对实施计划进行修订。

（2）评估 NFES 对主要目标群体的有效性和影响力。关键绩效指标、目标、责任人、时间表和数据分组的结果框架或逻辑框架等都是评估 NFES 对主要目标群体有效性与影响力的有用工具。数据须以性别、年龄和地理位置等特征划分，保证能够更精确地评估对女性、青年和农村人口等弱势群体的影响。结果框架可以每年更新，并与金融教育主题保持一致。表 4.13 展示了由赞比亚 NFES Ⅱ 改编的结果框架样本。

表 4.13　结果框架

主题	指标	基期	目标	来源	数据分组
资金管理	知道自己每天能花多少钱	54%	待定	世界银行金融能力调查，2017 年	性别 年龄 收入 城市/农村地区
超前规划	有养老开支计划	49%	待定	世界银行金融能力调查，2017 年	
抗风险能力	无须借款即可全额支付未来的意外费用	25%	待定	世界银行金融能力调查，2017 年	
使用金融服务	在付款之前检查金融产品的条款和条件	23%	40%	世界银行金融能力调查，2017 年	

上述指标应与在预制定阶段进行的金融能力基期调查中的问题和指标保持一致，便于进行基期和终期比较。建议基期调查和终期调查之间间隔 4~5 年。表 4.14 提供了马拉维基期和终期调查的一个案例。

表 4.14　马拉维实例——金融素养指标

关键指标	描述	基期（2014 年）	报告期（2018 年）
金融素养指数	平均得分——5 分、6 分、7 分	28.3%	37.5%
农村	平均得分——5 分、6 分、7 分	25.5%	34.4%
城市	平均得分——5 分、6 分、7 分	42%	54.9%
男性	平均得分——5 分、6 分、7 分	36.0%	51.0%
女性	平均得分——5 分、6 分、7 分	22.9%	36.1%
利率知识	了解含义	43.4%	56.4%
保险知识	了解含义	28.7%	32.7%

亚美尼亚中央银行（CBA）与普惠金融联盟（AFI）合作，制定了金融能力晴雨表，"为金融教育项目制定有效的政策优先事项、战略和基准，监督 NFES 的实施并确保责任落实"。不丹皇家金融管理局在其国家金融素养普及战略中使用了类似金融能力晴雨表的模板衡量金融能力（见表4.15），这是另一个可以用来在国家战略层面评估项目对不同目标群体影响力的工具。

表 4.15　金融能力晴雨表

亚美尼亚主题	不丹主题	知识	技能	态度	行为	整体
经济影响	宏观经济与金融术语	AA	AB	AC	AD	A_
预算管理	金融与购物	BA	BB	BC	BD	B_
储蓄和长期规划	预算	CA	CB	CC	CD	C_
债务管理	储蓄和长期规划	DA	DB	DC	DD	D_
购物	信贷管理	EA	EB	EC	ED	E_
权利保护	金融消费者权益保护	FA	FB	FC	FD	F_
安全	数字金融服务	GA	GB	GC	GD	G_
整体	整体	_A	_B	_C	_D	FCI

注：此表中第一个字母（A~G）分别代表各类主题，第二个字母（A~D）分别代表知识、技能、态度和行为，例如 AA 用来衡量亚美尼亚国民经济影响知识掌握程度和不丹国民宏观经济与金融术语掌握程度。

（3）评估 NFES 的相关性、效率、影响和可持续性。附录4.2 中的工具10 概述的评估框架可用于评估 NFES 生命周期中期和后期的相关性、效率、影响与可持续性。

2. 项目实施层面的监测与评估。（1）监测与评估项目实施进度。在项目实施层面，监测与评估应以变化理论为基础，将实施过程与成果联系起来，把长期目标分解为可以衡量的中期成果，监测投入、实施、输出、中期成果和长期成果（见图4.7）。其中"实施"可以添加到图4.7 中"投入"之后，监测不同的传播渠道效果。投入衡量的是金融教育的内容；输出衡量的是学员、培训师、课程等的数量；而金融教育成果表现为短期到中期的知识、技能、态度和行为变化，以及长期的整体财务状况变化。中期和长期成果也可以记录在集中信息管理系统中。

为所有利益相关者创建汇报模板和集中式系统，报告金融教育活动的投入和产出（如金融教育主题、研讨会数量、培训人员、培训参与者）。还需重视项目投入或教材与主要金融教育内容的质量，以及通过各种传播渠道开展的提高认识、直接培训、实践和强化活动的质量。能够监测培训质量的检查清单见附录4.2 中的工具6，参与者满意度调查表见附录4.2 中的工具9。另一个衡量知识、技能和态度变化的有效工具是在培训前后进行相应测试，见附录4.2 中的工具11。

（2）评估项目成果。变化理论可以用来评估战略实施成果（见图4.7），因此，将关键绩效指标（见表4.16）引入变化理论的中期和长期成果非常重要，有助于了解金融教育对主要目标群体的有效性和影响力。关键绩效指标应与课程的主要学习目标保持一致，并符合"SMART"规则：

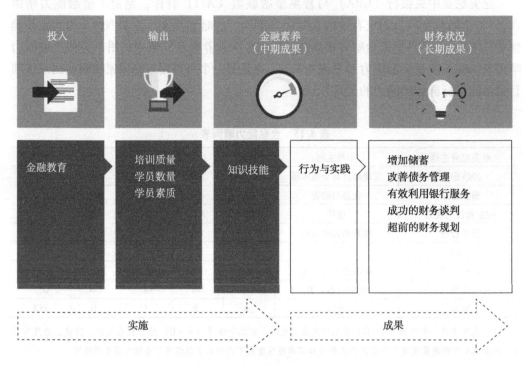

图 4.7　金融教育变化理论

（资料来源：世界银行，2018）

从具体目标到最终目标（Specific to programmatic goals），与输出和成果对应；可衡量（Measurable），衡量知识、技能、态度或行为方面的变化；可实现（Attainable），考虑现有基础设施和利益相关者能力的限制；相关性（Relevant），与主要目标群体、培训人员和实施合作伙伴相关；时限性（Time-bound），符合实施计划和目标。

在培训结束后的 3～6 个月甚至 1 年内可进行 KPI 测试，衡量中期的变化（例如技能和与行为相关的变化）。如果有在培训结束后进行后续调查的计划，应询问参与者是否愿意保持联系，并询问他们的联系方式（见附录 4.2 中的工具 7）。因为行为变化通常需要较长时间才能发生，长期成果可以通过设计更可控环境（即设置对照组或比较组和处理组）的实验或准实验进行观测。当然，这种方法更严谨，但通常也更昂贵，而且需要专业的评估知识。

表 4.16　关键绩效指标示例

资金管理	超前规划	金融服务	金融消费者权益保护
可以正确回答所有的算术题 有预算意识 不需要借钱支付日常开支	是否有储蓄目标 是否有储蓄计划 是否有意外支出计划	是否有金融服务知识 是否有储蓄账户 是否能"货比三家"	能采取措施保护身份信息和账户信息 了解投诉入口以及如何投诉 知道签署合同之前应该做什么

（3）评估项目的相关性、效率、可扩展性和可持续性。前文提出的评估框架改编后可以用来评估金融教育项目在中期和后期的相关性、效率、可扩展性与可持续性（见附录4.2中的工具12）。

4.6　成功经验

前文概述了NFES的主要阶段，以下是成功实施NFES的关键因素。

第一，相关性。让弱势群体参与NFES的所有阶段[①]；需要有开始（即调查）和结束（即评估）的研究，以确定目标细分市场的金融教育需求，并确保课程能满足这些需求；自下而上（个人＋家庭＋社会）与自上而下（宏观＋中观＋微观）相结合，满足所有利益相关者的需求；利用所有教育时机提供金融教育；为不同的目标群体定制金融教育内容和传播渠道；提供应用和强化所学金融知识的机会；了解冲击对人们的影响和人们的应对方式，并据此调整金融教育计划。

第二，效率。对同一目标群体的所有利益相关者进行信息标准化；组织委员会和工作组定期召开会议；目标客户需求与利益相关者的支持和运营能力相匹配；利用阶梯式方法扩大培训师规模；识别能在短期内取得立竿见影效果的项目（"速赢"）。

第三，可持续性。NFES与国家其他优先事项、政策和计划保持一致；促进利益相关者多方参与、合作；保持宏观、中观和微观层面的制度连续性；将金融教育列入国家议程，识别金融教育倡导者并与之合作；通过为期一天的研讨会展示金融教育项目的好处以取得支持，解决政治或内部人员流动造成的问题；确保所有利益相关者有长远的愿景和目标；持续发力，而不是"一锤子买卖"。

第四，可扩展性。从小项目和试点项目开始，在扩大规模之前确定有效性；利用大众媒体等渠道实现规模化；利用现有的网络、基础设施、项目、学习环境、渠道和场景进行扩展；利用金融机构的客户基础；促进利益相关者之间的合作（如公私合作）。

第五，有效性。将实施、输出和成果同更广泛的监测与评估框架相结合；将成果指标与课程和其他金融教育工具的主要学习目标相结合；按性别、年龄和其他指标进行学员分组，确保覆盖弱势群体；持续培训金融教育能力和提供进修课程。

附录4.1：金融教育的内涵

表4.17　金融素养

机构/国家	内涵
普惠金融联盟	个人拥有金融知识和使用金融产品的能力，能根据经济状况和社会环境管理个人财富
斐济	当个人或家庭具有金融素养时，代表他们有能力理解金融产品和服务，能作出明智的选择，能理性地管理资金、进行投资

[①]　有关如何通过金融教育触达弱势群体细分市场的其他指导，请参阅附录的指导说明。

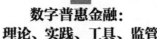

续表

机构/国家	内涵
马来西亚	作出合理金融决策所需的意识、知识、技能、态度和行为
尼日利亚	金融素养也被称为金融能力，指个人拥有的可以有效管理金融资源以提高经济福利的知识和技能
乌干达	结合经济和社会环境，有知识、技能和信心管理好资金。其中，知识指个人对金融问题的理解，技能指能够运用知识来管理个人资产，信心指有足够的自信来作出金融决策
赞比亚	能够理解金融知识，主要指了解管理个人资产所需的主要金融知识

表 4.18 金融教育

机构/国家	内涵
普惠金融联盟	通过提供与金融相关的准确、权威的信息，培养人们的金融知识、技能、态度和经验，使人们能够作出明智的金融决策并采取适当的行动
哥伦比亚	经济与金融教育是培养个人拥有能够作出负责任的金融决策所必需的价值观、知识、能力和行为的过程，这一过程需要人们了解基本的金融概念，理解主要宏观经济指标的变化对其福利水平的影响
马来西亚	提高理解能力、培养技能、增强信心以作出明智金融决策以及了解求助途径的过程
摩洛哥	提高公民的金融技能、改善其金融状况的过程：通过深思熟虑作出负责任的金融决策，能够良好地管理个人与工作金融状况；明智地选择适合自身情况的金融服务；负责任地使用金融服务，有自信抓住经济和金融机会
尼日利亚	提高消费者、投资者对金融产品的含义和风险的理解，通过提供信息、指导以及客观建议来提高人们的金融技能与信心，使人们能够识别金融风险与机会，作出明智选择，并了解寻求帮助的途径，以及采取其他有效的行动改善其金融福利的过程
卢旺达	金融教育能够使人们具备金融知识、技能和信心，能够作出明智、自信、及时的金融决策
塞舌尔	通过培训获得客观信息和建议，以提高个人金融能力水平的过程（理解金融产品的含义和风险；增强金融技能和信心）
坦桑尼亚	金融教育是广义的术语，反映了旨在传授知识和技能并影响金融行为的所有活动。金融教育可以采取多种形式，消费者教育战略应根据目标群体的需求和战略目标确定，并将其与不同形式与渠道结合起来
赞比亚	为人们提供知识、意识、技能和信心，使他们能够作出适合其个人情况的金融决策并采取行动

表4.19　金融能力

机构/国家	内涵
普惠金融联盟	个人具备金融知识和技能，能对个人和家庭金融活动作出明智的、自信的决策，能作出改善金融状况的行动
亚美尼亚	一个有经济能力的人应当具备的知识、能力、技能和文化，可以获取信息、作出负责任的金融决策，并根据情况采取正确的行动
不丹	金融能力是金融知识、技能、态度和行为的结合，使个人能够作出理性、可靠、合理的金融决策
摩洛哥	个人的金融能力由四个部分组成 知识：了解企业融资解决方案 技能：了解如何获取和使用适当的信贷产品 态度：在遇到现金流问题时，能够找到资金供给者 行为：当有融资需求时，能找到金融机构完整的融资申请文件
尼日利亚	"金融能力"包括"金融素养"，反映了知识、技能、态度、信心和行为（KSACB）的多个维度，是指"个人在管理资金时作出最佳选择的信心和能力"
卢旺达	结合知识、技能和自我效能来制定并实施最适合个人生活情况（包括但不限于有利环境）的资金管理决策，获得合适的金融服务
坦桑尼亚、塞舌尔	个人在理财方面作出最佳选择的信心和能力

附录4.2：金融教育工具箱

表4.20　工具1. 预制定：供给侧调查

组成	说明
第一节：金融教育项目简介	成员的职责 组织的重点项目 各类项目的目标群体 项目的地理覆盖范围
第二节：金融教育项目实施情况	重点目标群体 目标群体的金融教育需求 金融教育内容/信息 金融教育传播渠道/平台 最有效触达目标群体的方式 最有效的信息 目标群体在教育内容和传播渠道上的差异
第三节：金融教育项目的监测与评估	收集监测与评估数据 监测与评估的系统或工具

续表

组成	说明
第四节：金融教育项目分析	成功的活动 遇到的挑战 最佳实践和经验教训
第五节：对 NFES 的建议	主要组成部分 短期与长期活动 应对挑战 主要利益相关者 协调和领导机构 组织结构
第六节：实施 NFES 的能力	现有资源和基础设施 资源和基础设施的差距 与战略目标的一致性

表 4.21　工具 2. 预制定：国家金融教育战略示例

地区	国家	战略类型	战略名称	年份
非洲	安哥拉	项目	金融教育计划	2017
	马拉维	独立	国家金融素养普及战略	2020
	莫桑比克	NFIS 一部分	2016—2022 年 NFIS	2016
	尼日利亚	独立	国家金融素养普及框架	2015
	卢旺达	独立	NFES	2013
	塞舌尔	独立	2017—2020 年塞舌尔 NFES	2017
	坦桑尼亚	独立	2016—2020 年国家金融教育框架	2016
	乌干达	独立	2019—2024 年 NFES II	2019
	赞比亚	独立	2019—2024 年 NFES II	2019
亚洲	不丹	独立	2018—2023 年不丹国家金融素养普及战略	2018
	印度尼西亚	独立	2017 年印度尼西亚国家金融素养普及战略（SNLKI）回顾	2017
	马来西亚	独立	2019—2023 年国家金融素养普及战略	2019
	巴基斯坦	项目	国家青年金融素养普及项目（NFLP）	2017
新兴欧洲及中亚地区	亚美尼亚	独立	2014—2019 年 NFES	2014
		独立	金融能力晴雨表	2017

地区	国家	战略类型	战略名称	年份
拉丁美洲和加勒比地区	阿根廷	NFIS一部分	NFIS	2019
	巴西	独立	2010年巴西NFES	2010
	智利	独立	NFES	2017
	哥伦比亚	独立	国家经济和金融教育战略	2017
	哥斯达黎加	独立	NFES	2020
	海地	独立	海地国家金融教育计划（2020—2025年）	2020
	墨西哥	独立	NFES	2017
中东和北非地区	约旦	项目	2015—2021年国家金融和社会教育项目	2015
	摩洛哥	教育	摩洛哥金融教育基金会战略计划（2019—2023年）	2019
太平洋	斐济	独立	2013—2015年国家金融素养普及战略	2013
		NFIS一部分	2016—2020年NFIS	2016
	巴布亚新几内亚	NFIS一部分	2016—2020年NFIS	2016
	所罗门群岛	NFIS一部分	2016—2020年NFIS	2016
	东帝汶	独立	2016—2020年东帝汶国家金融素养普及战略计划	2016

注：并非所有的国家文件都可以在网上找到，部分文件有缺失。

表4.22　工具3. 制定：确定金融教育内容及优先顺序的调整过程

步骤	活动	主要注意事项
1	确定目标群体及其金融教育需求、学习偏好和空闲时间	识字、算术、社会经济特征
2	确定当地的金融环境	可用的金融产品 可用产品的特点 币种 总金额
3	确定培训师及其金融素养水平和可用时间	教育 知识 经验 可用时间
4	确定教材内容	案例 故事 术语 插图
5	审查课程，选择相关的主题和课程	
6	根据目标群体、金融状况、培训师能力和当地情况调整所选课程	

资料来源：Microfinance Opportunities. Implementation Guidance. Washington D. C. 2006.

表4.23 工具4. 制定：确定金融教育内容的主题和学习目标

主题	学习目标
日常资金管理	确定收入和支出 确定支出项的优先级并加以控制 追踪收支状况并平衡收支 按时支付账单
长期规划	确定储蓄策略 设定短期储蓄目标 设定长期储蓄目标 制订储蓄计划 为储蓄目标制订最佳方案 与其他家庭成员一起制定储蓄目标和计划
提高抗风险能力	确定紧急情况的三个阶段 管理收入不稳定的资金 为紧急开支预留储蓄 购买保险 与家庭成员讨论预防、抵御紧急情况及恢复的计划
使用金融服务	确定金融服务的信息来源 判断金融服务信息是否可靠 比较金融机构 根据目标进行评估，选择合适的金融服务 计算是否可以负债，以及可负担多少债务 制定贷款还款日历 与家庭成员分享金融服务信息
数字金融服务	识别数字金融服务的收益与风险 使用数字技术获取数字金融服务 信任移动交易短信确认的准确性 验证、跟踪数字交易 保护数字身份、借记卡和移动账户等信息 了解就交易问题寻求帮助的途径
金融消费者权益保护	保护身份与账户信息 行使作为金融消费者的权利，承担相应责任 行使客户追索权 在签订前了解贷款合同 识别合法和非法账户交易的区别 了解如何预防和识别诈骗

资料来源：Hopkins, Danielle. IF Consulting.

表4.24 工具5. 实施：高级培训师培训研讨会议程示例

时间	第一天	第二天	第三天
9：00—10：00	导论 研讨会目标与安排	技术内容——主题1	准备小组报告
10：00—11：00	金融教育概述	技术内容——主题1	研讨会报告及反馈
11：00—11：15	休息	休息	休息
11：15—12：30	金融教育课程模拟与分析	技术内容——主题1	研讨会报告及反馈
12：30—13：30	午餐	午餐	午餐
13：30—14：30	成人或青少年学习的最佳实践	技术内容——主题2	研讨会报告及反馈
14：30—15：30	提高技能	技术内容——主题2	研讨会报告及反馈
15：30—15：45	休息	休息	休息
15：45—17：00	提高技能	技术内容——主题2	研讨会报告及反馈

表4.25 工具6. 实施：金融教育能力监测观察清单

培训师：		观察者/职位：		
研讨会主题/名称和编号：				
小组名称：		日期：		
1. 技术内容				
a. 准确传达所有技术信息		是	否	
b. 准确回答问题		是	否	—
c. 当提出"不准确"信息时，将重点转回到行为提升上		是	否	—
d. 当问题超出技术知识范围时，培训师能够诚实承认		是	否	—
2. 课程管理和组织				
a. 完成所有学习环节、步骤		是	否	
b. 按顺序完成所有学习环节、步骤		是	否	
c. 在推荐时间___分钟内完成学习		是	否	
d. 准备好所有材料（图片、笔记、道具等）		是	否	
3. 提高学习技能				
a. 按照建议采用小组形式，包括小组规模（2人或3人等）		是	否	—
b. 小组管理				
明确要讨论的问题/主题		是	否	
安排参与者面对面交流		是	否	
在教室四处走动，阐明信息、帮助并鼓励小组成员		是	否	
根据学习指南要求提供报告（部分或所有小组）		是	否	

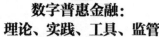

续表

c. 开放式问题			
使用学习指南中提到的开放式问题	是	否	
在其他时间使用开放式问题进行探讨，鼓励积极的讨论——须给出具体例子：_____	是	否	
d. 说话清晰响亮	是	否	
e. 图片			
展示学习课程中包含的所有图片	是	否	—
确保所有参与者都能看到图片（在房间里走动、传递、传阅或要求参与者围绕图片聚集在一起）	是	否	—
f. 使用学习指南中的其他教学技巧／促进技巧（故事、演示、角色扮演、游戏）	是	否	—
4. 表明态度			
a. 表扬／肯定参与者——须给出具体例子：_____	是	否	
b 尊重参与者——须给出具体例子：_____	是	否	
c. 帮助参与者安心参与——须给出具体例子：_____	是	否	
d. 试图创建对话、限制"讲座风格"——须给出具体例子：_____	是	否	

注：

1. "—"只能在培训师没有机会使用或练习该部分时使用。否则，在每种情况下都应该使用"是"或"否"。

2. 对于"须给出具体例子"的情况，如果不能给出具体的例子，把"否"圈起来。

资料来源：Microfinance Opportunities. Washington D. C. Implementation Guidance. 2006.

表4.26　工具7. 实施：参与者对金融教育学习课程试点测试的反馈

此表格应在课程结束后，与5位参与者进行非正式讨论的基础上完成。

培训师姓名：_____

小组讨论时间：_____

模块：_____

提供反馈的参与者编号：_____

课程名称：_____

向参与者自我介绍，您可以这样说："我想就您刚刚参加的学习环节问您几个问题，希望得到您对课程的意见，帮助我们在未来做好教学工作。我们将对您的谈话内容保密，您所说的话仅用来帮助我们更好地培训。我可以问您几个学习课程问题吗？"

1. 今天的课程中，您觉得最有意思或最有用的地方是什么？（关于内容和活动的探讨）

2. 在今天的课程上，您有什么不清楚的地方？（关于内容和活动的探讨）

3. 在课程中，您学到了什么新东西？（深入探讨：还有别的吗？）

4. 通过这次学习，您打算采取什么行动？

5. 您还想了解什么话题？

资料来源：Microfinance Opportunities. Washington D. C. Implementation Guidance. 2006.

表 4. 27　工具 8. 实施：培训师对金融教育学习课程试点测试的反馈

参与讨论的培训师人数：＿＿＿＿＿＿＿＿＿＿＿

出席每次课程的培训师人数：＿＿＿＿＿＿＿＿＿

课程 1：＿＿＿＿＿＿＿　　课程 2：＿＿＿＿＿＿

课程 3：＿＿＿＿＿＿＿　　课程 4：＿＿＿＿＿＿

课程 5：＿＿＿＿＿＿＿　　课程 6：＿＿＿＿＿＿

课程 7：＿＿＿＿＿＿＿　　课程 8：＿＿＿＿＿＿

课程 9：＿＿＿＿＿＿＿　　课程 10：＿＿＿＿＿

1. 您在学习过程中哪些方面做得比较好？要尽可能具体。

2. 您在学习过程中，哪些方面效果不佳？什么地方是最困难的？要尽可能具体。

3. 您认为怎么做才能让课程内容更容易应用？

4. 您认为应该添加哪些话题？应该放弃哪些话题？应该改进哪些话题？

5. 在您授课的过程中，您做的与课程规划中的建议有什么不同？（探究为什么要做这些改变，以及效果如何）

6. 您的授课时间是否足以涵盖每个课程规划中概述的内容和活动？如何调整课程学习内容以适应可用的时间？

资料来源：Microfinance Opportunities. Washington D. C. Implementation Guidance. 2006.

表 4. 28　工具 9. 实施：金融教育研讨会满意度调查

1. 您从这次研讨会/活动中学到的最重要的事情是什么？

2. 这次研讨会/活动，您最喜欢的是什么？

3. 通过这次研讨会/活动的结果，您计划采取什么行动？

4. 请评价以下内容（在每句话后面圈出一个数字）。

评估目标	差	满意	好	很好	优秀
今天活动的实用性	1	2	3	4	5
主持人或培训师的素质	1	2	3	4	5
信息表达的清晰度	1	2	3	4	5
讲义和材料	1	2	3	4	5
课程时长	1	2	3	4	5
整体质量	1	2	3	4	5

5. 关于这次研讨会/活动，您想改变什么？

6. 除了本主题以及其他金融教育主题，您还想了解什么？

7. 您会把这个课程推荐给别人吗？□是　□否

表 4.29　工具 10. 国家层面的评估框架

评估目标	评估问题
相关性	战略措施与宏观、中观和微观层面的主要利益相关者是否相关？
	教育内容和传播渠道与主要目标群体是否相关？
	战略措施与 NFES 的目标及国家其他政策是否保持一致？
有效性	结果框架中的目标实现了多少？
	什么因素推动或限制了 NFES 的实施？
	如何改进金融教育指标的数据收集和数据分析工具？
效率	取得成果的效率如何？资源是否得到有效利用？
	哪些因素促进了实施效率？
	哪些因素限制了实施效率？
影响	战略措施在提高金融素养和意识、金融行为和金融状况方面可能产生哪些影响？
	对金融环境可能产生的有利影响是什么？
	不同的利益相关者/工作组对这一变化的相对贡献是什么？
可持续性	在战略完成后，协调机制是否能持续下去？
	哪些关键因素可能限制其他战略的潜力？
	如何在宏观、中观和微观层面加强金融教育能力？

资料来源：2020．IF Consulting LLC．

表 4.30　工具 11. 实施：债务管理前后测试

问题	回答
1. 当你有足够的收入时，贷款必须偿还	□是　　□否
2. 贷款绝不能用于紧急情况	□是　　□否
3. 过度负债的后果是…… （圈出最合适的答案）	A）有额外的现金可以花 B）失去未来的信贷渠道 C）有很多信贷来源
4. 购买资产的良好资金来源是比资产使用期限更长的债务	□是　　□否
5. 当你不得不扩大贷款或延期偿还现有贷款时，会面临债务失控	□是　　□否
6. 管理债务的正确方法是…… （圈出最合适的答案）	A）先还清最贵的贷款 B）每月只还清一笔贷款 C）跳过部分贷款偿还其他贷款
7. 当你预测到每月的现金流出现短缺时你能控制债务	□是　　□否
8. 贷款期限是…… （圈出最合适的答案）	A）贷款还款的时间和间隔 B）收到贷款后到第一次还款之间的时间 C）不得不使用新的贷款偿还贷款的期限

续表

问题	回答
9. 当出现下列哪些情况时，你会面临无法偿还贷款的风险。 （圈出最合适的答案）	A）突发事件造成急需现金 B）将贷款用作流动资金 C）将贷款用于投资新企业
10. 按时还款对于控制债务来说并没有什么影响	□是　□否

资料来源：Microfinance Opportunities. Debt Management：Handle with Care. Washington D. C.

表 4.31　工具 12. 项目层面的评估框架

评估目标	评估问题
相关性	项目与有关实施伙伴是否相关？
	教育内容和传播渠道与主要目标群体是否相关？
	项目如何回应目标群体的迫切需求？
有效性	预期产出和结果是否符合变化理论的要求？
	哪些因素推动或限制了预期产出和成果的实现？
	如何改进金融教育指标的数据收集和数据分析工具？
效率	取得成果过程的效率如何？资源是否得到有效利用？
	哪些因素提高了实施效率？
	哪些因素限制了实施效率？
影响	采用了哪些传播渠道实现规模化？
	如何利用现有的网络和合作伙伴关系？
	如何利用现有的基础设施和接触点？
可持续性	战略完成后，该项目是否能持续下去？
	哪些关键因素可能限制了该规划的复制潜力？
	如何提高执行伙伴的能力？

资料来源：2020. IF Consulting LLC.

5. 提高数字普惠金融素养

5.1 引言

5.1.1 主要内容

数字普惠金融服务（DFS）的发展为深化普惠金融、提高弱势群体金融服务可得性提供了巨大机会，但同时也造成了金融消费者风险不断累积。此外，金融消费者缺乏对数字普惠金融的认知和信任，且数字普惠金融相关知识比较有限，影响了其使用数字普惠金融服务的有效性。因此，金融消费者需要提高对数字普惠金融的认知与了解，以便在迅速变化的数字环境中保障自身权益（如在线网络隐私权）。

虽然金融教育一直是政策制定者关注的重要议题之一，部分国家也已推出了金融知识和教育相关的战略，但我们发现，要提高普惠金融联盟（AFI）成员的数字普惠金融知识普及率并降低金融消费者相关风险，实施满足数字普惠金融素养需求、缩小阶层差距的具体措施势在必行。因此，数字普惠金融工作组（DFSWG）与金融消费者赋权及市场行为工作组（CEMCWG）联合开发了 2 项关于数字普惠金融素养的知识产品——指南和关键政策措施，并提供了 1 个附带的工具箱，用于进一步指导数字普惠金融素养政策措施的制定、实施、监测与评估。

本章为政策制定者和监管机构在制定数字普惠金融素养战略时应考虑的关键因素提供指导，主要涉及三个方面：法律、监管和政策环境；供给侧管理措施；需求驱动的数字普惠金融素养管理措施的设计和实施。此外，本章还就部分跨领域问题提出了政策措施，例如针对弱势群体和脆弱性时期的数字普惠金融素养管理措施。

法律、监管和政策环境。确保数字普惠金融素养提升措施有法可依。梳理和评估现有的国家战略、政策和管理措施。确定数字普惠金融素养的核心能力和目标。在金融消费者权益保护政策和相关法规中体现数字普惠金融素养目标。将数字普惠金融素养战略纳入国家金融教育战略和国家普惠金融战略。确保有效协调利益相关者积极参与。制定符合当地数字普惠金融市场和预期发展的数字普惠金融素养战略。

供给侧管理措施。积极与行业协会、数字普惠金融服务提供商和其他利益相关者进行沟通。督促利益相关者及时报告和交流信息。为数字普惠金融提供商和其他利益相关者制定数字普惠金融素养指南。规定数字普惠金融提供商的产品披露要求、透明度和道德行为标准。

需求侧管理措施。将数字普惠金融素养纳入现有的金融教育或普惠金融规划。为目标群体设计适当、明确的数字普惠金融素养管理措施。通过有效、恰当和创新的渠道推广提高数字普惠金融素养的措施。与利益相关者合作，为数字普惠金融素养覆盖目标群体提供支持。将需求侧指标纳入数字普惠金融素养战略全生命周期的监测与评估框架。

跨领域问题管理措施。以弱势群体为目标，特别是女性、青年以及移民、难民和国内流离失所者。在危机或紧急情况下将数字普惠金融素养管理措施纳入其中。

1. 背景。由于移动技术的广泛应用、金融科技的创新、商业模式的多样化和新型服务方法的出现，数字普惠金融得以蓬勃发展[1]，这为受金融排斥和服务不足的群体提供了获得个性化金融服务的机会。

近 10 年来，数字普惠金融服务模式不断拓展，为普惠金融发展注入活力。越来越多具有创新性和独特性的参与者纷纷大规模加入该领域，推出了创新产品（如数字信贷、虚拟货币、先买后付产品等）和创新商业模式（如虚拟银行、开放式应用程序接口、替代信用评估等），在为个人和中小微企业提供金融服务的同时，也使数字普惠金融的环境更加复杂。数字普惠金融为金融消费者创造了新机遇，不仅提高了金融服务的潜在覆盖面和可得性，而且提供了更便捷高效的交易方式以及更具针对性的产品。

然而，这种进步也伴随着代价：金融消费者和中小微企业需要迅速适应日益复杂和多样化的数字普惠金融环境，提高自身理解能力，培养行为能力，才能充分利用这些产品和服务。数字普惠金融的金融消费者相关风险不断上升，进一步凸显了数字普惠金融客户的脆弱性，这已成为监管机构关注的重点问题。此外，金融消费者还面临诸多挑战，如金融素养较低、对数字普惠金融及其相关风险的认知有限或较差，缺乏信任和对复杂性问题的感知，以及文盲问题（识字和算术技能不足）。[2] 克服这些障碍对于各国推动数字普惠金融发展和维护金融安全至关重要，有助于深化负责任的普惠金融政策，完善数字普惠金融的金融消费者权益保护框架。因此，AFI 网络成员认为，在其管辖范围内提高数字普惠金融素养迫在眉睫。

在此背景下，数字普惠金融工作组和金融消费者赋权及市场行为工作组成立了联合小组，制定相关指南和数字普惠金融素养工具箱。根据 2020 年 2 月 AFI 在网络上发起的一项关于数字普惠金融素养监管和实践情况的调查，本指南研究了 AFI 成员提高数字普惠金融素养的观点和当前做法。该调查涵盖了 30 个 AFI 成员，包括深入的二级研究和针对调查对象以及私营部门合作伙伴的 4 次深入访谈。

2. 目标。本章旨在为政策制定者和监管机构提供有效的政策措施框架，帮助他们理解和制定政策内容，推进政策实施，设计在其管辖范围内提高数字普惠金融素养的

---

① AFI (2019). Policy Framework for women's financial inclusion using digital financial services.

② AFI DFL survey , 2020.

管理措施。数字普惠金融素养工具箱①是对本章内容的补充，为数字普惠金融素养战略和管理措施的设计、实施、监测与评估提供更具实践性的指导。

5.1.2 内涵界定

提高金融素养一直是全球政策制定者关注的议题。提高金融素养之前的工作主要集中在传统金融教育上，重点关注金融基本管理原则（如储蓄和预算）以及传统金融服务的使用，如支票账户和储蓄账户。然而，随着数字普惠金融的快速发展和相关金融消费者权益保护风险（如欺诈和过度负债风险）的不断累积，我们需要拓展金融知识范围，特别关注数字普惠金融领域。

数字普惠金融素养是一个多维概念，集金融素养、金融能力和数字素养于一体。金融素养是指个人根据自身经济状况和社会环境，对管理个人金融资产所需的金融概念和产品的认识。金融能力是指个人在金融知识、技能和行为方面的能力，使其能够在个人和家庭金融方面作出明智、自信与有效的决策，改善个人的金融状况。② 金融教育是指通过提供相关的客观信息和培训，帮助人们获得金融知识、技能和经验，使他们能够作出明智的金融决策并采取适合自身情况的行动。③ 许多国家针对金融知识或金融教育制定了全国性协调措施，而各国也会根据本地实际情况界定自己的金融素养或金融教育的定义。数字素养指的是独立阅读和浏览数字内容的能力④，以及访问并使用数字产品和服务（如手机、平板电脑或互联网）的知识与能力⑤。

AFI 对数字普惠金融素养的解读涵盖了数字普惠金融能力（DFC）的目标，以及与使用数字普惠金融相关的知识、认识、技能和能力等维度。根据 AFI 成员的经验，数字普惠金融素养含义包括以下几点：一是了解数字普惠金融并具备独立使用数字普惠金融服务的能力；二是了解数字普惠金融相关风险，具备在使用数字普惠金融服务时预防这些风险的能力；三是了解金融消费者权益保护和救济机制，具备在需要时找到这些机制的能力。

因此，AFI 将数字普惠金融素养定义为："数字普惠金融素养是指获得、使用数字普惠金融产品和服务所需的知识、技能、信心与能力，以便根据个人经济状况和社会背景作出明智的金融决策，并为个人的最佳金融利益采取行动。"

在 AFI 内部，成员尚未在其辖区内定义数字普惠金融素养，因为在相关调查中，30 名受访者似乎没有人能说出数字普惠金融素养的具体定义。然而，大家对这一议题的政策兴趣逐渐增加，有 6 个国家（占 20%）表示正在制定数字普惠金融素养的本土化定义，以便为其在该领域的管理措施提供依据。此外，相关调查和深入访谈显示，尽管尚未进行正式定义，AFI 中的监管机构已经在更广泛的金融消费者权益保护或金融

---

① AFI, Financial Literacy Toolkit.

② AFI, Financial Literacy Toolkit.

③ AFI, Financial Literacy Toolkit.

④ OECD (2016) Skills for a Digital World. Background Paper for MinisterialPanel 4. 2. May 2016.

⑤ FinEquity (2020) E – Discussion: Digital Financial Literacy. Summary report.

教育管理措施中实施了针对数字普惠金融素养的举措。这或许反映出监管机构对将数字普惠金融素养作为一个政策领域的初步认识。

在国家层面制定数字普惠金融素养定义时，必须以同一背景下金融知识或金融能力的现有定义为基础。通常，这些定义已经在国家金融教育或金融素养战略或框架中得到阐述，能够在制定相应政策时为政策制定者和监管机构提供指导。

在数字普惠金融素养管理措施中，可以采取以下行动：一是设立数字普惠金融素养目标，制定一套协调有序的行动计划，以加速实现目标；二是明确实现更高水平数字普惠金融素养的相关机遇与挑战；三是确定一系列优先事项，制定相应的法规、政策以及非政策性或规划性行动；四是倡导在制定和实施数字普惠金融素养管理措施时采用协商与协调的方式，鼓励各相关部门积极参与。

📝 专栏 5.1：菲律宾中央银行对数字普惠金融素养的定义

菲律宾中央银行（BSP）将数字普惠金融素养定义为与金融素养相关的能力。金融素养是指帮助个人作出金融决策的金融知识水平；数字素养是指金融消费者能够自如地使用各种数字普惠金融服务，并充分信任数字普惠金融服务所带来的好处。在金融服务领域，数字素养包括以下几个方面。

数字普惠金融知识：金融消费者意识到数字普惠金融的存在，并对使用数字普惠金融服务有基本的了解，能够比较各种类型产品的优劣；

数字普惠金融风险意识：金融消费者了解使用数字普惠金融可能面临的风险，如网络钓鱼、欺诈、个人数据窃取、黑客攻击等；

数字普惠金融风险防控：金融消费者有能力通过采取适当的网络安全措施，如强大的密码保护、多要素身份验证、数据隐私保护标准及网络安全协议等方式，确保其交易免受相关网络风险的影响；

了解救济措施：金融消费者了解作为数字普惠金融客户的基本权利，以及在遇到使用错误、成为网络欺诈和滥用受害者时该如何采取行动。

5.1.3 政策措施

数字普惠金融能够为弱势群体提供获得普惠金融的机会，逐渐引起了公众的关注，但监管机构对潜在风险的担忧也随之增加，因此越来越多的管理措施应运而生，以应对数字普惠金融带来的风险。然而，这些管理措施似乎更多的是对新型金融消费者风险的"追赶"或反应，而非主动预防。这种被动的政策响应可能会加剧金融消费者的风险暴露，从而降低他们对数字普惠金融的信任和使用意愿。因此，监管机构需要积极应对数字普惠金融素养问题，降低金融消费者（尤其是弱势群体）面临的风险，丰富他们的金融知识、提高金融能力，有效利用数字普惠金融实现普惠性目标。

本章后续将探讨政策制定者和监管机构在制定数字普惠金融素养战略或其他相关管理措施时应考虑的关键因素：法律、监管和政策环境；供给侧管理措施；需求侧管理措施。此外，本章还将针对跨领域问题提出部分管理措施，如针对女性、青年、移民或难民等弱势群体以及在灾害、紧急情况等时期采取的数字普惠金融素养管理措施。

5.2 法律、监管和政策环境

5.2.1 重要作用

尽管数字普惠金融素养的框架和管理措施并非监管机构管理的主要内容与行动重点，但随着数字普惠金融市场的快速扩张以及金融消费者权益保护风险的上升，全球各地的政策制定者和监管机构正尝试利用相关监管和政策措施来解决这一问题。然而，由于与数字普惠金融相关的金融消费者权益保护法律不完善、救济制度不健全、监管框架不合适、监管能力不足以及重复监管等，目前的法律和监管环境尚且无法充分应对这些挑战。[①]

根据 AFI 的经验[②]，一个具有明确目标的国家战略可以促进公共部门和私营部门利益相关者之间的协调，为普惠金融或金融教育政策和法规的实施提供组织框架。制定国家金融教育战略（NFES）或将金融教育纳入国家普惠金融战略（NFIS）已成为一种常见的政策实践。在接受数字普惠金融素养调查的国家中，86% 的国家要么已经制定了国家金融教育战略、国家普惠金融战略，要么正在制定过程中。许多国家正在根据以往经验和对第一项国家战略成果的评估[③]，修订其初步战略或实施第二项国家战略为推行数字普惠金融素养战略提供了合适的时机。

将数字普惠金融素养纳入国家战略为确定数字普惠金融素养的优先次序、资源分配以及实现有效的多方协调提供了依据，有助于解决监管机构所面临的共同挑战。AFI 的数字普惠金融素养调查表明，67% 的受访者认为公共数字普惠金融素养推广所需的资源有限，17% 的受访者认为中央银行和有关政府机构对数字普惠金融素养措施的优先次序认识不够，这是数字普惠金融素养实施的主要监管挑战和政策挑战（见图 5.1）。

此外，数字普惠金融素养管理措施的成功设计与实施，需要金融体系内外的多方参与。据报道，在参与 AFI 数字普惠金融素养调查的国家中，70% 的国家由中央银行负责协调整体金融教育议程，其次是教育部和财政部。除了中央银行和其他金融监管机构外，私营部门的利益相关者也在不同辖区内参与实施数字普惠金融素养战略（见附录 5.1）。因此，有效的多部门协调对于实施数字普惠金融素养战略和管理措施至关重要。

---

① AFI（2020）Policy model on consumer protection for DFS.

② AFI National Financial Inclusion Strategies.

③ 基于 OECD（2015）National Strategies for Financial Education：OECD/INFE Policy Handbook。虽然目前尚不清楚有多少国家在实施和修订其国家金融教育战略或国家普惠金融教育战略，但毋庸置疑，这个数字每年都在增加。

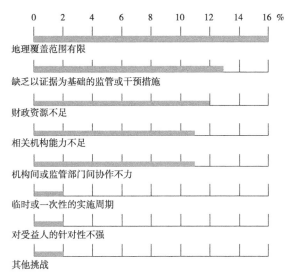

图 5.1　AFI 成员数字普惠金融素养的现有监督管理措施面临的挑战

📋 专栏 5.2：解决金融消费者权益保护风险问题

　　根据 AFI 的调查，执行金融消费者权益保护法规和改进救济机制是应对数字普惠金融相关金融消费者风险最常见的政策措施。尽管应对数字普惠金融相关风险的重要性越来越受到关注，数字普惠金融素养需求也在不断增加，但在参与 AFI 数字普惠金融素养调查的国家中，仅有 6 个国家（斐济、科特迪瓦、约旦、墨西哥、所罗门群岛、乌干达）在国家普惠金融战略中专门提及了数字普惠金融素养。此外，尼日利亚在对国家普惠金融战略的审查中纳入了数字普惠金融素养（见图 5.2 和附录 5.1）。

　　各利益相关者正在实施与数字普惠金融相关的金融消费者权益保护监督管理措施，具体取决于从中央银行到专门负责金融消费者权益保护的机构管辖权，若机构之间协调不力，可能会影响这些管理措施的有效性。因此，需明确治理框架，包括明确的任务清单、监管范围、联合监管机构以及机构之间的合作范围和各自的实施事项。

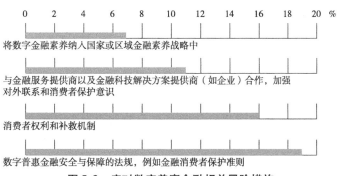

图 5.2　应对数字普惠金融相关风险措施

专栏 5.3：墨西哥为数字普惠金融素养战略提供了有利的政策环境

墨西哥的国家普惠金融素养战略设定了在国家层面发展数字普惠金融的宏大目标。尽管数字普惠金融素养问题仍未得到解决，但该战略文件明确提出，到 2030 年，大多数金融消费者应了解数字普惠金融工具的风险和收益，并能够适当地使用。此外，墨西哥还在构建数字普惠金融框架方面取得了重要进展，即 2018 年推出了一项监管金融科技机构的法规，其中包括金融知识培训的内容。

在实施创新金融知识普及方法方面，墨西哥一直走在前列。例如，墨西哥互动经济学博物馆（MIDE）是世界上第一个专注于经济学的博物馆，一直以来都是墨西哥金融教育工作的典范。该博物馆以致力于将参观体验在线化的"互动经济学博物馆数字化"（MIDE Digital）计划闻名。

5.2.2　主要政策

以下政策基于一个前提假说，即在金融教育、普惠金融和金融消费者权益保护的所有相关监管与政策措施中，更简洁清晰地阐明数字普惠金融素养目标。

1. 采取基于现实依据的数字普惠金融素养管理措施。有效的数字普惠金融素养政策和管理措施应基于客观数据，符合特定国家或地区的背景、现实状况以及数字普惠金融市场的成熟程度。有关当局应考虑以下因素：

审查现有的诊断研究，并定期进行金融消费者调查，以了解与数字普惠金融素养相关的问题和指标。将数字普惠金融素养指标纳入需求侧和供给侧的相关诊断研究。诊断研究可以深入分析和评估数字普惠金融、数字普惠金融基础设施、需求侧和供应侧等方面的约束与挑战以及使用水平，有助于明确数字普惠金融素养管理措施的主要政策优先事项和目标群体。在设计和实施之前，需建立数字普惠金融素养相关指标的标准。制定数字普惠金融素养目标有助于跟踪实施进展，并为下一步决策提供依据。

 专栏 5.4：印度尼西亚青年金融素养需求侧评估

2019 年，在亚洲开发银行的支持下，印度尼西亚金融服务监管局（OJK）对 15～30 岁的青年进行了金融行为、知识、金融服务信息来源以及教育/职业/生活目标方面的评估。结果表明，这些青年更倾向于使用数字普惠金融服务（如网上银行和电子商务），但在金融知识方面，他们对自己的能力和知识的信心往往高于实际表现。此外，许多青年难以识别潜在的金融欺诈风险。但是，90% 的受访者表示对参与互动式且吸引人的金融知识普及项目非常感兴趣。

2. 对现有的国家普惠金融战略、政策和管理措施进行全面评估。找出与数字普惠金融素养相关的规定，发现其存在的不足和挑战，在此基础上，确定并整合现有资源和利益相关者，以便在设计和实施数字普惠金融素养战略过程中最大限度地减少或防止重复性工作。

专栏5.5：萨尔瓦多提高数字普惠金融素养的诊断法

萨尔瓦多的国家金融教育战略已经设计了数字普惠金融计划的实施措施，这表明萨尔瓦多政府对数字普惠金融普及现状和公众金融能力的关注。

2016年，萨尔瓦多中央银行进行了金融能力调查，为制定国家金融教育战略提供了参考依据。研究发现，农村地区的金融能力最为不足。2018年，萨尔瓦多中央银行进行了首次金融教育措施研究，包括28项私人措施。2021年，萨尔瓦多中央银行再次进行了这项研究，主要关注数字渠道的使用和数字普惠金融素养原则的实施。

萨尔瓦多的国家金融教育战略还计划推广创新模式和工具，鼓励金融服务提供商改进金融教育措施。为此，萨尔瓦多中央银行正在调查私营部门措施，确定已经实施数字普惠金融素养管理计划的机构，并向尚未实施该计划的机构提供支持。

---

3. 识别关键的数字普惠金融素养能力和目标。诊断性研究和预测本地数字普惠金融市场的发展是提供有效使用数字普惠金融相关核心能力的基础。监管机构需确定关键的数字普惠金融素养技能，并考虑当地数字普惠金融市场的成熟度和金融消费者权益保护主要风险等因素。国家框架还应基于结果导向，确定与特定弱势群体（如青年、女性、难民/移民或老年人）相关的核心能力，包括认知、知识、态度和行为等方面，并将其与最广泛的数字普惠金融服务联系起来。数字普惠金融能力包括三方面：一是管理个人数据和隐私；二是了解数字普惠金融产品的条款和条件，包括所有成本和相关风险；三是比较不同数字普惠金融提供商的信息、条款和条件以及相关成本。

4. 在金融消费者权益保护政策和法规中反映数字普惠金融素养目标。为了适应数字普惠金融的不断发展，监管机构需要调整现有的数字普惠金融和金融消费者权益保护法规，整合与数字普惠金融素养相关的规定。例如：将数字普惠金融素养指标纳入诊断框架、监督或投诉登记册，以便收集数据；为数字普惠金融提供商发布关于金融消费者权益保护和数字普惠金融素养的指南或指令（参见供给侧部分的更多示例）。

5. 将数字普惠金融素养教育纳入国家金融教育战略和国家普惠金融战略。明确的国家数字普惠金融素养战略可以为系统地实施数字普惠金融素养提供参考，及时监督实施进展，并团结所有利益相关者有效利用现有资源。为此，相关部门可以从以下两方面考虑。

已经存在国家金融教育战略或国家普惠金融战略（含有金融教育的规定）的国家，应审查其中与数字普惠金融素养相关的规定，并将其纳入更广泛的战略。定期审查这些国家战略和基本行动计划是整合数字普惠金融素养相关规定的良好时机。

正在起草国家普惠金融战略或国家金融教育战略的国家，可以在此过程中纳入数字普惠金融素养的目标和规定，并确保在制定前和制定阶段获得利益相关者的支持（进一步的政策见附录 5.1）。

专栏 5.6：乌干达国家金融教育战略中的数字普惠金融素养

乌干达银行正在实施第二个国家金融素养战略（2019—2024 年）。为了支持乌干达国家普惠金融战略的第四个目标（建设金融基础设施，提高金融服务效率），以及考虑到乌干达数字普惠金融的迅速扩张（主要由移动金融服务推动），第二个战略专门针对数字普惠金融素养提出明确目标，将在所有目标群体中推广。数字普惠金融素养问题涉及不同的群体，包括女性、青年、农村地区和特殊利益团体，因此，未来的数字普惠金融素养将由特殊利益团体工作组（包括儿童、残疾人、难民和移民）进行协调。

---

6. 确保有效协调多方利益相关者积极参与。有效协调多方利益相关者积极参与在国家层面实施的数字普惠金融素养管理措施至关重要，需要包括私营部门和民间社团在内的金融体系内外各个部门参与。引入多方利益相关者有助于充分调动技术、资源和传播渠道等，扩大数字普惠金融素养管理措施的覆盖范围。有关部门可以从以下几方面考虑。

在国家数字普惠金融素养战略的设计和实施中，识别、动员和协调所有利益相关者。明确治理结构，让已确定的利益相关者承担明确的责任，督促各方及时报告，保证合作效率，确保治理结构发挥最大作用。相关部门可以采用合适的监管工具，如指导、道德劝说和激励措施，促使数字普惠金融提供商和行业团体积极参与更广泛的利益相关者生态系统。

动员相关的民间社团组织和非政府组织参与金融教育和普惠金融方面的工作，并与之建立协同关系。这些组织可以提供特定的数据、专业知识和外联渠道，有利于覆盖"最后一公里"和弱势群体。邀请相关发展伙伴，如非政府组织、发展融资机构、多边和双边组织积极参与，探讨在制定和实施数字普惠金融素养战略中获得资金与技术援助的途径。建立多方利益相关者信息共享与知识管理框架，便于收集数据，并在利益相关者之间进行知识共享，有助于有效地设计、实施数字普惠金融素养战略，监测其运行情况。

7. 定义与当地数字普惠金融市场和预期发展相适应的数字普惠金融素养战略。在制定数字普惠金融素养战略时，相关部门应考虑数字普惠金融市场的成熟度、当地实际情况以及预期发展状况，包括新产品和服务、新型风险、预期的挑战和障碍、脆弱性目标群体等，并将上述因素反映在核心能力、关键指标、目标细分市场和预期成果的相关定义中。

📝 专栏5.7：葡萄牙数字普惠金融素养目标中的多方利益相关者协调

由葡萄牙银行（Banco de Portugal）、葡萄牙证券市场委员会（CMVM）和保险养老基金监管局（ASF）组成的国家金融监管委员会（CNSF）于2011年确定了国家金融教育计划的职责范围，最初的计划执行期为5年。在认识到数字普惠金融产品和服务日益增长的重要性与复杂性后，国家金融监管委员会于2016年批准了下一个5年计划（2016—2020年），并将通过数字渠道进行金融教育作为其主要支柱之一。与此同时，该计划将数字普惠金融素养视为核心优先事项之一，通过以下途径提升数字普惠金融的知识和技能。

增强对数字普惠金融及其安全使用规则的了解。提高对使用数字普惠金融过程中所面临风险的认识，特别是在信贷更容易获得和冲动消费的情况下。

在数字普惠金融不断发展的情况下，国家计划的管理措施持续关注技术变革。国家计划管理措施旨在关注数字普惠金融为金融消费者带来的好处，同时重视安全风险和可能的不当行为，因此需要加强围绕数字普惠金融主题的沟通和金融教育措施。葡萄牙中央银行将提升数字普惠金融素养作为其2017—2020年战略计划的目标之一。

5.3 供给侧管理措施

5.3.1 重要作用

金融消费者风险的不断增加，以及数字产品和服务的日益复杂，给政策制定者和监管者带来了新的挑战。例如，提供商产品设计不当、不透明，成本和使用条件披露不充分、透明度不足，产品设计中缺乏金融知识部分等；此外，部分提供商还存在不当行为，如掠夺性贷款、产品销售失误和不道德的追债策略，以及身份信息欺诈或盗窃、欺诈性服务等风险。上述风险也是AFI提出的最常见的数字普惠金融消费者权益保护风险，这类现象说明金融消费者在不断发展的数字普惠金融市场中存在认知和理解能力的局限性（见图5.3）。

此外，数字普惠金融还存在一些与数字普惠金融提供商的业务模式或运营模式相

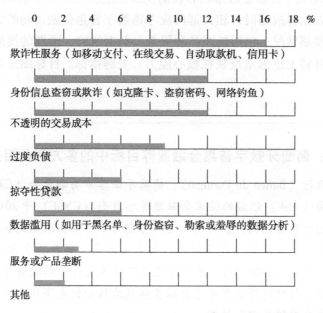

图 5.3　与数字普惠金融相关的金融消费者权益保护风险

关的新型风险，因此，需要为金融消费者提供针对性的数字普惠金融素养管理措施。例如，利用替代数据和大数据改善供给侧决策，提供更有针对性的产品和服务，降低成本，并实时评估和调整客户风险状况。然而，这种业务模式可能对金融消费者的数据隐私保护产生负面影响，包括但不限于欺诈、身份窃取、隐私信息丢失、特征分析、歧视、信用评分和保险承保不准确、数据泄露以及金融消费者信任丧失等。

专栏 5.8：利益相关者参与提高数字普惠金融素养

　　数字普惠金融参与者在提高数字普惠金融素养举措的实施中发挥着至关重要的作用。根据 AFI 关于数字普惠金融素养的调查，53% 的受访者表示中央银行和金融服务提供商都采取了数字普惠金融素养管理措施，其次是移动网络运营商、金融行业协会、其他金融行业监管机构、金融科技解决方案提供商（23%），而非政府组织和其他利益相关者则参与较少（见图 5.4）。私营部门利益相关者提供的金融教育主要关注金融产品信息，但有时也会涵盖防欺诈等内容。

　　尽管如此，依托现有的营销措施、营销渠道以及直接与金融消费者互动等方式，仍然是数字普惠金融提供商提高数字普惠金融素养的最佳途径。监管机构可以督促数字普惠金融提供商在辖区内积极参与实施数字普惠金融素养管理措施。

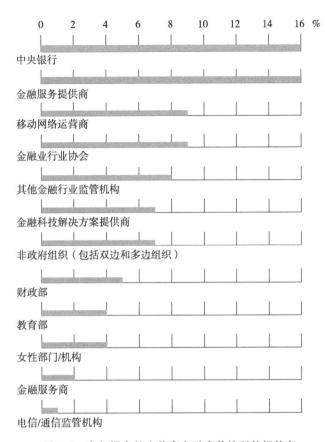

图5.4 参与提高数字普惠金融素养的利益相关者

5.3.2 主要措施

从供给侧的角度看，与设计和实施数字普惠金融素养管理措施有关的建议包括以下几个方面。

1. 积极与行业协会、数字普惠金融提供商和其他利益相关者沟通。考虑到监管机构可获得的资源、能力和外联渠道都有限，所以有必要借鉴数字普惠金融提供商在实施数字普惠金融素养管理措施方面的经验和活动。组织并动员相关行业协会与数字普惠金融提供商参与数字普惠金融素养战略的设计和实施。将行业协会或数字普惠金融提供商纳入治理框架，并作出激励承诺，确保他们拥有所有权和领导力。在监测与评估结构中反映私营部门对国家战略的贡献。鼓励各利益相关者在其个人管理措施与国家数字普惠金融素养战略目标之间建立协同效应。

2. 督促利益相关者及时报告。相关部门应建立及时沟通和报告管理措施、成果、观点和资源等方面的机制，促进相互学习，便于监测与评估，尽量减少重复性工作。为了提供充分交流的渠道，鼓励以线上和线下相结合的方式进行报告。

3. 为数字普惠金融提供商和私营部门利益相关者制定数字普惠金融素养指南。为了协调整个行业的数字普惠金融素养规定，监管机构可以考虑为私营部门参与者制定参考指南，指导他们在数字普惠金融素养领域实施管理措施。

制定相关的行为准则，推广优秀案例，以限制和管理提供商在数字普惠金融素养管理中潜在的利益冲突。提供关于如何将数字普惠金融素养纳入产品广告和营销活动的建议，为全行业的数字普惠金融素养计划作出贡献。鼓励数字普惠金融提供商推广无偏见的数字普惠金融素养内容，包括提高金融消费者对该领域的认知，具体而言，监管机构可以开展以下几个方面的工作。

就国家数字普惠金融素养战略目标所关注或感兴趣的关键问题制定标准化的信息或教育材料；与利益相关者协商设计、开发数字普惠金融素养材料和实施管理措施的关键原则，如公正性、透明度和以金融消费者为中心的性别、年龄以及包容敏感性等；为数字普惠金融客户提供投诉处理指导，关注客户的数字普惠金融素养提升，收集相关数据，以便为管理措施提供参考；遵循数字普惠金融客户个人数据保护准则（包括限制使用数据创建金融消费者档案）。使用道德劝说鼓励提供商参与更大范围的国家数字普惠金融素养战略或目标。采取创新激励措施，鼓励提供商支持实施数字普惠金融素养管理措施。将数字普惠金融素养纳入与数字普惠金融、金融教育和金融消费者权益保护措施相关的政策工具。[1] 采用现有的行业框架，如 AFI 关于数字普惠金融素养的指南，经济合作与发展组织（OECD）和国际金融教育网络（INFE）（2014）关于私营和非营利相关机构参与金融教育的指南，解决私营部门利益相关者在金融教育实施中的行为准则问题。监管机构可将上述措施纳入相关数字普惠金融素养指南，并向数字普惠金融提供商推广。确保国家数字普惠金融素养目标在数字普惠金融提供商和其他利益相关者之间能够得到良好的沟通、理解和推广。为此，监管机构可以与行业参与者和数字普惠金融提供商定期沟通。

4. 制定产品的披露要求和透明度要求，鼓励数字普惠金融提供商的道德行为。提升金融消费者对数字普惠金融的信任是健全金融消费者权益保护框架的主要内容之一。监管机构应强制要求提供商充分披露产品的特点、条款和条件，提高其透明度，以提升金融消费者对不同类型数字普惠金融服务的认识和了解。此外，监管机构还应公布获批的和被列入黑名单的数字普惠金融提供商名单（可通过网站公布，或定期通过社交和传统媒体公布），以及获得许可的数字产品和服务等信息。[2]

 专栏 5.9：尼日利亚私营部门数字普惠金融素养准则

提高公民数字普惠金融素养是尼日利亚国家普惠金融战略的核心目标之一。作为该战略的主要领导机构，尼日利亚中央银行正在制定数字普惠金融素养指南，该

---

① AFI (2020) Policy Model on Consumer Protection for DFS.

② AFI (2020) Policy Model on Consumer Protection for DFS.

指南规定了金融服务提供商必须遵循的标准，旨在为数字普惠金融行业的金融素养管理措施提供指导框架。

这些数字普惠金融素养管理措施着重于帮助金融消费者轻松理解、获取和使用相关信息，例如具有产品比较功能的应用程序和网站。

 专栏5.10：捷信集团的金融教育数字化

捷信集团（HCG）利用各种数字工具和渠道推广数字普惠金融素养，包括手机游戏、数字播客、网络漫画以及其他数字资源，涵盖了儿童、青年、女性和残疾人等受众，远远超过实际客户群。数字化金融教育活动使得金融素养管理措施具有更强的可扩展性、资源效率和更广泛的覆盖面。同时，捷信集团发现将数字化产品与线下接触相结合（例如，在签订贷款协议后的第二天进行电话跟进，讨论贷款条件）有助于降低欺诈风险，降低整体投资组合风险。此外，捷信集团还发现当地非政府组织和社区团体在帮助接触弱势群体方面的重要性。虽然数字普惠金融素养管理活动通常与销售和市场部门合作实施，但实际上，这些活动由企业社会责任和外部事务部门进行预算管理，以确保数字普惠金融素养管理措施的可持续性。

5.4 需求侧管理措施

5.4.1 重要作用

金融消费者可能缺乏使用数字普惠金融产品和服务所需的金融与数字技能，而且不了解可能会面临的新风险，这加剧了数字普惠金融带来的挑战和风险。报告显示，需求侧挑战是各国面临的最严重问题。87%的受访者表示弱势群体对数字普惠金融的了解和认识有限；60%的受访者认为数字普惠金融存在隐患（包括信任和信誉等方面的问题）；53%的受访者发现数字普惠金融服务的总体使用率较低，而且数字普惠金融过于复杂。尽管数字普惠金融的迅速发展推动了普惠金融的进步，但在整个AFI中，其使用情况仍相对滞后，这表明金融消费者对数字普惠金融的认识、理解和信任仍然不足。

在AFI对数字普惠金融素养进行调查的国家中，近一半的国家反映弱势群体的基本读写能力和算术能力仍然是一个主要问题，对AFI成员的深入采访进一步证实了这一点。同样，全球移动通信系统协会（GSMA）2020年的一份报告发现，在具备互联网意识的移动用户中，不识字和缺乏数字技能仍然是使用移动互联网的主要障碍，其

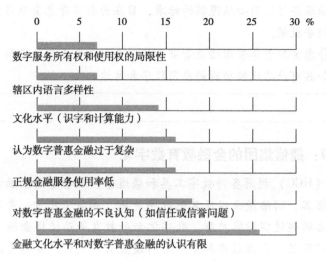

图 5.5　需求侧数字普惠金融素养面临的挑战

次是负担能力。[①] 此外，辖区内语言的多样性也是需求侧挑战的主要来源，这说明在制定或调整数字普惠金融素养内容时，要注意适应不同的群体。数字普惠金融不断涌现的创新性和复杂性给金融消费者，尤其是弱势群体带来了新型风险，包括数字信贷的过度负债、网络钓鱼、社会工程欺诈、账户黑客攻击以及数据和身份信息被盗等。

　　在这种背景下，政策制定者和监管机构针对数字普惠金融素养设计了越来越多的方案，实施了越来越多的措施，例如通过宣传活动提供透明、公正且非营销性质的相关信息。AFI 的经验表明，实施数字普惠金融素养管理与政策的趋势在不断增长：30%的受访者（监管机构）开展了关于数字普惠金融素养的公众宣传活动；17% 的受访者支持其他政府机构开展公众宣传活动，并在特定情况下支持非政府利益相关者开展公众宣传活动。数字普惠金融素养管理措施需确保内容有效且适当，选择合适的目标群体、工具、时间和实施渠道。

> 📓 **专栏 5.11：AFI 成员监管机构采取的非监管性数字普惠金融素养活动及其有效性**
>
> 　　为应对新挑战，AFI 成员的监管机构越来越倾向于采取非监管性的数字普惠金融知识管理措施，但尚未形成统一的解决方案。部分监管机构更倾向于自行开展数字普惠金融宣传活动，还有一些则更支持利益相关者开展这类活动，并重点关注数据收集等任务。具体采取哪种方法需根据内部的资金支持、人力资源和能力、战略和政策优先事项以及机构任务等因素来决定。

---

　　① GSMA. 2020. State of the Industry Report on Mobile Money.

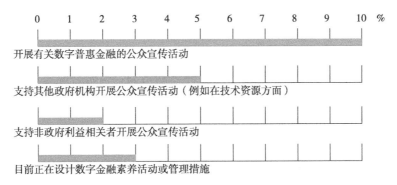

图 5.6 监管机构采取的非监管性行动

在传播渠道方面，传统渠道和数字渠道均可用于宣传数字普惠金融知识。AFI 调查显示，短信、社交媒体、移动 APP 以及工作场所和学校培训是各成员最常使用的传播渠道。广播和电视、交互式语音应答（IVR）、自动消息和电子邮件，以及通过社区或基层组织进行沟通等其他渠道的使用频率较低。通过学校课程推广数字普惠金融素养只在 3 个国家（约旦、所罗门群岛和菲律宾）得到了广泛应用。

尽管评估是深入了解数字普惠金融素养管理措施对金融消费者影响的重要手段，但在 AFI 数字普惠金融知识调查中，超过 30% 的成员（30 个受访国家占 11 个）没有评估其数字普惠金融素养管理措施产生的影响。对于实施了监测与评估的国家来说，使用的方法包括从投诉部门或金融消费者协会等一线服务提供商获取数据（37%）、定期需求调查（20%）、行为变化审查（17%）以及政策变化，如修订或创新监管科技等监管机制（7%）。

5.4.2 主要措施

以下政策旨在帮助监管机构为目标群体设计和提供有效的数字普惠金融素养管理措施。

1. 如果条件允许，将数字普惠金融素养纳入现有的金融教育或普惠金融计划。相关部门应确保将数字普惠金融素养管理措施纳入针对金融消费者的金融教育或普惠金融管理措施和方案。对于没有国家普惠金融战略或国家金融教育战略的地区，相关部门可以尝试将数字普惠金融素养管理措施或目标纳入其独立的金融教育和普惠金融举措，包括将数字普惠金融素养能力纳入学校现有的金融教育课程。许多国家正在进行广泛的课程改革，尝试在学校课程中引入金融知识，为通过学校正式课程提高青年的数字普惠金融素养提供了潜在机会。

2. 根据目标群体的需求制定明确的数字普惠金融素养管理措施。管理措施应关注目标群体的需求和不足、金融和数字素养水平、数字普惠金融市场的成熟度以及与数字普惠金融相关的金融消费者典型风险。为应对这些挑战，可以考虑以下几点。

使用合适的语言和内容进行数字普惠金融素养管理。在制定数字普惠金融素养内容和实施管理措施时关注辖区内语言多样性，考虑现有的文化和社会规范，因为这些因素可能影响部分目标群体对数字设备的拥有和使用情况，从而影响他们获取和使用数字普惠金融服务。通过创新的方法和渠道解决数字普惠金融的复杂性问题。将需求侧的主要制约因素和相关解决方案纳入对工作人员提供数字普惠金融素养管理措施的培训方案中。例如，提供针对性别和年龄敏感性的培训，招聘会说当地语言的工作人员。在设计数字普惠金融素养管理措施时运用行为洞察力，包括案例研究和与数字普惠金融素养关键问题相关的实践教学。

上述建议可应用于：监管机构直接设计和实施的数字普惠金融素养项目；监管机构指导私营部门参与实施数字普惠金融素养活动或宣传计划的指南（请参阅供给侧考虑部分）；数字普惠金融素养行业协会指南，协会可以将其纳入成员的行为准则。

3. 通过有效、适当、创新的渠道提供数字普惠金融素养管理措施。应仔细筛选载体工具、传播渠道和实施方法，确保它们与目标群体的数字普惠金融素养需求相关且易于获取。例如，可以利用数字渠道（如 APP、数字游戏、社交媒体）触达城市地区群体或学校青年（有关载体工具和传播渠道的进一步指导，请参见数字普惠金融素养工具箱）。在数字渠道中，要重点考虑字体大小和文本长度（确保易于阅读）、APP 大小、视频或图片内容（数据大小可能影响下载和分享）、语言、时长和适当的时间以及滚动消息等因素。

4. 与利益相关者合作，为其覆盖目标群体提供支持。确定具有与目标群体合作方面专业知识的组织或机构，与之建立协同效应和伙伴关系，以向目标群体提供金融教育服务。需要注意的是，最终目的应该是为目标群体提供金融教育服务，因此，合作伙伴不仅限于提供普惠金融或金融教育管理措施的组织。对于那些没有普惠金融知识或教育专业知识的组织，有关部门可以培养其提供数字普惠金融素养管理措施的能力，或与其他擅长这方面的组织合作，共同提供管理措施。

5. 将需求侧指标纳入数字普惠金融素养战略全生命周期的监测与评估框架。必须定期监测与评估数字普惠金融素养管理措施的进展情况，为战略和指标的制定、实施、定期更新提供参考依据。为此，需确保监测与评估框架能够捕捉到需求侧基本情况、预期目标和监测指标。监测与评估是资源密集型工作，因此，有关部门可以考虑与那些在业务过程中会产生需求侧相关数据的组织或机构建立伙伴关系，以及时获得数字普惠金融素养战略的进展和相关数据。为实现这一目标，需要从以下两个方面入手。

第一，建立便于收集目标群体分类数据的机制。向合作伙伴提供数据收集、监测与评估方面的指导，以确保采取统一的方法进行监测与评估。对于长期的管理措施战略，应在战略中期进行评估，为数字普惠金融素养战略的更新提供参考依据，解决前半段存在的问题并应对挑战。进行最终评估，评估数字普惠金融素养战略的影响效果。

第二，向利益相关者、领导和实施机构的高层管理人员、合作伙伴、捐助者以及公众公布数字普惠金融素养战略的评估结果。与多方围绕实施期间取得的成果进行沟通，强化现有伙伴关系，并宣传数字普惠金融素养在国家金融教育或普惠金融战略中的重要性。

专栏 5.12：菲律宾的数字素养和网络安全意识提升计划

菲律宾中央银行（BSP）计划与各行业协会和利益相关者合作，推动数字素养和网络安全意识提升项目。该项目旨在支持菲律宾中央银行的政策重点，即通过鼓励各个领域的金融消费者广泛使用，扩大数字普惠金融生态系统覆盖范围，核心目标是在金融市场供给日益丰富的背景下，提高金融消费者对数字支付和其他技术驱动金融交易安全性的信任和信心。此方案由菲律宾中央银行通过与美国国际开发署（USAID）的 E - Peso 项目团队合作，并与银行和金融科技行业协会共同商议制定，在此过程中，参考了仪景通（Evident）公司进行的社交媒体扫描结果。仪景通是一家专注于创建综合、循证的营销和公共关系活动的战略传播公司。该公司与美国国际开发署 E - Peso 项目小组签订了合同，负责制定关于网络安全意识的沟通计划和策略。接下来，菲律宾中央银行将起草一份计划方案说明，明确主要利益相关者的角色和职责，提出一般主题或关键信息，并面向金融行业征求意见。

5.5 跨领域问题管理措施

5.5.1 目标群体

数字普惠金融是一种有力工具，可提高获取银行服务不足或无法获得银行服务群体（包括脆弱性和边缘化群体）的金融普惠性。这些群体的固有脆弱性可能使他们更容易面临风险，或加剧他们对数字普惠金融消费者权益保护相关风险的敏感性。这种脆弱性可能源于地区贫困、有限的社会经济机会等社会经济因素，也可能源于人口特征，如性别、年龄、残疾、社会经济地位和收入水平、地理位置、族裔或国籍、在国内的地位等因素。

与国家普惠金融战略一样[①]，数字普惠金融素养战略应向管理措施重点领域和目标群体传递强烈、明确和简洁的信息。通过开展基础诊断研究以及制作统计图表来了解利益相关者和管理措施的情况，有助于确定数字普惠金融素养管理措施涉及的目标群体的优先顺序。

5.5.2 主要举措

以下建议旨在帮助政策制定者筛选最具脆弱性的、最需要数字普惠金融素养管理的目标群体，并识别针对相关群体（如女性、青年、移民、难民、国内流离失所者）的具体挑战。

---

① AFI (2016) National Financial Inclusion Strategies Toolkit. Guideline note No. 20 August 2016.

在选择目标群体时，应基于基础诊断研究，考虑目标群体固有的脆弱性以及在当地环境中的规模和重要性。例如，青年或非正规部门人员占比较高的国家需要优先考虑这些群体。

数字普惠金融素养管理措施的目标群体具有异质性，因此需要进一步细分数据，根据特定的脆弱性和风险来确定推广数字普惠金融素养措施的工具与渠道。例如，不能将该国所有女性视为同质群体，因为社会经济地位、教育水平、族裔和文化背景等因素会影响脆弱性程度。因此，要充分利用对需求侧数据的深入分析以及利益相关者的专业知识对目标群体进行有效识别、细分。

积极探索从数字普惠金融生态系统内的利益相关者运营过程中获取目标弱势群体分类数据（如关于接受度、使用率、投诉情况、风险水平等的数据）的机会。例如，在制定城市青年数字普惠金融素养策略时，除了数字普惠金融提供商（如移动支付、数字信贷、众筹平台）外，还可以考虑从体育博彩、网络游戏和音乐平台等渠道进一步获得分类数据。通过公众咨询、访谈、焦点小组或定性研究等方式吸引目标群体的代表参与制定数字普惠金融素养战略。

让利益相关者和管理者参与进来，发挥他们在接触目标弱势群体方面的天然优势。例如，教育部门负责接触在校青年，难民理事会负责接触国内流离失所者或难民，宗教和社区组织负责接触女性。

 专栏 5. 13：AFI 成员的数字普惠金融素养目标群体

在 AFI 成员范围内，数字普惠金融素养的优先目标群体包括女性（60%）、青年（57%）、中小微企业和商户（57%）以及农村地区。其他群体，如低收入群体和工人也受到关注。只有 6 个国家的数字普惠金融素养将重点放在流离失所者和无证件移民上，3 个国家优先考虑老年人，1 个国家优先考虑海外侨民（详见附录 5.1）。

5.5.3 青年

尽管青年在金融可得性方面仍然处于弱势地位（仅有 56% 的 15～24 岁青年拥有银行账户①），但技术创新为打破对其的金融排斥提供了契机，可以通过数字渠道将他们纳入正规金融服务范围。这类群体被称为"数字原生代"，他们在生活中接触数字设备越来越早，使用也越来越熟练。

---

① Global Findex（2017）.

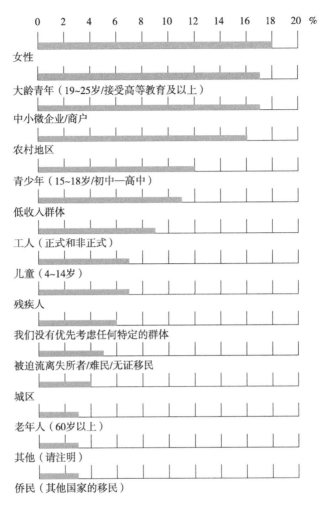

图 5.7　数字普惠金融素养管理措施的优先考虑群体

来自撒哈拉以南非洲的证据表明，与成年人相比，青年更了解如何使用数字普惠金融[1]，因为他们对数字技术更加熟悉，并且对数字平台具有很高的适应能力。此外，青年企业家似乎越来越青睐采用多种数字普惠金融和业务解决方案。[2] 然而，来自加纳、塞内加尔、乌干达和赞比亚的研究显示[3]，尽管青年对数字普惠金融非常了解，但由于有限的数字普惠金融素养可能抑制青年使用数字普惠金融的活跃度，这种认知并不一定能转化为实际应用。

主要举措：利用数字渠道，如社交媒体、游戏和娱乐等寓教于乐的方式向青年提供数字普惠金融素养管理措施。在宣传活动中使用适合青年的语言。考虑在数字普惠

① World Bank（2018）Banking on the Future：Youth and Digital Financial Services in Sub－Saharan Africa.

② 同①。

③ International Finance Corporation（2018）Banking on the Future：Youth and Digital Financial Services in Sub－Saharan Africa. Field Note 9.

金融素养宣传活动中邀请名人或网络红人作为代言人。鼓励数字普惠金融服务提供商开发针对青年的相关产品，并提供具有综合性、吸引力的数字普惠金融教育内容。与教育部门合作，将数字普惠金融素养纳入现有的金融教育项目或课程中。运用行为洞察，抓住可教育的时机（如获得第一笔教育贷款、开设第一个储蓄账户等），充分利用学习机会；鼓励数字普惠金融素养管理措施根据现有案例解决与目标青年群体相关的数字普惠金融领域的认知、知识和风险等问题，如数字信贷、加密货币等。

专栏 5.14：葡萄牙青年数字普惠金融教育

葡萄牙银行在其 2017—2020 年的战略计划中将提高数字普惠金融素养作为核心目标之一，并特别关注青年群体。青年是数字普惠金融素养的主要目标群体，因为他们擅长数字技术，是当前和未来数字普惠金融的主要客户，同时也是数字技术的活跃参与者。然而，青年通常对数字技术所带来的风险关注较少。此外，全球金融教育的经验表明，对青年进行金融教育会对成年人产生溢出效应，尤其是对教师和家长。

葡萄牙银行推出了名为 #TopTip 的专门针对青年群体的活动，旨在提醒他们在使用数字渠道时采取安全措施。该活动向全国各地的中学和图书馆分发印有 #TopTip 建议的小册子，并在学校开展现场培训课程，补充了银行客户网站等数字渠道的使用方式。此外，葡萄牙银行还开展了其他数字普惠金融素养活动，如在线宣传活动、发放传单和小册子、在学校举办培训班和研讨会以及与媒体互动。当然，这些活动也面向那些不太适应数字渠道的成年人和老年人。

5.5.4 女性

尽管全球各国正加紧努力缩小普惠金融的性别差距，但女性在获取和使用正规金融服务方面仍然落后于男性。[1] 以下是女性，尤其是低收入和农村女性在数字普惠金融素养方面面临的部分挑战。

1. 识字率和算术能力较低。文盲问题仍然是阻碍女性获得正规金融服务的一大难题，也是数字普惠金融发展的一大障碍，而且在世界范围内对女性的影响超过男性。

2. 数字鸿沟。女性的手机拥有率和移动互联网使用率均低于男性。[2] 全球范围内，女性拥有智能手机的比例平均比男性低 20%，在南亚和非洲地区，这一比例分别为 70% 和 34%。[3] 在很多国家，女性在购买智能手机方面的自主权和主动性较差。[4] 此

---

① World Bank (2017) Global Findex.

② Rowntree, O. and Matthew, S. 2020. The Mobile Gender Gap Report, GSMA, London.

③ OECD. 2018. Bridging the digital gender divide: include, upskill, innovate.

④ GSMA. 2020. The Mobile Gender Gap Report 2020.

外，女性使用移动互联网的可能性比男性低20%，使用移动服务的范围也有限。[①] 数字普惠金融素养和数字普惠金融的使用不仅仅意味着拥有一部智能手机，还需要有高质量的网络覆盖和连接、电力资源、网络可用性和访问代理以及正式的身份证明或了解你的客户（KYC）要求等。况且，拥有并不一定意味着控制权——也就是说，即使女性拥有移动设备，也不一定意味着她们获得了使用它的权利。

3. 社会规范和社会障碍。AFI 指出，与女性地位相关的社会文化因素仍然是实现普惠金融目标的障碍。例如，社会规范可能会限制女性的流动性，阻碍她们获取和使用技术，这些社会障碍可能包括国家法律层面的障碍。对于女性来说，拥有并不一定意味着掌握控制权，例如，尽管女性拥有移动设备的所有权，但并不意味着她们被允许使用该设备。但是，数字普惠金融有可能成为推动女性普惠金融的力量，使她们能够绕过现有的不合理社会规范。

4. 金融素养较低。如果使用数字技术相关的风险（包括金融能力和金融消费者权益保护）得到充分管理，那么数字技术就有可能推动女性普惠金融。2017 年针对 AFI 成员的调查发现，75% 的受访者认为金融素养是女性普惠金融发展的最大障碍。女性对基本金融服务内涵的认识和理解有限，这给进一步理解更复杂的数字普惠金融带来了挑战。

5. 主要管理措施。一是鼓励数字普惠金融提供商在设计产品时兼顾女性需求和当地社会规范，并与提高数字普惠金融素养相结合。二是与相关部门建立伙伴关系，如政府女性事务机构、民间社团组织和性别问题专家，以宣传数字普惠金融素养并制定性别敏感的内容。鼓励女性榜样、社区领袖和女性工作人员在提供数字普惠金融素养管理措施方面发挥作用。三是要求数字普惠金融提供商提供按性别分类的数据，如投诉和纠纷解决、产品接受度、认知或教育管理措施等。四是支持负责金融教育或提高数字普惠金融素养的工作人员和其他利益相关者（包括数字普惠金融提供商）进行性别敏感的能力建设，以更好地了解女性的脆弱性、各个细分群体和特定挑战，并思考如何将这些因素纳入性别敏感性的数字普惠金融素养计划。五是利用行为洞察，如关注可教育的时机（如女性收到政府福利金、汇款或购买金融产品和服务时）。六是考虑让女性数字普惠金融素养倡导者参与其中，特别是在性别规范和价值观较严格的社区。

📖 专栏5.15：孟加拉国女性的数字普惠金融素养

孟加拉国银行与其他部门合作伙伴共同努力，通过提升女性对数字普惠金融的认识，提高她们的参与度，并带头开发针对女性的友好金融服务，进一步提升女性对金融体系的信任。为此，孟加拉国银行建立了一个名为"金融素养"的网站，提供故事书、游戏、视频、文本资料、财务计算器、产品和实施渠道等信息，还与教育部合作，在学校开展金融扫盲项目，并在此基础上推行数字普惠金融素养举措。

---

① GSMA. 2020. The Mobile Gender Gap Report 2020.

5.5.5 移民和难民

根据联合国难民署（UNHCR）的数据，全球难民的数量创历史新高。移民、难民和国内流离失所者面临一系列社会经济问题，如住房、就业、教育、医疗保健歧视等。同时，这些群体面临较高的病毒暴露风险以及由此带来的社会经济影响，使他们在全球新冠疫情中受到进一步冲击。[1] 数字普惠金融的兴起为将这些群体纳入金融服务范围，并在经济上为其赋能提供了机会。然而，由于数字技能以及金融知识和意识的限制，数字普惠金融在许多领域的普及和应用仍然很低。

主要管理措施：一是通过数字产品和服务的相关内容，如汇款服务、储蓄账户或跨境支付等，加强对数字普惠金融素养的推广；二是利用实践教育机会，如支付或接收汇款时等；三是动员东道国的侨民社区、政府和民间社团利益相关者提供或实施数字普惠金融素养管理措施；四是考虑扩大对移民家庭或汇款收款人的数字普惠金融素养宣传。五是利用移民使用的数字网络和媒体，传播与数字普惠金融素养相关的措施。

 专栏 5.16：约旦的难民数字普惠金融素养

数字普惠金融是约旦 2018—2020 年国家普惠金融战略的三大核心支柱之一，提高金融素养与国家普惠金融战略各组成部分的交叉程度，是普惠金融的关键部分。向难民和非国民提供获得数字普惠金融的机会是约旦对普惠金融联盟《玛雅宣言》的承诺之一，包括国际捐助者在内的多个利益相关者正遵照这一承诺展开行动。Digi#ances 是德国国际合作公司的一个项目，重点关注难民，旨在为约旦难民提供更多获得数字跨境汇款和其他数字普惠金融的机会，帮助他们通过数字普惠金融获得金融服务。该项目的主要管理领域是增强金融意识，设计金融宣传活动，帮助目标群体有效使用数字普惠金融。Digi#ances 项目为约旦的低收入公民和叙利亚难民等目标群体提供了面对面接触活动、培训师培训项目和其他培训课程。

5.5.6 紧急处理措施

在自然灾害、国家或区域冲突和全球卫生危机等大规模危机中，数字普惠金融作为应急工具得到广泛应用，在传统基础设施流动性受限和不方便使用的情况下，它为金融交易和福利津贴分配提供了便利。

随着新冠疫情在全球蔓延，数字普惠金融解决方案成为政府和金融部门应对工作的核心。国家封锁、宵禁、对实体服务和基础设施的限制以及对社交距离的要求进一

---

① UNHCR 2020, Livelihoods, food and futures: COVID-19 and the displaced.

步推动了各国对数字普惠金融的应用。新冠疫情表明，紧急情况下，弱势群体（如非正式工人、女性、老年人和中小微企业）能更方便地使用数字普惠金融。[①] 然而，这也进一步加剧了诸如一般性文盲、数字文盲、无法获取数字设备或互联网以及缺乏金融能力等现有不平等现象的脆弱性。因此，必须确保在危机中女性、青年等易受排斥的群体不被忽视。在这种背景下，提高数字普惠金融素养成为监管机构和金融服务机构的重要任务，有助于降低潜在的金融消费者权益保护风险，保障普惠金融的成果，确保金融稳定。

主要措施：一是开展宣传活动，向公众公布缓解措施、支持计划、金融消费者权益保护政策、投诉和救济机制以及潜在风险；二是积极与数字普惠金融提供商互动，推广负责任的企业行为准则，并大力提高公众对相关风险问题和缓解措施的认识；三是确保紧急管理措施符合数字普惠金融消费者权益保护原则。

 专栏 5.17：比利时解决不断增加的网络欺诈事件

在新冠疫情暴发初期，比利时金融服务和市场管理局（FSMA）发起了一场反网络投资欺诈活动。当时，由于新冠疫情的影响，此类欺诈风险有所上升。不法分子通常通过社交媒体与受害者联系，因此该活动主要通过脸书（Facebook）和谷歌警告潜在受害者，提醒他们尽管部分投资建议看起来很吸引人，但很可能是陷阱。比利时 FSMA 还更新了其官网上有关反欺诈部分的内容。此外，访客可以参与一个包含 9 个快速问题的简短在线测试，以判断他们收到的投资建议是否涉及欺诈行为，并获得欺诈风险的提示。

提高公众的数字普惠金融素养对于改善正规金融服务可得性和使用质量，以及保障普惠金融成果至关重要。

在制定政策时，建议考虑以下三个因素：一是法律、监管和政策环境；二是供给侧管理措施；三是需求侧管理措施。上述因素将为政策制定者和监管机构在相关普惠金融国家战略和金融消费者权益保护框架内制定数字普惠金融素养管理措施提供必要的指导。

本章内容在后疫情时代尤为重要。在这个时期，数字普惠金融素养是应对数字普惠金融需求空前增长的重要工具，而本章将支持 AFI 成员在数字普惠金融素养能力建设方面制定管理措施。

---

① AFI（2020）. Policy framework for leveraging digital financial services to respond to global emergencies – case of covid – 19.

附录5.1：提高金融素养的举措①

表5.1　实施提高数字普惠金融素养政策措施的国家

实施措施	国家
数字普惠金融安全和保障的政策（如金融消费者权益保护指南）	阿富汗、孟加拉国、布隆迪、柬埔寨、刚果（金）、埃及、萨尔瓦多、洪都拉斯、科特迪瓦、约旦、毛里塔尼亚、尼泊尔、菲律宾、圣多美和普林西比、所罗门群岛、南苏丹、苏里南、泰国、乌干达
金融消费者权利和救济机制	阿富汗、孟加拉国、布隆迪、哥斯达黎加、斐济、洪都拉斯、约旦、尼日利亚、巴布亚新几内亚、菲律宾、圣多美和普林西比、泰国、东帝汶、汤加、突尼斯、乌干达
与金融服务提供商和金融科技解决方案提供商合作推广数字普惠金融素养，提升金融消费者认知	孟加拉国、柬埔寨、萨尔瓦多、墨西哥、菲律宾、萨摩亚、苏里南、泰国、东帝汶、乌干达、瓦努阿图
形成政策或监督管理措施（草案）	泰国、东帝汶、乌干达、瓦努阿图、科特迪瓦、毛里塔尼亚、尼日利亚、汤加

表5.2　设立负责数字普惠金融素养宣传的机构

设立机构	国家/组织
中央银行	巴布亚新几内亚、毛里塔尼亚、尼日利亚、泰国、东帝汶、埃及、乌干达、布隆迪、萨尔瓦多、刚果（金）、菲律宾、阿富汗、突尼斯、萨摩亚、瓦努阿图、所罗门群岛、柬埔寨、墨西哥
金融服务提供商	巴布亚新几内亚、斐济、尼日利亚、孟加拉国、泰国、尼泊尔、埃及、乌干达、布隆迪、刚果（金）、菲律宾、哥斯达黎加、突尼斯、约旦、洪都拉斯、瓦努阿图、墨西哥
移动网络运营商	斐济、科特迪瓦、尼日利亚、埃及、乌干达、刚果（金）、约旦、洪都拉斯、瓦努阿图、汤加、摩洛哥
金融行业协会	泰国、乌干达、萨尔瓦多、刚果（金）、菲律宾、哥斯达黎加、突尼斯、苏里南、洪都拉斯、墨西哥、圣多美和普林西比
其他金融行业监管机构（如资本市场、保险、养老金等）	萨尔瓦多、斐济、尼日利亚、泰国、东帝汶、埃及、乌干达、哥斯达黎加、墨西哥
金融科技解决方案提供商	尼日利亚、东帝汶、乌干达、埃及、萨尔瓦多、菲律宾、洪都拉斯
非政府组织（包括双边和多边组织，如联合国）	斐济、孟加拉国、泰国、东帝汶、突尼斯、约旦、瓦努阿图
财政部	科特迪瓦、南苏丹、孟加拉国、泰国、埃及

---

① 译者注：普惠金融联盟成员提高金融素养的举措。

设立机构	国家/组织
教育部	科特迪瓦、南苏丹、约旦、瓦努阿图
女性部门/机构	孟加拉国、斐济、突尼斯、瓦努阿图
金融服务商	尼日利亚、乌干达
电信/通信监管机构	摩洛哥、乌干达
其他（请注明）	普惠金融卓越中心（巴布亚新几内亚）、经济部（哥斯达黎加）、德国国际合作公司、INJAZ（一个非营利组织，致力于教育青少年有关商业、创业和财务责任方面的知识，其目标是帮助青年在全球经济中取得成功）、阿尔侯赛因卓越基金会（约旦）

表5.3 国家层面推广数字普惠金融素养所采取的非监管措施或政策措施

措施或政策行动	国家
开展有关数字普惠金融的公众宣传活动	阿富汗、孟加拉国、泰国、东帝汶、乌干达、萨尔瓦多、菲律宾、约旦、苏里南、洪都拉斯
支持其他政府机构开展公众宣传活动（如技术资源）	孟加拉国、埃及、斐济、哥斯达黎加、墨西哥
支持非政府利益相关者开展公众宣传活动	孟加拉国、斐济
正在设计数字普惠金融素养活动或管理措施	尼日利亚、萨摩亚、菲律宾

表5.4 提高数字普惠金融素养的优先群体

优先群体	国家
女性	阿富汗、孟加拉国、布隆迪、哥斯达黎加、刚果（金）、埃及、斐济、洪都拉斯、科特迪瓦、约旦、墨西哥、尼日利亚、圣多美和普林西比、南苏丹、东帝汶、突尼斯、乌干达、瓦努阿图
大龄青年（19~25岁）	阿富汗、孟加拉国、布隆迪、刚果（金）、埃及、斐济、洪都拉斯、科特迪瓦、约旦、墨西哥、尼日利亚、圣多美和普林西比、南苏丹、泰国、东帝汶、乌干达、瓦努阿图
中小微企业/商户	阿富汗、孟加拉国、布隆迪、哥斯达黎加、刚果（金）、埃及、斐济、洪都拉斯、科特迪瓦、墨西哥、尼日利亚、南苏丹、苏里南、东帝汶、突尼斯、乌干达、瓦努阿图
农村地区	阿富汗、孟加拉国、布隆迪、哥斯达黎加、刚果（金）、萨尔瓦多、斐济、洪都拉斯、科特迪瓦、约旦、墨西哥、尼日利亚、南苏丹、东帝汶、乌干达、瓦努阿图
青少年（15~18岁）	孟加拉国、刚果（金）、埃及、斐济、洪都拉斯、科特迪瓦、约旦、尼日利亚、泰国、东帝汶、乌干达、瓦努阿图

优先群体	国家
低收入群体	阿富汗、孟加拉国、刚果（金）、萨尔瓦多、斐济、洪都拉斯、墨西哥、尼日利亚、南苏丹、东帝汶、瓦努阿图
工人（正式和非正式）	刚果（金）、萨尔瓦多、斐济、尼日利亚、南苏丹、苏里南、泰国、东帝汶、乌干达、瓦努阿图
儿童（4~14岁）	孟加拉国、斐济、洪都拉斯、约旦、尼日利亚、突尼斯、乌干达
残疾人（PLWD）	孟加拉国、斐济、尼日利亚、南苏丹、东帝汶、乌干达、瓦努阿图
被迫流离失所者/难民/无证移民	孟加拉国、斐济、约旦、尼日利亚、乌干达
城市	阿富汗、墨西哥、东帝汶、瓦努阿图
老年人	墨西哥、东帝汶、瓦努阿图
侨民（海外移民）	东帝汶
尚未确定特定细分市场的优先群体	柬埔寨、毛里塔尼亚、尼泊尔、巴布亚新几内亚、菲律宾、萨摩亚、所罗门群岛、汤加

第三篇
数字普惠金融的工具

6. 数字身份与电子化了解你的客户

6.1 引言

在数字化时代的大背景下，为了提供更加优质的服务，世界各国都着力升级公共基础设施。搭建数字身份（数字 ID）系统并利用该系统实施电子化"了解你的客户"（e‑KYC）流程（数字 ID 的一个典型使用场景）是许多国家重点发展的项目之一。梳理普惠金融联盟（AFI）部分成员和其他国家的实践经验，分析这种做法在促进普惠金融发展方面所具有的高效、节约的优势。

为了推动数字 ID 和 e‑KYC 的发展，各国立足"以客户为中心"的原则，逐步建立配套基础设施，营造健全的监管政策环境。基于此，AFI 全球标准比例工作组（GSPWG）总结成员和其他国家的实践经验，立足 AFI 成员对数字 ID 的认可，搭建了本政策模型。其中，数字 ID 是普惠金融科技政策框架（此框架被纳入 AFI 成员于 2018 年签署的《金融科技促进普惠金融——索契协议》）的关键支柱。

本政策模型致力于开发和改善数字 ID 系统，并为希望实施 e‑KYC 的国家提供指导，帮助他们建立稳健可靠、可互操作、互相兼容、可持续发展的系统平台，推动实现普惠金融目标，营造普惠金融诚信环境。为了指导目标国家实施数字 ID 与 e‑KYC，本政策模型借鉴 AFI 成员的方法框架，该框架包括三个部分：营造监管政策环境、搭建该系统的基础设施和技术架构、利用数字 ID 实施 e‑KYC 流程。此外，针对弱势群体（如青年、老年人、残疾人和被迫流离失所者）的普惠金融需求，本模型还制定了相关规则。

该模型基于 AFI 成员、数字普惠金融提供商和技术知识伙伴的最佳实践经验，突出强调在开发数字 ID 系统并将其应用于 e‑KYC 时需要采取的操作措施。虽然该政策模型已经可以作为独立指南投入使用，但随着科学技术的快速发展、行业标准的优化更新、使用场景的不断变化，该政策模型也需要定期迭代更新，以适应时代的发展变化。

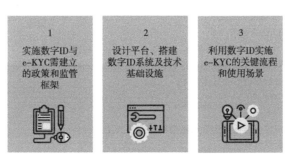

1	2	3
实施数字ID与e-KYC需建立的政策和监管框架	设计平台、搭建数字ID系统及技术基础设施	利用数字ID实施e-KYC的关键流程和使用场景

图 6.1　政策模型的三个主要考虑因素

6.2 政策和监管框架

本节详细介绍了为促进数字 ID 和 e-KYC 有效使用需建立的支持性监管政策框架、数据保护和治理相关的法律，以及普惠金融和性别普惠金融战略。

6.2.1 数字身份和电子化了解你的客户的法律规定

表 6.1 数字 ID 和 e-KYC 的法律规定

管理内容	指导原则	基本要求
数字 ID 和 e-KYC 相关的法律法规、政策	在本国制定具体的基础法律，管理以下方面： a. 反洗钱/反恐怖融资和基于风险的分级 KYC； b. 身份证件和数字 ID[①]； c. 数据保护和隐私保护； d. 网络安全； e. e-KYC。 将数字 ID 和 e-KYC 纳入现有监管框架即可，无须制定专门法律。	围绕身份证件的使用、管理及其用途，制定明确的法律法规或指南。作用如下： 帮助利益相关者加强合规管理，进行知情决策； 降低隐私泄露和欺诈风险； 为公共部门和私营部门带来社会效益与经济效益。
法律法规和政策的内容与范围	在实施数字 ID 或 e-KYC 之前，为了营造有利的监管环境，各国应该制定相关的法律法规以及指导方针。 应纳入国家监管框架的主要方面包括：[②] a. 数字 ID 的使用目的和范围，包括数字 ID 的使用场景（例如 e-KYC）； b. 需收集的数据和发放的证件； c. 内容和基本原理； d. 有效性和时效性； e. 数据处理的细节和限制； f. "接受"机制的细节，以及撤销"接受"的规定； g. 共享信息的限制，包括第三方的访问权限； h. 数据整合和互操作性； i. 数据存储和管理的细节，包括灾难恢复计划和业务连续性计划； j. 信息的安全性和保密性； k. 管理数字 ID 和 e-KYC 的治理与制度结构； l. 主管单位和客户或参与者的角色、责任； m. 犯罪和处罚； n. 申诉机制和升级程序； o. 更新信息的程序； p. 针对女性和其他弱势群体（如青年、老年人和残疾人）的特别措施，以及为促进被迫流离失所者融入社会而对现有法律进行的具体修订； q. 审计和审查； r. 电子签名的使用。 此部分法律应与各司法管辖区内的其他相关法律保持一致，以确保其有效性。	制定相关政策和框架，详细说明数字 ID 的用途和范围，帮助利益相关者更好地采取措施，围绕数字 ID 进行多方面建设，如治理、政策、运营、技术、法律等； 明确规定收集的数据，加强对消费者的保护，减少监管套利； 确保指导方针能够促进各利益相关者之间的合作与协调，帮助他们了解 ID 基础设施的建设边界、发展路径、作用对象、作用效果等。

管理内容	指导原则	基本要求
KYC 的全球参考标准	在制定反洗钱/反恐怖融资、KYC 和 e - KYC③政策时，了解并遵守金融行动特别工作组的标准和相关指导方针④，包括金融行动特别工作组关于数字 ID 的指导方针。⑤ 在对客户进行尽职调查时，应建立标准化的要素材料、证明文件和核实流程，设定评估核实客户官方身份效果及结果的量化标准。	构建一个稳健的 KYC 框架，为利益相关者提供最大限度的服务。遵循金融行动特别工作组的建议和指导，有利于跟上发展规律和法规的步伐。但是，反洗钱/反恐怖融资、KYC 和 e - KYC 相关的政策制定要因地制宜，考虑本国特殊背景和洗钱/恐怖融资风险。
基于风险的分级 KYC	定期实施国家、部门和机构层面的风险评估，并以此为基础制定基于风险的分级 KYC。这有利于识别各类群体面临的金融排斥，避免限制其使用低风险产品和服务需要满足相应或特殊的 KYC 要求。 基于风险的方法，应确保 KYC 的使用要求与评估的风险水平相适应，并在评估风险较低时考虑降低要求。有效实施基于风险的客户尽职调查有助于实现普惠金融目标。风险评估可以在多个层面进行：消费者/国家/区域；产品/服务/交易/渠道；制定实施后续风险评估的时间表。	确定金融服务提供商在服务不同类别的群体时所面临的风险水平。这一点非常重要，有利于为弱势群体开发合适的金融产品和服务，消除他们获取和使用过程中的障碍，以及时掌握本国洗钱/恐怖融资风险。 基于风险的方法，要求为预防或减少洗钱、恐怖主义融资及扩散融资而采取的措施与已确定的风险相适应。需要定期从国家、部门或机构角度进行风险评估，不断完善方法以应对新风险。
e - KYC	利用普及的国家 ID 或功能 ID 等基础 ID，制订 e - KYC 清晰的政策和实施计划。 确保 e - KYC 系统适应基于风险的分级 KYC。 （详情请参见 6.4）	通过 e - KYC 流程实施身份认证和验证，为各国金融服务提供商节省了大量的时间和成本。而且，通过消除性别因素带来的特有挑战（如需要由男性同伴陪同前往交易地点等）促进女性金融普惠。
为数字 ID 和 e - KYC 落地实施提供支持	向利益相关者发布相关法律法规解释的指南。确切地说，该指南主要面向金融机构，包括但不限于银行、保险公司、经纪公司等中介机构。该指南应明确与合规性有关的概念和实施步骤，并规范涉及外国管辖区的跨境交易。中央银行和相关机构应研究地方、区域和全球反洗钱/反恐怖融资的发展，以便为管辖权范围内的机构提供指导，保证其合规性；记录和分享对金融行动特别工作组的建议与相关指导方针的解释。这有利于加强金融机构对相关规定的理解，推动数字 ID 和 e - KYC 有效落地实施。为应对可能出现的挑战和风险，也可提前提出设想并制定标准化的实施计划。 支持并积极推动开展公开对话，努力应对开展后可能出现的任何挑战。	明确对金融机构的监管，并了解其在遵守反洗钱/反恐怖融资法规时面临的亟待解决的难题，以便采取必要的行动和防范措施。

续表

管理内容	指导原则	基本要求
收集客户身份信息	在满足 KYC 要求的原则下，根据需要向客户收集尽可能少的数据，并明确告知客户所收集数据的可能用途。 收集的个人身份信息应考虑 ID 系统的范围和可用性，并根据相称性原则确定哪些是必须收集的。 在收集敏感信息后，应进一步将其分类，限制第三方机构对数据的完全访问，从而确保客户信息隐私的安全性。	尊重客户隐私，坚持相称性原则，不收集非必要的数据。有利于： 将侵犯客户隐私的程度降到最低； 节约收集和验证每个数据字段所产生的时间和成本； 降低敏感数据泄露和被监视的风险。
数据验证和身份验证	将收集到的数据与签发机构提供的独立可靠的数据或文件（例如居民身份证）进行对比核验。 常用的身份验证方法包括与其他居民数据库核对以及现场生物特征鉴定。对于没有证件的低风险客户，可以考虑社区证明这种特殊处理机制。⑥	尽可能防止欺诈风险和身份盗用。
收集生物特征	制定关于生物特征信息收集、存储和使用的政策。在相称性原则和效用性原则下确定哪种生物特征对正在开发的系统作用最大。 在保证准确识别的情况下，用指纹信息、面部信息和虹膜信息等最常用的手段，尽可能地少收集客户生物特征。在智能手机使用率高的国家，可以考虑收集语音信息。但是收集 DNA 等具有侵犯性信息的方法应经过完整的尽职调查，并符合现有的数据保护和隐私保护法律。	生物特征收集支持对客户身份的识别和认证。基于生物特征匹配的认证模式更加高效、准确，还可删除重复的身份数据。
更新生物特征信息	制定更新因年龄、职业、身体状况、医疗状况而可能发生变化的生物特征信息的流程。制定强制性更新儿童、老年人和残疾人等特殊群体信息的指导方针。	保证生物特征认证过程中的风险与失误最小化。
更新客户数据	制定数字 ID 信息修改、更正指南。依据该指南识别客户性别时，不应将出生时的性别作为唯一判断依据，而要根据客户认同的性别进行灵活识别，并及时在系统中更新相关信息。	保证数据的完整性和准确性，并确保存储和处理最新数据。

注：①数字 ID 系统是指在整个身份生命周期中使用数字技术的系统，包括数据获取、验证、存储和传输，证件管理，身份认证和验证。参见 World Bank. 2019. ID4D Practitioner's Guide：Version 1. 0（October 2019）.

②此列表并不详尽。可以根据国家背景和需求添加更多的要素。

③FATF. 2012 – 2021. International Standards on Combating Money Laundering and the Financing of Terrorism & Proliferation.

④关于 e‑KYC 虽没有国际标准，但部分内容可以参考：FATF. 2020. Guidance on Digital Identity.

⑤同④。

⑥FATF. 2020. Guidance on Digital Identity, p. 38.

6.2.2 数据保护和隐私保护的法律规定

表 6.2 数据保护和隐私保护的法律规定

管理内容	指导原则	基本要求
数据保护和隐私保护政策	依据现行法律，在有关个人资料的收集、存储、管理和处理的指引中包括数据保护和隐私保护等相关要素。 例如： a. 通过评估综合性许可与交易性许可的有效性，实现对个人数据处理的强制性许可； b. 不需要征求个人同意的具体情况（例如，法院命令）； c. 针对儿童的特别规定（收集有限的人口统计数据以及与法定监护人相关联的信息），以及对弱势群体的特别规定； d. 数据受托人也应遵守隐私保护原则； e. 对敏感数据进行分类； f. 当数据收集的目的已经达到或不再需要数据时，应删除数据； g. 数据处理不当（包括相关人员提交虚假数据）的应对措施和惩罚机制。	无论是公共部门还是私营部门，都需要制定一套完善的数据保护和隐私保护政策。因为对于利益相关者来说，让他们在使用和管理 ID 数据过程中遵守相关规则和条例是一项巨大挑战。
隐私审核与评估	建立独立的数据保护机构，确保按照法律法规和指导方针处理个人数据。 制定对整个系统进行隐私风险审查或评估的程序。 指导方针应说明按照授权进行操作的第三方的具体名单和时间间隔。	审查数据收集、存储和管理的政策与程序。同时，在遵守相关数据保护和隐私保护规定的基础上，帮助识别风险并制定降低风险的措施。

6.2.3 治理和制度结构

表 6.3 治理和制度结构

管理内容	指导原则	基本要求
执行和治理结构	建立一个独立机构负责数字 ID 的规划、运营和管理。该机构应根据法律授权履行职责和分配责任。同时，为监督此机构的活动，应联合主要的金融监管机构、金融情报组和 IT、通信、司法、社会保护等相关部门的代表成立委员会。 为了确保利益相关者能够有序协调地使用数字 ID 系统，该独立机构需要对使用 ID 数据的其他第三方机构拥有管辖权和监督权，避免发生数据滥用行为。 加强系统运行中各方的能力建设，强调在实施身份识别系统、金融服务提供商 e－KYC 以及适当监管方面的互补原则。在数字 ID 推出身份识别系统之前，应大力提升客户的数字素养，使客户了解身份识别的必要性、用途和好处。	提高效率、加强责任、提升透明度，防止不公平性排斥和数据滥用。

续表

管理内容	指导原则	基本要求
促进创新	在国内推行与数字 ID 相关的创新举措。运用监管沙盒、创新中心、测试学习法为以下方面的创新提供有利环境。 a. 以符合成本效益的方式通过技术渠道提供服务。 b. 利用数字 ID 为不同的产品和服务提供远程加入与 e-KYC 指导。 c. 为没有正式信用评分的群体，特别是女性企业家，提供可供选择的信用评级方案。 d. 新兴技术： 考虑建立区域监管沙盒，通过联合基金和技术知识共享，创建更具可持续性的工作模式。 监管沙盒可以用于各个领域和使用场景的创新，促进针对弱势群体的普惠金融发展，同时也可以为现有客户提供创新型产品和服务。	促进创新型方法发展，如监管沙盒、创新中心、测试学习法，既为监管机构进行监督提供了合适的环境，同时也允许私营部门在高效解决方案和新颖使用场景方面开展创新。

6.2.4　普惠金融战略

表 6.4　普惠金融战略

管理内容	指导原则	基本要求
国家普惠金融战略	明确将数字 ID 和 e-KYC 发展纳入国家政策、战略，以促进普惠金融的发展，包括以下几个方面。 a. 国家普惠金融战略（NFIS）[①]。 b. 国家金融教育或金融素养战略。 c. 建立推动国家普惠金融工作的协调机构。该机构应在中央银行或财政部的领导下，由财政部、信息技术部、通信部、社会保障部、教育部、女性事务部等相关部门组成。该机构还可以为不同的国家普惠金融战略支柱设立由私营部门、民间社团、发展和人道主义团体组成的工作组。 d. 针对弱势群体加入数字 ID 系统采取特殊措施[②]：加入指导、替代证件和社区证明，例如合格中介机构或机构（如联合国难民署）的背书。 e. 为弱势群体（包括老年人和残疾人）提供特定产品和服务，如低风险产品、政府支持的低成本保险、无维护费用的基本银行账户，以及针对低收入群体和女性的低息贷款等。 f. 金融知识和素养提升项目。	确保数字 ID 和 e-KYC 的设计与实施能连贯、协调、有重点地促进普惠金融发展，为未得到服务和获得服务不足的群体提供更多获得、使用高质量且负担得起的金融服务的机会。

管理内容	指导原则	基本要求
实施国家普惠金融战略	发挥国家普惠金融协调机构的作用，建立由政府机构主导、法律法规约束、私营部门和民间社团利益相关者参与的国家普惠金融实施合作行动。协调机构需保障多方利益相关者的协调、责任分配和有效问责等问题。 国家普惠金融战略的实施应与国家金融教育、金融素养和金融消费者权益保护政策及战略保持一致。 采用具有明确目标和时间表的"任务模式"可以加快实施进度，快速取得成果。拥有数字 ID 的国家可以利用 ID 有效加入系统并进行 e-KYC。	获得不同的主要利益相关者和相关部门的支持，以及承诺的用于实施政策行动、开展活动的资源和资金预算，确保国家普惠金融目标的实现。

注：①Alliance for Financial Inclusion, 2020. Policy Model for National Financial Inclusion Strategy.

②弱势群体包括经济弱势群体、青年、老年人、残疾人、被迫流离失所者、少数种族和少数民族、低收入家庭的儿童以及各国明确界定的其他群体。

6.2.5　性别普惠金融战略

表 6.5　性别普惠金融战略

管理内容	指导原则	基本要求
性别普惠金融的过程	为保证在数字 ID 的整个生命周期[①]中具有性别普惠，需制定相应策略并对相关政策和数字 ID 系统展开全面分析。 可考虑通过线下解决方案、女性专属移动注册日以及性别敏感界面推广等方式推进性别普惠金融。专门从事女性事务的公共部门和私营机构之间的合作可以为性别普惠金融提供战略支持。	确保数字 ID 系统不会因性别差异面临额外障碍而出现排斥现象。
按性别和年龄分类收集数据	按性别和年龄对数据分类，增强对其的收集、跟踪、分析和监测工作。确定数据的收集频率和来源（供给方和需求方）。 允许其他可能从这些数据中受益的公共机构进行访问和传播。	确保收集的数据有利于制定政策和战略决策。

注：①Microsave Consulting. 2021. Working Paper：A Framework for Building Gender-Sensitive Identity Systems.

6.3　建构数字身份系统

本节详细介绍了设计和搭建数字 ID 系统、技术基础设施以及支持性架构的原则和考虑因素。这些原则包括数据管理和客户服务等方面，也是数字 ID 系统需考虑的关键因素。

6.3.1 设计数字身份系统

表6.6 设计数字 ID 系统

管理内容	指导原则	基本要求
数字 ID 的类型和特点	在对 ID 项目的需求和目的开展全面审查，并与所有利益相关者进行多轮讨论后，需要明确该国正在实施的数字 ID[①] 的类型（基础型或功能型）。 需要考虑的关键因素有以下几个。 a. 基础 ID 系统和支持数字 ID 系统的基础设施的可用性。 b. 可扩展性和使用 ID 的计划。 c. 成本的影响（包括对人力资源、基础设施、数字设备所有权等方面的分析）[②]；激励措施（如税收制度、成本分担）。 d. 实施和推广计划可能影响 ID 的性质，并将当前使用的功能性 ID 转换为基础 ID。 e. 考虑年龄、国籍等先决条件；考虑要求强制性注册或对部分群体提供可选择性注册。	充分利用可获取的资源，包括预算、人力资源、现有数据库和技术。帮助公共部门和私营部门介绍可以使用 ID 访问的服务类型（健康服务、金融服务、社会保障等）。
遵守国际标准	参考有关 ID 设计和开发的国际标准，并遵循有关隐私保护的建议。 a. 世界银行：识别原则。 b. 身份认证促发展（ID4D）：数字识别技术标准。 c. 隐私保护设计。 d. 金融行动特别工作组（FATF）关于数字 ID 的指南。 e. 二十国集团（G20）。 f. 国际标准化组织（ISO）。 g. 有效的 ID 标准（Good ID）。 h. 国际隐私保护专家协会。 i. 关于信息安全的 ISO 27001：2013。 可以参考其他国家的经验、观点和挑战制定主要的战略规划，但必须立足国家实际、满足国家要求。	基于最佳实践和其他地方的经验进行开发，并仔细考虑最合适的设计元素。
签发证件	在国家背景下评估哪种证件最适合公众使用，着重考虑功能、客户偏好和安全性等因素。包括但不限于：a. 实体卡；b. 数字卡或 ID 号码；c. 附加因素，如个人身份证号（PIN）、密码、一次性密码（OTP）；d. 二维码（QR 码）。 实体卡可提供安全感；智能卡则可提供各种功能；数字证件更方便，但在技术受限、通信较差地区存在使用障碍。 确保选择的证件具有普惠性，不会阻碍某些群体使用数字 ID。比如，需要拥有智能手机或类似设备的数字 ID 对部分群体来说不够便利，因为某些国家的女性可能没有权利或机会使用智能手机。因此，签发多个证件有助于解决这类问题。	促进数字 ID 及相关服务的平等使用，同时确保不会对任何类型的客户造成额外的障碍。

注：①基础身份是多用途身份，例如为普通民众提供身份识别国民身份证和民事登记。功能性身份用于管理特定部门或使用场景（如投票、税收和社会保护）的身份识别、认证和授权。World Bank. 2019. ID4D Practitioner's Guide：Version 1.0（October 2019）.

②World Bank. 2018. Understanding Cost Drivers of Identification Systems.

6.3.2 接入和注册程序

表6.7 接入和注册程序

管理内容	指导原则	基本要求
接入要求	发布针对不同类别居民（本国公民、外国人、寻求庇护者、不同性别的群体）的注册要求与流程的指导方针。基于已确定的ID系统的目标，设定清晰且易于达到的准入门槛，并且确保该门槛不会进一步阻碍社会某些群体进入系统。 根据国家背景和数字ID的使用情况，决定接入方式是采取推动式（所有公民自动接入）或是拉动式（公民需要提出申请）。考虑到用于e-KYC实践的基本ID，应保证大多数成年人能够接入。 可信数据库已覆盖部分人口的国家可以采用基于推动式的全数字方法进行接入。但是，如果数据库的覆盖范围存在一定鸿沟，则可以为身份不明的人员启动登记程序。倾向于新构建数据库的国家可以采用基于拉动式的方法，以避免使用存在差异的数据库。	确保数字ID具有广泛的覆盖面与普惠性，方便所有客户接入。
客户接入点	根据国家对接入点的要求，为客户、数字ID平台的互动和e-KYC服务制定指导方针。接入点可根据需要运用于接入、认证、身份验证和其他服务，并配备强大的监控系统，保证注册过程的完整性。 指导方针应确保适当的地区覆盖范围，并根据需要向人口中处于不利环境的群体倾斜。 接入点可以是政府运营的某个机构，也可以是注册中心的独立分支机构，或者是其他利益相关者运营但由政府监督的机构，甚至可以直接是线上运营的网站。充分利用私营部门的参与者扩大覆盖面、提高效率。考虑与已经建立了网络的银行数字接入点合作。	确保接入点方便客户注册并与数字ID系统互动，让客户建立信任，愿意将ID应用于其他使用场景。
客户的直接成本	对客户来说，成本最小化会鼓励其使用数字ID系统或e-KYC设施。为保证客户接入数字ID系统或使用e-KYC设施的直接成本最小化或无成本，需要发布相应的指导方针并强制执行。但是，如遗失证件（卡）需补发时，则应收取一定费用。	使用数字ID系统的主要目标之一是减少客户花费的成本和时间，如果使用该系统存在额外成本，将会降低他们的参与意愿。

6.3.3　系统功能

表 6.8　系统功能

管理内容	指导原则	基本要求
技术标准	明确在开发 ID 平台和数据库时要遵循的具体技术标准。技术标准的设定可以参考其他数字 ID 和 e-KYC 的做法以及标准制定机构的指导。[①]除了技术标准，系统还需要考虑以下方面： a. 稳健性和高性能； b. 可定制性和可配置性； c. 在设计中嵌入隐私保护[②]； d. 在得到允许的情况下，与第三方收集、存储和共享数据的标准； e. 对 e-KYC 和其他使用场景数据的实时访问； f. 支持搭建用于 e-KYC 和身份验证程序的数字 ID 的应用程序接口所需的基础设施，并简化用于生产使用的数据访问流程。 为鼓励技术开发、支持经济发展，考虑对技术进行开源，以防止提供商形成垄断。在选择集中还是分散 ID 时，应考虑国家的基础设施和需求。	帮助评估国家现有的技术基础设施，并根据国际标准作出进一步修订。此外，还需确保数字 ID 和 e-KYC 标准达到预期的性能目标。应用程序接口（API）基础设施可为利益相关者提供使用数字 ID 数据库进行认证和身份验证的便利机制。
系统的技术特征	提供关于应编入系统技术特征的指南，确保运行效率。有利于提升系统性能的重要特征包括： a. 自动、动态去重； b. 欺诈检查和嵌入式反欺诈流程； c. 记录生物特征和人口数据的独立数据库； d. 与出生和死亡登记册实时链接，实现信息自动更新； e. 支持多种生物特征认证机制； f. 离线认证和接入； g. 异常管理程序； h. 许可管理架构； i. 与其他 ID 系统进行链接，挖掘不同的使用场景，例如驾照、社保、税务识别系统、国家卫生系统等。	确保系统遵循全球最佳实践标准，并持续更新和维护。
技术审核与评估	发布指导方针，定期审查底层技术，确保其效率、创新性和成本效益。	及时进行系统升级，跟踪不断发展的行业标准和最佳实践。

注：①World Bank. 2018. ID4D Practitioner's Note. Catalog of Technical Standards for Digital Identification Systems. International Bank for Reconstruction and Development / The World Bank.

②Alliance for Financial Inclusion. 2021. Guideline Note on Data Privacy for Digitial Financial Services.

6.3.4 数据管理

表 6.9 数据管理

管理内容	指导原则	基本要求
全方位数据管理（静态数据、使用中的数据、动态数据）	对所有参与客户数据收集、处理和存储过程的利益相关者，发布并执行严格的数据管理程序。 a. 在使用数据时，实施标识化、虚拟化和双因素身份验证。 b. 对静态存储状态下的数据进行访问时的物理与技术障碍，包括授权访问、存储、实施方法。 c. 数据传输时的加密和安全线路。 合法收集的数据可以用于生成汇总数据或统计摘要，而不涉及或识别某个人。	实施数据隐私保护措施，确保数据管理能保护客户数据免受外部攻击。

6.3.5 客户服务

表 6.10 客户服务

管理内容	指导原则	基本要求
客户服务	客户服务应包括： a. 许可第三方使用并进行授权； b. 有权撤销许可； c. 有权锁定生物识别； d. 有权查看并跟踪申请、处理个人数据的交易； e. 信息可移植性的选择； f. 争议解决机制和索赔渠道。 应向公众公布并发放关于客户如何访问此类服务的指南。 客户服务应提供多种渠道，包括较为方便的应用程序（APP）、通过手动请求补充非结构化数据业务（USSD）和通过网站进行访问。 实施机构还应设计与客户有效沟通的方案，帮助客户了解 ID 系统的条款、同意事项、权利、服务和使用场景，以及在系统中使用服务所需的渠道和设备。	确保系统以客户为中心，客户拥有数据的控制权。

6.4 实施关键流程

本节重点介绍数字 ID 的主要使用场景，即 e–KYC 和身份验证服务，总结了 AFI 成员和全球的最佳实践，并详细阐述了为 e–KYC 构建健全流程的框架和指导原则，包括系统访问、互操作性、"最后一公里"基础设施和异常情况处理等。

6.4.1 电子化了解你的客户和身份验证框架

表6.11 e-KYC和身份验证框架

管理内容	指导原则	基本要求
e-KYC 实施框架	通过以下方面（如适用）构建e-KYC框架并提供指导： a. 根据所识别的风险，为不同利益相关者提供简化和常规e-KYC的范围； b. e-KYC的适用性（只适用于拥有数字ID的人，否则需采取例外措施）； c. 进行数据处理、存储和管理时，需征得客户同意； d. 授权第三方合法使用； e. 使用视频识别[1]。	明确规定e-KYC服务及其他操作的范围和用途，有利于制定具有明确目标和任务的实施战略。
身份验证机制	咨询利益相关者和技术专家，开发符合本国国情与反洗钱/反恐怖融资要求的身份验证机制。数字ID系统可以利用人口统计和生物特征认证解决各个层面的保障问题。利用数字ID系统进行身份验证所需的一些关键因素有： a. 实体因素（身份证号码、二维码），即个人拥有的能证明自己身份的东西，如实体证件、虚拟证件或其他证件； b. 生物特征因素（指纹、虹膜、面部特征）； c. 知识因素（身份证号、一次性密码、登录ID）。一个已知的信息。 确定是使用"最后一公里"设备（如读卡器）进行分散化身份验证，还是使用数字ID数据库进行实时匹配的集中式身份验证。 理想的身份验证机制应当是不受设备限制的、多模式的（即能够使用不同的因素和证件进行验证）。多因素身份验证系统满足更高的安全要求，同时，多模式系统将嵌入异常情况处理机制。	构建灵活、安全且高效的身份验证系统，并采取有效的补救措施对弱势群体身份进行核实和验证（如指纹随着年龄增长或因某些职业原因磨损的人、无法使用虹膜进行身份验证的残疾人等）。
认证匹配参数	根据参照物和技术上可接受的条件，设定适当的匹配参数。 理想情况下，数字数据的参数匹配，如出生日期、电话号码应该达到100%。 生物特征因子的匹配度可根据扫描仪和"最后一公里"设备的质量灵活调整，适度放宽到80%～100%。	匹配参数决定了系统的精确度；高水平的匹配参数有利于建立客户对系统功能的信任。 然而，还需考虑失败率增加的可能性，以确保指标的最终平衡。

注：[1]高分辨率视频传输允许远程识别、验证以及实时证明。参见FATF. 2020. Guidance on Digital Identity.

6.4.2 利益相关者的访问和互操作性

表 6.12 利益相关者的访问和互操作性

管理内容	指导原则	基本要求
简化访问和使用程序	为申请访问系统的第三方制定一套标准化的参与规则。强调访问所需满足的最低要求和权限。详细说明访问步骤和程序，以及数据保护和保障措施方面的要求。个人利益相关者如需访问，可以通过谅解备忘录（MoU）或授权机构。	建立利益相关者遵守系统统一、公平的准入制度。确保协议标准化，如谅解备忘录、保密协议（NDAs）和其他合同协议。
分层访问数据	定义并发布不同数字 ID 服务级别的标准化列表，例如身份验证和 e–KYC（人口统计和生物识别），以及自动填充客户数据等。分层制度应根据前述原则和使用级别制定，而不是基于个别机构的需求。	让业界人士可以根据具体需求从设定列表中选择，并在其内部系统进行相应设置。
访问渠道	告知第三方获取数字 ID 平台内数据可采取的渠道和机制。其中，访问渠道可以在对各种替代方案的利弊进行风险分析的基础上确定。例如，可以通过应用程序接口、网络服务链接或授权直接链接到系统进行访问。	现有渠道应确保方便、简捷地获取数据和服务，以实现持续的经济使用。
经济成本结构	通过详细咨询和定价策略讨论，了解利益相关者的支付意愿，并采用不同的收费模式：a. 基于交易的分层成本结构：根据所提供的接入和服务水平收取费用。b. 基于订阅模式：收取年费或月费。目前使用的定价模式[1]是对公共机构免费，对私营机构收取最低费用。利用数字 ID 系统进行简单身份验证的成本可以忽略不计，而具有数据共享功能的 e–KYC 访问成本则略高。	低廉的服务成本可以激励利益相关者使用系统，同时也能为系统管理机构带来一些收入，保证系统的可持续性。
对访问和使用的监测	建立对允许访问的第三方实施监测机制的指南，并提供给执行机构，该机制应在 MoU 中加以界定。监测机制应包括定期报告、违规行为通报、收费和罚款的细节。上述措施应由执行机构和第三方利益相关者商定。	确保所有参与者遵循数据保护规定，滥用或欺诈行为将受到惩罚。

注：①World Bank. 2019. ID4D Practitioner's Note. Identity Authentication and Verification Fees: Overview of Current Practices. Washington, DC: World Bank.

6.4.3 实现"最后一公里"的基础设施

表6.13 实现"最后一公里"的基础设施

管理内容	指导原则	基本要求
"最后一公里"基础设施	制定并发布用于"最后一公里"身份验证的设备（如生物特征扫描仪和读卡器）的指导方针或行业标准。 对"最后一公里"使用的设备进行认证，确保其符合标准化的技术特征、质量和安全要求。 行业标准和指导方针应规定只有经授权/认证的设备才能访问数字 ID 平台。可以通过序列号跟踪或向中央机构登记等方法防止滥用，并监控"最后一公里"工作人员使用的设备。	确保在数据传输和使用过程中遵守安全协议、数据保护和隐私保护的相关规定。

6.4.4 使用场景

表6.14 使用场景

管理内容	指导原则	基本要求
互操作性和共享基础设施	鼓励市场参与者和其他利益相关者参与讨论，并提供针对互操作性和基础设施的使用场景的指导方针。[①] 鼓励相关参与者对政策和监管要求进行讨论，促进以下方面的互操作性： a. 政务服务； b. 社会保障； c. 正规金融机构； d. 金融科技公司； e. 非金融机构，如电信公司； f. 第三方授权的 e‒KYC/KYC 公司； g. 投票； h. 税务管理； i. 诉讼活动。	通过互操作性服务确保系统的持续使用，提高市场效率，鼓励利益相关者共享基础设施。

注：①Alliance for Financial Inclusion. 2019. Policy Model for e‒Money.

6.4.5 异常处理和申诉解决方案

表6.15 异常处理和申诉解决方案

管理内容	指导原则	基本要求
异常处理程序	记录可能出现的问题及其异常处理过程和协议，如在身份验证失败或生物特征不匹配时（特别是在 e‒KYC 交易中）执行的程序。在连通性低或基础设施受限的地区，还应制定替代方案。 在使用二维码或读卡器时可以考虑采取离线模式。	通过消除技术和文化障碍，确保生物特征认证流程精简化和分散化。

管理内容	指导原则	基本要求
申诉解决方案	建立通过人工、技术接口等多种渠道提供申诉解决方案的基础设施。这些渠道应该保证访问通道方便、反馈循环顺畅、解决时间迅速。此外，对金融机构客户的申诉和纠纷也应作出规定。 负责数字 ID 系统的主要机构可考虑对处理消费者投诉问题制定服务协议。 应公开披露申诉解决机制的细节，并在客户接入时告知客户。应该为客户提供免费电话、网站或电子邮件地址等有效渠道供其选择。如果系统为客户提供移动应用程序，则还可以提供基于 APP 的解决方案。	帮助客户寻求简便的补救措施，以应对身份管理中出现的各种异常情况，如注册失败、身份验证失败、生物特征不匹配、身份盗用、数据滥用等。

7. 数字货币发展

7.1 引言

7.1.1 发展环境

数字创新方兴未艾。在过去 10 年中，数字支付创新加速了发展中国家和新兴经济体的无现金流动。移动支付、金融科技、私人货币形态的加密货币和稳定币成为满足个人与商户[①]金融需求的新渠道，促进了普惠金融发展。尽管数字支付创新已经取得重大进展，尤其在数字支付领域实现了诸多创新，但是在发展中国家和新兴经济体中，许多成年人仍无法获得充足的金融服务[②]，或仍使用现金进行日常交易，被排斥在数字支付系统之外。此外，移动支付创新也给个人、商户和金融体系带来了新风险[③]，如网络欺诈、盗窃和数据泄露等。因此，仍需思考如何通过进一步创新满足客户需求。

中央银行数字货币（Central Bank Digital Currencies，CBDC，以下简称央行数字货币）正推广普及，成为备受中央银行青睐的工具。各国中央银行逐渐认识到数字支付促进普惠金融发展的重要性，正着手扩展其监管工具箱，在通过数字支付创新实现人们尚未满足的支付需求的同时，缓解潜在风险。简单而言，央行数字货币是数字形式的现金。与实物现金类似，央行数字货币由中央银行发行，也是中央银行的债权，可实现价值即时转移，被公众广泛接受。与现金不同的是，它本质上是数字化的货币，意味着在完备的基础设施条件下，只有金融素养和数字素养相对较高的群体[④]可以使用央行数字货币与其他数字工具和手段进行无缝交易。

发展中国家和新兴经济体推行数字货币的主要目标是促进普惠金融发展。中央银行推行数字货币的动机包括增强金融稳定、提高货币政策效果、优化支付体系、促进普惠

[①] 本章中的"商户"指中小微企业。

[②] 尤其是弱势群体，如女性、流浪汉、残疾人和生活在发展中国家与新兴经济体中偏远地区及农村地区的群体。

[③] 随着违法企业等利用监管漏洞和网络安全漏洞进行不合法的创新，新金融风险不断涌现。（参见：Shetty, Nishanth S. 2022. Demystify Mobile Money Risks and Money Laundering with Better Monitoring Controls. Subex. 11 February. Accessed 5 June 2022. and Trozze, Arianna, Josh Kamps, Eray Arda Akartuna, Florian J. Hetzel, and Bennett Kleinberg. 2022. Cryptocurrencies and future financial crime. Accessed 5 June 2022.）

[④] 译者注：原文为技能，特指数字素养技能和金融素养技能。

金融发展。① 发展中国家和新兴经济体计划实施零售型央行数字货币，同时仍在探索以批发型央行数字货币作为扩大数字支付红利和发展普惠金融的渠道。②

探索央行数字货币的新视角。普惠金融联盟（AFI）成员一直处于发展中国家和新兴经济体探索央行数字货币的前沿，并确定了 3 个可以优先考虑使用的案例，即个人对个人（P2P）、个人对企业（P2B）和政府对个人（G2P），这对提升弱势群体的金融普惠性具有特殊意义。通过深入探讨这些案例，发展中国家和新兴经济体的中央银行可以更加明确普惠金融发展的障碍和影响因素，为其根据市场环境和风险状况设计与选择央行数字货币及政策优化提供参考。

央行数字货币的预期目标能否实现？尽管各国家、地区的市场背景和风险状况存在差异，但在具体设计央行数字货币时，中央银行通常面临着共性问题。如：如何设计央行数字货币才能增强个人和商户的信任？央行数字货币的设计方式能否同时满足安全性和便利性，又能惠及金融素养和数字素养较低的群体？如何避免央行数字货币加剧现有的数字鸿沟和性别不平等？央行数字货币是否能摆脱普惠金融发展困境？

关于央行数字货币和普惠金融的特别报告旨在通过评估央行数字货币推动普惠金融发展的程度，为发展中国家和新兴经济体提供政策制定依据。本章概述了发展中国家和新兴经济体央行数字货币的发展情况和普惠金融联盟（AFI）成员发展央行数字货币的具体动机，分析了不同发展中国家和新兴经济体的普惠金融现状，探究了央行数字货币促进普惠金融的主要案例，分析其困境和央行数字货币解决困境的独特作用。本章还阐述了金融消费者、中央银行和支付服务提供商存在的潜在风险与非预期后果，制定了协助中央银行探索央行数字货币并顺利实施的框架和路线图。

数字技术已经成为发展普惠金融的有效工具。自 20 世纪 80 年代末以来，技术进步在促进发展中国家和新兴经济体弱势群体获得及使用正规金融服务方面发挥了重要作用。③ 手机拓展了正规金融机构无法触及的金融渠道。例如，菲律宾被评为世界上银行账户最少的国家之一，仅有 3 700 万人拥有银行账户，其中约有 3 470 万人拥有移动支付账户。④ 随着手机的普及，数字普惠金融服务创新已经成为推动普惠金融发展的有效手段。如肯尼亚的数字支付、通过移动银行应用程序使用的远程银行、二维码（QR code）和近场通

① Boar, Codruta and Wehrli, Andreas. 2021. Ready, steady, go? – Results of the third BID survey on central bank digital currency. BIS Papers 114. Basel. Bank of International Settlements. Accessed 14 March 2022.

② 央行数字货币有两种类型：零售型和批发型。零售型由于其对终端用户的支付属性成为普惠金融首选，中央银行只要使用央行数字货币钱包，就可以直接向以前没有银行账户的群体转账。（Auer, Raphael. Holti Banka. Nana Yaa Boakye – Adjei. Ahmed Faragallah. Frost, Jon. Harish Nataraja. and Jermy Prenio. 2022. Central bank digital currencies: a new tool in the financial inclusion toolkit? April. Accessed 28 April 2022. and Fatah, Iftin. 2022. Are Central Bank Digital Currencies the Key to Unlocking Financial Inclusion in Africa? 03 March. Accessed 28 April 2022. ）

③ Andrianaivo, Mihasonirina, and Kangni Kpodar. 2011. ICT, Financial Inclusion, and Growth: Evidence from African countries. IMF Working Papers 2011（073）: 45.

④ Ventura, Luca. 2021. World's Most Unbanked Countries. Global Finance. 17 February 2021 Accessed March 25, 2022.

信（NFC）等技术，缓解了商户使用数字支付的基础设施限制。2019年加密货币[①]等私人数字货币创新使特定国家和试点项目的群体无须拥有银行账户也可进行储蓄，从而可以更快、更低成本地实现跨境转账。[②]

扩大数字普惠金融服务和数字支付使用的阻碍仍然存在。尽管手机拓宽了金融服务渠道，但弱势群体尚未普遍使用数字普惠金融服务和数字支付产品。例如，2021年87%的拉美人生活在4G信号范围内，但只有37%的拉美人使用数字支付。[③] 这一情况表明，发展中国家和新兴经济体持续存在的准入门槛和使用障碍限制了个人与商户使用无现金支付和从数字支付服务中获益的能力及意愿。根据普惠金融联盟报告，这些障碍包括金融消费者需求因素，如数字化连通能力薄弱、金融消费者对数字支付不信任、缺乏必要的身份证明文件等；以及供给障碍，如缺乏按性别分类的数据、提供的服务对女性不适用、私营部门交易费用高、支付渠道不可靠、"了解你的客户"要求等监管障碍[④]等。

数字普惠金融服务有加剧金融排斥的风险。数字普惠金融服务创新由于产品设计不当，没有考虑到弱势群体的独特需求而容易加剧现有的金融排斥。数字鸿沟也可能进一步加剧金融排斥，例如，由于互联网连通状况和受教育程度的限制而难以参与数字经济的弱势群体仍然面临着被数字普惠金融服务排斥或服务不足的困境，包括女性、老年人、被迫流离失所者和农村家庭等。此外，虽然数字普惠金融服务创新旨在减少开户时的身份证明要求，但偏远地区的农村居民等仍然无法提供有效的身份证明。尽管金融科技公司、银行和数字支付提供商试图摆脱这些困境，但许多支付渠道仍受到限制，无法充分解决导致金融排斥的问题。这表明，即使出现了新制度、技术和方案，但仍需创新来消除金融排斥。[⑤]

---

① 加密货币是"设计用来作为某种形式的交易数字资产，类似于传统货币。顾名思义，加密货币利用强大的密码学来确保交易安全"。（Tredinnick, Luke. 2019. Cryptocurrencies and the blockchain. Sage Journals 36 (1): 39 –44. ）

② Mejia – Ricart, Rodrigo, Camilo Tellez, and Marco Nicoli. 2019. Paying across borders – Can distributed ledgers bring us closer together? World Bank Blogs. Accessed March 23, 2022.

③ Drees – Gross, Franz, and Pepe Zhang. 2021. Less than 50% of Latin America has fixed broadband. Here are 3 ways to boost the region's digital access. Geneva: World Economic Forum. Accessed March 25, 2022.

④ 本章引用的普惠金融联盟研究认为为障碍有信息不对称、低价值和低利润的产品、有限知识和服务年轻人的能力、互联网普及率低、供给端的金融基础设施受限。在需求端，缺乏正规金融体系的经验和知识、金融素养低、缺乏"了解你的客户"（KYC）的身份或文件证明、对金融机构的偏见、缺乏传统的抵押品或担保和社会文化规范是主要障碍。该研究还列出了监管障碍，如最低年龄、信用报告、有限金融监管等，侧重于需求方（连通性、费用、商户接受度、数字素养、信任、身份、即时支付）和供给方障碍（提供商的互操作性、现金管理和即时支付）。Alliance for Financial Inclusion（AFI）. 2021. Youth Financial Inclusion Policy Framework. Kuala Lumpur. Alliance for Financial Inclusion（AFI）. Accessed March 25 2022. Digital Financial Services Working Group（DFSWG）and the Consumer Empowerment and Market Conduct Working Group（CEMCWG）. 2019. Consumer protection for digital financial services: A survey of the policy landscape. Kuala Lumpur. Alliance for Financial Inclusion（AFI）. Accessed 6 June 2022. and Alliance for Financial Inclusion.（AFI）2017. Bridging the Gender Gap: Promoting Women's Financial Inclusion: Tools & Guidance from the AFI Network. Kuala Lumpur. Alliance for Financial Inclusion（AFI）. Accessed 6 June 2022.

⑤ 根据MicroSave在乌干达的研究，非移动支付用户认为不稳定的网络、高关税、不可靠的客户服务和缺乏满足"了解你的客户"要求的身份认证文件等是他们使用移动支付的最大障碍。这表明很大一部分客户和潜在客户不信任移动支付系统，并认为它昂贵、效率低，最终选择不使用。（参见：Wright, Graham. 2015. In our digital financial services we trust? MicroSave Consulting. 24 June. Accessed 25 March, 2022. ）

中央银行认为，央行数字货币是克服数字普惠金融服务和数字支付使用障碍的前沿工具。发展中国家和新兴经济体的中央银行逐渐将央行数字货币视为推动普惠金融发展和克服促进数字经济发展障碍的关键工具。国际清算银行（BIS）对 60 多家中央银行调查的报告显示，发展中国家和新兴经济体推行央行数字货币的首要动机是促进普惠金融发展。[①] 2021 年，数字普惠金融服务工作组对普惠金融联盟国家进行的调查进一步证实了这一结论，100%的参与者认为，促进普惠金融发展是推行央行数字货币的主要动机。

尽管各国中央银行对央行数字货币期望很高，但央行数字货币对各个国家的适用性尚待探讨。发达国家和全球对央行数字货币作为私营部门主导货币（如 Diem[②] 和稳定币）可行替代品等相关新闻报道的效果表现在推高了发展中国家和新兴经济体对央行数字货币的期望。但是，鲜有研究关注央行数字货币是不是摆脱特定背景下普惠金融发展困境的最佳工具；央行数字货币在解除根深蒂固的市场限制方面的确切作用是什么；如何根据各国市场背景和风险设计央行数字货币，以推动实现普惠金融目标；发展中国家的市场及环境能否满足央行数字货币实现普惠金融目标所需的前提条件。

7.1.2 主要内容

普惠金融联盟特别报告旨在阐明央行数字货币对发展中国家和新兴经济体发展普惠金融的作用。为了解决各国中央银行关于"为什么"设计央行数字货币和"如何"设计央行数字货币的问题，普惠金融联盟的数字普惠金融服务工作组委托金融监管和普惠中心（Cenfri）编写了一份基于发展中国家视角的央行数字货币推进普惠金融发展的可行性报告。本章旨在评估央行数字货币在发展中国家和新兴经济体发展普惠金融中所发挥的作用，了解央行数字货币在促进个人和企业金融普惠性的案例中可以提供的参考价值，并概述发展中国家和新兴经济体的中央银行将央行数字货币作为金融排斥解决方案的前提条件。本章结合桌面研究和与中央银行、支付领域专家、行业提供商、国际组织和研究机构的访谈信息，为央行数字货币推进普惠金融发展提供参考。[③]

通过对中央银行、国际组织和技术平台提供商的一系列深入访谈、桌面研究和分析，本章得出了六个主要结论。

第一，数字普惠金融在关键因素驱动下快速发展，但依然存在根深蒂固的障碍。在基础设施、政策和相关技术等关键因素的驱动下，发展中国家和新兴经济体的普惠金融服务在过去 10 年中显著改善，使受到金融排斥和获得服务不足的群体得到了有效的金融服务。取得这些成就的主要原因包括增强数字化连通、方便交易的销售点

---

① Boar, Codruta and Wehrli, Andreas. 2021. Ready, steady, go? – Results of the third BID survey on central bank digital currency. BIS Papers 114. Basel. Bank of International Settlements. Accessed 14 March, 2022.

② Project Diem（前身为 Libra 项目）是由美国社交媒体公司 Meta 平台提出的基于区块链的稳定币支付系统，于 2022 年 1 月被废弃。（Dwoskin, E, and G De Vynck. 2022. Facebook's cryptocurrency failure came after internal conflict and regulatory pushback. 28 January. Accessed 13 April, 2022.）

③ 详见附录表 7.6 中访谈名单。

（POS）设备，如近场通信、简化"了解你的客户"框架等。尽管有了显著的改进和优化，数字普惠金融发展仍存在明显的可得性和使用障碍，尤其是偏远地区、缺乏基本身份认证的群体等。

第二，央行数字货币的设计可以缓解影响数字普惠金融服务（DFS）可得性的限制。零售型央行数字货币的设计可以不受设备限制，通过生成数字身份、实现离线功能等来缓解身份识别缺陷、手机可得性和数字鸿沟。但是，央行数字货币可能仍然受到电力覆盖率低、获得（可负担）支持央行数字货币的设备及现金存取基础设施的限制。这些因素是限制使用数字货币工具的关键。东加勒比海中央银行（ECCB）的DCash长期无法使用就是典型案例之一，央行数字货币的使用因断电而受限[①]。

第三，央行数字货币的便利性、可负担性和安全性推动了普惠金融客户使用。在所有案例中，央行数字货币的主要价值体现为一种通用工具，即通过在任意提供商之间使用任意设备向任意提供商提供便利支付服务，拓宽了用户间支付渠道，增强互操作性[②]。央行数字货币作为通用工具，与其他数字工具［如电子货币（electronic（e）-money）或电子货币转账系统（EFTs）］的一个关键区别在于，其他数字工具只可承担对中央银行货币担保的适当索赔，且后者并不是现金，限制了其与所有价值类型交换的能力。此外，通过去中心化的设计，央行数字货币提高了支付速度，通过众多第三方中介机构降低提供商结算成本，并将这部分降低的成本转移给客户。在中央银行支持下，通过加强安全协议，央行数字货币可以成为市场上最安全、最值得信赖的支付工具。

第四，央行数字货币具有促进普惠金融发展的作用，但必须谨慎设计，规避风险及金融再排斥。研究结果表明，在三个主要案例中，央行数字货币可以推动发展中国家和新兴经济体的普惠金融发展。但是，发展中国家和新兴经济体应注意不要盲目将央行数字货币视为发展普惠金融的"灵丹妙药"。如果设计不当，央行数字货币不仅不会促进普惠金融发展，而且还可能加剧现有普惠金融发展困境。例如，弱势群体感知到的操作复杂性可能会加剧现有数字素养低下的情况，阻碍其使用央行数字货币。由于对国家政府缺乏信任，央行数字货币可能会导致更多人选择主动退出正规金融体系，反过来又会因支付服务提供商（PSP）的不支持导致掠夺性定价而增加支付成本。上述风险对于评估央行数字货币是否适合在特定国家解决普惠金融发展困境至关重要。

第五，央行数字货币并不是对每个发展中国家都适用的普惠金融工具。各国的具体金融需求存在差异，需求未得到满足的原因也各不相同，解决这些问题的工具也可能存在差异。央行数字货币可能适用于解决数字化程度高、对气候灾后恢复援助需求较高的发展中国家的普惠金融发展问题。但是，对于其他国家而言，现有的普惠金融

---

① 东加勒比海中央银行提出 DCash 是由于证书过期而临时停机，需要在央行数字货币离线时重新安装证书（Margulies, B. 2022. Pilot CBDC outage due to expired certificate, 17 February. Central Banking）。尽管这表明 DCash 试点出现了技术故障，但确实也反映出即使是央行数字货币也无法完全解决可得性和可用性问题。

② 尽管相关文件没有说明央行数字货币支持网络互操作性，但迄今为止 Algorand、Currency 和 Stella 等在内的一些技术提供商已经证明央行数字货币可以实现网络互操作性。

即时支付工具或系统可能更适用。因此，中央银行推行数字货币要结合各国实际情况，将其视为中央银行管理措施中的一部分。

第六，零售型央行数字货币的实施需因地制宜，并符合普惠金融政策目标。在决定将央行数字货币作为支持普惠金融的相关工具前，需考虑当地市场环境和发展困境谨慎设计央行数字货币。为使央行数字货币对国家公众和企业发挥应有作用，设计央行数字货币应自下而上地进行，并尽可能考虑市场尤其是弱势地区的具体情况和需求。自下而上地进行设计对于避免数字普惠金融在服务客户中出现的问题至关重要，并能够确保实现普惠金融政策目标。

本章研究结果表明，相对于其他数字支付管理措施，央行数字货币并不适用于所有发展中国家解决普惠金融发展困境。央行数字货币区别于其他数字支付工具的独特之处在于它由中央银行发行，但这一特点并不一定能够使央行数字货币成为更好的工具。例如，互操作性和可负担性是央行数字货币乃至所有数字支付工具的关键设计特征。引入央行数字货币本身并不能解决互操作性和可负担性问题。央行数字货币还可能将原本简单高效促进普惠金融发展的模式复杂化，对机构能力的要求也会更高。但是，这并不意味着中央银行应回避央行数字货币，而是在现有的数字支付环境下，充分认识央行数字货币对发展普惠金融的独特价值，并围绕这一价值设计央行数字货币。

本章的结构如下：第一节，引言，介绍研究概况和研究问题。第二节，概述发展中国家、新兴经济体和世界范围内数字支付和央行数字货币情况，解读各国中央银行推行央行数字货币的原因和做法。第三节，深入研究发展中国家和普惠金融联盟成员的普惠金融现状，分析其在普惠金融方面的进展及机遇。第四节，总结发展中国家和新兴经济体推动数字普惠金融服务的主要趋势，对这些国家优先使用的案例进行分析，探讨阻碍普惠金融发展的供给与需求障碍。第五节，分析央行数字货币弱化发展障碍并降低个人和商户的金融准入门槛、提高普惠性的独特功能设计，研究零售型央行数字货币解决第四节案例中供需障碍所发挥的作用。第六节，揭示央行数字货币的潜在风险。央行数字货币的设计和实施若违背发展实际，可能给金融消费者、中央银行、支付服务提供商等带来风险和意外后果。第七节，为发展中国家的中央银行提供决策路线图。一是评估央行数字货币是不是推动普惠金融发展的适用工具；二是如果是适用工具，为调整设计使之确保成功实现普惠金融政策目标提供参考。第八节，本章最后附有普惠金融联盟成员速查表，旨在评估主要地区央行数字货币的前期准备情况，以及在特定国家发展背景下央行数字货币设计需关注的相关特点。

7.2 央行数字货币发展

本节分析全球，尤其是发展中国家和新兴经济体的央行数字货币现状及发展趋势，包括对央行数字货币的简要分析，央行数字货币兴起、使用和供应的主要趋势，以及对全球中央银行对央行数字货币探索现状的概述。最后，本节深入探讨了发展中国家中央银行优先考虑的央行数字货币的主要形式。

7.2.1 央行数字货币的性质和特点

1. 央行数字货币是数字化形式的现金。央行数字货币作为数字支付工具，以管辖区的价值尺度计价，由管辖区货币当局（多数情况是中央银行）直接负责推行。[1] 央行数字货币可以是中央银行账户中的余额，也可以是零售商的收银机或公众钱包中的实物纸币和硬币（以下简称现金）的数字版本。因此，央行数字货币作为国家货币有六个关键特征：一是由中央银行发行。央行数字货币是一种由国家货币当局创造和支持，明确监管的货币。二是价值储藏。央行数字货币具有价值储藏功能，实现购买力从现在到未来的转移。[2] 三是价值尺度。央行数字货币可用来对商品进行估价，促成商品间价值比较。四是可替代。央行数字货币是随时进行交换支付的工具，促进工具的互操作性，例如，数字货币提供商能够从任意支付服务提供商[3]处接收央行数字货币。五是实现 24×7 的即时结算。通过央行数字货币完成支付，价值立即发生直接转移。六是实现点对点交易，可在个人之间直接进行交易。

央行数字货币的数字属性增加了实物现金以外的其他特征。零售型央行数字货币旨在尽可能地模仿实物现金。央行数字货币拥有超越实物现金的两个额外特征：一是可编程。央行数字货币能够实现货币可编程性，进行自动化支付。[4] 二是电子货币。央行数字货币提高了透明度，也可进行追踪。

2. 批发型和零售型央行数字货币。批发型央行数字货币指中央银行资金用于促进国家支付和结算系统的批量支付，如实时总额结算系统（RTGS）和交易后证券结算系统。[5] 零售型央行数字货币则与现金类似，是由中央银行发行的零售支付工具。[6] 与批发型央行数字货币不同，零售型央行数字货币可由金融消费者直接用于价值储藏，或

---

[1] Bank of International Settlements. 2020. Central bank digital currencies: foundational principles and core features. Basel. Bank of International Settlements.

[2] Cooper, Barry, Antonia Esser, and Michaella Allen. 2019. The use cases of central bank digital currency for financial inclusion: A case for mobile money. Cape Town. Centre for Financial Regulation and Inclusion (Cenfri).

[3] 提供服务的机构，使资金能够在账户中存入和取出；涉及转账的支付交易；支票、电子货币、信用卡和借记卡等支付工具的发行及获取；汇款和其他转账的核心服务。（Alliance for Financial Inclusion (AFI). 2016. Digital financial services: Basic terminology. August. Accessed 14 April, 2022. Kuala Lumpur.）

[4] 例如，央行数字货币可以用来自动支付，如纳税等。参见 Kiff, John, Jihad Alwazir, Sonja Davidovic, Aquiles Farias, Ashraf Khan, Tanai Khiaonarong, Majid Malaika, Hunter Monroe, Nobu Sugimoto, and Peter Zhou Hervé Tourpe. 2020. IMF Working paper: A Survey of Research on Retail Central Bank Digital Currency. Washington DC. IMF. Accessed 11 March 2022. and Cooper, Barry, Antonia Esser, and Michaella Allen. 2019. The use cases of central bank digital currency for financial inclusion: A case for mobile money. Cape Town. Centre for Financial Regulation and Inclusion (Cenfri).

[5] Bech, Morten L., and Rodney Garratt. 2017. Central Bank Cryptocurrencies. 26 September. Accessed 29 March 2022.

[6] Kiff, John, Jihad Alwazir, Sonja Davidovic, Aquiles Farias, Ashraf Khan, Tanai Khiaonarong, Majid Malaika, Hunter Monroe, Nobu Sugimoto, and Peter Zhou Hervé Tourpe. 2020. IMF Working paper: A Survey of Research on Retail Central Bank Digital Currency. Washington DC. IMF. Accessed 11 March 2022.

通过代币或账户进行交易①，促进终端用户（如商户或金融消费者）的使用。

底层技术的作用。央行数字货币本身与技术无关，它可以在集中式或分布式账本技术（DLT）平台上运行，也可以不在账本平台上运行。批发型央行数字货币多是基于分布式账本技术平台运行的央行数字货币②，因为批发型央行数字货币并非新创新。例如，2018 年国际货币基金组织的相关研讨材料将中央银行储备描述为"专门用于银行间支付的批发形式的央行数字货币"，表明批发型央行数字货币已经存在较长时间。③

3. 零售型央行数字货币与其他零售数字支付工具不同。对于发展中国家和新兴经济体而言，数字零售支付工具并不陌生，包括商业零售工具，如电子货币转账系统和电子货币、私人加密货币和稳定币。与其他数字零售支付工具不同，零售型央行数字货币由中央银行担保，而非商业企业担保。表 7.1 进一步分析了央行数字货币与世界各地（包括发展中国家和新兴经济体）现有零售支付工具相比呈现的不同特征。

一是商业零售工具，如电子货币转账系统④和电子货币⑤与央行数字货币有若干相似之处，即都是电子、可替代和受监管的工具。⑥ 但央行数字货币与这些工具相比有一个独特的优势，即它可以作为普遍接受的法定货币⑦，能够储藏价值并作为账户使用。⑧

---

① 基于账户运行的央行数字货币取决于个人的身份。身份在销售点得到验证（即验证用户），账户持有人的身份使持有人能够获得资金："我因我的身份而拥有央行数字货币。"基于代币的央行数字货币验证的是代币的真实性，而不是用户，对纸币和硬币的实际占有使持有人能够处置资金："我因我实际拥有的财富而拥有央行数字货币。"（Bossu, Wouter, Masaru Itatani, Catalina Margulis, Arthur Rossi, and Hans Weenink and Akihiro Yoshinaga. 2020. IMF Working Paper: Legal Aspects of Central Bank Digital Currency: Central Bank and Monetary Law Considerations. November. Washington D. C. International Monetary Fund（IMF）. Accessed 18 March 2022.）专栏 7.4 进一步阐明了这一点。

② 分布式账本技术是复制、共享和同步的数字数据的通用性技术，多个地区、国家或机构均在使用（Auer, Raphael, Cyril Monnet, and Hyun Song Shin. 2021. Distributed ledgers and the governance of money. November. Accessed 29 March 2022.）。账本的更新机制依赖于一套网络成员规则，这些规则促使其形成独特的、揭露真实历史数据的去中心化共识，而无须求助于外部可信的权威机构。一旦达成共识，所有网络成员就会协调使用唯一的、商定的账本版本。去中心化使竞争环境更加公平，权力分配更加均衡。这与集中式央行数字货币不同，集中式央行数字货币有一个中央控制的数据库。（Auer, Raphael, Cyril Monnet, and Hyun Song Shin. 2021. Distributed ledgers and the governance of money. November. Accessed 29 March 2022.）

③ Griffoli, Tommaso Mancini, Maria Soledad Martinez, Peria, Itai Agur, Anil Ari, John Kiff, Adina Popescu, and Celine Rochon. 2018. Casting Light on Central Bank Digital Currencies. Washington DC. International Monetary Fund（IMF）. Accessed 24 March 2022.

④ 电子货币转账系统（EFT）是在双方之间以电子方式传输资金的标准机制（Bank of International Settlements. 2001. Glossary: BIS Papers No 7（part 12）Nov 2001. November. Basel. Bank of International Settlements. Accessed 31 March 2022.）。

⑤ 电子货币（e - money）是用户、代理商和电子货币服务提供商的账户中的价值储藏。通常情况下，电子货币的总价值反映在银行账户中，即使电子货币服务提供商倒闭，用户也可以 100% 收回其账户中价值储藏，这取决于电子货币商业存款账户对电子货币服务的债权人或对持有存款责任的银行的保护程度。但是，银行存款可以赚取利息，而电子货币在大多数情况下不能赚取利息（Global System for Mobile Communications（GSMA）. 2010. Mobile money definitions. London. GSMA. July. Accessed 31 March 2022.）。

⑥ Conventus Law. 2021. Fintech: Non - Fungible Tokens: What's All the Fuss? Conventus Law. Accessed 24 March, 2022. and Scott, Hal S. 2015. The Importance of the Retail Payment System. Harvard Library. Accessed 24 March 2022.

⑦ 在实践中，央行数字货币可能被认为是一种有限的法定货币工具，因为强迫普遍接受为法定货币可能会导致对弱势群体的金融排斥增强。

⑧ Dorman, Peter. 2014. "Macroeconomics: A Fresh Start". and Kasinyato, Safari. 2014. E - Money as Legal Tender: Does the status really matter? Madrid. Research Gate. Accessed 24 March 2022.

就电子货币和银行存款的电子支付而言，它们是对中央银行货币的债权，这表明其本身不是中央银行的货币，因为它影响了可接受性和信任度。[1] 尽管商业数字零售工具可以即时清算，但不一定满足即时结算[2]，而零售型央行数字货币则满足即时结算的要求。[3]

二是私人加密货币属于虚拟资产。[4] 虚拟资产是价值的数字化，可通过数字方式进行交易或转让，并可用于支付或投资。[5] 它们与央行数字货币类似，都是可替代、电子化的工具，并可进行编程和即时结算。[6] 此外，在大多数司法管辖区，加密货币并没有被普遍接受为交换媒介或价值尺度，这使得它在交易中的流通性和可用性受限。[7] 尽管在这些方面央行数字货币相对于私人加密货币存在优势，但其核心优势则体现在提高资金的安全性和用户对资金的信任度[8]，因为私人加密货币通常不在金融消费者权益保护框架内，央行数字货币则受到保护。

三是稳定币是一类加密货币，也属于虚拟资产。稳定币与基础资产的一个单位挂钩，并可能部分或全部由以国家货币计价的资产支持。[9] 大多数稳定币由私营部门的参与者发行，并在一个公共的、无许可的区块链分类账上运行。[10] 稳定币的稳定性取决于其稳定机制的有效性和与基础资产保持挂钩的能力。[11] 由于不是由中央银行提供担保，

---

① Kalogirou, Xenia. 2022. Authorities explore how to design central bank digital currencies. International Financial Law Review (IFLR). 21 January. Accessed 24 March, 2022.

② 如果电子货币转账系统即时结算系统到位，电子货币转账系统就可以立即结算。否则，大多数即时电子货币转账系统将在清除窗口内分批处理或批量结算。

③ Central Bank of the Bahamas. 2020. Driving Financial Inclusion and FinTech Innovation in the Midst of COVID-19. CEMLA. Accessed 21 March, 2022.

④ 由金融行动特别工作组（FATF）定义。（Financial Action Task Force. 2021. Updated Guidance for a Risk-Based Approach for Virtual Assets and Virtual Asset Service Providers. 28 October. Accessed 31 March 2022.）

⑤ Financial Action Task Force. 2019. Guidance for a risk-based approach: Virtual assets and virtual asset service providers. Accessed 24 March 2022. and Intergovernmental Fintech Working Group (IFWG). 2021. Crypto Assets Regulatory Working group position paper on Crypto Assets. Treasury. Accessed 24 March 2022.

⑥ KPMG. 2021. Non-Fungible Tokens (NFT): An innovation that presents an opportunity for everyone seeking to tap digital assets? KPMG Nigeria. Accessed 24 March 2022. and Campbell-Verduyn, Malcolm. 2018. Bitcoin and beyond: Cryptocurrencies, Blockchains, and Global Governance. London. Taylor and Francis Group. Accessed 24 March 2022.

⑦ Office of the Director of National Intelligence. 2017. Risks and Vulnerabilities of Virtual Currency Cryptocurrency as a Payment Method. Accessed 24 March 2022.

⑧ World Economic Forum (WEF). 2021. Digital Currency Consumer Protection Risk Mapping. Cologny. WEF. November. Accessed 22 April 2022.

⑨ Bode, Ian de, Matt Higginson, and Marc Niedekorn. 2021. CBDC and stablecoins: Early coexistence on an uncertain road. McKinsey & Company. Accessed 11 March, 2022.

⑩ 稳定币的开发和实施还处于初期阶段，只有极少数发展中国家和新兴经济体，如泰国和新加坡，已经开始研究其可行性。（Ho, Hang Min, and Josephine Law. 2021. The Virtual Currency Regulation Review: Singapore. 02 September. Accessed 26 April 2022. Freeman Law. 2021. Thailand and Cryptocurrencies. 21 June. Accessed 26 April 2022.）; Bode, Ian de, Matt Higginson, and Marc Niedekorn. 2021. CBDC and stablecoins: Early coexistence on an uncertain road. McKinsey & Company. Accessed 11 March, 2022. and World Economic Forum (WEF). 2021. Digital Currency Consumer Protection Risk Mapping. Cologny. WEF. November. Accessed 22 April 2022.

⑪ World Economic Forum (WEF). 2022. How to close Southeast Asia's financial inclusion gap. Cologny. World Economic Forum. Accessed 14 March, 2022.

因此稳定币存在发行人破产和无法履行债务的风险，影响最终用户对稳定币的信任。此外，不同的司法管辖区持有稳定币的区块链可能存在一些监管漏洞。①

小结：相较于批发型央行数字货币，零售型央行数字货币可以直接促进普惠金融发展。与批发型央行数字货币不同，零售型央行数字货币可以用来存储、交易价值、对商品进行估值和定价，个人和商户可直接使用其作为现有银行和金融服务的替代品。央行数字货币与其他数字支付工具的区别在于，它是由中央银行担保的主权法定货币，能够被普遍接受②，并且可以在没有支付工具（如电子货币）的情况下进行交换，还提供了即时结算和可编程性的功能。因此，本章的其余部分将重点讨论零售型央行数字货币以及推广零售型央行数字货币工具的目标，探讨零售型央行数字货币的特征是否能够服务于普惠金融目标、如何支持实现普惠金融目标。

表7.1　央行数字货币的主要特征

主要特征	央行数字货币	电子货币转账系统	私人加密货币	电子货币	稳定币
电子化	√	√	√	√	√
主权法定货币①	√	×	×	×	×
可替代性	√	√	√	√	×
中央银行监管	√	√	×	√	×②
价值储藏	√	×	×	√	√
价值尺度	√	√	×	×	√
即时结算	√	×	√	×③	√
可编程性	√	×	√④	×	√

注：①在实践中，稳定币往往被视为一种有限的法定货币工具，因为其成为法定货币可能会导致对弱势群体更强的金融排斥。一般法定货币需要有具体的特定豁免规则，保证其普遍推广的同时防止加剧金融排斥。

②虽然稳定币可以由中央银行监管，但它在发达国家和发展中国家均尚未被正式纳入监管机构的监管范围。例如，英国财政部最近才宣布，稳定币将被纳入金融行为管理局的监管（McLellan, Lewis. 2022. UK reveals hand with stablecoin announcement. 07 April. Accessed 26 April 2022.）。发展中国家和新兴经济体中正式承认稳定币的案例有限，泰国和新加坡这两个国家已经开始研究其可行性（Ho, Hang Min, and Josephine Law. 2021. The Virtual Currency Regulation Review：Singapore. 02 September. Accessed 26 April 2022. Freeman Law. 2021. Thailand and Cryptocurrencies. 21 June. Accessed 26 April 2022.）。

③电子货币可以即时清算，但不是即时结算。大多数监管机构要求持有电子货币的机构在银行的安全、流动投资中持有相当于电子货币浮动量100%的资金。

④可编程性是具有智能合约功能的私有数字货币的关键特征。智能合约正被用于增加零售商—提供商关系中的信任，并使国际贸易更快、更有效（IBM. n. d. What are smart contracts on blockchain? New York. IBM. Accessed 26 April 2022.）。

---

① Smialek, Jeanna. 2021. Why Washington Worries About Stablecoins? The New York Times. 17 September. Accessed 11 March 2022.

② 付款人和收款人均可使用电子设备和系统。

7.2.2 全球央行数字货币的兴起

1. 央行数字货币的研究和试点在全球范围内不断增长。为应对近期私人加密货币交易增长趋势，中央银行将央行数字货币作为对私人加密货币和稳定币监管的替代方案，也标志着国家数字化创新与同行保持一致。发达国家曾经是央行数字货币主阵地，但现在发展中国家和新兴经济体却迅速成长为带头实践者。图7.1是央行数字货币在发达国家、发展中国家和新兴经济体探索量的增长情况。虽然相对于发展中国家和新兴经济体（42%）而言，发达国家探索央行数字货币的比例较高（53%），但发展中国家和新兴经济体对央行数字货币的探索速度增长更快。2018—2022年，发展中国家和新兴经济体对央行数字货币的探索增长了两倍多，而发达国家的相关研究只增长了一倍多。[①]

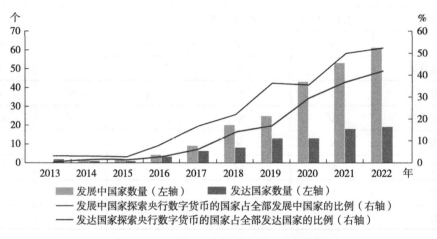

图7.1 不同国家对央行数字货币的探索量

2. 发展中国家和新兴经济体央行数字货币的实践和试点。发达国家专注于研究，而发展中国家和新兴经济体已逐渐成为央行数字货币探索和实践的主要探路者。图7.2显示，相对于发达国家，发展中国家和新兴经济体在探索央行数字货币的道路上遥遥领先。迄今为止，仅有尼日利亚和巴哈马两个发展中国家和新兴经济体宣布推出央行数字货币。宣布推出央行数字货币试点的发展中国家和新兴经济体占全球的81%。[②] 这表明，央行数字货币的许多初步经验主要来自发展中国家和新兴经济体。

3. 普惠金融发展正在推动发展中国家和新兴经济体探索央行数字货币。国际清算银行的研究表明，发展中国家和新兴经济体推进零售型央行数字货币的动因主要是发展普惠金融。图7.3显示，尽管发达国家与发展中国家和新兴经济体的动机存在部分重合，但对后两者而言，发展普惠金融是探索央行数字货币的首要动机。

---

① CBDC tracker. 2022. Central Bank Digital Currencies tracker. Accessed 14 March, 2022.

② CBDC tracker. 2022. Central Bank Digital Currencies tracker. Accessed 14 March, 2022.

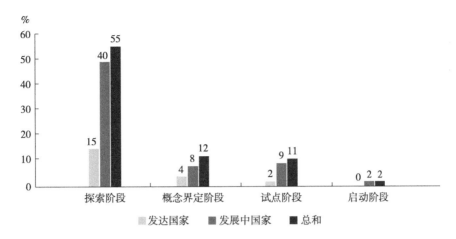

注：东加勒比海中央银行开展了央行数字货币的试点。尽管东加勒比海中央银行代表的所有 8 个国家（安圭拉、安提瓜和巴布达、多米尼克、格林纳达、蒙特塞拉特、圣卢西亚、圣文森特和格林纳丁斯、圣基茨和尼维斯）都可能在推动试点，但在图 7.2 中仍作为 1 个试点计入。

图 7.2　央行数字货币的探索

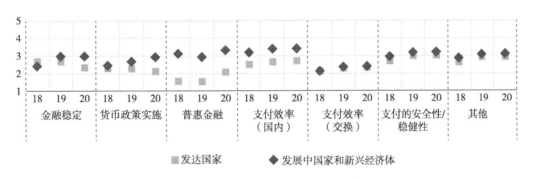

图 7.3　探索零售型央行数字货币的动机

图 7.3 显示，发展中国家与发达国家在普惠金融和支付效率方面存在巨大差距。普惠金融和支付效率都是发达国家、发展中国家和新兴经济体的首要任务，但与发展中国家的市场相比，发达国家使用央行数字货币的动机可能受到更复杂的风险因素影响。央行数字货币有可能扰乱既定的支付系统，或导致相对稳定的发达国家市场系统紊乱。因此，普惠金融发展水平较高、支付系统规模和效率较高的发达国家市场不一定会像发展中国家和新兴经济体一样从央行数字货币中受益，这导致他们推动数字货币的动机有所不同。

发展中国家和新兴经济体正在考虑优先使用的普惠金融典型案例。根据中央银行央行数字货币设计和战略文件，发展中国家和新兴经济体（均为普惠金融联盟成员）在普惠金融方面更瞄准发挥零售型央行数字货币作用的典型案例，如 P2P 支付、P2B 支付和 G2P 支付。弱势群体大多依赖社会转移支付和家庭成员汇款，而中小微企业由于成本问题可能不愿意使用数字支付，这些案例对弱势群体尤为重要。图 7.4 显示，尼日利亚和巴哈马的中央银行计划利用零售型央行数字货币进行低成本跨境支付。此外，尼日利亚计划通过利用央行数字货币直接促进 G2P 支付项目实施。巴哈马和加纳的中央银行均明确指出，希望央行数字货币支持 P2P 支付 P2B 支付，通过引入"零售支付的额外工具，促进加纳支付系统竞争，从而降低商户费用"，并确保"P2P 零成本支付"。①

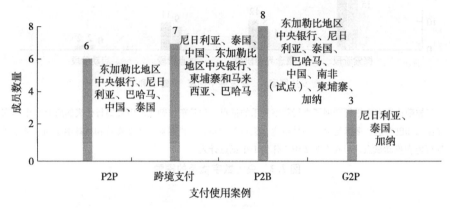

图 7.4　普惠金融联盟成员使用央行数字货币的案例

7.2.3　数字货币发展

1. 大多数普惠金融联盟成员正在探索创新多层次的零售型央行数字货币。在发展中国家和新兴经济体探索央行数字货币的普惠金融联盟成员中，超过 2/3 正在考虑推行零售型央行数字货币②，所有成员都在探索利用现有银行系统进行分销的混合型、多层次③模式④。普惠金融联盟成员对央行数字货币推行模式的意见不一：倡导推行零售型央行数字货币的国家中有 4 个国家建议使用基于账户的央行数字货币，而另外 4 个国家则正在使用基于代币的央行数字货币。⑤　在技术架构方面，虽然有更多成员探索基于分布式账本技术的央行数字货币，但对集中式或分布式账本技术央行数字货币的偏

① Central Bank of the Bahamas. 2019. Project Sand Dollar：A Bahamas Payments System Modernisation Initiative. and Bank of Ghana. 2022. Design Paper of the digital Cedi（eCedi）. Accra. Bank of Ghana. Accessed 25 March 2022.

② CBDC tracker. 2022. Central Bank Digital Currencies tracker. Accessed 14 March 2022.

③ 央行数字货币可以采取单一模式或多层次模式。在央行数字货币单一模式中，中央银行发行货币并履行所有职能，包括与终端用户直接交易。在央行数字货币多层次模式中，中央银行发行货币，但将职能委托给与终端用户交易的非中央银行的中介机构（金融服务提供商）（Kiff, John, Jihad Alwazir, Sonja Davidovic, Aquiles Farias, Ashraf Khan, Tanai Khiaonarong, Majid Malaika, Hunter Monroe, Nobu Sugimoto, and and Peter Zhou Hervé Tourpe. 2020. IMF Working paper：A Survey of Research on Retail Central Bank Digital Currency. Washington DC. IMF. Accessed 11 March 2022.）。

④ 在本章出版之时（2022 年 4 月），没有任何普惠金融联盟成员正在探索单层分销模式。

⑤ 专栏 7.4 对基于代币/账户的分类法价值进行了更详细的讨论。参见 CBDC tracker. 2022. Central Bank Digital Currencies tracker. Accessed 14 March 2022.

好尚不明确。①

2. 各种技术提供商兴起以支持央行数字货币倡议。自 2013 年以来，全球范围内出现了一系列央行数字货币技术提供商，以支持发达国家、发展中国家和新兴经济体推行零售型央行数字货币②。例如，Bitt 公司是东加勒比海中央银行 DCash 试点的推动者，正在与尼日利亚中央银行的 e – Naira 试点项目合作，两者都在基于 Hyperledger Fabric 分布式账本技术的平台上运行。NZIA 公司则为巴哈马中央银行的沙币项目提供专有的分布式账本技术平台。③ 表 7.2 简要介绍了普惠金融联盟成员在发展中国家和新兴经济体特定环境下合作开发央行数字货币的技术提供商，但并非详尽无遗④。

表 7.2　发展中国家央行数字货币的主要技术提供商

技术提供商	央行数字货币类型	成员	案例	技术平台类型
Bitt 公司	零售型	尼日利亚、东加勒比地区中央银行	G2P、P2P、P2B	分布式账本技术
飞天科技公司	零售型	中国	P2P、P2B	集中式和分布式账本技术的混合，储值设备
NZIA 公司	零售型	巴哈马	G2P、P2P、P2B、P2G	分布式账本技术
数字货币铸币厂	零售型	牙买加	—	集中分类账上的数字记名票据
Quorum 公司	批发型	南非	批发型	分布式账本技术
G + D 公司	零售型	加纳、泰国	P2B、P2P	集中分类账
R3 科达公司	批发型	泰国	批发型	分布式账本技术

7.3　数字货币促进普惠金融发展

本节概述了发展中国家和新兴经济体的普惠金融发展情况，介绍了央行数字货币支持普惠金融发展的典型案例。

发展普惠金融仍然是发展中国家和新兴经济体面临的挑战。图 7.5 是各地区发展中国家中没有金融账户的成年人比例，表明各国在正规的普惠金融方面存在的主要差异。在东亚和太平洋地区（EAP）及欧洲和中亚地区（ECA），分别有 30% 和 35% 的成年人没有金融账户，占比较低。而在拉丁美洲和加勒比地区（LAC），近一半的成年

---

①　只有 5 个探索零售型央行数字货币的普惠金融联盟成员表明了他们的技术选择。其中 3 个选择了非分布式账本技术的央行数字货币，2 个选择了基于分布式账本技术的解决方案。

②　CBDC tracker. 2022. Central Bank Digital Currencies tracker. Accessed 14 March 2022.

③　Central Bank of the Bahamas. 2019. Project Sand Dollar：A Bahamas Payments System Modernisation Initiative，Central Bank of Nigeria. 2021. Design paper for the eNaira. eNaira. and CBDC tracker. 2022. Central Bank Digital Currencies tracker. Accessed 14 March 2022.

④　表 7.2 只包括截至 2022 年 3 月末已表明其技术合作伙伴的发展中国家和新兴经济体。

人（47%）没有机会享受正规金融服务。此外，在中东和北非（MENA）及撒哈拉以南非洲（SSA），没有正规金融账户的成年人，占比分别为57%和67%。尽管自2011年以来，金融监管机构和政策制定者为解决普惠金融问题做了很多努力，但全球在获得正规金融服务方面仍存在9%的性别差距。[①] 中东和北非地区及撒哈拉以南非洲地区普遍缺乏获得正规金融服务的渠道，这表明发展中国家和新兴经济体中仍然普遍存在金融排斥，需要创新的解决方案。

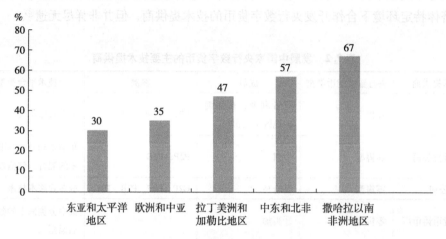

图7.5　无金融账户的成年人占比

　　数字支付是各地区发展普惠金融的主要驱动力，但地区间仍然存在差距。尽管数字支付使用率在各地区都有所增长，但并非所有的数字支付案例都能够成功将所有居民纳入服务对象。[②] 最典型的案例是P2P支付，它在促进普惠金融发展和数字支付使用率方面发挥了显著作用，尤其是在撒哈拉以南地区。图7.6显示，1/4的成年人主要使用数字支付账户收款或汇款。G2P支付和P2B支付的使用情况则相对滞后。在撒哈拉以南非洲地区，只有不到10%的成年人在金融账户中接收G2P支付，其他地区使用率略高。

　　数字化G2P支付也是提高女性金融普惠性的重要推动力，尤其是在新冠疫情期间，大约有8 000万女性开设了第一个账户接收G2P支付。[③] 例如，在欧洲和中亚地区，29%的成年人将政府付款存入金融账户，而在东亚和太平洋地区、拉丁美洲和加勒比地区、中东和北非地区，G2P支付比例仅为12%～19%。就P2B支付而言，在东亚和太平洋地区、欧洲和中亚地区，通过金融账户支付水电费的成年人比例分别为31%和33%，在中东和北非地区及撒哈拉以南非洲地区则分别为17%和16%。过去10年，普

　　① Global System for Mobile Communications（GSMA）. 2021. The Mobile Gender Gap Report 2021. London. GSMA.

　　② Findex. 2017. Global Financial Inclusion（Global Findex）Database 2017.

　　③ Consultative Group to Assist the Poor（CGAP）. 2022. How Can We Build on COVID - 19 Progress in Women's Financial Inclusion. Washington DC. CGAP.

惠金融联盟成员在推进普惠金融方面取得了很大成就，数字支付成为提高居民金融服务使用率的主要驱动力。尽管 P2P 支付在促进普惠金融发展方面发挥着重要作用，但仍有机会通过正规渠道、数字化 G2P 支付和 P2B 支付渠道更好地服务于企业与金融消费者，这需要创新解决方案来实现这些渠道对普惠金融发展的促进效果。

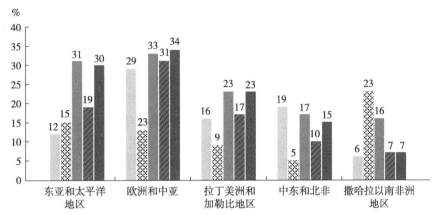

图 7.6　数字支付案例相关指标

7.4　数字支付典型案例

7.3 节揭示了发展中国家和新兴经济体及普惠金融联盟成员发展普惠金融的主要驱动力和面临的问题。本节将深入挖掘三个典型案例，这些案例不仅揭示了深化普惠金融的新机遇，而且实现了探索央行数字货币的普惠金融目标。本节将阐明典型案例的定义和范围，探讨使用央行数字货币的驱动因素，揭示发展中国家和新兴经济体获取客户和使用金融服务的障碍。

本节仅选取了三个典型案例，从具体实施角度看，这些案例可能并不是最重要的央行数字货币案例。要实现央行数字货币规模化产生的更强经济影响，需要在整个系统中实施，并支持能够在整个经济体中成功实现价值创造、分配和流通。这些典型案例清楚地阐明，一个有效的货币体系需要创新的支付渠道。具体地，G2P 支付表明了在一个系统中如何接收资金或收入，P2B 支付则概述了交易时资金如何在整个经济中流通，而 P2P 支付描述了用户间的流动性管理。因此，虽然上述典型案例主要是基于普惠金融联盟成员从央行数字货币的角度对其进行评估，但也可以作为央行数字货币如何促进宏观经济增长和支付效率的有益证据。

7.4.1 数字支付

1. P2P 支付：实现数字支付的催化剂。P2P 支付的定义。P2P 支付可定义为个人对个人的点对点支付（peer‑to‑peer），包括国内和跨境汇款（向家庭成员或朋友转账）。本节重点是分析国内 P2P 支付（不包括跨境汇款）。

P2P 支付的重要性。正规 P2P 支付是重要的普惠金融使用场景。正如 7.3 节所述，在发展中国家和新兴经济体中，超过 1/4 的成年人表示他们向居住在本国另一地区的亲戚或朋友汇款或收款[1]，在撒哈拉以南非洲地区这一比例接近 50%。P2P 支付对农村女性尤其重要，因为她们的可支配收入有很大一部分来自在城市工作的家庭成员的汇款。P2P 支付转账一直是推动撒哈拉以南非洲地区数字货币使用的有效驱动力，为进一步创新指明了方向。除非洲外，在泰国、菲律宾和蒙古国，P2P 支付也对普惠金融发展发挥了重要促进作用，这些国家近一半的成年人使用 P2P 支付进行国内汇款。[2] P2P 支付也是女性主要使用的工具，因为她们平均收入低于男性，而汇款占其收入的比例较高，她们通常也会更定期、更长时间地汇款。[3] 尽管 P2P 支付的数字化仍未达到发达国家水平，但对 P2P 支付的需求会继续增长。

数字普惠金融的驱动力。（可感知的）低成本和手机服务的可用性推动了 P2P 支付的数字化转型。与使用支付工具相关的成本往往是驱动行为决策的关键决定因素。在卢旺达开展的调研发现，大多数情况下，推动数字化支付最大的障碍是缺乏相关知识和技能无法感知数字支付的相关成本，即成本的呈现方式而不是成本本身。这通常是现金相对于数字支付工具的一个重要优势，现金交易没有任何有形成本，工人在领取工资时也不会被收取任何费用。[4] 此外，基本的手机服务，如语音、短信和点播的服务短信等对推广 P2P 支付也至关重要（例如肯尼亚的 M‑Pesa 和孟加拉国的 bKash）。从性别角度看，服务短信的使用也更具有普惠性，因为在中低收入国家，智能手机拥有率存在 15% 的性别差距。[5] 同时，从 3G 时代开始，基于应用程序（如中国的支付宝和印度的 Paytm）[6] 的数字普惠金融服务、获得数据服务等优化了用户体验。

优先使用 P2P 支付的动机。通过进一步降低费用，对风险客户采取更恰当的客户尽职调查（CDD）措施，减少网络连通障碍，利用现有普及的移动支付渠道，发展中国家和新兴经济体的央行数字货币可以通过网络效应进一步支持正规 P2P 支付发展。

---

① 就性别差距而言，其中 31% 男性在 2017 年使用了国内汇款，而女性则为 27%（Findex. 2017. Global Financial Inclusion（Global Findex）Database 2017）。

② Findex. 2017. Global Financial Inclusion（Global Findex）Database 2017.

③ International Organization for Migration. 2008. Survey on Remittances 2007：Gender Perspectives. Geneva.

④ Bester, Hennie, Christine Hougaard Iske van den Berg, Georgina Borros, Pieter Janse van Vuuren, and Kinyanjui Mungai. n. d. Drivers of digital payments behaviour in Rwanda：Farmer, merchant and customer perspectives. Cape Town. Centre for Financial Regulation and Inclusion（Cenfri）.

⑤ Global System for Mobile Communications（GSMA）. 2021. The Mobile Gender Gap Report 2021. London. GSMA.

⑥ Pazarbasioglu, Ceyla, Alfonso Garcia Mora, Mahesh Uttamchandani, Harish Natarajan, Erik Feyen, and Mathew Saal. 2020. Digital Financial Services. Washington D. C. World Bank.

2. P2B 支付：尚待开发以简化日常交易。P2B 支付的定义。P2B 支付是指客户为换取商品、服务而向商户支付的款项，包括水电费的支付。[1] P2B 支付交易不包括企业对企业（B2B）交易。因此，P2B 支付案例由金融消费者和商户（包括公共事业提供商）共同使用。

P2B 支付的重要性。日常支付数字化。零售商最常用现金进行交易。据世界银行集团和世界经济论坛的研究，中小微企业（MSME）零售商每年以提供商付款、工资和薪金及金融消费者收据的形式支付和接收金额约 34 万亿美元，其中约有 44% 通过电子方式完成支付，其余通过现金或支票完成支付。[2]

数字普惠金融发展的驱动力。基础设施、监管改革和市场创新促进了基于手机的 P2B 支付发展。基于手机的数字普惠金融服务，特别是电子货币促进了数字化 P2B 支付的使用，手机普及率是推动使用率提升的核心驱动力，尤其是对女性而言，手机普及率的性别差距为 7%。[3] 2020 年，P2B 支付占撒哈拉以南非洲地区电子货币支付的 10%。[4] 移动互联网连通和电力覆盖率进一步提升了这一比例。[5] 监管措施确保商户支付系统实现可持续，并积累足够的储备金以支付运营费用，例如因需向商户补贴而收取部分费用，保持商户低交易成本。如印度政府采取的方法是商户获得数字支付每笔交易 0.5% 的小额支付补贴，每笔交易上限为 0.5 美元，每月 35 美元。[6] 过去 10 年的市场创新也是 P2B 支付的关键驱动力，包括商户优先数字化登录，简化了申请流程，减少了人工审查。[7] 此外，开放应用程序接口等创新使银行成为开放平台，拓展了第三方系统（如金融科技公司和零售合作伙伴）共同创新支付服务，进一步提高数字支付的接受度。[8]

优先使用 P2B 支付的动机。P2B 支付的现金主导地位表明，尚需建立更具普惠性的支付系统，作为以开发更复杂的产品和服务造福穷人的切入口，应更好实现将 P2B 支付数字化。P2B 支付数字化也可以产生交易跟踪数据，作为中小微企业信贷的抵押品，帮助金融机构进行信用评级。央行数字货币不仅有助于实现 P2B 支付的数字化，

---

① 包括公共事业，这是一种通过手机进行按需支付的非常流行的支付方式。根据对发达国家和新兴经济体开展的半年一次的电子政务调查，140 个国家已使用数字公共事业支付（United Nations（UN）. 2018. United Nations E – Government Survey 2018. New York. UN.）。

② World Economic Forum. 2016. Innovation in Electronic Payment Adoption：The case of small retailers. Cologny. WEF.

③ Ahmad，Ahmad Hassan. Green，Christopher and Jiang，Fei. 2020. Mobile money，Financial Inclusion and Development：A Review with Reference to African Experience. Journal of Economic Surveys 34（4）：735 – 792. Accessed March 22，2022. and Global System for Mobile Communications（GSMA）. 2021. The Mobile Gender Gap Report 2021. London. GSMA.

④ Global System for Mobile Communications（GSMA）. 2021. The Mobile Gender Gap Report 2021. London. GSMA.

⑤ G20. 2021. The impact of COVID – 19 on digital financial inclusion. Washington DC. World Bank Group. Accessed 22 March，2022.

⑥ CGAP. 2019. India：A Testing Ground for Digital Merchant Payments.

⑦ OPUS. 2021. Why Digital – First Merchant Onboarding is Key to Portfolio Growth.

⑧ Accenture. 2018. Open APIs are driving uberization of payment services in Europe.

而且可以释放出更多的中小微企业信贷，提高提供商和金融消费者参与数字经济建设的积极性。

3. G2P 支付：亟须提高服务效率。G2P 支付的定义。G2P 支付是政府对公众的支付，包括社会转移支付、紧急援助和救济、退税、政府雇员工资、养老金和采购。G2P 支付对于金字塔底层的群体尤其重要，因为社会转移支付可能是这个群体唯一可接触的金融服务。

G2P 支付的重要性。正式的政府支付转账普遍没有数字化，无法惠及公众。G2P 支付通常有两类受益人：社会转移支付的对象和在职及退休人员。支付的方式较为多样，包括直接存入银行账户（如美国、秘鲁、哥伦比亚）、电子货币账户（如肯尼亚、乌干达）、汇票（如突尼斯）或通过现金卡支付（如巴西、菲律宾），后两种支付方式仅在兑现转让价值时可用。[1] 在发展中国家的许多地区，政府通过直接将转账打入个人账户以推动其支付数字化。但是，这对促进支付数字化转型的成效甚微，大多数政府转账仍未实现数字化。截至 2017 年末，发展中国家和新兴经济体中只有 16% 的个人以数字方式接收政府支付或转账。[2]

数字普惠金融的驱动力。社会保障创新、数字身份和互通互联。G2P 支付尤为重要，因为各国政府都依靠技术支持的社会转移支付来快速响应公共卫生紧急情况带来的经济和社会后果，如新冠疫情、与气候变化有关的灾害。[3] 例如，面对频繁的热带气旋，斐济社会福利部的"驰援家园"（Help For Homes）——一项支持政府移动支付的社会转移支付倡议，帮助政府加快向受灾群体分发社会援助金以重建家园。[4] 通过利用不断提升的手机普及率，格拉米基金会与私营加密货币提供商 cLabs 合作，通过移动应用程序 Valora 分发塞罗币（Celo Dollars），向菲律宾的 3 500 名女性企业家及其家庭提供了救济金。[5] 此外，改善数字身份验证是提高正规 G2P 支付渠道覆盖率的关键。例如，在印度，Aadhaar 身份认证系统允许通过生物识别技术远程验证用于 G2P 支付的银行账户持有人的身份，提升了 G2P 支付效率。[6]

优先使用 G2P 支付的动机。除提高支付管理的有效性外，数字化 G2P 支付可以拓展更多功能。与非正规交易相比，尽管功能不同，但提供 G2P 支付的账户也可用于促进正规储蓄、P2P 支付转账，为受益人提供更安全、更可靠和更高效的支付服务。G2P 支付账户也可以成为女性和其他弱势群体获得新金融服务的渠道。随着受益人成为更

---

① Davidovic, Sonja, Soheib Nunhuck, Delphine Prady, Harve Tourpe, and Ed Anderson. 2020. Beyond the COVID－19 Crisis：A Framework for Sustainable Government－To－Person Mobile Money Transfers. IMF eLIBRARY. Washington D. C. International Monetary Fund（IMF）.

② Findex. 2017. Global Financial Inclusion（Global Findex）Database 2017.

③ Inclusive Green Finance（IGF）. 2021. Disaster Resilience Through Financial Inclusion. Kuala Lumpur. Alliance for Financial Inclusion（AFI）.

④ International Monetary Fund（IMF）. 2020. Digital Financial Services and the Pandemic：Opportunities and Risks for Emerging and Developing Economies. Washington DC. IMF.

⑤ The Celo Foundation. 2021. Delivering Humanitarian Covid Aid using the Celo Platform. d.

⑥ Baur Yazbeck, Silvia, Gregory Chen, and Joep Roest. 2019. The Future of G2P Payments：Expanding Customer Choice. Consultative Group to Assist the Poor（CGAP）.

活跃的账户用户，金融服务机构能够更加深入地了解客户行为，设计出适合客户需求的新产品，并利用历史交易记录来提高受益人获得信贷、保险和其他产品的机会。[①] 数字化 G2P 支付可以通过直接向账户付款服务女性和其他弱势群体，提供私人、独立和稳定的收入及安全的价值储藏工具。尽管尚未转化为实践应用，但这些功能为央行数字货币的进一步创新提供了方向，助推发展中国家和新兴经济体的正规 G2P 支付渠道数字化和覆盖面提升。

7.4.2 助力普惠金融

数字支付在推动发展中国家和新兴经济体普惠金融发展方面发挥了关键作用。但是，并非发展中国家和新兴经济体的所有个人和商户都能从不断发展的数字支付系统中受益。无论是需求方还是供给方，数字支付的障碍依然存在，尤其是对获得金融服务不足和受到金融排斥的成年人。下文的案例属于拓宽交易方式和价值管理类，涉及数字支付在各种经济行为者之间的流动，许多障碍存在共性特征。因此，了解这些特征是评估央行数字货币是否有可能破除这些障碍并推动普惠金融的基础。

1. 需求方障碍。（1）性别问题。性别问题仍是需求方所有障碍中的首要障碍。在发展中国家和新兴经济体中，额外的背景因素加剧了女性许多需求方障碍。普惠金融联盟报告梳理了数字普惠金融服务促进女性普惠金融的多部门指导意见，指出了普惠金融的以下制约因素[②]：一是金融能力和金融素养有限。在全国代表性调查和家庭调查中，女性的金融素养往往低于男性。金融素养的差距也影响了数字普惠金融素养，数字普惠金融素养是一个综合了金融素养、金融能力和数字素养的多维概念。二是缺乏正式的身份证明。2017 年全球普惠金融数据库发现，在低收入国家，与男性（28%）相比，44% 的女性缺乏国民身份证或类似的证明文件。[③] 三是难以拥有手机等互联网连通工具。全球移动通信系统协会研究发现，发展中国家和新兴经济体中，3.93 亿成年女性没有手机。区域差异也很明显，南亚（23%）和撒哈拉以南非洲地区（13%）手机普及率的性别差距更大。[④] 四是歧视性的法律。在部分国家，有利于男性的法律（如继承法和家庭法）使女性无法获得金融服务。下面我们将举例分析这些制约因素如何在普惠金融案例的需求方障碍中对女性产生特别的影响。

（2）信任问题。公众对数字普惠金融服务和正规金融部门的低信任度影响了其使用。信任是决定个人参与数字普惠金融服务的核心因素。信任是多种体验的综合，包

---

① 除非金融服务提供商收集按群体和性别分类的数据，否则不太可能为满足不同群体，尤其是女性的需求而量身定制新金融服务。Responsible Finance Forum. 2020. *Delivering on the Potential of Digitized G2P: Driving Women's Financial Inclusion and Empowerment through Indonesia's Program Keluarga Harapan.*

② Digital Financial Services Working Group (DFSWG) and the Gender Inclusive Finance workstream. 2021. *Case Studies of Multisectoral Approaches to Integrating Digital Financial Services for Women's Financial Inclusion.* Kuala Lumpur. Alliance for Financial Inclusion (AFI).

③ World Bank. 2020. *The Global Identification Challenge: ID4D – Findex Survey.* Washington DC. World Bank.

④ Global System for Mobile Communications (GSMA). 2020. *The Mobile Gender Gap Report 2020.* London. GSMA.

括对功能效率的感知、服务和提供商对用户需求的契合度、对服务满意度和外部环境驱动因素。高收费、缺乏互操作性和金融服务的复杂性等障碍都会进一步削弱公众对数字普惠金融的信任。此外，P2B 支付案例还存在独特的信任障碍：可见性。现金是逃税和非法资金流动的常见工具[1]，商户认为数字普惠金融服务会降低隐私度，并可能导致税务责任加重，这让他们望而却步。女性通常很少有机会提升金融能力和金融素养，对数字普惠金融服务缺乏了解，从而降低了对数字普惠金融的信任度。此外，在许多发展中国家，女性仍然面临歧视性的社会等级制度，这可能导致她们遇到问题时不太可能选择投诉，也不太可能在投诉时得到补偿，这进一步削弱了女性对数字普惠金融服务的信任。

不可互操作的支付系统中存在的成本和复杂性限制了消费的便利性。由于每笔交易的成本对于小型提供商的低交易量而言过高，小型提供商无法与大型提供商合作。[2]在这种情况下，小型提供商无法在支付领域站稳脚跟，不能在产品而非基础设施方面与大型提供商竞争。对于客户而言，这限制了他们在不同提供商之间转移资金的能力，尤其会影响 G2P 支付的收款人。例如 G2P 支付收款人在一个账户中收到付款，但可能无法将资金转移给较小的、更具竞争力的提供商，因为系统可能是一个闭环。最终，客户和商户的需求仍未得到满足。此外，不可互操作的支付系统仍未覆盖某些细分市场。

（3）费用问题。缺乏数字普惠金融服务的可负担性增强了现金优势。[3]对数字普惠金融服务相关的高额费用的认知也成为需求方阻碍的因素之一。金融消费者往往认为他们的收入不足以支持开设一般的金融账户。[4]这导致低收入用户，即弱势群体更倾向于使用现金。因此，需以广为人知的价值主张证实、宣传数字普惠金融服务的优势，激励弱势群体从使用现金转向数字普惠金融服务。缺乏数字普惠金融服务的负担能力也对女性产生了一定影响，平均而言，她们的收入水平较低，因此对数字普惠金融服务费用更加敏感。女性的收入水平较低也意味着她们往往没有足够的流动资金来获得或维持数字普惠金融服务账户。[5]

（4）商户接受度。缺乏标准化的支付工具成为阻碍商户接受度的关键。因此，商户默认要求使用现金作为普遍接受的标准化支付工具。在数字支付方面，商户可能不愿意持有多个 POS 终端和电子货币账户以满足金融消费者的需求。[6]即使商户接受同时

① Bank of International Settlements. 2018. Payments are a – changin' but cash still rules. Basel. Bank of International Settlements.

② Consultative Group to Assist the Poor (CGAP) . 2018. Balancing the Economics of Interoperability in Digital Finance. Washington DC. CGAP.

③ World Economic Forum (WEF) . 2017. 6 challenges to financial inclusion in South Africa. Cologny. WEF.

④ Allen, Franklin. Demirguc – Kunt, Asli. Klapper, Leora. Peria, Martinez. Soledad, Maria. 2016. The foundations of financial inclusion: Understanding ownership and use of formal accounts. Journal of Financial Intermediation 27: 1 – 30.

⑤ Digital Financial Services Working Group (DFSWG) and the Gender Inclusive Finance workstream. 2021. Case Studies of Multisectoral Approaches to Integrating Digital Financial Services for Women's Financial Inclusion. Kuala Lumpur. Alliance for Financial Inclusion (AFI) .

⑥ McKinsey. 2021. The future of payments in Asia. Accessed 20 March 2022.

设置多类支付工具，客户也不愿意以数字方式支付。这就形成了恶性循环。

（5）数字素养。家庭缺乏足够的数字素养和能力应对数字普惠金融服务环境的变化。低收入、首次使用正规金融服务的潜在用户通常缺乏对金融服务的认知，缺乏了解和使用这些服务所需的技能。缺乏关于金融产品和服务的信息或知识，会对使用金融服务产生不利影响。对于 P2P 支付和 P2B 支付而言，缺乏数字普惠金融技能等会导致金融消费者难以利用这些渠道，也会加剧欺诈风险。例如，无法浏览电子货币菜单或阅读金融短信（包括电子货币确认信息、促销信息和银行余额）；无法读取手机钱包中的余额等。[①] 数字素养由许多因素组成，包括教育、就业状况和收入水平。其中许多因素在女性中更为明显。根据《2020 年移动互联网性别鸿沟报告》，在塞内加尔的抽样调查中，36% 的女性使用移动互联网时存在阅读和写作等主要障碍，而男性中这一比例仅为 12%。[②] 因此，在服务不足的群体中推进普惠金融创新需要考虑金融消费者权益保护和金融素养问题，以确保金融服务使用的普遍性。

（6）身份识别。身份识别缺陷阻碍了数字普惠金融服务在 G2P 支付和 P2B 支付案例中的应用。G2P 支付的使用依赖于受益者准确的基本身份信息。在身份识别不足的情况下，弱势受益者往往被系统所忽略，将导致有针对性的社会救济无法到达最需要的人手中。与 P2B 支付案例有关的身份识别缺陷通常发生在企业或商户一方。这主要是由于没有专门针对其业务的"了解你的客户"文件的商户（如正式的商业登记或贸易许可证）无法访问为细分市场设计的数字普惠金融服务。此外，与信任问题一致，由于隐私和合规问题，商户可能会选择在数字普惠金融服务系统中保密业务信息，只有数字普惠金融服务带来的附加值需要超过商户的感知成本时，他们才会使用数字普惠金融产品。对于弱势群体（如女性、移民和农村居民）而言，身份识别障碍可能尤为严重，因为弱势群体的身份识别缺陷可能更加明显。[③] 由于某些国家的制度文化及背景，女性在获得身份证明时存在法律和监管障碍，从而导致多数妇女和女童缺乏身份识别相关证明。尽管消除身份识别障碍取得了一定进展，但在研究期间，全世界有 11 个经济体[④]的女性在申请国民身份证时仍然面临法律障碍。[⑤]

（7）即时支付。并非所有人都能享受到即时支付。尽管电子货币和部分银行系统已经成熟，但这些系统并未涵盖所有提供商。现有非即时支付机制无法满足日益增长的即时支付需求。由于现金在面对面的情况下可以实现即时转移价值，而支付服务提供商无法满足客户对即时支付的需求，数字支付相对于现金缺乏吸引力。例如，P2P 支付、G2P 支付和 P2B 支付在面对面的即时支付上存在不足，商户通常需要提供转账

---

① Lusardi, Annamaria. 2012. Numeracy, Financial Literacy, and Financial Decision–Making. NBER Working Paper.

② Global System for Mobile Communications（GSMA）. 2020. The Mobile Gender Gap Report 2020. London. GSMA.

③ Bill and Melinda Gates Foundation. 2019. Women's Digital Financial Inclusion in Africa.

④ Afghanistan；Algeria；Benin；Cameroon；Congo, Rep.；Egypt, Arab Rep.；Mauritius；Namibia；Oman；Pakistan；Saudi Arabia.

⑤ World Bank Group. 2018. Women, Business and the Law 2018. Washington DC. World Bank.

证明才能完成商品和服务交易。

（8）连通性。基础设施方面的障碍阻碍了发展中国家和新兴经济体的普惠金融发展。根据全球移动通信系统协会数据，在撒哈拉以南非洲地区仅有 46% 的人口使用移动服务。[1] 在拉丁美洲和亚太地区这一比例分别为 69% 和 58%。即使在当地公众能够使用设备的情况下，电力连通在某些情况下也无法支持数字支付系统。连通性成为进行移动 P2P 支付的一个重要障碍，因为数字设备需要持续供电。如果没有可靠的连通，不仅商户不太可能投资支持数字支付的基础设施，客户也不太可能以这种方式付款。

发展中国家和新兴经济体中大部分人员无法接触基于互联网的数字普惠金融服务。发展中国家的互联网整体接入仍然相当有限。在撒哈拉以南非洲地区（29%）、南亚（35%）、拉丁美洲（69%）、东亚和太平洋地区（70%），只有有限的人口可连通互联网。互联网接入的可靠性和质量是确保与数字普惠金融服务安全连通的另一个重要因素。在发展中国家和新兴经济体中很多人没有智能手机，仍然依赖于 2G 网络连通。在这种情况下，服务短信传输方法对金融服务的可及性至关重要。这一点在撒哈拉以南地区得到了体现，大部分电子货币交易都通过服务短信进行。这些问题对于女性、弱势群体和农村人口群体来说也更加明显。尤其是在发展中国家和新兴经济体，女性很难负担得起技术和互联网接入的成本。在世界最不发达国家，只有 50% 的女性可以使用互联网，而男性使用互联网的比例是 57%，互联网使用方面的性别数字鸿沟仍然最大。[2]

2. 供给方障碍。（1）提供商的互操作性。双边协议导致非互操作性支付的成本和复杂性提升。扶贫协商小组（CGAP）对 20 个发展中国家和新兴经济体的研究发现，虽然每个市场都存在某种形式的互操作性，但最常见的是双边互操作，或通过第三方、聚合器实现互操作性。[3] 即使在有多边协议的情况下，一些提供商仍然使用双边协议。[4] 双边协议对提供商而言既低效又昂贵，每份协议确定定价规则和其他互操作性条款的内容存在差异，因此需付出较多精力和成本来维护。在通过聚合器和第三方提供商互操作的情况下，可能存在多个聚合点。因此，提供商可能有一个用于账单支付的聚合器，还有一个用于商户支付的聚合器等。这是商户支付和账单支付等案例中存在的问题。大型提供商互操作性的意愿较低，大型提供商作为垄断企业建立闭环系统获得网络效应实现繁荣发展，阻碍了市场竞争和创新。[5]

（2）现金管理。高额的流动资金成本降低了提供商服务弱势群体的能力。依靠实体网点经营的支付服务提供商由于商业可持续问题，向更偏远的农村人口提供实体现

---

① Global System for Mobile Communications（GSMA）. 2021. The mobile economy Sub – Saharan Africa. London. GSMA. Accessed 14 March 2022.

② International Telecommunication Union. 2021. The gender digital divide. Geneva. ITU.

③ Arabehety, Pablo Garcia, Gregory Chen, William Cook, and Claudia McKay. 2016. Digital Finance Interoperability & Financial Inclusion: A 20 – century scan. CGAP.

④ Arabehety, Pablo Garcia, Gregory Chen, William Cook, and Claudia McKay. 2016. Digital Finance Interoperability & Financial Inclusion: A 20 – century scan. CGAP.

⑤ Gray, J. 2021. Interoperability of data. 15 June. Accessed 22 April, 2022.

金交易网点受限。[1] 没有将银行账户绑定到移动钱包的代理人必须到最近的银行网点管理流动资金。[2] 对于电子货币运营商来说，提供代理服务的成本非常高，包括招聘和培训代理人、实施安全措施和处理流动性管理等成本。[3] 这些成本使得在农村和偏远地区等仍需投资实体网点的地方进行低价值交易或维持低账户余额等无利可图。基于这些流动性成本，为偏远或农村地区的个人服务的成本太高。[4] 如果没有实体现金交易网点，客户和商户就无法参与数字支付系统，导致金融排斥现象，这是所有支付案例共同存在的问题。

（3）第三方中介机构的盛行。电子货币即时结算仍受制于后端的低效率。由于交易需要在两个支付机构之间处理，而这两个支付机构需要结算，如信托账户和结算账户之间需要 1:1 匹配以缓解信用和结算风险，占用了可以用于投资的资金。[5] 可互操作的电子货币转换和第三方中介机构的加入增加了多个支付系统和多种商业工具之间清算和结算的复杂程度，降低了结算速度并提高了对账成本，最终阻碍了数字支付效率的提升。

（4）连通性。传统支付服务提供商很难满足连通性较低地区的客户和商户的支付需求。可靠的电力供应和基本的手机基础设施是提供商愿意在特定地区提供基础数字普惠金融服务的基本前提条件。[6] 但是，数字基础设施在一些发展中国家和新兴经济体中面临挑战，成为供给方的障碍。从商业可持续角度而言，在连通性差的环境建立 POS 终端、设立电子货币代理、实体网点或自动提款机（ATM）不满足商业可持续性的要求。[7]

7.5　作用机制

本节深入研究了如何利用央行数字货币具体功能破除上述障碍，促进普惠金融发展。本节最后讨论了围绕这些功能的设计方案与普惠金融联盟成员选择的设计方案之间的关系。

7.5.1　推动普惠金融发展机制

监管壁垒是推行央行数字货币需解决的首要问题。为保障央行数字货币成功实施，

---

① Klapper, Leora, and Singer Dorothe. 2017. The World Bank Research Observer. Accessed 14 March, 2022.

② Perez, Laura Munoz, Michaella Allen, Christine Hougaard, and Barry Cooper. 2019. The evolution of agent networks in Africa: Case study: Kenya. March. Accessed 29 March, 2022.

③ Pazarbasioglu, Ceyla, Alfonso Garcia Mora, Mahesh Uttamchandani, Harish Natarajan, Erik Feyen, and Mathew Saal. 2020. Digital Financial Services. Washington DC. World Bank.

④ Klapper, Leora, and Singer Dorothe. 2017. The World Bank Research Observer. Accessed 14 March, 2022.

⑤ Dobler, Marc C, José Garrido, Dirk Jan Grolleman, Tanai Khiaonarong, and Jan Nolte. 2021. E-Money: Prudential Supervision, Oversight, and User Protection. Washington DC. International Monetary Fund (IMF). 14 December. Accessed 25 March 2022.

⑥ Pazarbasioglu, Ceyla, Alfonso Garcia Mora, Mahesh Uttamchandani, Harish Natarajan, Erik Feyen, and Mathew Saal. 2020. Digital Financial Services. Washington DC. World Bank.

⑦ Pazarbasioglu, Ceyla, Alfonso Garcia Mora, Mahesh Uttamchandani, Harish Natarajan, Erik Feyen, and Mathew Saal. 2020. Digital Financial Services. Washington DC. World Bank.

需制定关键法规，解决主要障碍，创造有利环境。为使数字普惠金融服务系统蓬勃发展，需要有基本的监管和政策环境。缺乏共同的愿景和战略，竞争环境不足，监管机构之间缺乏合作，是所有案例在实施央行数字货币之前需解决的关键监管壁垒。监管是支付系统及其创新的基础，因此需要建立完善的监管制度作为保障。

1. 解决需求方的障碍。（1）信任。央行数字货币通过实现更快、更方便的支付功能以增强信任。央行数字货币可以通过影响金融消费者信任的各种综合因素增强金融消费者对数字支付的信任。为了满足金融消费者对可靠、即时支付的需求，央行数字货币保持着高度的不可更改性和不可撤销性。此外，为保证可靠性，央行数字货币通过利用依赖多个服务器的去中心化系统来消除服务停机时间，减少系统全面故障风险。在集中式数据架构的情况下，可利用技术确保多个节点或处理器同时协调在线和离线能力，从而调整离线设备上各节点之间的处理负荷。央行数字货币的其他关键特征可以为未得到服务和服务不足的群体提供更高水平的功能效率。

一是离线和在线服务能力。央行数字货币可以通过近场通信技术和蓝牙技术实现在线和离线同时使用，促进两个移动或支付设备之间的离线支付。① 二是全天候的可用性。基于分布式账本技术平台运行的央行数字货币关键设计特点是持续可用性。多个服务器保障央行数字货币在一个服务器发生故障时可继续运行。东加勒比海中央银行②的 DCash 发生的停机故障进一步强调了建立保障机制减少潜在停机时间的重要性。③ 例如制定发生故障时的相关协议，确保及时更新过期证书和系统，以避免再发生类似于 DCash 的故障。三是保证不可撤销性。央行数字货币通过保障严格的不可更改性和不可撤销性，提升了公众对数字支付的信任。④ 与现金一样，双方使用央行数字货币进行交易规避了商业支付工具可能的交易风险，可确保即时结算，大大降低交易失败和欺诈的风险。

央行数字货币的互操作性有助于创新更多的便捷支付案例。零售型央行数字货币

---

① 离线功能取决于许多因素，包括整体方案的密码学和设计、工具设计和协议、钱包和版本的结构规格，然后是具体规定的央行数字货币系统所需的具体和称的解决措施，以便在全国范围内运作。需要注意的是，离线交易并不是必然的，如果没有找到一个安全的解决方案，央行数字货币可能会被数字伪造。消除这种风险的建议包括建立一个安全的支付系统协议，允许用户在发送方和接收方都暂时离线的情况下使用央行数字货币进行数字支付。（English, Erin. 2021. Finding a secure solution for offline use of central bank digital currencies. Visa Economic Empowerment Institute. March 2021.）此外，"双重消费"攻击是一种伪造形式，即在未开发的加密协议下，央行数字货币被非法消费多次，这个问题可以通过央行数字货币用户离线时施加消费限制和交易频率来缓解。此外，一旦进行交易的设备恢复"在线"，在设计为离线操作的系统中，交易的离线历史将作为工具或钱包同步上传。在其他具有离线功能的系统设计中，合规软件可以与离线期间的任何交易同步。[World Economic Forum. 2021. 4 key cybersecurity threats to new central bank digital currencies. Geneva. The World Economic Forum（WEF）.]

② Eastern Caribbean Central Bank（ECCB）. 2022. Region – Wide Service Interruption of DCash Platform. Eastern Caribbean Central Bank（ECCB）.

③ 这个问题与承载 DCash 分类账的 Hyperledger Fabric 版本证书过期有关，这迫使银行进行更新。过期证书不仅会导致计划外的系统或服务中断，还会提供使恶意行为者可以找到进入央行数字货币操作平台的途径。适当和及时更新过期证书是缓解中间人攻击的关键。（Security Boulevard. 2022. Digital Currency Hit by Expired Certificate — Root Cause for Prolonged Outage.）

④ Bank for International Settlement. 2021. Ⅲ. CBDCs：an opportunity for the monetary system. BIS Annual Economic Report 2021. Basel. Bank of International Settlements. Accessed 14 March，2022.

的主要特点之一是可以实现全面的网络和渠道互操作性。在许多发展中国家和发达国家，仍然需要在特定支付方案之间通过逐步清算和结算过程完成支付交易，支付过程烦琐且费用高昂。央行数字货币有潜力成为所有获得许可的提供商都可以通过安全的开放式应用程序接口与之整合①的通用数字工具，为所有持牌的支付服务提供商提供无须双边集成或依赖多个外部交换机的清算渠道，且随时随地可进行清算。央行数字货币由于其主权货币和法定货币地位，可在当地数字货币计价的任意方案中进行整合，实现互操作性。央行数字货币全面的互操作性将消除所有支付摩擦，为金融消费者提供便捷的支付服务，满足支付需求。例如，巴哈马的沙币允许现有支付渠道和新支付渠道之间实现互操作性，所有的支付服务公司都可以使用数字货币，并能够使用沙币网络结算巴哈马元的零售支付。②

（2）实际不可负担性与感知不可负担性。央行数字货币可以降低数字普惠金融服务成本，提高金融消费者可负担性。数字普惠金融服务费用对金融消费者而言是不可负担成本，加强了对现金的偏好。③ 可互操作的央行数字货币将简化结算过程。④ 央行数字货币提供完整和安全的交易记录，无须使用中央登记处就可以实现直接 P2P 支付交易，从而降低了对传统参与者（即金融机构或清算所等第三方中介机构）的需求，降低了支付服务提供商的成本。如果降低的这部分成本让利于金融消费者，终端用户将能够通过央行数字货币体验到更实惠的支付服务。加纳约 99% 的 P2B 支付都是以现金方式进行的，后来，加纳银行通过引入数字塞地币（eCedi）与现有支付产品竞争，降低了商户支付的成本和费用等壁垒。⑤ 此外，央行数字货币也可以在基于移动的服务短信⑥钱包上运行，并对 SIM 卡进行加密，或通过服务短信—央行数字货币交换来运行，使服务短信系统基本保持不变，这对于想使用央行数字货币钱包基本型或功能型的手机用户而言启动资金要求很低。此外，为了进一步支持商户支付，央行数字货币还可以扩展到非接触式硬钱包和近场通信技术可穿戴设备，使金融消费者能够进行在

---

① 一个应用程序接口允许一个软件程序与另一个软件程序"对话"。应用程序接口实现了产品创新和服务面扩大，每天有数百万人在使用。例如，应用程序接口使叫车软件能够利用其他公司的地图和支付系统。有时，公司以单个或少数合作伙伴创建应用程序接口。当一个金融服务提供商"开放"其应用程序接口时，其他公司可以广泛使用这些应用程序接口。例如，一个数字支付提供商可以开放应用程序接口，使一系列的电子商务公司能够无缝接入其支付系统。开放的应用程序接口可以为提供商创造收入，并加速市场创新。［Consultative Group to Assist the Poor（CGAP）. 2021. Open APIs for digital finance. Washington DC. CGAP.］

② Central Bank of The Bahamas. 2022. The Sand Dollar Project.

③ Pazarbasioglu, Ceyla, Alfonso Garcia Mora, Mahesh Uttamchandani, Harish Natarajan, Erik Feyen, and Mathew Saal. 2020. Digital Financial Services. Washington DC. World Bank.

④ Cooper, Barry, Antonia Esser, and Michaella Allen. 2019. The use cases of central bank digital currency for financial inclusion: A case for mobile money. Cape Town. Centre for Financial Regulation and Inclusion（Cenfri）.

⑤ Bank of Ghana. 2022. Design Paper of the digital Cedi（eCedi）. Accra. Bank of Ghana. Accessed 25 March, 2022.

⑥ 服务短信（USSD）与央行数字货币的使用需要通过安全和密码学设置进行调整。一般来说，提供商和当局都不愿意将安全工具暴露在不安全的渠道上。通过在服务短信（USSD）上保留电子货币并与央行数字货币相连通，即通过交易所使用的电子货币购买或出售央行数字货币，进入或离开电子货币系统，可以达到同样的效果。

店支付和交通费用支付，如数字人民币。①

（3）商户接受度。央行数字货币通过为商户创造更多价值来激励其使用数字技术。P2B 支付信任和识别壁垒较低，但对税收可见性的担忧、缺乏正式注册、支付服务提供商征收的商户支付费用和注册账户或 POS 设备烦琐的"了解你的客户"要求等，形成了对商户的特定壁垒。尽管央行数字货币可能无法轻易打破所有已知壁垒，但它可以为商户创造足够多的价值，抵消使用数字支付的实际或感知成本。例如，央行数字货币的可编程性可以支持更多的信贷准入，因为央行数字货币的交易记录可以用来提供更细致、更准确的信用评分。② 此外，央行数字货币的固有机制使重新配置库存管理系统成为可能，以便在交易基础上实时更新库存数据。此外，可编程性和智能合约可以使增值税（VAT）和其他税款自动化支付，使提供商摆脱手动计算和核对其增值税责任及提交、支付的烦琐工作。可互操作的央行数字货币钱包还可以在同一个设备上对提供商、客户和个人付款。

（4）数字素养。央行数字货币内置了指导数字素养较低群体的功能。央行数字货币可配置简化的钱包设计，便于数字素养较低的群体使用。其中的关键是基于大量用户测试、访谈和用户与合作伙伴反馈，为金融素养较低的群体设计易于使用的移动钱包。此外，央行数字货币应有可以在功能手机上使用的版本，也有可以在智能手机上使用的版本。为实现前者，可利用现有渠道，包括服务短信、语音和在线功能，使其都可在一个钱包中接收。保障缺乏传统金融素养和数字素养的群体使用便利性的替代机制还包括设立语音识别和人工智能的聊天机器人。

（5）身份识别。央行数字货币可以摆脱身份识别困境。缺乏普遍的身份识别是 G2P 支付特别具有挑战性的制约因素，因为政府无法对缺乏身份的公众进行数字转账或支付工资。央行数字货币有可能通过以下三个途径摆脱身份识别困境。

一是将央行数字货币注册与数字身份计划相结合。这个途径是最简单的，因为将央行数字货币注册与数字身份计划结合意味着身份识别过程可以正常运行。当人们注册央行数字货币钱包时，可以同时注册数字身份。二是以央行数字货币本身替代数字身份。个人对央行数字货币的使用和交易历史可以作为用户的数字身份验证。因此，央行数字货币可用于持续验证个人的身份，而非一次性事件，从而为没有身份证明的人建立更健全的身份档案。三是设立支持央行数字货币的数字身份堆栈。央行数字货币可以整合政府机构持有的各种类型的身份指标（如电话号码、生物识别技术或电子

---

① Payments, Cards and Mobile. 2021. PBOC extends CBDC pilot to include contactless and NFC wearables. 同样，芯片卡上可以容纳的央行数字货币工具将不依赖于手机的所有权，这可以将钱包的推广成本降低到类似于不使用手机公众的芯片和近场通信技术借记卡的成本。在手机上点击，在玻璃上输入密码的近场通信技术可以将智能手机转化为 POS 设备，有可能产生几乎无处不在的商户，提升 P2P 支付的央行数字货币接受度。

② 通过央行数字货币促进数字交易，将自动生成交易数据，便于收集。这样的数据跟踪也可以为信用评分提供基础，并通过场外还款降低提供商的风险，同时减轻商户负担。［Consultative Group to Assist the Poor（CGAP）. 2019. Digital Credit Models for Small Businesses. Washington DC. CGAP.］

邮件地址)①，通过利用这些唯一标识创建数字身份"堆栈"。这些堆栈又可以作为没有任何形式身份证明文件的个人的独特身份，也可以用来提高那些某种形式的身份证明文件的可靠性。因此，这种方法为个人提供了一种方便的、可验证的身份识别方式，可以用来代替纸质文件以数字方式获得服务。②

央行数字货币可管理身份识别风险。央行数字货币对身份指标或堆栈的使用可以与多个钱包版本相结合，管理数字身份信息缺失群体的风险。与人工验证相比，此流程可以降低依赖于简单的、可伪造的纸质或卡片进行的不当客户尽职调查（CDD）风险。在仍依赖传统身份证明形式（如实物文件）进行客户尽职调查的国家，数字系统使用技术验证身份文件，而非主观当面评估，有助于增强身份识别有效性。因此，尽管央行数字货币本身不能解决身份识别问题，但它可以作为更好地促进身份识别的一种工具。③

（6）连通性。一是央行数字货币可利用现有技术支持离线支付。央行数字货币的离线支付功能满足了在网络连通薄弱或无网络的环境中对支付工具的需求。离线支付可以通过近场通信技术④和蓝牙技术实现。近场通信技术利用无线射频识别（RFID）⑤基础设施实现支持近场通信技术的两个设备间的交易，如通过非接触式欧陆卡、万事达卡和维萨卡（EMV）⑥ 智能卡在读卡器上进行支付。⑦ 零售型央行数字货币可以在离线环境下利用这一技术进行支付。发行人可以要求用户通过在线账本核对离线交易。⑧央行数字货币也可以被设计成一种永远离线的无记名工具，例如芬兰银行 1993 年推出的 Avant 央行数字货币。⑨ 加纳银行的 eCedi 在农村地区以及没有移动数据网络的情况下也能使用，具有离线支付能力。⑩

二是央行数字货币需能够支持各种场景，否则现金支付仍将占主导。为保证离线支付而设计的央行数字货币可以支持 P2B 支付、G2P 支付和其他支付。顾客只需用智

① Cooper, Barry, Laura Munoz Perez, Antonia Esser, Michaella Allen, Nolwazi Hlophe, and Matthew Ferreira. 2019. ID proxy initiatives across the globe: An analysis. Cape Town. Centre for Financial Regulation and Inclusion (Cenfri).

② Cooper, Berry, Antonia Esser, Gatwabuyege Fabrice, Kinyanjui Mungai, Vera Neugebauer, Laura Munoz Perez, Roland Banya, and Ajay Jaganath. 2021. An inclusive digital identity platform in the Pacific Islands. Cape Town. Centre for Financial Regulation and Inclusion (Cenfri).

③ Cooper, Barry, Matthew Ferreira, and Lezanne Janse van Vuuren. 2020. Digital identity and financial inclusion. Cape Town. Centre for Financial Regulation and Inclusion (Cenfri).

④ 近场通信是能够使两个电子设备在 4 厘米或更短的距离内进行通信的条款。

⑤ 射频识别是指在射频识别标签或智能标签中编码的数字数据通过无线电波被阅读器捕获的技术。

⑥ EMV 卡是一种带有嵌入式微芯片和相关技术的信用卡或借记卡，旨在实现在兼容的 POS 终端上安全支付。兼容终端支持芯片和 PIN 码或芯片及签名认证的卡片。

⑦ Gauthier, Van Damme, Wouters Karel, Karahan Hakan, and Preneel Bart. 2009. Offline NFC Payments with Electronic Vouchers. Research Gate. Accessed 03 15, 2022.

⑧ 支付服务提供商可以进入远程/离线环境，支持使用在线分类账核对离线交易。详情请参考利益相关者对加纳银行 eCedi 和尼日利亚中央银行 eNaira 的访谈（附录 7.1：利益相关者访谈名单）。

⑨ Grym, A. 2020. Lessons learned from the world's first CBDC. Accessed 14 April, 2022.

⑩ Bank of Ghana. 2022. Design Paper of the digital Cedi (eCedi). Accra. Bank of Ghana. Accessed 25 March, 2022.

能卡就可以在商铺进行连续付款。农村居民可以通过智能卡支付或收款，从而建立数据记录，将此数据记录与支付服务提供商共享，就可用来获得信贷。[①] 政府可以通过政府支付技术分发福利券，援助弱势群体。[②] 受气候变化相关灾害影响的农民可以通过央行数字货币支持的政府支付，使数字支付具有严格的不可更改性和不可撤销性。数字货币不仅有利于保证下一次支付准时到账，而且提高了支付付款的可预测性和可靠性，可以满足个人和家庭实现长期计划和投资需求，最终提高其抗风险能力。[③]

离线功能还为生活在偏远地区的农民等在电力和网络中断期间进行支付提供解决方案，帮助遭受自然灾害的弱势群体获得针对性的 G2P 支付。在许多发展中国家和新兴经济体，女性具有更大的社会需求，但在家庭中的话语权较弱，央行数字货币可以进行编程以确保将政府支付存入她们自己的账户，保障女性对资金的支配权和在家庭中公平分配资金的能力。例如，在印度，将女性赚取的工资直接存入她们自己的银行账户而不是其丈夫的账户，促使参与劳动力市场的女性人数和总收入大幅增加。[④]

2. 解决供给方的障碍。（1）提供商的互操作性。央行数字货币可以降低提供商互操作性的相关成本和复杂性。央行数字货币提供商认为，央行数字货币可以克服集成互操作性方案的技术（和潜在的成本）挑战。例如，电子货币提供了通用技术标准的应用程序接口。[⑤] 应用程序接口提供的通用技术标准降低了集成成本和整个系统的技术故障风险（Kudrycki，2017）[⑥]，提供商只需要以辐射状[⑦]连通到中央银行应用程序接口。但是，这并不是实现互操作性的唯一方法。阿尔戈兰德（Algorand）[⑧] 通过基于区块链的开源网络缓解了互操作性问题。[⑨] 阿尔戈兰德的央行数字货币模式可以与当地实时总额结算系统（RTGS）完全整合，并通过从 RTGS 收到的指令在其平台上发行央行数字货币。[⑩] 这种方法降低了互操作性的复杂性和成本。总体而言，在一个开放的循环系统中，央行数字货币互操作性支付，可在创新产品和服务、创新接入和分配模式中为创新数字普惠金融服务提供契机，鼓励了市场竞争。例如，在中国，支付宝和微信

---

① 详情参见对加纳银行 eCedi 和尼日利亚中央银行 eNaira 的利益相关者访谈（附录7.1：利益相关者访谈名单）。

② 详情参见对加纳银行 eCedi 和尼日利亚中央银行 eNaira 的利益相关者访谈（附录7.1：利益相关者访谈名单）。

③ Abdul Latif Jameel Poverty Action Lab（J - PAL）. 2020. Should government payments be digitized? Cambridge, MA. J - PAL.

④ Field, E, R Pande, N Rigol, S Schaner, and C Moore. 2019. On Her Own Account: How Strengthening Women's Financial Control Affects Labor Supply and Gender Norms.

⑤ 详情参见对加纳银行 eCedi 和尼日利亚中央银行 eNaira 的利益相关者访谈（附录7.1：利益相关者访谈名单）。

⑥ Kudrycki, Thomas. 2017. Ubiquitous e - Money interoperability. eCurrency. Accessed 14 March, 2022.

⑦ 中央银行为中心，提供商为辐射状中的辐条。

⑧ Algorand 是一家央行数字货币技术提供商，为数字普惠金融服务提供安全的区块链基础设施。

⑨ 详情参见对加纳银行 eCedi 和尼日利亚中央银行 eNaira 的利益相关者访谈（附录7.1：利益相关者访谈名单）。

⑩ Civelli, Andrea, Co - Pierre Georg, Pietro Grassano, and Naveed Ihsanullah. 2022. Issuing Central Bank Digital Currency Using Algorand. Cognizium. Accessed 25 March, 2022.

这两个占主导地位的移动金融服务产品并没有实现互操作。[①] 通过数字人民币，这两个移动金融服务巨头将实现互操作，增强中国支付市场的竞争力。[②]

（2）流动性管理。央行数字货币可降低流动性管理成本。央行数字货币能够在实现更直接的浮动再平衡方面发挥作用。[③] 代理商可通过去中心化的性质，将其移动钱包链接到央行数字货币平台上，无须到银行网点即可直接实现再平衡[④]，并消除浮动问题和与流动性风险管理的相关成本。如果允许大型多人在线（MMO）作为独立的资金持有者按需进入央行数字货币，则能够更好地管理流动性，降低流动性风险，并使接入点能够为更多客户提供服务。[⑤] 此外，支付服务提供商将能够使用更有效的现金流，降低现金持有量，并利用即时批发型存款。

（3）即时支付。央行数字货币促进了提供商即时支付的发展，同时降低了相关风险。央行数字货币的关键特征之一是能够促进提供商的即时清算和结算。零售型央行数字货币支付只涉及中央银行的直接债权从一个最终用户转移到另一个最终用户，资金不会经过中介机构的资产负债表，交易将直接在中央银行的资产负债表上以中央银行货币进行实时结算。[⑥] 然而，后端挑战仍然存在，例如无法即时结算，需降低信用和结算风险，因为央行数字货币是实时结算系统，而不是延迟结算系统。但是央行数字货币将实现即时结算，消除结算风险和信用风险，节约提供商成本。

即时结算可创新缓解风险承担的抵押品。此外，即时结算通过实时获取客户资金流信息，帮助商户进行现金流管理，推动商户支付数字化。例如，在加纳，加纳银行间支付和结算系统有限公司（GhiPSS）现有的电子货币互操作性平台可以实现跨平台转账，但电子货币互操作性交易的结算仍以延迟净结算为基础。[⑦] 加纳银行期望通过eCedi 与 GHiPSS 的互操作性实现提供商之间的即时结算，改善流动性问题，减少结算摩擦。[⑧]

（4）连通性。离线央行数字货币的相关技术已基本成熟。具有离线支付功能的央

---

① Jones, Mark. 2020. China's PBoC urges digital payments antitrust probe on Alipay, WeChat Pay. 03 August. Tech Wire Asia. Accessed 28 April, 2022.

② Alper, Tim. 2020. Digital Yuan "Highly Likely" to Be Compatible with Alipay, WeChat Pay. 20 May. Accessed 28 April, 2022. 微信支付和支付宝都是数字人民币试点的一部分。

③ Cooper, Barry, Antonia Esser, and Michaella Allen. 2019. The use cases of central bank digital currency for financial inclusion: A case for mobile money. Cape Town. Centre for Financial Regulation and Inclusion (Cenfri).

④ 再平衡（E－float）是指代理商可以立即获取电子货币或实物现金或银行账户上的余额，以满足客户购买（兑现）或出售（兑现）电子货币的需求。[Global System for Mobile Communications (GSMA). 2010. Mobile money definitions. London. GSMA. July. Accessed 31 March, 2022.]

⑤ Cooper, Barry, Antonia Esser, and Michaella Allen. 2019. The use cases of central bank digital currency for financial inclusion: A case for mobile money. Cape Town. Centre for Financial Regulation and Inclusion (Cenfri).

⑥ Bank for International Settlement. 2021. Ⅲ. 央行数字货币: an opportunity for the monetary system. BIS Annual Economic Report 2021. Basel. Bank of International Settlements. Accessed 14 March, 2022.

⑦ Bank of Ghana. 2022. Design Paper of the digital Cedi (eCedi). Accra. Bank of Ghana. Accessed 25 March, 2022.

⑧ Bank of Ghana. 2022. Design Paper of the digital Cedi (eCedi). Accra. Bank of Ghana. Accessed 25 March, 2022.

行数字货币将满足网络连通薄弱或无网络环境下用户对支付工具的需求。离线支付并不一定会比在线交易风险高。[①] 但是，识别方面的漏洞会增加洗钱（ML）、恐怖主义融资（TF）、扩散融资（PF）风险，但与实施离线[②]或在线支付相比，这些风险存在较大差异。

有效使用并实施处理风险的方法（RBA）可应对洗钱、恐怖主义融资、扩散融资风险。RBA 通过对所有相关风险进行分析，解决了金融消费者身份识别和验证问题，为离线交易环境奠定基础。解决在何处、如何使用数字身份证支持离线交易的问题，可缓解连通性障碍。[③]

客户通过数字 ID 登录，离线或在线交易均会产生数据足迹，这些数据可用于持续进行客户尽职调查。在技术方面，通过近场通信技术和蓝牙技术实现离线支付。近场通信技术使用射频识别基础设施实现两个具有近场通信功能的设备间交易，即通过非接触式 EMV 智能卡在读卡器上进行支付。[④] 这项技术已经问世几十年，并已被大量用于支持支付场景，如支付公共交通费和公用事业费等。[⑤]

离线功能通过新技术将智能手机转换成央行数字货币的 POS 机和钱包获取设备，极大地扩展了央行数字货币的接入网络。最常见的例子是触摸屏，储值卡也可以用来提供近乎永久性的连续离线支付。[⑥] 例如，通过发展软钱包和硬钱包来推行的数字人民币。通过软钱包，两个处于低网络环境的智能手机用户可利用双重离线功能进行数字人民币交易。[⑦] 中国人民银行还允许用户在没有智能手机的情况下使用硬钱包进行交易，利用近场通信技术，即至少有一张近场通信集成电路（IC）卡配备了发送方和接收方的功能及一个能够显示交易金额和余额的嵌入式微型显示器。[⑧] 数字人民币已经在苏州市进行试点，离线功能可用于支持弱势地区和老年人获得金融服务。[⑨]

---

① 任何措施（如限制离线支付交易的数量）都应保持在最低限度，并充分考虑在降低风险方面的实际效果。

② 离线支付可能面临操作风险。

③ Financial Action Task Force. 2020. Digital Identity. March. Accessed 8 March 2022.

④ Gauthier, Van Damme, Wouters Karel, Karahan Hakan, and Preneel Bart. 2009. Offline NFC Payments with Electronic Vouchers. Research Gate. Accessed 15 March 2022.

⑤ Gauthier, Van Damme, Wouters Karel, Karahan Hakan, and Preneel Bart. 2009. Offline NFC Payments with Electronic Vouchers. Research Gate. Accessed 15 March 2022.

⑥ Grym, A. 2020. Lessons learned from the world's first CBDC. Accessed 14 April 2022.

⑦ 收款人可以将该应用设置为离线模式，并要求提供资金。付款人可以通过生物识别技术确认金额和交易，之后收款人可以将他们的手机放在付款人身边，通过近场通信技术收款。（Atlantic Council. 2022. Atlantic Council – UC San Diego conference on digital currency in China and the Asia Pacific. 14 February. Accessed 4 May 2022.）

⑧ 用户启用了具有发送方/接收方功能的卡片，输入他们想要申请的金额，并将他们的卡片放在发送方的卡片上。微型显示屏显示交易金额和余额信息。（Atlantic Council. 2022. Atlantic Council – UC San Diego conference on digital currency in China and the Asia Pacific. 14 February. Accessed 4 May 2022.）另见 Yang, Jingjing. 2021. China's digital yuan proceeding apace. Lakyara no. 334. Nomura Research Institute, Ltd. 17 February. Accessed 3 May 2022.

⑨ 数字人民币在试点中进行了 8 478 000 次在线交易和 10 490 000 次离线交易。（Yang, Jingjing. 2021. China's digital yuan proceeding apace. Lakyara no. 334. Nomura Research Institute, Ltd. 17 February. Accessed 3 May 2022.）

7.5.2 央行数字货币发展机制

7.5.1 节概述了央行数字货币如何解决 7.4 节普惠金融案例中需求方和供给方的障碍。表 7.3 总结了这些障碍和相应的央行数字货币解决方法，为监管机构和政策制定者对央行数字货币的设计选择提供参考。

表 7.3 数字货币缓解障碍的机制

普惠金融发展障碍		具体表现	央行数字货币缓解发展障碍的机制
需求方	1. 信任	由于经历过不好的体验，对支付服务提供商的信任度低 缺乏对交易的控制（可以随时获取现金，并且可以立即注意到收入的任何变化） 出现问题时缺乏追索权	24×7 的可用性 即时清算和价值转移 支付不可更改和不可撤销 钱包审计跟踪和追索过程，恢复锁定的价值 在网络存在问题或缺乏时具有离线功能 央行数字货币的智能卡功能成本低，不需要手机或网络连通，具有在线和离线功能
	2. 费用	交易费用过高 每月账户或钱包费用侵蚀价值	去中心化的分销能够降低风险，减少中间商的参与，使用安全工具减少渠道的操作，提高流程安全性，降低整体成本 渠道的普遍性更易形成规模优势
	3. 商户接受度	避税和隐私保护 缺乏针对商户特定的"了解你的客户"文件 商户无法接入 POS 终端	自动缴税 商户可能不需要 POS 机；可以使用手机或近场通信功能浏览 通过使用央行数字货币钱包提供增值服务
	4. 金融素养	金融素养和数字素养低	简化设计
	5. 身份识别	由于缺乏实物或数字身份证明，"了解你的客户"监管导致了金融排斥现象	央行数字货币可以成为一种身份识别 央行数字货币可以为客户尽职调查提供基于风险的方法选择 符合金融行动特别工作组（FATF）指南的数字身份证明选项 可以成为数字身份证堆栈的一部分，并作为国家身份证的一部分进行推广
	6. 连通性	无法使用高速互联网 无法使用智能手机	离线和在线功能 为非智能手机设计央行数字货币
供给方	1. 互操作性	由于缺乏互操作性，提供商之间的支付成本高且复杂（需通过双边或第三方进行）	央行数字货币可以通过支付工具的标准化简化流程，整合需求，降低提供商的成本
	2. 流动性管理	流动资金管理不善 支付服务提供商接入点有限 流动性成本高	通过更直接地获取流动性进行再平衡，实现更好的流动性管理 随着流动性限制的消除，每个接入点都能够为客户提供更多服务 较低的流动性风险可以降低管理流动性风险的成本
	3. 即时支付	旧系统阻碍了普惠性的即时支付系统。系统占用了支付服务提供商管理信贷和结算风险的资金	央行数字货币促进了即时清算和结算，并降低了信贷和结算风险

7.6　潜在风险

前文强调了央行数字货币在发展中国家和新兴经济体中通过减少摩擦促进普惠金融发展的潜力。但是，对中央银行、金融消费者和支付服务提供商而言，推行央行数字货币也存在潜在风险和意外后果。下文概述了若中央银行没有根据特定国家情况和需求适当调整央行数字货币设计，可能出现的潜在风险和意外后果。

7.6.1　中央银行

中央银行引入央行数字货币将承担新型声誉风险。央行数字货币可能会给中央银行带来严重的金融稳定风险，如银行潜在脱媒。但是，对于中央银行而言最大的风险可能是承担将新支付工具和新技术引入现有数字支付系统的责任。[1] 尽管中央银行是通过支付提供商开展工作，但如果出现问题，比如支持央行数字货币的技术出现故障，或金融消费者无法获得收入，中央银行很可能会受到牵连，这可能会损害中央银行的声誉和金融消费者对中央银行的信任。国际货币基金组织（IMF）对尼日利亚 eNaira 提出批评就是一个声誉损害的典型案例。国际货币基金组织认为，在缺乏明确的洗钱、恐怖主义融资风险评估的情况下，尼日利亚 eNaira 可能被用于洗钱和恐怖主义融资活动。在其他情况下，可能只存在产品设计不当，或者对金融消费者而言不够简便等风险。在发展中国家和新兴经济体，由于公民金融素养和数字素养较低，这种风险可能会更加突出。此外，如果金融消费者选择退出，也会给中央银行带来声誉风险。[2] 发生这种情况，意味着中央银行把纳税人的钱投资于他们没有获益的地方，这可能会进一步削弱金融消费者对中央银行能力的信任。

7.6.2　金融消费者

1. 央行数字货币可能会扩大数字鸿沟，尤其会扩大弱势群体的数字鸿沟。正如7.4 节所述，发展中国家和新兴经济体的大多数成年人都没有智能手机，仍使用 2G 网络连通。即使是使用智能手机的人，数字素养和金融素养仍然是一个问题。虽然网络连通性有所改善，但大多数成年人仍然依赖短信服务渠道进行电子货币交易。[3]

对服务短信安全性的担忧意味着探索或实施央行数字货币的中央银行需要重新考虑如何将服务短信纳入其设计。[4] 如果不将服务短信作为设计的一部分，就有可能将大量人员排除在央行数字货币的可得性和可用性之外。即使它被纳入设计，但其方式如果增加了使用服务短信获得央行数字货币的复杂性，那么依然会排斥数字素养程度低

① Disparte, Dante A. 2021. The Risks of Central Bank Digital Currencies. Diplomatic Courier.

② Light, Jeremy. 2022. The risks to society of central bank digital currencies. Finextra, 17 January.

③ Sofrecom. 2019. Traditional mobile assets weakened by new models. 5 June. Accessed 22 March 2022.

④ 详情参见对加纳银行 eCedi 和尼日利亚中央银行 eNaira 的利益相关者访谈（附录 7.1：利益相关者访谈名单）。

的群体。这对于生活在偏远地区、网络连通能力有限、对智能手机或数字普惠金融服务使用有限的农村女性和老人等弱势群体而言存在困境，只有拥有设备、数据和数字素养的群体能够从中获益。随着智能手机和央行数字货币等必要基础设施的普及，这种风险才可能随着时间的推移而降低，但在短期内，它可能会导致能够访问央行数字货币并从中受益的群体与依赖基于服务短信的电子货币产品的群体进一步分化。

2. 零售型央行数字货币有可能会侵犯金融消费者的数据保护和隐私。央行数字货币的支撑技术有可能识别和监测金融消费者的行为，且在未经金融消费者同意的情况下与其他政府机构共享这些数据。虽然这些数据可用于合法目的，如打击逃税、腐败或非法资金流动，但也可能被政府机构滥用，向个人或商户提供他们不想要的服务。此外，它可能给某些个人或部分群体带来歧视。[1] 因此，中央银行需在满足对用户隐私的合法保护和减轻金融诚信风险之间进行权衡，这并不是中央银行独有的问题。许多发展中国家的政府已经在金融领域引入了数据保护和隐私监管，确保个人数据不被滥用。[2] 中央银行的独特之处在于，这些交易的监管者也是执行交易的提供者之一，这就需要考虑如何将隐私保护纳入央行数字货币设计和管理，保证满足现有数据保护和隐私保护法律法规。

3. 依照现有的监管法规教条式对央行数字货币实施监管可能会增加普惠金融发展障碍。除了有效的数据保护和隐私监管，成功实施央行数字货币还需为数字支付创新提供有利的监管环境。但是，这并不意味着简单地将现有金融监管用于央行数字货币。例如，普惠金融的一个常见障碍是缺乏符合反洗钱、打击恐怖主义融资和打击扩散融资（AML/CFT/CPF）法规的身份证明材料。尽管金融行动特别工作组发布了针对农村个人和家庭的远程客户尽职调查指南，但发展中国家和新兴经济体的许多支付服务提供商难以在现实中实施。[3] 这不利于生活在远离银行基础设施的农村人口，以及往往缺乏获得人道主义现金转移或支付和接收汇款所需的身份识别形式的流离失所者（FDPs）。[4] 如果央行数字货币不解决这些监管问题，就有可能导致现有的普惠金融监管障碍问题进一步恶化，特别是对服务不足或受排斥的群体。

7.6.3 支付服务提供商

央行数字货币可能会对传统银行体系产生负面影响。[5] 即使使用中央银行与银行和支付服务提供商合作实施的多层次央行数字货币，个人和商户最终也可能倾向于直接

---

① Disparte, Dante A. 2021. The Risks of Central Bank Digital Currencies. Diplomatic Courier.

② United Nations Conference on Trade and Development (UNCTAD). Data protection and privacy legislation worldwide. Geneva. UNCTAD. Accessed March 2022.

③ Cooper, Barry, Masiiwa Rusare, Matthew Ferreira, and Lezanne Janse van Vuuren. 2020. Identity proofing for Covid-19 recovery: Guidance for regulators, FSPs and market facilitators. Cape Town. Centre for Financial Regulation and Inclusion (Cenfri).

④ Alliance for Financial Inclusion (AFI). 2021. Integrating Vulnerable Groups in National Financial Education Programs and Strategies. Kuala Lumpur. Alliance for Financial Inclusion (AFI).

⑤ Light, Jeremy. 2022. The risks to society of central bank digital currencies. Finextra, 17 January.

使用央行数字货币钱包进行交易。从中长期看，这是一个积极的发展趋势，能够使央行数字货币吸引更多行业创新，促进提供商对金融消费者价值进行竞争，而非在垄断性的基础设施上进行竞争。[1] 但是，鉴于央行数字货币的初始用户可能会使用现有基础设施，在短期内央行数字货币可能会利用银行和支付服务提供商的现有交易设备进行交易。与发达国家不同，在发展中国家和新兴经济体的支付交易中，尤其是 P2P 支付交易，交易费用是银行和支付服务提供商收入的主要来源。这不仅会导致破坏支付服务提供商商业模式的风险，而且可能产生意想不到的后果。例如，支付服务提供商和银行可能会提高使用央行数字货币的成本来阻止金融消费者使用，或破坏兑现现金的基础设施。如果支付服务提供商不能通过收费收回投资，其建立或维护基础设施的积极性就可能下降。中央银行需要明确央行数字货币可以在哪些方面以及如何为缓解普惠金融发展障碍作出贡献，不应破坏支付服务提供商和银行的业务模式等使央行数字货币发挥作用的必要基础设施。斯威士兰中央银行和英格兰银行都注意到了这一风险，不再强调央行数字货币的分销模式，意味着不再削弱私营部门在银行业中的作用。[2]

7.6.4　防范化解风险

网络安全相关风险可能是每个参与者面临的最大风险。在设计和实施零售型央行数字货币时，需重点考虑两个主要的网络安全风险。

第一个风险与终端用户有关，即央行数字货币钱包因其运行的系统或基础设施而受到损害。这种风险不是新型风险，而是因引入央行数字货币所增加的风险，银行和支付服务提供商可能能对其进行控制与管理。银行和支付服务提供商必须与央行数字货币钱包整合，其中许多人可能是第一次使用数字普惠金融服务和电子钱包，这就可能给欺诈、身份盗窃和网络攻击留下更多漏洞。[3] 此类风险在发展中国家和新兴经济体中可能更明显，因为这些国家的数字素养和金融素养较低，而且支付服务提供商和金融机构在网络安全方面投资资源较少。

第二个风险与央行数字货币系统有关。现有的系统中网络安全风险集中于特定的金融机构。虽然许多央行数字货币将使用分布式账本技术，但仍需要中央银行实现一定程度的集中化。因此，对这个系统的任何攻击，即使是小规模的中断，也会扰乱大量的人员使用。此外，正如其他大型数据库提供商，如春风（Equinox）或太阳风（Solar Winds）等所经历的网络安全攻击一样，这可能会使中央银行及其央行数字货币系统成为更具吸引力的攻击目标。[4]

未能证明央行数字货币案例在未来全球交易中的作用。中央银行的首要任务是确保央行数字货币的设计能够满足本国的具体需求，鼓励企业和个人用其进行交易。但

① Mookerjee, Ajay S. 2021. What if central banks issued digital currency? Harvard Business Review, 15 October.

② Bank of England. 2020. Discussion Paper：Central Bank Digital Currency Opportunities, challenges and design. London. , and Central Bank of Eswatini. 2020. Eswatini CBDC Diagnostic Study. February. Accessed 25 April 2022.

③ Deloitte. 2020. Are Central Bank Digital Currencies（CBDCs）the money of tomorrow? . Luxembourg. MarCom.

④ Disparte，Dante A. 2021. The Risks of Central Bank Digital Currencies. Diplomatic Courier.

是，在实现这一目标的过程中，中央银行可能会无意中仅根据需求和挑战设计央行数字货币，而没有考虑数字和支付领域不断发展的趋势。此外，仅关注某个国家的需求，可能导致央行数字货币的设计协议没有充分考虑到未来促进央行数字货币跨境支付的需求（即一个国家承认另一个国家的央行数字货币协议有效，且可接受）。为确保央行数字货币的设计脱离现有传统工具和系统束缚，中央银行必须确保央行数字货币具有足够的灵活性和适应性，满足不断升级的使用需求，确保其适合普惠金融发展目标。除此之外，央行数字货币的设计应尽可能地规避对环境的不利影响，必须考虑如何在造币和发行方面能最大限度地减少对化石燃料等不可再生能源的使用。

零售型央行数字货币面临着"锤子找钉子"的问题。最后，也是最重要的一点，中央银行需要自我反思：相对于其他数字支付管理措施，零售型央行数字货币是不是推进普惠金融的最佳工具。如表 7.3 所示，央行数字货币可以作为缓解普惠金融相关障碍的工具。但是，有别于其他数字支付工具，央行数字货币的主要特点是由中央银行发行，但这一特点本身并不一定使央行数字货币成为解决普惠金融障碍的更好工具。例如，互操作性和可负担性是央行数字货币的关键设计特征，但所有数字支付工具都满足这一特征，引入央行数字货币本身并不能解决这个问题。央行数字货币为简单高效地促进普惠金融发展增加了另一层复杂性，同时也强化了对机构能力的要求。然而，这并不意味着中央银行应完全回避这些问题，相反，在现有的数字支付环境中，更应厘清央行数字货币对普惠金融发展的特殊价值。

7.7 主要挑战

7.5 节强调，零售型央行数字货币通过提高便利性和可负担性减少使用障碍，并强化现有的支付系统，可以为发展中国家和新兴经济体中获取金融服务不足或被排斥的群体提供最大价值。但是，如 7.6 节所示，这种价值存在诸多风险或限制，可能无意中加剧金融排斥，破坏经济稳定。因此，各国中央银行应严格评估央行数字货币是不是最适合其促进普惠金融发展的工具，如果使用央行数字货币，则应积极设计和调整其央行数字货币和金融体系，支持普惠金融发展。

本节旨在从三个阶段评估确保央行数字货币价值所需的前提条件，为中央银行推行和部署央行数字货币提供决策参考。根据 2020 年世界经济论坛央行数字货币决策流程图[1]，三阶段指探索阶段（初步探索性分析，确定央行数字货币的动机、价值、可行性及风险）、设计阶段（技术方面需将央行数字货币的发展目标与所需特征或能力相匹配）、实施阶段（采取战略步骤，确保国家已处于发展的有利环境，能够支持使用和推广央行数字货币）。

---

① Centre for the Fourth Industrial Revolution. 2020. Central Bank Digital Currency Policy – maker toolkit. Geneva. The World Economic Forum（WEF）.

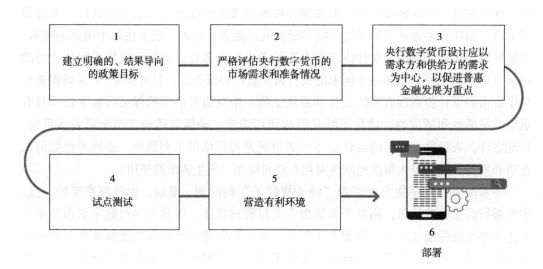

图7.7 央行数字货币决策流程图

7.7.1 探索阶段

1. 建立明确的、结果导向的政策目标。探索央行数字货币的出发点是具有合理动机。各国中央银行探索央行数字货币的起点是确定其作为政策目标的明确需求或动机。根据国际清算银行的建议，这种动机应以三个基本原则为基础。

一是无害。保证央行数字货币不会破坏中央银行维护货币和金融稳定的能力。二是共存。央行数字货币不得从根本上扰乱或取代公众需要的任何私人支付或工具。三是创新和效率。创新必须与保护企业和金融消费者免受相关风险与意外后果影响相平衡。[①] 此外，G20创新普惠金融原则指出，央行数字货币应扩大金融服务的覆盖广度和使用深度[②]，这就意味着不能纯粹是为了应对私营部门创新带来的日益激烈的竞争或追随全球发展趋势而探索央行数字货币。探索央行数字货币必须源于市场上对央行数字货币存在合理需求，而现有金融环境无法有效满足需求。

普惠金融政策目标的基础是精准了解服务不足群体的痛点。对技术提供商和中央银行利益相关者的访谈表明，成功推广央行数字货币的关键是清楚地了解问题、需求和理想结果。对于考虑使用央行数字货币的发展中国家和新兴经济体的中央银行而言，这意味着不能把普惠金融作为一个表面上的目标，而是要清楚地了解导致金融排斥的原因，找出谁是优先目标群体，并确定解决上述问题所需的创新做法。如图7.7所示，确定基于结果的普惠金融目标是评估、设计和实施央行数字货币的核心。

---

① Bank of International Settlements. 2020. Central bank digital currencies: foundational principles and core features. Basel. Bank of International Settlements.

② Global Partnership for Financial Inclusion. G20 Principles for Innovative Financial Inclusion. Accessed 26 April, 2022. 关于多样性的原则2强调了普惠金融的可持续性，确保客户能够获得和使用各种金融服务的必要性，"实施促进竞争的政策方法，及实施基于市场的激励措施，以提供可持续的金融机会和使用广泛的负担得起的服务（储蓄、信贷、支付和转移、保险），服务提供者的多样性。"

2. 严格评估央行数字货币的市场需求和准备情况。未得到满足的金融需求必须成为推动央行数字货币的价值和动力。评估国家普惠金融现状对于确定央行数字货币的市场需求至关重要。换言之，要确定现有支付环境和金融环境在有效满足居民及企业金融需求方面存在的问题。如图7.7所示，中央银行需评估并了解经济参与者在多大程度上已被纳入正规金融部门、能够获得并使用现有的数字支付服务满足支付需求，这些服务是否有效且安全地满足了包括女性、被迫流离失所者和老年人等在内的所有群体的需求。因此，央行数字货币的发展动机必须来自存在未满足的金融消费者需求，明晰央行数字货币如何以独特的方式克服金融排斥或服务不足的困境。

央行数字货币必须以市场准备情况和已知风险为依据考虑可行性。除了需求评估之外，央行数字货币是否适合满足金融消费者金融需求主要取决于金融消费者能够和愿意参与数字普惠金融服务的程度，以及市场在多大程度上能够容纳央行数字货币的同时而不产生7.6节所述的相关风险。图7.8提出了四类评估央行数字货币准备情况的因素，包括：目标群体能够（并希望）获取和使用数字普惠金融服务满足其金融需求的程度，现有的数字普惠金融服务是否已经满足了其金融需求；基础设施等结构性因素支持央行数字货币的程度与数据和技术强度；支付服务提供商满足央行数字货币等数字普惠金融服务方面的支持和能力情况；是否已经制定了以市场发展为导向的法规支持央行数字货币发行。央行数字货币是否适合解决该国现有普惠金融痛点方面的可行性，取决于该国是否具备这些市场准备情况等前提条件和对相关风险的认识等。

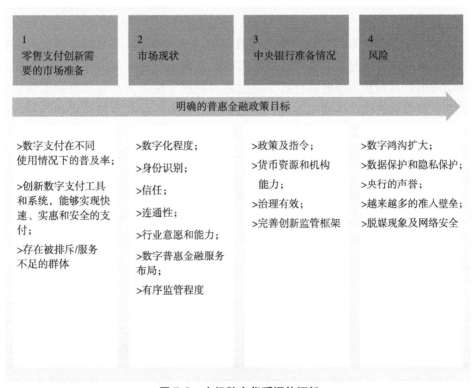

图 7.8　央行数字货币评估框架

专栏 7.1 阐述了巴哈马中央银行为确定央行数字货币是否适合其特定环境和普惠金融目标而进行的深入评估。

📋 专栏 7.1   巴哈马中央银行的沙币（Sand Dollar）项目

2018 年 8 月，巴哈马中央银行（CBOB）启动了沙币项目，作为巴哈马自 21 世纪初开始实施的支付现代化计划的一部分。2019 年 3 月，NZIA 有限公司被巴哈马中央银行选定为沙币技术实施的合作伙伴。

沙币项目的主要目标是提高金融服务可及性，改善巴哈马普惠金融现状。在政策目标实施过程中，巴哈马中央银行确定了公众和企业受到金融排斥的制约因素：一是人口高度分散、人烟稀少，难以获得实体金融机构服务及可靠的互联网连通；二是由于国际监管标准严格，但数字交易成本高，商户数字化程度低，对金融产品的认识和理解不足，导致严格的客户尽职调查和"了解你的客户"要求难以满足。

在此背景下，巴哈马中央银行与其合作伙伴一起启动了开发零售型央行数字货币的工作，即沙币。与现有银行系统不同，沙币作为一种基于分布式账本技术的货币可以离线使用。作为一种完全由巴哈马中央银行发行和支持的货币，央行数字货币在金融服务中更易获得公众信任。由于其性质是数字化、可编程，还有专家建议可根据身份和成本限制定制沙币。

---

3. 中央银行的资源和能力对推行央行数字货币至关重要。一旦确定国家对央行数字货币的需求和准备情况，中央银行最终需要严格评估是否有能力和基础设施实施央行数字货币的产品创新。中央银行需要确定是否愿意分配人力和货币资源监管数字化人才招聘、开发和迭代产品测试过程、评估结果、召集市场利益相关者和与目标群体市场反馈等过程。这些工作任务超越了中央银行在传统合规事项上的现有监管责任。[①]中央银行不仅需要确保拥有市场发展所需的政策指令，而且需建立平衡风险管理与支持创新的监管框架。

小结：央行数字货币探索阶段的最终评估结果决定了是否将央行数字货币作为可行的、合适的工具。图 7.9 概述了中央银行和利益相关者在作出决策时的主要作用与承担的责任。如果普惠金融需求性质或系统支持准备程度不适合央行数字货币作为金融工具，则无须再进行后续的设计。

---

① Sonderberg, Gabriel, Marianne Bechara, Wouter Bossu, Natasha X Che, Sonja Davidovic, John Kiff, Inutu Lukonga, Tommaso Mancini Griffoli, Tao Sun, and Akihiro Yoshinaga. 2022. Behind the Scenes of Central Bank Digital Currency: Emerging Trends, Insights, and Policy Lessons. International Monetary Fund. Washington DC. International Monetary Fund (IMF).

监管机构	政策制定者	行业	普惠金融联盟国关系网

>公开征集顾问对国家需求进行评估； >为评估提供信息并发挥主导作用； >参加行业会议； >协调金融和非金融监管机构之间，以及中央银行各部门之间的投入； >公布需求评估结果，征求公众意见	>根据各国国情阐明对央行数字货币的立场； >在公开征集提案前审查关于央行数字货币需求评估和实施的成本效益分析； >确保国家监管机构决策符合市场发展环境； >参加行业论坛，分享对央行数字货币的看法	>参加行业会议并发表意见； >严格评估可由支付服务供应商承担的央行数字货币潜在成本，并与监管机构分享评估结果	>为需求评估提供资金支持； >支持召集行业利益相关者(所有私营企业)和区域间知识交流； >筛选和招聘评估国家需求的外部顾问 >筛选和招聘评估国家需求的外部顾问

图 7.9 探索阶段主要参与者的作用

7.7.2 设计阶段

1. 央行数字货币的设计需确保满足弱势群体的实际需求。央行数字货币的设计阶段对于确保央行数字货币适合具体环境及目标，以实现预期的普惠金融目标至关重要。实现这一目标需要中央银行、当地行业和技术提供商之间的合作，评估现有普惠金融障碍，使设计方案能够改善这些障碍。设计央行数字货币的关键是尽可能选用明确的案例，确保央行数字货币能够实现有效流通和分配。如 7.4 节所述，与现金类似的有效流通和分配是确保央行数字货币能够惠及最受排斥和获取服务不足的弱势群体的关键。例如，在设计阶段需充分考虑女性、中小微企业等弱势群体在央行数字货币中的连通性，确保服务短信能够连通央行数字货币。[①] 这就需要对金融消费者进行充分的研究，并按性别分类，以更好地了解女性的独特需求。

2. 央行数字货币的关键设计原则。下述原则指导中央银行推行数字货币的动机与普惠金融目标保持一致。

一是普惠性。央行数字货币的一个关键特征是由中央银行发行和支持。与商业工具不同，央行数字货币的设计和实施目的是必须让所有成年人，包括弱势群体，都能获得和使用央行数字货币，因此需减少其获取障碍和可负担成本障碍。为实现此目标，

---

① Financial Services. 7 April. Accessed 22 April 2022.

中央银行及其技术合作伙伴必须确保：首先，零售型央行数字货币的设计能够满足那些既没有基本身份证明（通过央行数字货币创建数字身份），也没有正规身份证明等（通过分级央行数字货币钱包）群体的需求。其次，央行数字货币的使用不能仅依靠手机，而要依靠一系列设备，如智能卡或手环，利用蓝牙或近场通信技术支持离线连续支付。央行数字货币也应始终作为终端用户全天候的支付手段。最后，央行数字货币设计还应考虑存在认知、运动或感官障碍的潜在用户的使用及操作。①

二是互操作性。现金的关键特征在于在任意地方都可以被完全接受。央行数字货币只有具有此便利性，才能真正成为数字化现金，并支持普惠金融发展。央行数字货币应可通过任意提供商、渠道等用于广泛的支付活动。

三是 24×7 的即时性。央行数字货币设计应能减少用户摩擦。促进个人和商户使用央行数字货币的关键是即时结算，当他们支付或收到付款时，会立即更新钱包或账户余额，无须担心钱在哪里。

四是可扩展性。央行数字货币需要在两个方面具有可扩展性。首先，央行数字货币的设计需适应并利用金融消费者和企业已经熟悉的现有支付系统，否则将无法被普遍接受。央行数字货币的设计应高度利用稳定的分销架构；支付服务提供商能够接入央行数字货币平台或应用程序接口，确保央行数字货币能够通过现有支付渠道运行，并使所有向弱势群体进行安全支付的支付服务提供商能够公平参与。其次，央行数字货币设计应具有灵活性，以适应对央行数字货币的新需求（如跨境支付），并确保其对潜在风险、需求或创新的适应性。

五是安全性。央行数字货币设计应能增加信任。必须确保用户资金安全，与数字货币相关的数据和信息不会被误用或滥用。因此，由普惠金融驱动的央行数字货币需要对网络攻击和其他威胁（如欺诈或伪造）具有极强的抵抗力；能够实现高度可追溯性；强化对运营失败和中断（如自然灾害、停电和其他问题）的韧性，并嵌入严格的数据隐私协议，避免任何公共部门或私人的信息操纵和隐私侵犯。②

六是实用性。央行数字货币设计不仅应与现金互补，而且最终要为用户带来足够效用，激励其转向正规数字渠道，这意味着需为关键群体和案例设计央行数字货币的额外附加功能。例如，对央行数字货币进行编程，激励中小微企业更加遵守税法，或使央行数字货币交易形成的信息能够作为信贷抵押品使用。

综上，这些设计原则可以作为央行数字货币设计的基础，解决普惠金融发展痛点，包括准入障碍、使用障碍和可扩展性。

---

① Bank of International Settlements. 2020. Central bank digital currencies: foundational principles and core features. Basel. Bank of International Settlements.

② Bank of International Settlements. 2020. Central bank digital currencies: foundational principles and core features. Basel. Bank of International Settlements.

表 7.4 央行数字货币关键设计要素

市场障碍	具体障碍	需求	关键设计因素
需求方	连通性	识别	在没有正规身份证明的情况下：央行数字货币能够创建并作为现实数字身份 在缺乏更高层次的身份证明文件的情况下：根据金融消费者风险进行分级设计，根据"了解你的客户"的不同程度设立不同级别的数字钱包
		设备连通	兼容所有设备 央行数字货币可用于储值卡和装有近场通信的定制设备（如智能卡或手环） 加密技术/薄型 SIM 卡/SIM 工具箱（STK）或央行数字货币/电子货币交换，使功能手机能在未加密的服务短信渠道上使用
		在线和离线全天候的可用性	利用近场通信技术和蓝牙技术进行离线支付（应用预先设定的阈值以减少风险） 钱包之间的连续离线支付，即有价值的数字工具和协议，保证资金在钱包层面转移，避免服务质量问题 不依赖网络连通时长或移动数据
	有效使用	互操作性驱动的便利性	适应并使用通用的数据标准 ISO 20022 对平台商业模式、支付服务提供商（PSP）和第三方中介机构开放应用程序接口，实现使用渠道的普遍性 在 ATM、POS 设备和近场通信技术终端之间实现设备互操作性，而与提供商无关 嵌入标准化机制以进行账户间交易
		速度	使用能够实现高交易速度的架构 与支付服务提供商或电子货币计划的现有实时（RT）功能挂钩
		可负担性	使用能够促进交易量的架构，使边际成本降到极低水平 通过央行数字货币移动应用的零评级数据成本降低数据集中度
		信任和安全	实时监测 RT 欺诈和盗窃，减小其造成的影响 交易的可追溯性，如钱包审计跟踪和追索过程，以恢复锁定的价值 可替代性 实时监测欺诈和盗窃、交易的可追溯性、可替代性 应用成熟的加密技术，可以灵活地运用于集中式或分布式账本 嵌入密钥治理协议，以避免篡改数据，并维护数据隐私法规
		附加价值	附加值（如自动管理税收）

续表

市场障碍	具体障碍	需求	关键设计因素
供给方	规模	网络互操作性	与开放的应用程序接口挂钩，实现支付服务提供商即插即用单一安全的法定货币工具，使 RT 支付能够确保多对多的网络路由交易，而不需要在提供商或金融服务中介层面进行传统交易钱包和工具协议，使钱包风险等级结构中的一些钱包能够在大型商户和金融机构的合法实体合并结构中运作
		公平、平等的机会	如果能够在难以触及的群体中形成规模化，例如电子货币计划，则向非支付服务提供商开放应用程序接口
		前瞻性	通过敏捷的协议和密码学进行迭代的能力

专栏 7.2 分析了加纳银行案例，表明中央银行已经开始有立足于需求视角设计央行数字货币的实践。

 专栏 7.2：加纳银行

2019 年，加纳银行（BOG）宣布试行加纳央行数字货币 eCedi 作为实施数字普惠金融服务政策的一部分。[①]

2021 年，加纳银行开始了对 eCedi 的探索、设计和测试。eCedi 的核心目标是在加纳建立一个高效的、有利于普惠金融发展的支付系统。根据 eCedi 的设计文件，eCedi 要解决的主要挑战包括三个方面：一是电力供应薄弱（约占加纳人口的50%）和互联网普及率低，尤其是在农村地区；二是许多加纳公众没有智能手机或银行账户；三是移动支付基础设施（MMI）的现有限制，如高额的移动支付交易费和限制实时支付的延迟结算系统。

这些挑战直接影响 eCedi 零售型、基于代币的央行数字货币设计。这意味着eCedi 代表一种代币或数字价值票据，通过将价值票据从一个人转移给另一个人完成支付，与现金支付交易非常相似。

加纳银行为 eCedi 设计了托管钱包和硬钱包两种类型钱包，保障在线和离线环境下的使用。托管钱包是基于服务器的存储系统，由金融机构管理，需要接入互联网使用；硬钱包则是安全的便携式存储设备，可以在离线环境下使用。鉴于并非所有的加纳人都拥有智能手机，硬钱包能够在智能卡、钥匙及其他设备上使用。

与移动汇款不同，eCedi 交易无须任何额外费用，并且几乎可以实现即时转账。近场通信或蓝牙等标准接口可以支持离线支付，无须访问后台系统即可实现即时结算。通过有效解决现有移动支付系统的局限性，eCedi 能够拓宽金融服务渠道，促进普惠金融发展。

---

① Ministry of Finance. Digital Financial Services Policy. The Government of Ghana, Ministry of Finance. Accessed 07 August 2022. Bank of International Settlements. 2020.

3. 管理与权衡。在推行央行数字货币，实现普惠金融或其他政策目标的过程中，需在基本考虑因素和制约因素间进行权衡，包括对金融消费者隐私的私欲，以及以高度的可追溯性减少欺诈行为，或者无法识别身份的群体希望获得央行数字货币使用权，而不是仅具有有限功能。为满足各种使用情况而增加的额外功能和增值服务可能会降低服务速度与质量，这反过来又会破坏信任和接受度。通过服务短信、手环等基本系统实现离线功能需要额外的安全保障，这会降低数字普惠金融服务对弱势群体的吸引力。在发展中国家和新兴经济体，金融不稳定和金融排斥风险可能会加剧，中央银行和合作伙伴需要思考如何在不损害央行数字货币使用和规模化的情况下处理需要权衡的问题。图 7.10 概述了中央银行及其合作伙伴在央行数字货币设计阶段应考虑的指导意见，以处理需权衡的问题。

图 7.10　设计阶段主要参与者的作用

7.7.3　实施阶段

央行数字货币优先考虑被金融排斥和获得金融服务不足的弱势群体。与国际货币基金组织①和世界经济论坛②制定的央行数字货币决策流程图类似，推行央行数字货币的下一个关键阶段是进行试点实施。对于发展中国家和新兴经济体而言，应采取细致入微的方法，确保安全、可靠地推行央行数字货币，间接克服普惠金融障碍。这种方法可分为三个连续阶段：试点测试、营造有利环境、部署。

1. 试点测试。通过迭代和优先级进行分级测试。发达国家对央行数字货币接受更快，但发展中国家和新兴经济体的特点是存在各种接入和使用限制，通常需要考虑复杂的支付系统。因此，应根据普惠金融成果等对已批准设计的央行数字货币逐步进行交错测试，应同时考虑到央行数字货币要优先满足获得金融服务不足的群体和前文所述风险管理的要求。

在弱势群体客户中测试。尽管在普通公民中测试央行数字货币的可及性和可用性很重要，但发展中国家和新兴经济体应致力于在女性、农村家庭和中小微企业等重点群体中开展测试，并利用收集的数据，为央行数字货币的决策和迭代提供参考。测试方法应具有敏捷性和灵活性，并根据测试结果完善央行数字货币。面向用户的组件尽可能采取"以用户为中心"的方法③，包含用户输入、测试和访谈，以便为完善用户界面（UI）和用户体验（UX）提供信息。此外，还应使用智能手机、功能手机、近场通信技术卡和手环等各种潜在设备在不同群体中进行测试。

2. 营造有利环境。央行数字货币成功的关键取决于支付系统等前提条件。在许多情况下，发展中国家和新兴经济体需要调整支付系统的影响因素，确保监管框架、基础设施和行业参与者支持央行数字货币发展。保障央行数字货币成功的前提条件包括五个。

（1）监管。为了发行央行数字货币，中央银行需要审查中央银行法，并在必要时进行修改。中央银行需要领导制定、执行和修订数据；修订金融消费者隐私保护和网络安全法规、竞争法规，促使央行数字货币的支付服务提供商之间公平竞争；修订货币法规，使央行数字货币符合法定货币定义；修订反洗钱和打击恐怖主义融资的法规，考虑央行数字货币交易速度和频率、央行数字货币钱包的设计因素等。④ 中央银行需要严格评估监管手段能否平衡创新与金融体系安全。

（2）基础设施。发展中国家和新兴经济体的央行数字货币需适应特定的现实环境，公共部门需着手改善结构性基础设施，确保其有能力满足金融消费者不断变化的支付需求和央行数字货币需求。公共部门需要提供可靠的电力供应，提高移动设备和移动互联网费用的可负担性，确保身份数据库不仅可供央行数字货币使用，而且允许通过

① International Monetary Fund（IMF）. 2020. A Survey of Research on Retail Central Bank Digital Currency. Washington DC.

② Centre for the Fourth Industrial Revolution. 2020. Central Bank Digital Currency Policy - maker toolkit. Geneva. The World Economic Forum（WEF）.

③ Centre for the Fourth Industrial Revolution. 2020. Central Bank Digital Currency Policy - maker toolkit. Geneva. The World Economic Forum（WEF）.

④ Cooper，Barry，Antonia Esser，and Michaella Allen. 2019. The use cases of central bank digital currency for financial inclusion：A case for mobile money. Cape Town. Centre for Financial Regulation and Inclusion（Cenfri）.

央行数字货币创建强大的数字代理身份堆栈。[1]

（3）政策。除了监管者之外，央行数字货币的成功还需要政策制定者支持。政策制定者需要制定支持央行数字货币的数字普惠金融服务政策，以及激励中央银行推行央行数字货币的相关措施。此外，政策制定者应制定或明确法律，平衡金融消费者隐私保护与反洗钱、打击恐怖主义融资问题间的矛盾，保护金融消费者的央行数字货币资金不被政府机构或执法部门成员滥用。为增强对中央银行的信任，政策制定者在监管中央银行确保诚信经营方面也要发挥关键作用。此外，政策制定者还需要明确央行数字货币定位，若央行数字货币是现金替代物，则需要对其采取适当的税收政策。

（4）行业参与者。行业对央行数字货币价值的认同对扩大央行数字货币规模、激励数字支付系统的客户接受央行数字货币至关重要。这种认同最初需在探索阶段进行，但在实施阶段也需要确认央行数字货币参数，以增强渠道普遍性，明确支付向用户分发设备和促进交易相关费用的责任主体。在研究和实施阶段，还需要行业参与者同意拟议的商业模式和产品定价协议，确保央行数字货币节约的成本可以让利给金融消费者。

（5）中央银行。数字普惠金融服务通常由正规金融服务提供商进行设计和实施。就央行数字货币而言，中央银行与金融消费者开发和测试金融服务产品的流程与提供商流程类似。技术提供商支持中央银行完成这些步骤，并通过支付服务提供商分发产品。这是一项资源密集型的工作，需要对资源和能力进行持续评估与审查，确保公众能接受精心设计和实施的最终产品。

3. 部署。启动全渠道宣传及沟通活动，在充足的准备时间内提高公众对央行数字货币的接受度。公众参与是金融消费者和企业成功使用央行数字货币的关键，尤其是对数字普惠金融服务和正规金融部门不信任的群体。针对所有服务不足的群体，中央银行和相关合作伙伴必须致力于开展全渠道的沟通活动，以建立其对央行数字货币的认识，并对这类群体开展金融教育。理想情况下，应当有 6 个月到 1 年的时间部署央行数字货币，以便培养弱势群体对央行数字货币的信任、认知和意识。在此期间，中央银行应与行业参与者合作，发布金融教育和信息宣传计划，宣传央行数字货币、密码或密钥管理相关的优势和风险，以及安全使用密码和密钥的方法。[2]

中央银行分配资源实施央行数字货币监管。与任何金融体系一样，中央银行需要足够的货币和人力资源来有效监管市场参与者与央行数字货币，确保监管合规。这项任务可能需要设立专门的机构或部门，制定指导方针，明确监管央行数字货币的任务，为监管团队提出新的合规关键绩效指标（KPI）。这对于激励中央银行工作人员严格监管央行数字货币、在没有实现预期目标时对合作伙伴追责至关重要。

---

① Cooper, Barry, Laura Munoz Perez, Antonia Esser, Michaella Allen, Nolwazi Hlophe, and Matthew Ferreira. 2019. ID proxy initiatives across the globe: An analysis. Cape Town. Centre for Financial Regulation and Inclusion (Cenfri).

② Centre for the Fourth Industrial Revolution. 2020. Central Bank Digital Currency Policy – maker toolkit. Geneva. The World Economic Forum (WEF).

借助金融消费者熟悉的、信赖的支付渠道推广央行数字货币。随着公众使用央行数字货币意识的提升，在中央银行准备就绪后，部署央行数字货币的下一个关键步骤是使用现有的支付渠道进行试点。使用可信赖的平台有助于增强金融消费者信心，并形成央行数字货币所需的初始规模。专栏 7.3 是中国人民银行借助成熟的数字平台，提升央行数字货币覆盖面和使用率的案例。

专栏 7.3：中国人民银行

2014 年，中国人民银行（PBOC）成立研究小组，研究央行数字货币的国际经验及其在中国的适用性。

2016 年，中国人民银行成立了中国人民银行数字货币研究所（PBCDCI）。中国人民银行数字货币研究所开发了中国央行数字货币的雏形，即数字人民币（e‑CNY）。

2017 年底，中国人民银行开始与商业机构合作，进一步开发和测试 e‑CNY。在基本完成顶层设计、功能开发和系统测试后，中国人民银行启动央行数字货币计划的试点阶段。

启动试点阶段是为了测试所设计的 e‑CNY 是否能有效解决农村金融排斥程度高、e‑CNY 普遍性的挑战，分为以下几个阶段。

2019 年：中国人民银行与技术公司、地方政府和私人代理机构合作，在深圳、苏州、雄安和成都启动试点。

2020 年 11 月：新增 4 个城市，评估和验证数字货币在中国不同地区的应用。各城市的试验都测试了核心技术和身份识别、离线支付、可编程性等补充功能。

2021 年初：中国人民银行扩大了 e‑CNY 的运营机构，除了 6 家国有银行之外，还包括 1 家股份制银行——招商银行，2 家民营银行——微众银行和网商银行。

2021 年底：在 10 个不同地区拥有超过 2.6 亿个 e‑CNY 账户。

2022 年 1 月：为响应积极的试点成果，中国人民银行数字货币研究所将微信、支付宝、京东作为试点测试的合作伙伴，旨在利用这些平台的现有优势扩大 e‑CNY 的影响力。

2022 年 2 月：通过在北京和张家口的冬奥会场馆引入 e‑CNY，e‑CNY 在国际上首次向全球用户亮相。

中国人民银行和中国人民银行数字货币研究所开展具有战略性的试点阶段。与地方政府、商业银行和其他服务提供商合作，在不同地区实施试点，检验了中央结算系统在不同地区的适用性和效率，培养了大量企业和个人的信任。此外，与电商、支付行业的大型企业合作，使中国人民银行数字货币研究所能够利用现有客群增强金融消费者对央行数字货币系统的信心。最终，中国人民银行提升了 e‑CNY 的覆盖面和使用率。

公开央行数字货币的实施计划、制约因素和预期成果。设计和实施计划的透明性和公开性可增强公众对央行数字货币的信任。在发行之前或发行期间，中央银行应积极与公众分享央行数字货币的设计细节、部署时间表、预期目标和监管政策。政策制定者和行业等市场参与者的合作有助于确保顺利推进这一过程。图 7.11 强调了市场主体在实施阶段的作用和职责。

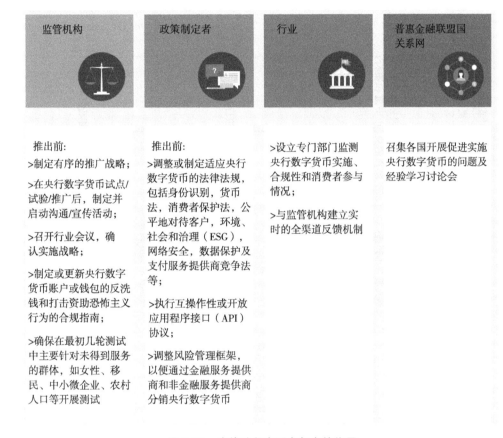

图 7.11　实施阶段主要参与者的作用

7.8　发展经验

央行数字货币与普惠金融之间的联系并不明显。发展中国家的中央银行普遍将发展普惠金融作为推行央行数字货币的核心政策目标。从国际清算银行、央行数字货币、普惠金融联盟国数字普惠金融服务工作组的讨论，都可以看出促进普惠金融发展是推行央行数字货币的主要动机。

尽管各国认同发展普惠金融是推行央行数字货币的主要动机，但关键问题仍然存在，央行数字货币是不是克服普惠金融发展障碍的合理管理措施仍缺乏相应证据支持，

表 7.5　各地区央行数字货币可行性概述

地区	有利条件				央行数字货币设计重点			
	需求情况	基础设施情况	供给	监管	可行类型①	支付渠道②	分销架构③	主要特征
东亚和东南亚	渗透率：70% P2P 支付中数字支付占比：42% G2P 支付中数字支付占比：21% 受教育程度：95.9%	电力覆盖率：98.14% 手机覆盖率：78% 智能手机覆盖率：67% 3G 接入率：97% 互联网覆盖率：60% 移动互联网覆盖率④：70%	至少有一半的地区可提供即时支付服务 平均每 10 万名成人拥有商业银行网点数：10.66； ATM 机数：56.24	优势在于基于风险的客户尽职调查 市场进入壁垒（非银行机构）最小 新兴服务得到扩广 不足：数据保护、网络安全、政府有关部门与普惠金融战略实施方面的合作	零售型 基于账户的央行数字货币	现有的电子货币支付渠道和银行网络	多层次的常规架构	互操作性 即时支付 (24×7) 不计息 伪匿名 可编程性 智能手机和非智能手机的兼容性
拉丁美洲	渗透率：53% P2P 支付中数字支付占比：25% G2P 支付中数字支付占比：10% 受教育程度：94.9%	电力覆盖率：98.27% 手机覆盖率：68% 智能手机覆盖率：69% 3G 接入率：94% 互联网覆盖率：54% 移动互联网覆盖程度：68%（农村37%；城市71%）	超过一半的地区没有即时支付服务 互操作性存在挑战 平均每 10 万名成人拥有商业银行网点数：13.25； ATM 机数：42.24； 移动支付代理商数：46	基于风险的普惠性客户尽职调查 市场进入壁垒（非银行机构）最小 金融消费者权益保护和数据保护的执行情况得到关注	零售型 基于账户的央行数字货币	银行网络	多层次架构	互操作性 即时支付 (24×7) 不计息 伪匿名 可编程性 智能手机和非智能手机的兼容性
中东和北非	渗透率：43% P2P 支付中数字支付占比：24% G2P 支付中数字支付占比：6% 受教育程度：79.9%	电力覆盖率：97.12% 手机覆盖率：65% 智能手机覆盖率：62% 3G 接入率：91% 互联网覆盖率：43%	至少一半的地区可以实现即时支付 平均每 10 万名成人拥有商业银行网点数：12.8； ATM 机数：39.25	在监管准备方面存在巨大差异 基于风险的客户尽职调查基本上已经到位 部分国家正在努力解决网络犯罪和数据保护问题，而其他国家正在努力解决新兴服务问题	零售型 基于账户的央行数字货币	银行网络	多层次的常规架构	互操作性 即时支付 (24×7) 不计息 伪匿名 可编程性 智能手机和非智能手机的兼容性

续表

地区	有利条件			监管	央行数字货币设计重点			主要特征
	需求情况	基础设施情况	供给		可行类型①	支付渠道②	分销架构③	
太平洋	渗透率: 41% P2P支付中数字支付占比: 23% G2P支付中数字支付占比: 8% 受教育程度: 91.3%	电力覆盖率: 86.75% 手机覆盖率: 46% 智能手机覆盖率: 30% 互联网覆盖率: 18%	超过一半的地区没有即时支付 互操作性存在挑战	优势在于市场进入壁垒最小 不足: 基于尽职调查户尽职金融消费者权益保护问题 (监管少)	零售型 基于代币的央行数字货币	现有的电子货币渠道和银行网络	多层次、集中的所有权限的分布式账本技术	互操作性 不计息 离线 即时支付 (24×7) 伪匿名 可编程性 智能手机和非智能手机的兼容性
南亚	渗透率: 48% P2P支付中数字支付占比: 23% G2P支付中数字支付占比: 8% 受教育程度: 73.6%	电力覆盖率: 94.40% 手机覆盖率: 58% 智能手机覆盖率: 67% 3G接入率: 91% 互联网覆盖率: 33%	至少一半的地区可以实现即时支付 互操作性存在挑战 平均每10万名成人拥有商业银行网点数: 10.41; ATM机数: 10.84	监管环境整体良好 优势在于消费信贷的风险管理框架 在新兴服务领域存在薄弱环节	零售型 基于账户代币的央行数字货币	现有的电子货币渠道和银行网络	多层次的常规架构	互操作性 即时支付 (24×7) 不计息 伪匿名 可编程性 智能手机和非智能手机的兼容性
撒哈拉以南非洲地区	渗透率: 33% P2P支付中数字支付占比: 45% G2P支付中数字支付占比: 7% 受教育程度: 65.9%	电力覆盖率: 46.8% 手机覆盖率: 45% 智能手机覆盖率: 48% 3G接入率: 75% 互联网覆盖率: 26% (农村16%; 城市40%)	仅能通过移动支付现的即时支付 没有互操作性、即时支付就不具有普惠性 平均每10万名成人拥有商业银行网点数: 4.45; ATM机数: 6.09	监管环境整体良好 基于风险的客户尽职调查 市场进入壁垒 (非银行机构) 最小 监管能力和新兴服务领域存在薄弱环节⑤	零售型 基于账户代币的央行数字货币	现有的移动货币渠道和银行网络	多层次的常规架构	互操作性 不计息 离线 即时支付 (24×7) 伪匿名 可编程性 智能手机和非智能手机的兼容性

注: ①可行类型指央行零售型或批发型、基于代币、基于账户、账户、手机、其他。
②支付渠道指央行数字货币获得更青睐使用率的推广渠道，如现有的电子货币渠道、银行网络等。
③分销架构指根据金融机构现状、央行数字货币技术，如区块链技术、中心化账本、去中心化账本、中心化账本等。
④此处移动互联网连通。
⑤金融科技和其他新兴服务的法律尚待定。

尤其是在发展中国家和新兴经济体中，因为数字素养低是参与数字普惠金融服务的关键制约因素。[①] 缺乏证据支持，就无法明晰央行数字货币在哪些方面可以真正满足公众的金融需求，还是会加剧老年人、农村家庭、中小微企业、被迫流离失所者和女性等弱势群体的金融排斥。

本报告分析了央行数字货币促进普惠金融发展的潜力。考虑到央行数字货币作为普惠金融工具的不确定性，本章的目的是研究发展中国家和新兴经济体零售型央行数字货币对促进普惠金融支持弱势群体的作用。通过分析 P2P 支付、P2B 支付和 G2P 支付案例，评估央行数字货币能否缓解普惠金融的获取障碍和使用障碍，探讨央行数字货币缓解这些障碍的机制。

研究显示，尽管央行数字货币可以缓解部分数字支付的使用障碍，但不能缓解所有障碍。央行数字货币对发展中国家和新兴经济体发展普惠金融的最大贡献可能在于通过提高便利性、可负担性和安全性满足金融消费者需求。但是，央行数字货币并不是促进普惠金融发展的灵丹妙药，其数字特性可能会加剧现有的金融排斥。央行数字货币可能并不适合发展中国家和新兴经济体的所有实际情况，但如果有明确的、可实现的目标驱动央行数字货币推行，且设计符合目标，它就有可能改善数百万人的金融服务现状。

表 7.5 从区域视角为普惠金融联盟成员探索央行数字货币在本国的准备情况与适宜性，评估最适合已有准备情况的央行数字货币类型提供参考，包括：一是发展中国家不同地区的数字普惠金融服务状况；二是为进行创新而建立的数字普惠金融服务系统；三是中央银行在设计央行数字货币时应根据具体情况，将其作为解决普惠金融障碍的工具。

专栏 7.4：基于账户与代币的数字货币

本章不强调"基于账户"和"基于代币"的央行数字货币之间的区别。因为提供商之间已取得共识，即分类虽然存在重叠，但并不相互排斥，这些术语对不同的群体有不同的含义。

这两种分类源于以"代币"表示与加密货币之前的实物货币相关的开创性学术论文，基于账户的系统需验证付款人的身份，而基于代币的系统需验证支付对象身份的有效性。

为便于理解，加密货币经常被描述为支付代币，并随后被许多人定性为"基于代币"的数字货币。但是，正如纽约联邦储备委员所述，加密货币既"基于账户"，又"基于代币"。例如，比特币是"基于账户"的数字货币，其账户是指比特币地址，而私钥是从该账户进行交易所需的身份证明。比特币又是"基于代币"的数字货币，因为比特币没有余额，"对象"是未支付的交易输出（UTXO），只有

[①] United Nations Conference on Trade and Development（UNCTAD）. 2019. Digital poverty needs to be a development priority. Geneva. UNCTAD. 3 April 2019.

在尚未支付时才有效。

代币和账户之间的区别可能有助于各国中央银行推行加密货币，但二者在标准化术语上差异并不大，这是由于经常需在二者重叠情况下选择恰当的数字货币设计，而不是在两者之间选择。若在央行数字货币文件中定义标准化，表面上可能会导致混乱。

越来越多的讨论提供了进一步的分类方法，即根据支付请求的安全性和稳健配置将其以相应的标识符进行分类。但是，全球没有既定的简化分类方法，也没有围绕数字货币创建共同的高级语言对其予以分类。

资料来源：Garratt, Rod, Michael Lee, Brendan Malone, and Antoine Martin. 2020. Token – or Account – Based? A Digital Currency Can Be Both. Liberty Street Economics. Federal Reserve Bank of New York. 12 August. Accessed 18 August 2022. Green, E. J. 2007. Some challenges for research in payments. Accessed 18 April 2022. and Khan, C. M. & Roberds, W. 2009. Why pay? An introduction to payments economics. January. Accessed 18 April, 2022. Medium of exchange or means of payment (Global Digital Finance. 2019. Code of Conduct Taxonomy for Cryptographic Assets. Accessed 21 April 2022.) Auer, R, and R. Boehme. 2020. The technology of retail central bank digital currency. 01 March. Accessed 18 April 2022. and CPMI. 2018. Central bank digital currencies. Accessed 18 April, 2022. Garratt, Rod, Michael Lee, Brendan Malone, and Antoine Martin. 2020. Token – or Account – Based? A Digital Currency Can Be Both. Liberty Street Economics. Federal Reserve Bank of New York. 12 August. Accessed 18 August 2022. Lee, Alexander. Malone, Brendan. Wong, Paul Wong. 2020. Tokens and accounts in the context of digital currencies. 23 December. Accessed 18 April 2022. Norges Bank. 2018. Central bank digital currencies. Accessed 18 April 2022. and Tobias, A, and Tommaso Mancini Griffoli. 2019. The Rise of Digital Money. FinTech Notes No. 2019/001. 15 July. IMF. Accessed 18 April, 2022.

附录7.1：利益相关者访谈名单

表7.6概述了 Cenfri 团队在 2022 年 2 月至 3 月通过 Zoom 远程会议软件或 MS Teams 远程会议软件远程进行访谈的关键信息提供者受访名单。

表7.6 关键信息提供者的受访名单

利益相关者类型	利益相关者名称		访谈日期
中央银行	加拿大银行		2022 年 2 月 16 日
	尼日利亚中央银行		2022 年 2 月 24 日
	加纳中央银行		2022 年 3 月 10 日
	普惠金融联盟成员	马来西亚国家银行（BNM）	2022 年 3 月 13 日
		泰国银行（BOT）	2022 年 3 月 13 日
		菲律宾中央银行（BSP）	2022 年 3 月 13 日
		俄罗斯中央银行（CBR）	2022 年 3 月 13 日
		巴哈马中央银行（CBOB）	2022 年 3 月 13 日

续表

利益相关者类型	利益相关者名称	访谈日期
行业领域专家	Bitange Ndemo 教授（肯尼亚 MiN ICT 公司原职员，现任内罗毕大学教授）	2022 年 2 月 2 日
	Klaus Martin Löber（欧洲证券交易所监管委员会主席）	2022 年 2 月 14 日
技术提供商	Algorand 公司	2022 年 2 月 7 日
	eCurrency 公司	2022 年 2 月 9 日
	Mastercard 公司	2022 年 2 月 14 日
	Stellar 公司	2022 年 2 月 18 日
	R3 公司	2022 年 2 月 22 日
	Celo 公司	2022 年 3 月 4 日
	G + D 公司	2022 年 3 月 10 日
国际组织	世界银行	2022 年 2 月 15 日
	德国国际合作机构（GIZ）	2022 年 2 月 21 日
	国际货币基金组织（IMF）	2022 年 2 月 22 日
	扶贫协商小组（CGAP）	2022 年 3 月 4 日

第四篇
数字普惠金融的监管

8. 加强数字普惠金融监管

8.1 引言

8.1.1 主要内容

本章以会议报告的形式呈现，包含两大模块共七份报告，旨在提出基于监管和政策解决方案的实践指南，帮助同行在各自国家为金融科技生态系统创建有利环境。普惠金融联盟（AFI）邀请了部分发展中国家、发达国家的监管者和其他专家分享不同案例及观点，力图通过同行交流，使各国对两个主要支柱［开放银行和开放应用程序接口（API）、数字身份（数字 ID）和"电子化了解你的客户"（e – KYC）］的最佳实践、工具和监管框架有更深入的了解。

1. 开放银行和开放 API。第一，概述了泰国、菲律宾、墨西哥的开放银行和开放 API 现状。一是第三方服务提供商通过数字金融服务对金融行业产生了很大影响，同时给监管机构带来了严峻挑战。二是开放银行有助于克服银行和非银行金融机构（NBFI）在提供正规金融服务时所面临的准入门槛和使用限制方面的障碍。三是开放 API 允许第三方服务提供商访问银行和非银行金融机构的客户交易数据，有助于银行和非银行金融机构更好地了解客户金融行为，为客户设计合适的产品。四是开放 API 标准是促成数据流高效、安全、经济流通的关键因素，没有这些数据流，数字金融服务就无法开展。五是开放银行的潜在理念是让客户拥有自己的金融数据和交易数据，只有在客户许可的情况下，银行才能共享这些数据。六是开放银行通过促进市场竞争支持创新。

第二，重点讨论了如何利用开放银行发展普惠金融。考虑到英国是最早拥有开放银行制度的国家之一，本章主要展示了英国的相关经验：在英国 9 家规模最大的银行同意授权第三方提供商（TPPs）访问经客户授权同意的个人金融数据后，英国推出了开放银行理念。随后，为了促进市场竞争，英国竞争与市场管理局于 2017 年 2 月启动了开放银行业务作为其零售银行市场调查的一部分。开放银行实施机构（OBIE）负责制定和维护开放银行标准与开放银行指南，并监督所涉及的 9 家银行。OBIE 要为实施开放银行的银行和第三方提供商提供支持，除技术标准外，还负责制定用户体验标准和操作指南。英国的开放银行业务模式主要分为三类：消费者产品、企业产品和技术服务（以提供软件的方式帮助企业实施开放 API）。2/3 的英国消费者没有听说过开放银行，只有不到 8% 的人认为这是件好事，大多数人担心隐私数据丢失或欺诈问题。因此，需要在安全性、隐私保护、责任主体（特别是在数据泄露的情况下）和损失责任方面提高行业透明度，并采取相应行动。

第三，展示了欧盟在应对成员多样性时实施开放支付的案例，将开放支付作为实现开放银行和开放金融的过渡措施。欧洲银行管理局负责监管开放支付的实施，目标是为其 27 个欧盟成员建立公平竞争的市场环境，并通过指导和建议促进市场的安全性、稳健性以及与监管的趋同。开放支付是《支付服务指令 2》（PSD2）的唯一适用领域，根据这一法律，欧洲银行管理局制定了与开放支付相关的数字金融服务监管要求。考虑到欧盟地区银行和第三方提供商的数量以及多样性，相比于市场自律，有必要实施特定的（仅限开放支付）法律。第三方提供商只允许访问与付款账户有关的付款信息或账户信息。《支付服务指令 2》的一些目标之间相互冲突，需要在它们之间取得平衡。创新是为了鼓励提供商为消费者提供最佳方案，即最划算和用户友好方案。普惠金融不是《支付服务指令 2》的目标，因为欧盟成员的普惠金融总体发展水平非常高，且呈现逐年上升趋势。为了缓解竞争加剧带来的挑战，欧洲银行管理局成立了一个由 9 家银行、9 家第三方提供商和 9 家 API 提供商组成的 API 行业工作组，要求他们提出并分享观点。

第四，深入探讨了在新冠疫情后，"更好的常态"在数字普惠金融实践中的意义。研究发现，可从数字金融、性别普惠金融以及绿色普惠金融这三个视角帮助制定疫情复苏政策及框架。从数字金融来看，2009 年，菲律宾引入了一个监管框架，旨在促进创新并管理相关风险。该框架建立在强大的数字基础设施、数字技术水平、数字 ID 建设和有效监管框架的基础上。菲律宾于 2020 年通过的《数字银行风险敞口草案》创建了一个独特的"数字银行"类别。菲律宾身份验证系统（PhilSys）使菲律宾公民能够获取、使用创新的数字金融产品和服务。AFI 应对新冠疫情影响政策框架的八个支柱分别是：促进并鼓励数字支付发展；建设安全、有弹性的数字支付和数字技术基础设施；加强监管（金融消费者权益保护、数据隐私和弱势群体的数字金融素养）；颁布灵敏且创新性的风险缓释法规；开发代理商和商户业务（"最后一公里"交易）；改善其他适用场景的便利性（电子货币、移动支付、线上和线下支付）；协调利益相关者；解决跨领域问题（探索小微企业和个人在环境保护、可再生能源方面的机会；为女性和其他弱势群体提供援助）。

从性别普惠金融来看，全球普惠金融性别差距非常显著，近 10 亿女性仍受到金融排斥，2011 年以来，发展中国家的普惠金融性别差距一直维持在 9% 左右。到 2025 年，促进性别平等可使全球 GDP 增加约 12 万亿美元。性别平等的障碍包括社会文化因素、缺乏性别敏感的政策、对移动技术的有限掌握或控制能力、无法充分使用数字设备以及在金融知识或金融能力方面受到制约。由于缺乏按性别分类的数据，无法观测到新冠疫情对女性真实的社会经济影响。充分包容且性别敏感的金融制度必须考虑到监管机构、中小微企业担保计划、社会保障、性别敏感的监管与法律框架、性别敏感的国家普惠金融战略、女性金融素养战略和国家金融教育战略。

从绿色普惠金融来看，AFI 的绿色普惠金融"4P"（Provision，Protection，Prevention，Promotion；提供、保护、预防、激励）政策框架可用于应对从新冠疫情冲击中复苏。一是减少灾害风险政策（DRR）和应急准备措施可以为金融机构提供相对的安全网，使其能够帮助客户恢复经济活动。二是新冠疫情冲击可为设计未来的减灾政策、应对与气候变化相关的灾害提供经验参考。三是迄今为止，AFI 应对新冠疫情冲击的两个绿色典型案例包括孟加拉国银行绿色转型基金和菲律宾中央银行机构间工作组。菲律宾土地银行的"走向绿色普惠融资计划"虽然与应对新冠疫情冲击无关，但却是将中小微企业的普惠性、经济复苏和绿色要素联系在一起的案例。应对新冠疫情冲击的绿色金融不是慈善行为，而是有清晰的商业价值。

第五，探讨了数字普惠金融如何帮助各国政府应对缓解新冠疫情冲击带来的不利影响，推动实现 2030 年远景目标。一是强调了新冠疫情期间数字普惠金融领域出现的风险，尤其是在弱势群体使用数字支付方面。二是普惠金融本身并不是可持续发展目标，而是一个改善人类和社会整体发展的举措。越来越多的证据表明，数字普惠金融是实现社会和经济更好发展的手段。麻省理工学院的一项研究发现，2008 年到 2014 年，数字支付在肯尼亚的普及使大约 100 万人摆脱了极端贫困，相当于肯尼亚人口的 2%。根据印度尼西亚发展数字金融的经验，接受补贴水稻项目的 140 万人摆脱了极度饥饿。在孟加拉国，数字支付推动大量社区卫生机构为 100 万名新妈妈注册了孕产妇健康项目。三是应及时报告普惠金融目标推进方面的进展，包括每个国家实现可持续发展目标的进程。AFI 鼓励各成员机构发展普惠金融及有关指标情况。联合国秘书长特别倡议的金融科技和数字支付办公室与无现金联盟（Better than Cash Alliance）和世界银行合作，发布了数字普惠金融支持 13 个可持续发展目标（17 个可持续发展目标中的一部分）取得进展情况的概要。虽然在利用数字普惠金融和数字平台方面仍存在许多挑战，但它们在支持与教育、卫生等工作相关的社会发展方面发挥了关键作用。四是在新冠疫情冲击下，以数字手段支付社会福利金不仅有利于普惠金融，而且可以应对流动性不足的挑战。当前的七个主要风险包括：投诉反馈机制不足；金融知识、数字知识匮乏；当前或潜在的现金使用者受到排斥；交易失败率较高；缺乏关于最近现金援助点的知识或信息；超额收取取款费用与交易费用；取款点人满为患，存在健康和安全风险。

2. 数字 ID 和 e - KYC。第一，研究发现，数字化对金融行业的巨大影响为世界各地的金融消费者带来了更多选择，改变了金融消费者行为。一是越来越以客户为中心的监管体系敦促机构采用新技术，保障客户在数字经济中对自己的数据和 ID 拥有更多的控制权。二是要让数字生态系统发挥作用，企业和个人必须能够在不重复进行身份验证和登录过程的情况下，无缝地在生态系统之间进行操作。开发高效的 e - KYC 系统是金融业共同的目标，同时也是一个艰巨的监管挑战，协调行业标准与新技术风险是常见障碍。三是提供跨行业、跨部门、经过验证且内容丰富的数字 ID，为客户参与信任网络并控制自己的数据奠定基础。四是简化数字产品和服务的获取途径是实现数字化转型的关键因素。五是市场参与者必须适应数字经济，监管机构需要为金融消费者提供更好的保障，监管好新生态系统的风险。为此，泰国、菲律宾、马来西亚和墨西哥展示了各自的国家 ID 计划，以及根据国家优先事项制定监管政策所面临的挑战。

第二，介绍了爱沙尼亚和卢森堡两个高度发达国家所采用的监管方法，以及一些标志性的数字举措。一是考虑了私营部门对 e - KYC 法规的观点。二是强调了转变思维定势和获得认同对于启动并推出一个有潜力且复杂的国家项目的重要性。三是与私营部门利益相关者接触时，组织能力与监管要求相匹配至关重要。四是除了反洗钱/反恐怖融资的标准外，e - KYC 和数字 ID 还必须考虑金融消费者权益保护、数据隐私和安全等方面的问题。

8.1.2 监管政策

1. 泰国中央银行副行长发表观点。发展普惠金融是政策制定者的首要任务。随着技术进步和创新的迅猛发展，获取和使用金融服务变得更加智能化，有望帮助更多受到金融排斥的人以更智能、更优惠的方式使用金融服务。为确保每个人都能够跟上时代的步伐，泰国中央银行将数字金融视为挖掘社会和经济潜力的重要基石，并将其逐渐发展为一股强大力量。在新冠疫情期间，金融需求者行为发生了改变，数字技术服务的使用出现大幅增长。截至 2020 年 5 月末，电子支付的转账增长率高达 85%，为金融科技和数字普惠金融发展带来了巨大机遇。

泰国几年前推出的国家数字支付基础设施"即时支付"（PromptPay）充分满足了客户需求和行为方面的变化，允许使用居民身份证或手机号码接收、转出资金，将数字金融服务融入其中。值得一提的是，PromptPay 大约能够使 1 000 万人在线完成注册和开户，因此在政府的经济复苏计划中，该基础设施能够用数字钱包有针对性地为受到新冠疫情影响的群体提供帮助，如使用 e - KYC 支付补贴。

私营部门和相关各方也正致力于开发数字 ID，一旦发展成熟，居民就可以通过国家数字 ID 平台安全地开立账户。[①] 下文阐述了泰国的金融科技帮助公众无须产生肢体接触或离开家门进行交易的一些案例，这在新冠疫情的背景下有利于公共健康，同时也增强了金融服务的普惠性。

在推进数字普惠金融的过程中，必须对前端和后端给予同等重视。虽然前端的用户体验和便利性对数字普惠金融覆盖面起着重要作用，但后端的数据整合以及标准制定也不可忽视。因此，本章重点讨论了开放银行和开放 API，应利用数字金融服务基础设施，在安全的生态系统中保障金融消费者权益。虽然金融创新潜力巨大，但数据泄露和针对最弱势群体的产品、服务的不当销售案例也一再发生。因此，利益相关者必须积极合作，确保相关政策的有效实施，加强监管，防止市场碎片化。长远来看，金融素养和数字素养是进一步深化普惠金融的关键驱动因素。

2. AFI 执行董事发表观点。AFI 的成员在地理环境、文化背景、社会经济发展水平和普惠金融发展水平方面存在差异。因此，成员在应对不同地区的普惠金融发展困境

---

① 泰国的国家数字身份证（NDID）平台是一个共享、开放、互操作的 e - KYC 平台，有效连接各方，共享信息、进行身份验证和认证。

时，需要采取不同的方法制定政策解决方案。另外，各成员处于普惠金融发展的不同阶段，有些国家面临的挑战更为复杂，当务之急需要解决的困难也因此不同。有人希望能找到具体的创新政策应对措施，进一步推进实现其普惠金融目标。还有人希望 AFI 提供针对性的交流项目，方便学习其他成员的经验。

推动普惠金融发展符合所有人的利益。这不仅仅是发达国家需要解决的问题，也是所有人都在努力解决的问题。一方面，各方努力提高普惠金融的准入标准、使用情况和服务质量；另一方面，有些国家强调保持高水平的金融覆盖面。在这条道路上走得越远，就越需要解决围绕数字素养、金融素养和金融消费者权益保护的需求侧问题。

在 2007 年 8 月的金融危机中，被认为"大而不能倒"的金融机构不得不通过政府干预进行救助。如今，金融部门的资本化水平显著提高，处于更有利的地位，能够积极推动普惠金融的复苏。发展普惠金融是减轻新冠疫情影响、建立经济复苏和韧性的方法之一。

推动 P2P 参与是 AFI 服务的核心内容之一，包括技术工作小组、能力建设活动、同行学习、交流咨询和国内实施计划。通过这些数据，我们已经收集了各国应对新冠疫情冲击的情况。考虑到成员的数字化转型和新冠疫情的背景，创新的数字普惠金融解决方案将成为扩大普惠金融覆盖面、促进普惠金融高质量发展的关键。

8.2 开放银行和开放应用程序接口发展

8.2.1 泰国

泰国中央银行面对数字技术对金融业的巨大影响，提出了两个问题：（1）"作为一个监管者，我们能做什么？"（2）"作为一个监管者，我们应该做什么？"以往，监管机构的关注重点是不惜一切代价维护金融稳定，然而，在新的金融环境下，这一立场已经不再适用。因此，泰国中央银行确定了四项指导原则，支持银行和非银行机构利用数据与技术的力量及时为客户提供个性化金融服务。但是，实现这一目标仍然需要考虑金融稳定、竞争力和客户保护的要求。

泰国中央银行应对新金融形势的四项指导原则（包括开放银行和开放 API 标准）如图 8.1 所示。

一是以客户为中心。鼓励利用金融和非金融数据实现金融服务的广泛个性化，使社会各阶层都能享受到金融服务。二是金融稳定。对于银行与非银行机构的竞争，必须进行相应监管。目前非银行机构不在泰国中央银行的监管范围内。三是公平竞争行为。鉴于市场参与者的规模和类型不同，必须营造公平的竞争环境，防止市场力量的滥用。例如，新兴的金融科技平台相较传统银行可能拥有较少的客户数据，处于弱势地位，需要确保公平竞争。四是市场行为和金融消费者权益保护。保护、教育数字普惠金融的新用户，让他们了解自己的权利，如隐私权。

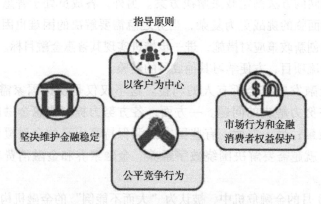

图8.1　泰国中央银行四项指导原则

　　单靠法规不足以保障为金融消费者提供优质的服务，数字和金融基础设施将发挥至关重要作用。其中，数据共享可以为市场上的不同金融消费者提供个性化服务，是深化普惠金融的关键。泰国的数字金融生态系统"泰国堆栈"是泰国迈向数字金融的重要引擎之一，采用垂直整合模式，囊括了三个关键层次的基础设施，并在每层都采取了有力举措，如图8.2所示。

　　最底层是"数字ID"。数字ID对于用户进入数字世界并在金融平台上进行交易至关重要，用户登录银行系统后就可以在金融平台上进行交易。第二层是金融平台。例如即时支付，这是一种通过用户手机号码连接银行和非银行机构的快捷支付服务。交易过程中产生的数据可以在客户同意的情况下进行存储，并在金融机构之间共享，以便金融机构为客户提供更好的金融产品和服务。最顶层是"数据存储与共享"。该层的一项重要举措是制定API标准，这依赖于数据的可移植性，对于实现更有效的竞争格局和数据应用尤为重要。

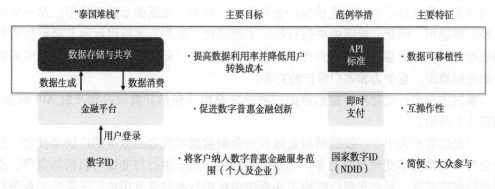

图8.2　泰国数字金融生态系统

　　在数字时代，数据流动非常重要，这意味着金融服务供给者能够以个性、及时和经济高效的方式更好地满足客户需求。符合标准的API具有成本效益、可靠、自动化、安全、保护隐私、高效和快速等特点，是实现数据流动的最佳方式。当数据可以被机器读取时，就能对其进行分析，并在金融服务供给者之间无缝共享，为用户实时提供更好的服务。

在这样的模式下，金融消费者能以更优惠的价格享受个性化、高质量的金融产品，同时，供给者的运营成本也会降低。此外，通过开放 API 发送的数据也比 PDF 模式更安全，毕竟后者存在隐私泄露和安全风险。因此，制定 API 标准是推动以高效、安全、具有成本效益方式进行数据流动的关键因素。泰国金融机构深知 API 是未来趋势，因此一直在竞相开发 API。然而，根据反馈结果，所有银行和非银行机构都会开发自己的 API 标准来共享数据。因此，他们迫切希望泰国中央银行作为监管机构介入，避免市场分裂。我们不妨借鉴电插头的例子来思考开发 API 的问题，如果不同地区使用不同的插头，就像拥有许多 API 一样，这会导致资源重复使用和效率低下。

在开放银行领域，泰国中央银行是新参与者。与其他国家强制要求金融机构遵守某些 API 标准或允许金融机构自行制定标准的情况不同，泰国中央银行尚未发布任何关于开放银行的法规。起初，银行并不愿意接受这一变化，他们担心如果有统一的开放 API 标准，客户可以自由地从一个供给者切换到另一个供给者，导致自己的市场份额缩减。最终，泰国中央银行采取了"从大处着眼、从小处着手"的监管方式，根据银行确定的"痛点"，介入了银行报表的 API 设计，并制定了相应的业务规则。

银行报表之所以能作为通用 API 标准的首个用例，是因为银行报表在泰国经常用于金融服务（如贷款），以及非金融服务（如签证申请）。通常情况下，金融消费者在某个银行分行提交申请后，工作人员需要进行大量的手工工作（例如打印文件等），然后由另一家银行的工作人员将报表上的数据输入系统，在这个过程中也许会存在欺诈风险。为了解决此问题，泰国中央银行邀请了不同的银行代表参加设计思维研讨会，并把他们分成技术和业务两组进行讨论，得到的其中一个设计方案是使用银行应用程序（APP）进行贷款申请。图 8.3 主要展示了如何以更高效、更安全的方式传输数据。

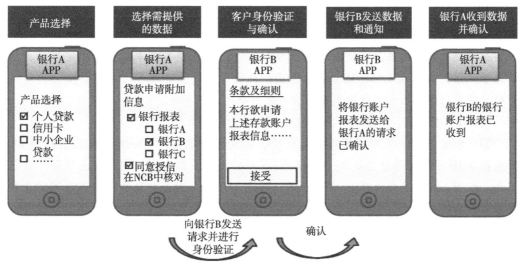

图 8.3　设计思维研讨会的消费者历程

尽管银行报表的通用 API 标准有助于推动开放银行业务发展，但仍面临着许多挑战。泰国中央银行并不愿意在商业规则等问题上采取强硬立场，而是更希望市场能够提出解决方案。

然而，作为监管机构，仍有四个方面需要考虑。

一是治理机构及其构成。随着时间的推移，API 需要不断开发、维护、更新更多的场景，因此需要设立一个专门的治理机构，不仅要负责这方面的工作，还要进一步协调、监督不同用户。二是数据共享计划的参与者。多元化和多样化的金融机构应当积极使用已开发成通用标准的 API，确保消费者可以找到最合适的金融产品或服务。然而传统机构拥有更广泛的客户群体，而新兴机构可能拥有更多的新技术和经验，这些差异导致银行和非银行机构对参与方式持不同的保留意见。因此，需尽可能平衡不同群体的利益，确保市场公平与数据安全。三是定价和成本。金融机构为了遵守新的 API 标准，需要更新系统，重新配置资源，这涉及固定成本、可变成本，以及失去金融消费者的机会成本（因为金融消费者的数据迁移很容易）。四是中央银行的作用。目前，泰国中央银行扮演着推手角色，但如果要确保通用 API 标准得到广泛应用，则需要考虑其他角色，比如催化剂、支持者或裁决者。

总结来看，泰国中央银行在设计行业规则时遵循了四个原则：一是将客户视为数据所有者（以客户为中心）；二是在遵循数据隐私法的前提下共享客户数据（金融消费者权益保护）；三是市场参与者的参与应建立在互惠的基础上，包括共享客户数据（公平竞争、平等的竞争环境）；四是不能违反安全标准（金融系统的稳定性）。

专家对话

问题 1：泰国中央银行是否制定了 API 标准？如果有的话，是强制执行，还是由行业驱动？

答：泰国中央银行曾向利益相关者征求 API 标准的意见，他们表示，如果泰国中央银行不介入，API 的采用将非常分散。考虑到这一点，泰国中央银行决定进行干预，但不强制要求或强迫采用特定的 API 标准。不过，利益相关者本身认为中央银行的协调对于采用共同的 API 标准更有利。因此，泰国中央银行采取了"胡萝卜加大棒"的策略，并且仍在考虑如何鼓励更多机构采用共同的 API 标准。

问题 2：在泰国，开放 API 和开放银行目前的成果如何？

答：制定技术标准并不困难，但定价、制定业务规则具有一定的挑战性。例如，国家数字 ID 平台可以使公众执行 e–KYC 并授权提供数据，在一定程度上推动了数据使用。然而，由于这是数字 ID 平台上的一项附加服务，因此共享数据的收费问题是需要额外考虑的因素。

8.2.2 菲律宾

本节分析了菲律宾中央银行（BSP）如何利用开放银行促进普惠金融发展。

与泰国类似，菲律宾中央银行也意识到了转向开放银行的好处，并称之为开放金融框架。该框架为现有金融机构和第三方参与者之间的数据可移植、互操作以及建立协作伙伴关系提供支持。开放银行业务改变了游戏规则，特别是在允许访问客户金融信息方面，这对于开发创新应用程序和服务、为客户提供更高的金融透明度是必要条件。

开放银行的潜在含义是客户拥有其金融数据和交易数据。因此，只有在客户同意的情况下才能共享这些数据。菲律宾战略规划编制局采取了政策举措，促进现有金融机构和第三方参与者之间的信息共享。

与其他国家一样，菲律宾中央银行开展了对开放银行的民意调查，评估利益相关者的准备进度以及对数据共享的兴趣。此外，菲律宾中央银行还咨询了相关专家，对不同的监管环境进行了比较研究，确保其监管原则和措施的有效性。

监管沙盒（Regulatory Sandbox）是菲律宾中央银行"测试和学习"的方法（见图 8.4），也是其即将发布的开放金融框架的关键组成部分。监管沙盒包括五个方面：（1）允许市场发展；（2）在谨慎的原则下保持灵活性；（3）了解运营/业务模式；（4）采取适当的监管方法；（5）明确监测事态发展和相关问题。

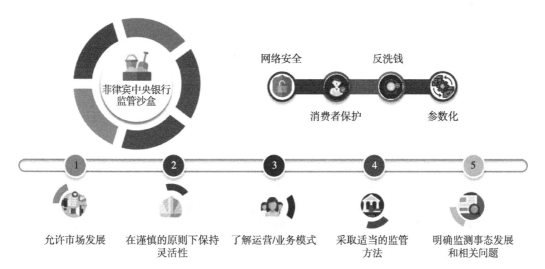

图8.4 菲律宾中央银行的"测试和学习"法

早前，菲律宾中央银行在"测试和学习"环境中对 10 家金融机构的非交易性支付（账户报表）进行了试点测试，另外 11 家金融机构表示也有兴趣加入。虽然菲律宾中央银行允许"测试和学习"在现实环境中运行，但这背后还存在一些无法解决的问题，如网络安全、金融消费者权益保护和反洗钱等。

在菲律宾中央银行的相关举措中，最关键的是制定开放金融政策。新规定仍然鼓励竞争和合作、普惠金融产品创新，但也提供了更深入的指导方针，包括政策声明、治理框架、注册标准、术语定义、开放金融的标准及其采用、开放 API 的发布，以及开放金融标准的分层方法。此外，新规定还包括了监管沙盒的实施以及其他规定，如金融消费者权益保护、争端解决机制、数据隐私和保护，以及用户同意、准入和退出机制。总体而言，这些政策构成了开放银行生态系统的坚实基础。

随着菲律宾中央银行向开放银行体系迈进，公众对开放银行框架的使用和行业认可产生了兴趣。然而，由行业领导的自治机构也表达了一些担忧。因此，菲律宾中央银行将颁布更加详细的指导标准和规则。一旦完成，开放银行业务有望改变行业规则，提高参与者和客户的整体利益。这也将成为菲律宾中央银行长期以来为实现普惠金融而进行的创新和数字化转型的有力证明。

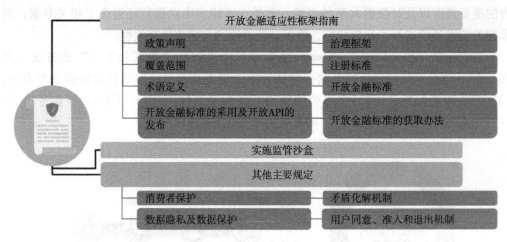

图8.5 开放金融政策框架

专家对话

问题1：开放银行业务包含竞争与合作，当前或未来哪些举措会促进市场的良性竞争？

答：菲律宾中央银行面临着与泰国中央银行类似的挑战，目前正在确定是否应该由行业主导开放银行业务的治理框架。商榷的结果是菲律宾中央银行对开放银行进行监督，但由行业自身推动其中细节，例如制定标准，以获得私营部门的支持。最终，该框架将归行业所有，实现竞争与合作的双重效果。

问题2：您能否详细说明开放金融标准的分层方法？

答：第一层仅提供产品和服务信息，如账户报表；第二层包括订阅和申请新账户；第三层包含账户信息；第四层涉及交易和支付信息。这个分层方法还将用于指导菲律宾中央银行发布标准的使用指南，帮助引入行业领导团队的详细规则框架。

问题3：菲律宾对API的做法是标准化的还是强制的？

答：最初我们对API标准抱有高期望，因此菲律宾中央银行必须在过于宽松与引导行业发展之间取得平衡。据调查，该行业需要关于架构标准、数据标准和安全标准的指南，不过，具体实施细节将由行业领导的管理机构制定。

8.2.3　墨西哥

2018 年，墨西哥通过了《金融科技机构监管法》（以下简称《金融科技法》），监管对象包括众筹平台和电子资金支付（数字钱包）提供商等金融服务供给者。根据该法规，金融机构有义务通过 API 实现互操作性，并在获得客户同意的前提下共享客户数据。此外，该法规还引入了监管沙盒的创新模式。《金融科技法》明确了金融科技发展的六大原则：普惠与创新、促进竞争、金融消费者权益保护、维护金融稳定、反洗钱和反恐怖融资。

《金融科技法》的通过标志着墨西哥承认开放银行作为一种金融服务模式，允许银行或金融机构与第三方共享数据。这种模式之所以被称为开放金融，是因为 API 连接了由第三方开发的接口，使得不同的市场参与者之间可以共享客户数据和信息。

伴随着技术创新，墨西哥的金融部门发生了显著的变化，新的准入渠道、可扩展的模式以及更低的交易成本颠覆了传统商业模式。2020 年，墨西哥金融科技公司的数量已呈现增加趋势，未来还会有更大增长。

目前，墨西哥有 50 家银行、283 家备受欢迎的储蓄和信贷机构。此外，墨西哥还有 94 家金融科技公司（包括众筹平台和数字钱包公司等）正在等待授权。

根据墨西哥《金融科技法》第 76 条，中央银行、国家银行与证券委员会有权发布指南，指导金融机构与第三方交换三类数据（见图 8.6）。

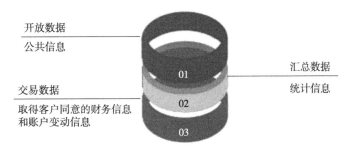

图 8.6　金融机构与第三方机构可交换的数据信息

然而，实施开放银行模式存在一些特殊风险，需要采取对应的缓解措施：一是交易数据的安全性（供需双方都存在）；二是使用不安全的认证方法（例如屏幕抓取）；三是监管机构的技术水平（需跟上最新 API 标准，确保监管标准与时俱进）。

在墨西哥开放银行项目的第一阶段，国家银行和证券委员会（CNBV）颁布了一系列法规，旨在帮助金融服务用户享受开放银行的好处。这些法规已于 2021 年 6 月 5 日生效，涵盖以下三个领域。

一是信息安全。考虑使用 OAuth2.0 授权结构、安全通信协议、数字证书和信息加密，确保数据提供者和申请者能够安全地识别、交换与处理数据。二是信息架构。数据提供者能够开发标准化的 API 端点，方便数据申请者查询数据。这一协议基于 API

Swagger 2.0 版规范格式，使用 REST 服务和 JSON 格式进行数据交换。三是标准数据字典。这是在每个 API 中使用的一组字段，例如自动柜员机（ATM）定位器，包括银行位置和服务的数据，通过这种方式，数据提供者和申请者可以方便地交换 ATM 数据。

开放银行项目的第二阶段包括试点利用 API 交换交易数据，重点在于改善客户体验、确保客户数据安全，以及评估和调整交易数据的技术标准。试点工作在监管沙盒环境中进行，试验数据由参与者于 2020 年 9 月至 10 月提供。该项目已经在四个主要端点（账户、余额、交易和客户同意）上对 API 中定义的标准进行了测试，测试结果为定义标准和实施过程提供了一系列宝贵的经验教训，并形成了 2020 年底发布的文件草案。

国家银行和证券委员会有关 API 监管沙盒与端点的详情已在网上公布。此外，本项目中关于 API 的其他文件也已公布，包括账户、交易、对手方、客户注册和电子在"了解你的客户"、支付和转账、分支机构、自动柜员机和产品、元数据、网络钩子、应用程序接口角色、指标和文档以及搜索仓库等方面的信息。

对于国家银行和证券委员会来说，开放银行助推了普惠金融的发展。金融科技 API 促进了生态系统的建立，第三方可以提供更多的金融服务，惠及尚未获得传统金融服务的群体。银行和其他机构提供多样化的数字服务，包括 API 组件（如 CoDI 数字支付平台或远程登录），客户无须亲自前往银行网点便可享受到更多服务。传统金融机构与金融科技之间超越信息共享模式的合作有望创造新的商机，使金融消费者受益。

在监管方面，自 2018 年以来，国家银行和证券委员会一直致力于促进深入应用监管技术（SupTech），加强对信息搜集和高级分析两个层面的监管。目前，它们正在开发允许通过 API 从金融科技机构接收信息的监管技术平台。

8.3　开放银行和开放应用程序接口的典型经验

本节重点讨论了如何利用开放银行推动普惠金融发展。鉴于英国是最早建立开放银行制度的国家之一，本节主要总结了英国的经验。

8.3.1　开放银行制度

2017 年，英国在 9 家最大的银行（占当地 80% 的市场份额）授权第三方访问经客户同意的个人金融数据后，实施了开放银行制度。此项目主要由开放银行实施机构（OBIE）负责，除主导实施开放银行外，该机构还负责创建和维护开放银行标准与开放银行目录，并对相关的 9 家银行（CMA9）进行监督。

英国竞争和市场管理局（CMA）于 2017 年 2 月启动了开放银行业务，将其作为零售银行市场调查的一部分，旨在促进英国银行业的竞争。开放银行实施机构（OBIE）作为中央执行机构，负责创建和维护资源，并提供相关服务。

与其他《支付服务指令 2》标准机构（如法国电子票据出版和处理公司、德国柏林集团）不同，英国的开放银行实施机构不仅关注技术标准，而且关注用户体验标准和操作指南。为促进实施开放银行标准，该机构设立了多个职能部门，为有意采用开放银行标准的银行和第三方提供支持，并确保 CMA9 符合竞争和市场管理局的要求（见图8.7）。

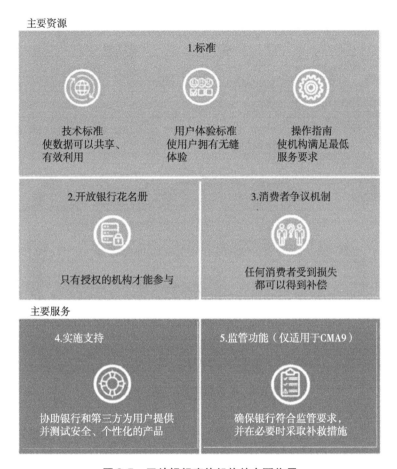

图 8.7 开放银行实施机构的主要作用

8.3.2 开放银行体系的运作模式

开放银行系统要求金融消费者和企业在符合隐私保护标准的前提下，允许金融机构和第三方共享其数据，并对账户数据进行研究、分析，创新开发个性化的金融产品和服务。当然，用户可以随时选择退出系统。

1. 全球概览。世界上许多国家都采用了开放银行模式，且处于不同的发展阶段。英国和欧盟的《支付服务指令2》是最早涉足开放银行领域的标准。在英国、巴西和尼日利亚，监管机构指导和推动开放银行系统建设，而亚洲一些国家则由私营部门驱动，更为市场化。

2. 开放银行业务模式。开放银行业务模式可分为三种类型：一是面向金融消费者的产品，包括银行账户聚合器、个人理财工具、慈善捐赠、借记报单、增信、身份验证等；二是面向企业的产品，包括会计和税务服务、债务管理、贷款和贷款替代、中小企业财务管理以及现金流管理等；三是技术服务，主要提供软件帮助公司实施开放银行 API，提供高质量的 API 服务。

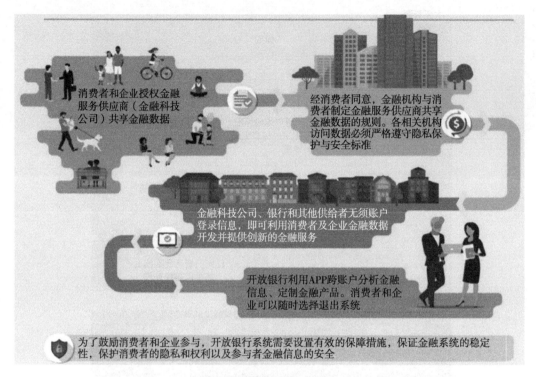

图 8.8　开放银行系统运作过程

3. 进展情况。截至 2020 年末，英国已经有 200 万客户注册了开放银行业务，涌现了超过 94 个相关的应用程序和产品，API 的使用量大幅增长。但是，开放银行业务仍然面临一些挑战，限制了其发挥更大作用。

克里亚洛吉克斯公司（Crealogix）于 2020 年 6 月进行的一项调查显示，2/3 的英国金融消费者对开放银行业务并不了解，只有不到 8% 的人认为这是件好事。大多数人担心隐私泄露、数据丢失或欺诈问题，因此，有关部门需要在安全性、隐私保护、责任主体（特别是在数据泄露的情况下）和损失责任方面提高行业透明度，并采取相应行动。在英国，此事主要由开放银行实施机构和金融行为管理局（FCA）负责推动。

4. 新冠疫情的影响。在英国，新冠疫情导致现金使用量大幅下降，从 2020 年第一季度的 30% 下降至第二季度的 10%，同时，ATM 提款量也减少了 60%。相应地，在线销售额则出现上升趋势，2020 年 4 月在线销售额占所有交易额的 30%，而 2019 年这一比例仅为 18%。金融消费者和企业逐渐开始创新使用开放银行 API，例如帮助个体工商户申请政府支持或零工工人提交纳税申报表。

5. 监控潜在风险和回报。开放银行若想实现其潜在利益，监管框架则须包含金融消费者权益保护和隐私保障措施，以赢取金融消费者信任，健全金融体系。同时，还需监控潜在风险：开放银行业务有助于为金融消费者和中小微企业提供优化储蓄和借贷决策的机会，但这也可能改变金融市场结构。虽然现在判断英国开放银行业务的影响还为时尚早，但对其进行监控却恰逢其时。例如，如果第三方提供商全面发展起来，金融体系稳定性是否会受到影响？随着竞争加剧与透明度提高，银行商业模式和盈利能力是否会受到影响？

6. 开放金融。虽然当前英国的开放银行业务仅涵盖个人和企业的往来账户与支付账户，但它表现出了在整个金融体系中安全共享数据的潜力。开放金融可以应用开放银行原则，允许企业将其在银行和政府部门的数据链接起来，建立更丰富的信用档案，也可以应用搜索、评级和替代数据（例如，社交媒体）解决缺乏企业信用记录的问题。金融消费者和企业还可以对更广泛的金融数据（如储蓄、保险、抵押贷款、投资、养老金和消费信贷）拥有更多的控制权。

7. 总结。开放银行在过去两年中有所发展，但英国金融消费者对其的认知仍然有限。不过，随着开放银行 API 功能的改进以及新冠疫情冲击的影响，形势可能会随之变化。开放银行是否能取得成功并带来开放金融机会，将取决于客户的反馈和使用开放银行的无障碍交易体验。

专家对话

问题 1： 英国中央银行是否专门设立了开放银行部门？大量新进入金融市场的机构是否带来了监管方面的挑战？英国中央银行在与其他监管机构进行监管协调方面有何经验？

答： 英国的开放银行起源于竞争和市场管理局对银行业竞争力的审查。开放银行实施机构负责制定标准和应用程序接口，并要求 9 家相关银行贯彻落实。开放银行实施机构还保存了金融行为管理局或欧洲国家当局授权的所有第三方提供商的名单。这些提供商需满足合规和数据安全方面的要求，才可以访问开放银行实施机构创建的应用程序接口。在英国，中央银行与其他监管机构一起监管市场，金融行为管理局负责授权第三方开展开放银行业务，其中包括一些小型金融科技公司。

问题 2： 如何确保金融服务提供商或金融科技公司不侵犯客户数据隐私？能否提供一些有关金融消费者权益保护风险的看法，例如处理金融消费者投诉的流程？

答： 银行不能轻易允许第三方访问客户数据，除非客户同意与第三方共享数据。在这一点上，客户同意是关键，他们可以随时选择同意或拒绝。相比之前提供更多个人信息（例如，通过屏幕截图或让第三方提供商登录其银行账户），开放银行模式下客户可以只提供绝对必要的信息。英国设计开放银行的原则是让客户掌握自己的个人数据，并以更安全的方式使用数据。虽然数据泄露或网络攻击的风险可能会增加，但总体上，所有第三方提供商和银行 APP 都必须遵守数据使用规则与隐私法律，如《通用数据保护条例》（GDPR）。金融消费者投诉一般由金融行为管理局处理。

问题 3： 您是否经历过现有银行对开放银行业务的挑战？它们是否在提高公众对开

放银行认可方面发挥了作用？还是说，它们认为开放银行可能会通过引发竞争而威胁到自己的业务？

答： 与其他改革措施一样，开放银行业务在初期实施阶段通常会遇到阻力。然而，许多现有银行也是开放银行倡议的先行者，因为客户需求的变化，它们必须分享个人数据。在第一年内，9 家银行中有一半以上实施了开放银行 API。它们明白数据共享是相互的，在开放自己数据的同时，它们也可以获取客户与其他公司的数据。只要确保自己的银行 APP 具备必要的功能，它们就不需要使用他人的 APP。开放银行的核心功能仍然存在，即客户可以继续从任意账户免费付款，但随着市场逐渐习惯开放银行，如何通过开放银行创造盈利引发进一步思考。例如，如果有人需要验证自己已满 18 岁才能购买酒类产品，他可以使用开放银行的 API 来验证年龄，而无须共享一份包含大量个人信息的身份证副本。

问题 4： 鉴于大多数金融消费者对开放银行业务没有正面看法，也不了解其具体好处，政府是否有增强公众意识和教育的策略？

答： 在初期阶段，我们有意决定不过度宣传开放银行，因为 API 还没有经过充分测试，只有在确保客户数据可以安全共享后，我们才会着力改善功能和用户体验。归根结底，金融消费者只关心技术所带来的好处，而且现在已经开始看到开放银行发挥作用的效果。随着开放银行应用程序的功能得到改善，我们也有更大的动力提高金融消费者对这项业务的认知。

8.4 开放银行和开放应用程序接口的监管方法

本节展示了为应对成员多样性，欧盟将实施开放支付作为实现开放银行和开放金融过渡步骤的案例。

欧洲银行管理局（EBA）的监管委员会由欧盟成员的 27 个监管机构负责人组成。他们共同界定监管范围，并根据其创建的目标，采用独特的视角对开放支付进行监管。

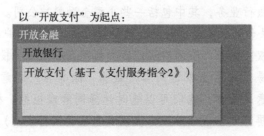

图 8.9 开放金融体系

欧洲银行管理局于 2008 年国际金融危机后根据欧盟法律成立，并在 2011 年 1 月 1 日开始运作。作为一个独立机构，欧洲银行管理局对欧盟议会和欧盟理事会负责，旨在通过促进金融体系短期、中期和长期的稳定性与有效性，保护公众利益，为欧盟经济、公民和企业作出贡献。为实现这一稳定目标，欧洲银行管理局采取了以下措施：确保健全、有效、一致的监管机制；防止监管套利，推动公平竞争；监督新兴和现有的金融活动，通过指导和建议促进市场的安全性、稳健性与监管趋同。

对于欧洲银行管理局来说，开放银行只是实现欧盟单一市场目标的一种措施。单一市场需要公平的竞争环境，保证所有机构都能享有平等的竞争机会，不需要在其他26个成员境内面对额外的监管要求即可提供金融产品和服务。

欧洲银行管理局颁布了不同类型的法律文件，基于不同目的对欧盟内的国家和金融机构提出要求，见专栏8.1。

 专栏 8.1：欧洲银行管理局在目的、法律地位、适用对象等方面的法律文件

技术标准

指南与建议

意见

警告

临时禁令

联合立场

违反联盟法律的调查

有约束力和无约束力的调解

在这八种类型中，有两种与开放支付关系最为紧密。

第一，技术标准。这是欧盟理事会和议会授权欧洲银行管理局制定的法律，一旦通过，将直接适用于所有欧盟成员。这意味着该标准一经发布即在整个欧盟范围内生效，无须国家实施或转换。迄今为止，欧洲银行管理局已制定了120～130项技术标准，其中6项与开放支付相关。

第二，指南与建议。这是与欧盟成员有关当局合作制定的，不直接适用于各成员，而是需要各国金融监管机构在本国范围内实施才能产生法律效力。在欧洲银行管理局迄今发布的100多份指南中，只有少数指南由于与部分国家的法律框架存在矛盾而未得到实施。

开放金融、开放银行和开放支付之间的重要区别。

一是开放金融突破了银行业，涵盖了保险和投资领域。二是开放银行是开放金融的一个分支，除了支付交易外，还提供一些典型的银行产品，如抵押贷款和消费信贷。三是开放支付是开放银行的一个分支，指银行允许第三方公开访问客户的支付账户。

开放支付是欧盟《支付服务指令2》（PSD2）的唯一适用领域。根据这一法律，欧洲银行管理局制定了与开放支付相关的数字金融服务监管要求。之所以以法律方式约束第三方对银行客户账户信息的访问而非依靠市场自律，是因为《支付服务指令2》于2018年生效时，欧盟内存在大约6 000家银行，银行的多样性加上第三方的多样性，使得法律约束成为必然之举。

根据监管要求，第三方仅能访问付款发起信息（即满足客户的购买请求）或付款账户信息，而无法访问其他任何数据。这种精准而渐进的监管方法可以让金融消费者更广泛地参与开放银行业务，在进入开放金融领域之前先学习一些基础知识。欧盟委员会于2021年对开放银行业务进行了评估。

《支付服务指令2》的目标如图8.10所示。

图8.10　《支付服务指令2》的目标

具体来看，一是强化竞争：通过向第三方开立付款账户而不收取费用来强化竞争，这是《支付服务指令2》的主要目标。二是促进创新：通过创新更多类型的产品和服务来强化支付服务市场的竞争。例如，账户汇总，是一款通过一个APP汇总客户在不同欧盟国家的账户信息，显示客户金融概况的产品。三是保证技术和业务中立。四是提升金融消费者便利度。五是推动建立欧洲单一支付市场。这意味着来自欧盟任何地方的支付服务提供商都可以跨国、跨地区获客，对他们来说整个欧盟市场都是可用的，而不需要遵守任何额外的跨国监管要求。六是保护金融消费者权益：明确欺诈交易的法律责任；银行有责任保证交易的真实性。七是加强安全性以应对支付欺诈事件的发生。

上述目标存在相互冲突的情况，需要在它们之间取得平衡。例如，欧洲单一支付市场目标（理想情况下是基于API标准）与科技中立目标存在冲突。此外，需要通过市场竞争来鼓励创新，为金融消费者提供最佳方案。最好、最具成本效益、对用户最友好的方案最终会在竞争压力下得以留存。

普惠金融本身并不是《支付服务指令2》的目标，因为欧盟成员的总体普惠金融水平已经相当高，且由于大多数人都能使用支付账户，普惠金融水平还在逐年上升。难民、流离失所者和临时工（在国外工作）归另一项法律管辖，该法律规定，银行必须允许这些群体开立支付账户，保证他们也能够获得金融服务。

欧洲银行管理局的任务（特别是与开放支付相关的部分）有监管技术标准（RTS）、执行技术标准（ITS）、增强客户认证（SCA）、通用安全通信（CSC）。

任务1：通行证通知。辖区监管机构向另一个辖区监管机构通报在后者设立企业的机制，有助于保证监管机构全面掌握整个地区的业务发展。

任务2：《支付机构授权指南》规定了统一的支付模式，确保了在所有国家辖区内实现端到端的无缝支付流程。

任务5、任务6和任务7：分别是《支付服务指令2下的事件报告指南》《关于增强授权和安全通信的监管技术标准》以及《关于操作和安全措施的指南》。银行、第三方提供商和其他支付机构必须向国家主管部门报告安全事件和由安全事件引起的影响金融消费者或其他金融机构操作的问题，并在24小时内向欧洲银行管理局提交报告，定期更新，在3天内提交最终报告。随着系统集成的程度越来越高，这种要求变得更加迫切，监管机构需要尽快采取行动。

任务8：《增强授权和安全通信的监管技术标准》非常关键，它规定了访问账户的权限要求，避免了银行为第三方设置访问障碍从而违背《支付服务指令2》精神。同时，它也保护银行免受客户数据的欺诈性操纵（未经授权的访问），确保支付账户数据的安全。

任务9：欧洲银行管理局登记册上的监管技术标准和所有为实施技术标准而采取的维护措施，均基于欧盟的支付和货币机构的注册信息制定。但是登记册不包括银行，因为银行有单独的注册机制，是受监管的机构，监管机构默认允许其提供开放支付服务。该登记册由国家当局提供数据，是欧盟所有机构信息的一站式商店，用户可免注册并在欧洲银行管理局网站上免费获取和下载资料。该登记册目前有3 000~4 000家机构以及16万家代理商。该登记册每月在全球100多个辖区内被下载约10万次，具备稳定、快速、安全、可靠等特性，对包括第三方提供商和现有银行等竞争类型在内的所有市场参与者透明，可以实现有效的市场评估。

表8.1　《支付服务指令2》赋予欧洲银行管理局的任务

任务	关键节点			
	1. 欧洲银行管理局开始运行	2. 欧洲银行管理局发布了关于技术标准指导的咨询文件草案	3. 欧洲银行管理局发布了技术标准最终草案	4. 欧洲银行管理局发布了合规表，或者欧盟委员会在官方期刊上发布了技术标准
《支付服务指令2》下关于通行证通知的技术标准规定	√	√	√	√
《支付服务指令2》下的支付机构授权指南	√	√	√	√
《支付服务指令2》下的专业赔偿保险指南	√	√	√	√

续表

任务	关键节点			
	1. 欧洲银行管理局开始运行	2. 欧洲银行管理局发布了关于技术标准指导的咨询文件草案	3. 欧洲银行管理局发布了技术标准最终草案	4. 欧洲银行管理局发布了合规表，或者欧盟委员会在官方期刊上发布了技术标准
《支付服务指令2》下的向监管机构投诉程序指南	√	√	√	√
《支付服务指令2》下的事故报告指南	√	√	√	√
《支付服务指令2》下关于增强授权和安全通信的监管技术标准	√	√	√	√
《支付服务指令2》下的操作和安全措施指南	√	√	√	√
《支付服务指令2》下的欺诈举报指南	√	√	√	√
《支付服务指令2》下欧洲银行管理局的监管技术标准和执行技术标准	√	√	√	√
《支付服务指令2》下关于中央联系点的技术标准规定	√	√	√	√
《支付服务指令2》下关于本地与外地协调的监管技术标准	√	√	√	—

欧洲银行管理局自 2016 年以来一直致力于发展开放银行，在此过程中取得了一些成效，但也经历了重重挑战，并提出了相应的解决措施。

第一，成效。目前，欧盟大约有 450 家支付/电子货币机构提供账户信息服务（AIS）和支付启动服务（PIS），为市场带来了重大创新，为金融消费者提供了新的服务。霍布里奇（Haubrich）指出，这一切得益于《支付服务指令 2》的主要目标之一——促进市场竞争。同时，欧洲银行管理局登记册每个月在全球 100 多个辖区内被下载约 10 万次，反映了公众对欧盟和欧盟市场开放支付数据的高度关注。

第二，问题。一是在 27 个欧盟成员中存在不同的 API 模式。二是部分银行对账户信息服务提供商或支付启动服务提供商访问账户设置障碍。三是部分账户信息服务提供商或支付启动服务提供商毫无根据地宣称他们有开放银行/金融的权利。

为了解决这些问题，欧洲银行管理局已经采取了以下措施，并发布了关于其行动合法性的意见，由各国监管机构以此采取行动：一是成立欧洲银行管理局 API 工作小组；二是持续监测市场情况，并发布要求，对不良市场行为作出反应；三是坚持技术中立原则；四是提供答疑工具。

为了缓解开放市场所带来的激烈竞争，欧洲银行管理局成立了一个 API 行业工作组，该工作组由 9 家银行、9 家第三方提供商和 9 家 API 计划提供商组成，旨在提出各自的观点，并随后公布。同时，为应对银行和第三方提供商可能存在的不良市场行为，欧洲银行管理局在技术中立的前提下持续监测市场情况，并发布相应的要求。技术中立的原则主要是为了避免无意中向市场传递欧洲银行管理局偏好某种解决方案的信号。

此外，还有一个面向市场参与者的答疑工具，能够在相对较短的时间（3～5 个月）有效地解读监管要求。这些解读是与欧盟成员的 237 个监管机构协商后制定的公开文件，但不具有法律约束力。

专家对话

问题 1：欧洲中央银行和欧洲银行管理局在开放银行业务方面如何相互协调？它们的作用和责任有什么不同？

答：欧洲中央银行并非欧盟机构，因此不受欧盟的管辖。欧盟 27 个成员由欧洲银行管理局负责，该机构被授权制定前文提到的 12 项技术标准和指南，并监督实施。鉴于欧洲中央银行在安全领域经验丰富，在 12 项标准中的安全要求方面，有 3 项标准是通过与欧洲中央银行密切合作制定的。此外，欧洲中央银行还有权监督支付系统，关键是要监督美国运通卡（American Express）、维萨卡（Visa）和万事达卡（Mastercard）等全国性的信用卡。欧洲中央银行也对开放支付感兴趣，需要履行在这方面的监督职责。基于此，欧洲中央银行和欧洲银行管理局共同制定了这些要求。但对开放银行业务要求的监督主要是欧洲银行管理局的责任。

问题 2：欧盟对跨国 API 的做法是什么？有统一标准吗？是强制性的还是行业自主性的？欧盟是否有相关管理机构？

答：欧盟有两个相互冲突的目标，一个是建立单一的欧盟支付市场，另一个是促进创新。前者目标是建议欧洲银行管理局在整个欧盟范围内建立和实施统一的 API，甚至包括统一的 API 代码。但是出于若干原因，我们决定不采取这种做法。第一，考虑到促进创新的目标，我们需要允许行业竞争开发 API，这样市场上最终留存下来的 API 才是最好的，也即最具成本效益、最有效和最用户友好的。第二，我们只有 12 个月的时间来开发这些技术标准，不可能在此期限内增添 API 代码。第三，欧洲银行管理局之类的政府部门不是在 27 个欧盟成员内实施统一技术标准的最佳机构。出于上述原因，为避免市场碎片化，我们没有强行实施统一 API。目前，欧盟有八九个不同的由行业驱动的 API 方案。其中，柏林集团最为知名，它是跨国集团，内部有 1 000 多家银行、第三方提供商和其他机构，有一套自己的治理体系。还有一些行业自主性的 API 方案更注重国家层面，也有自己的治理方式，但这些计划不受欧洲银行管理局监管。

问题3：您能否详细介绍一下欧洲银行管理局是如何成立行业工作组的？建立此机构的有利因素和困难分别是什么？您的主要收获是什么？

答：我们当时在官方网站上发布了信息，向公众宣布将成立行业工作组的消息，鼓励相关机构申请。我们还明确说明了席位有限，并且保证工作组中的9家银行、9家第三方提供商和9家 API 计划提供商享有平等的权益。我们希望避免陷入有关"偏袒"问题的争议，尽管有时会出现一些误解。例如，我们叫作"欧洲银行管理局"，这会让许多第三方提供商认为我们是来保护银行的，而对第三方提供商的权益关注不够。这种误解是我们经常要避免的，我们坚持平等地代表这三类群体。

然后，我们从专业知识和技能的角度出发，决定需要哪些群体加入工作组。我们寻找的不是说客或监管事务主管，而是那些在 API 和开放银行接入技术方面有专业知识与经验的人，他们提出第三方提供商或者银行存在什么问题，而我们可以提出要求来解决这些问题。我们在招募说明中明确列出了这些要求，根据这些标准来评判申请，最终选择合适的候选人。我们预计会收到超过额定30个席位的申请，事实上，当时收到了160份申请，最终不得不拒绝了130份。

我们已经召开了5次全天会议，每次会议都有特定的议程项目。然而，受新冠疫情影响，目前这种会议已经中断，但我们计划在未来恢复。欧洲银行管理局担任会议主席，在会议开始之前，我们会提供相关信息，然后由30人组成的工作组就这些问题展开实质性的讨论。与会的还包括来自27个欧盟成员的国家监管机构代表，以便了解当前的问题。当天会议结束后，我们会跟各成员的国家监管机构进行第二天会议，讨论我们前一天了解的问题，并商讨如何对此作出答复。有许多答复已在我们工作组的专项网站上公布，此外，网站上还公布了我们针对所了解问题提出的下一步计划或说明，或对利益相关者提出的问题给出一些建议。对于那些我们了解到的且可信的问题，也有答疑进行回应。

问题4：金融消费者可能不了解开放银行是如何运作的，这也许会导致他们排斥共享数据。针对此现象，监管机构是否可以发挥作用？您是否了解到有哪个欧洲国家的监管机构在增强金融消费者认知方面发挥了作用？

答：欧洲银行管理局并未采取措施增强金融消费者认知，主要是因为这是另一个机构的职责。《支付服务指令2》授权欧盟委员会发布电子传单，向欧盟各地的金融消费者解释根据《支付服务指令2》精神，其可享有的权利与新机遇。提升金融消费者对这些新服务的认知主要是服务提供商的责任，像欧洲银行管理局这样的监管机构没有责任为私营机构创造收入。

问题5：大多数文献资料表明，金融监管机构在支持创新、促进竞争和金融消费者权益保护之间的平衡方面任务艰巨。欧盟采取了什么办法来保持这种平衡？

答：两三年前，欧盟成立了欧洲银行管理局，旨在平衡以下目标：一方面是保护金融消费者权益，另一方面是确保他们享受更便捷、更安全的支付方式。这种内在矛盾给监管机构带来了双重压力。作为监管机构，我们的责任是保持透明，并向公众解释我们的决策依据。我们咨询了各种标准和指南，然后从受访者那里获得反馈，以了解我们的立场是否需要调整。然而，并没有一种完美的解决方案。比如，对欺诈的敏感程度是一个历史性问题。在欧盟，我们对运营的灵活性和支付欺诈非常敏感，这不是一句话就能回答的，我们必须公开说明在权衡相互冲突的目标时的决策过程，并征求公众意见，然后对这些回答进行分析。如果我们能够提供令人信服的解释，我们会考虑改变立场，当然，我们也必须做好拒绝回应的准备。

8.5　数字普惠金融应对新冠疫情

本节深入探讨了在普惠金融实践中，"更好的常态"的意义，并从数字金融、性别普惠金融以及绿色普惠金融的角度分别对未来进行了展望，为新冠疫情后的经济复苏提供了宝贵的经验。

8.5.1　数字普惠金融的作用

在新冠疫情之前，菲律宾数字经济迅速蓬勃发展，已经对该国的金融格局产生了深远影响。对此，菲律宾中央银行（BSP）着手打造更广阔的数字金融生态系统。从 2009 年到 2019 年，菲律宾中央银行建立了一套监管框架，包括电子货币发行者、虚拟货币交易所、信息安全管理、KYC 辅助验证等方面的指南。尽管这些法规的核心是鼓励创新，但它们也力求确保有效管理相关风险。上述改革的基础是数字化，即建立强大的数字基础设施、提高数字技术水平、推进数字身份建设和建立有效的监管框架。

图 8.11　菲律宾中央银行监管框架演进（节选）

新冠疫情加速了数字化进程。在菲律宾实施封锁的前两个月里，通过技术辅助或数字化登录流程开设账户的用户数量迅速增加到 410 万人。同时，国内转账设施的交易数量和金额也有所增加。例如，2019 年 7 月到 2020 年 7 月，菲律宾电子资金转移系统和运营网络（PESONet）的交易数量增长了 122%，交易金额增长了 119%；InstaPay 的交易数量增长了 739%，交易金额增长了 442%。

菲律宾中央银行在 2020 年批准的《数字银行意见稿》中加强了对银行机构以外的存款和现金服务的指导。该意见稿设立了一个特殊的"数字银行"类别，并就利息资本化和银行在 3 年内如何进行数字化转型提出了指导意见。菲律宾中央银行还保留了决定允许经营的数字银行数量上限的权利。数字银行应主要通过数字平台或电子渠道开展业务，而不得设立分行或"轻型分行"。这些措施是数字化转型规划的一部分，该规划认为数字银行有望扩大金融服务的覆盖面。

此外，菲律宾中央银行正在积极支持政府建设"国家 ID 系统"（PhilSys），该系统目前已经开始收集生物识别信息，很快将在全国范围内推广使用二维码。尽管如此，仍有一部分人需要使用现金，这意味着从现金到数字平台并不会实现无缝过渡，也正因此数字银行可以聘请现金代理。PhilSys 使菲律宾公民能够访问和使用创新的数字金融产品与服务，而二维码的推广将会促进互操作性，使得商家和客户最大限度地减少所需使用的账户数量。

如果引导得当，这些技术创新有望缓解普惠金融发展障碍。事实上，在新冠疫情等困难时期，金融服务领域的技术创新可以成为生存利器。然而，对于中央银行等监管机构和政策制定者而言，难点在于如何在创新和监管之间取得适当平衡。

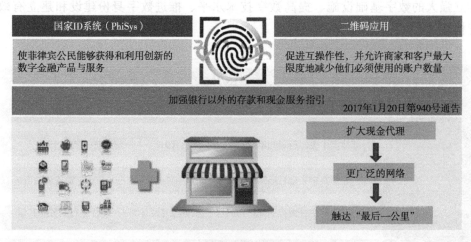

图 8.12　菲律宾政府的数字规划

8.5.2　应对冲击的政策框架

在新冠疫情暴发初期，许多人面临由健康危机逐渐演变而来的经济和金融危机。为应对这一情况，AFI 在数字普惠金融服务（DFS）工作组下成立了一个子小组，制定了应对新冠疫情冲击的政策框架，该框架也适用于其他任何紧急情况或灾害状况。该框架包括以下七个关键支柱（见表8.2）。

第一，面对新冠疫情冲击，最直接、迫切的应对措施是促进和激励数字支付。例如，AFI成员采取了一系列措施以提高公众对安全支付的认识和敏感性。其中关键的举措之一是与利益相关者进行接触，发挥政府主导作用，循证决策，及时采取行动，以维护行业的可持续性和生存能力。

表8.2 政策框架的关键支柱

政策框架概览
促进和激励数字支付
建立安全、有韧性的数字支付和数字技术基础设施
制定法规
代理商和商户业务
改善其他适用场景的便利性
协调利益相关者
跨领域问题

第二，建设安全、有韧性的数字支付和数字技术基础设施。主要着眼于保持内部秩序，确保有效执行商业可持续性计划。数字支付基础设施的弹性也很重要。在新冠疫情冲击期间，网络钓鱼攻击和漏洞的数量大幅增加，因此，需要制定紧急和危急情况沟通计划，过滤错误信息，为市场和利益相关者提供稳定的交易环境。

第三，制定法规。金融监管机构和中央银行在制定法规方面发挥着关键作用。这些法规可确保所提供的解决方案符合标准，保障金融消费者的公平待遇，符合数据隐私保护措施要求，以及针对女性、老年人、残疾人、被迫流离失所者和小微企业等弱势群体的数字金融知识相关措施。此外，还可以制定一些创新条例来迎合数字化浪潮，包括监测可疑交易、防范洗钱和融资相关风险。

第四，代理商和商户业务，包括通过代理商或商户进行的"最后一公里"现金兑换交易和数字支付交易。在新冠疫情封锁的初期阶段，许多国家将这类代理商和商户确定为获取现金的主要渠道，因此，必须向他们和弱势群体提供有关卫生和社交距离规范的培训。

第五，改善其他适用场景的便利性。新冠疫情导致电子货币、移动支付以及线上和线下支付的使用情况显著增长。据估计，在新冠疫情封锁的前3个月，电子商务的发展相当于过去10年的总和，这就需要进一步促进数字支付的便利性。目前，AFI已经为小微企业、受新冠疫情影响的群体和弱势群体提供了一些便利的数字支付方案，包括现金紧急转移和支持计划。

第六，需协调各利益相关者之间的合作。这场新冠疫情冲击让普惠金融联盟未雨绸缪。中央银行需成为国家任务小组的一部分，建立由金融服务提供商的利益相关者组成的内部机构工作队和工作组，金融科技公司和金融机构必须共同提供满足新冠疫情冲击期间客户需求的解决方案。在全球层面，除了普惠金融联盟之外，还需要一个相互学习、合作与协作的平台，以有效且高效地调动、部署资金（国际货币基金组织和世界银行等国际机构可以发挥作用）。具体而言，就是要从财政和货币的角度筛选出脆弱性国家，及时提供援助。

第七，解决跨领域问题。除了恢复绿色金融工作外，还需要进行环境影响评估，并为小微企业和个人探索与可再生能源及节能系统相关的机会。另外，鉴于女性受影响更大，援助项目和产品必须把重点放在女性和其他弱势群体身上。

问题 1：根据菲律宾的经验，受新冠疫情冲击，并迅速采用数字普惠金融后，还有哪些领域需要进一步改善？监管机构需要关注哪些领域以确保金融体系和监管框架的健全性？

答：当前需要特别关注的领域是金融消费者教育，特别是数字素养教育。鉴于数字支付的大规模增长和网络诈骗的存在，很多金融消费者的信息可能会面临泄露的风险。加强数字素养包括教育金融消费者如何保护自己的数字 ID，以及如何安全地进行线上交易，这有助于进一步发挥数字生态系统的良好作用。

问题 2：根据新冠疫情期间的经验，在中短期内，相对于创新，公众是否更倾向于降低风险？数字普惠金融监管方法是否因此而改变？

答：当务之急是落实金融服务生态系统的各项要素，为支持小微企业的紧急现金转移等提供便利。部分拥有数字基础设施和扶持性支持政策的国家已经率先采取了行动。例如，美国已经能够使用数字 ID 系统改善受益人身份识别问题，帮助及时付款。然而，在许多尚未建立全国性数字 ID 框架的国家，情况并非如此。从长远来看，基于数字技术的角度，对金融消费者的教育和金融能力提升是首要考虑因素；基于网络安全的角度，保障金融服务基础设施的安全，确保其弹性和安全性是关键问题。同时，需要将推动数据隐私保护转化为金融部门的实际行动。

8.5.3　支持性别普惠金融发展

在全球范围内，仍有近 10 亿女性受到金融排斥。自 2011 年以来，发展中国家的普惠金融一直存在着约 9% 的性别差距，其中，中东和北非、撒哈拉以南非洲和南亚的性别差距较大。到 2025 年，推进性别平等可能为全球 GDP 带来约 12 万亿美元的增长。然而，推进性别平等还存在一些障碍，包括社会文化因素、缺乏性别敏感的政策、对移动技术的有限掌握或控制能力、无法充分使用数字设备以及在金融知识或金融能力方面受到制约。

新冠疫情期间制定的许多政策和条例对性别问题并不敏感，这意味着常常重复出现现有的结构性障碍。当监管者无法理解性别敏感与非性别敏感管理措施之间的区别时，可能会阻碍女性获取数字普惠金融服务。如果无法制定性别敏感政策，则需要倾听专家意见，这也是普惠金融联盟可以提供帮助之处。此外，《德纳鲁行动计划》确定了政府可以采取行动缩小性别差距的十个关键领域，其中第三点就是认识到数字普惠金融和创新技术在女性获取金融服务方面发挥的关键作用。

新冠疫情体现了两种与性别相关的影响，一是对技术和互联网的依赖程度增加，二是女性和其他弱势群体进一步被边缘化的风险。前者对维持经济活动至关重要，包括获得银行和政府社会援助项目的机会。在这些项目中，大多数受益者是女性或以女性为户主的家庭，如菲律宾、巴基斯坦、秘鲁、摩洛哥和多哥。后者涉及在应对新冠疫情冲击时，加速发展数字普惠金融可能会对女性，尤其是知识与数字能力有限的女性产生不利影响，也会影响她们获得可信、易于理解的信息（例如，通过电台使用当地语言宣传市场和保健中心的信息）。当然，这既是风险，也是机遇。只要监管机构能够开发性别敏感的金融产品和服务，就有机会支持女性获取普惠金融服务。埃及中央银行在性别储蓄小组数字化、支持女性在新冠疫情期间以安全方式进行储蓄和获得贷款方面发挥了积极作用。

🖋 专栏8.2：新冠疫情冲击对性别普惠金融的影响

缺乏按性别分类数据限制了决策者了解新冠疫情对女性的真实社会经济影响，也导致无法评估政府政策和规划在新冠疫情期间造成的潜在或实际影响。

为了更好地了解女性细分市场，并采取行动实施性别普惠金融的政策措施，我们需要建立一个更包容、更强大、可持续的未来政策框架，确保在缩小普惠金融性别差距方面取得的成果可持续。

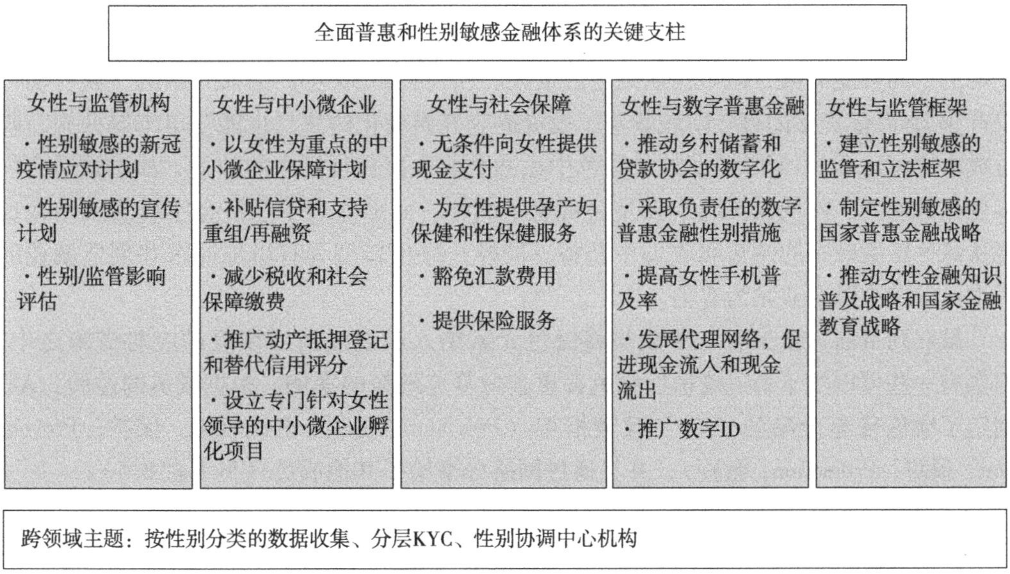

全面普惠和性别敏感金融体系的关键支柱				
女性与监管机构 ·性别敏感的新冠疫情应对计划 ·性别敏感的宣传计划 ·性别/监管影响评估	**女性与中小微企业** ·以女性为重点的中小微企业保障计划 ·补贴信贷和支持重组/再融资 ·减少税收和社会保障缴费 ·推广动产抵押登记和替代信用评分 ·设立专门针对女性领导的中小微企业孵化项目	**女性与社会保障** ·无条件向女性提供现金支付 ·为女性提供孕产妇保健和性保健服务 ·豁免汇款费用 ·提供保险服务	**女性与数字普惠金融** ·推动乡村储蓄和贷款协会的数字化 ·采取负责任的数字普惠金融性别措施 ·提高女性手机普及率 ·发展代理网络，促进现金流入和现金流出 ·推广数字ID	**女性与监管框架** ·建立性别敏感的监管和立法框架 ·制定性别敏感的国家普惠金融战略 ·推动女性金融知识普及战略和国家金融教育战略

跨领域主题：按性别分类的数据收集、分层KYC、性别协调中心机构

图8.13 发展全面普惠和性别敏感金融体系的5个关键支柱

上述支柱以跨领域主题为基础，包括按性别分类的数据收集、分层 KYC 和性别协调中心机构，即负责领导和协调该领域所有工作的人员。巴基斯坦和约旦这两个国家的探索就是其中的典型案例（见专栏8.3）。

专栏 8.3：典型案例

巴基斯坦案例	约旦案例

巴基斯坦启动了联邦政府新的扶贫项目 Ehsaas，为女性提供无条件现金转移支付。该项目已向 1 200 万个家庭提供了现金支付，惠及 8 000 多万人。这些款项的大部分都流向了女性，并采用了生物识别技术进行交易。

与代金券或粮食援助相比，这种方法更具成本效益，更保护受益者尊严，有助于造福当地经济，为弱势家庭提供稳定支持。

约旦中央银行修订了法规，允许为该国境内的难民开通 e – KYC 数字钱包。现在，所有难民都可使用联合国难民署的身份证远程打开数字钱包进行汇款和 P2P 交易。

约旦中央银行在 24 小时内通知了所有支付服务提供商，指示他们为此制定实施措施。

8.5.4 推动绿色普惠金融复苏

在新冠疫情后的恢复时期，绿色普惠金融至关重要。尽管在短期内发展绿色普惠金融的空间可能有限，但中长期的潜力很大。预计到 2030 年，采取大胆的气候行动可以产生 26 万亿美元的直接财政收益。投资适应气候变化的项目也能获得丰厚回报，收益成本比可达 2:1 ~ 10:1。此外，绿色中小微企业也能获得巨大的效益，如增强适应气候变化的能力、降低能源成本以及获得竞争优势。而那些处于经济金字塔底层的人也能从绿色转型带来的储蓄和收益中获益。同样，绿色转型具有增加需求和创造就业的潜力，对中小微企业尤为有利。

虽然到目前为止少有 AFI 成员将绿色元素纳入新冠疫情后恢复的应对措施之中，但仍有一些可以用于新冠疫情后绿色普惠金融复苏政策的案例。根据成员的经验，AFI 制定了绿色普惠金融的"4P"政策框架（Provision，提供；Protection，保护；Prevention，预防；Promotion，激励），并且通过网络分享给了其他成员（见专栏 8.4）。

 专栏 8.4："4P"和新冠疫情后的恢复

1. 提供

推出中小微企业的再融资计划

为绿色中小微企业设定贷款额度

推出其他绿色贷款的融资计划

在中小微企业供应政策中纳入性别因素

2. 保护

为气候智能型农业/绿色产业的中小微企业提供信贷担保

提供气候风险保险

3. 预防

在恢复过程中坚持环境社会风险管理准则

将管理准则扩展到减缓气候影响和适应气候变化的措施

4. 激励

鼓励私营部门向符合条件的群体提供金融服务

部分 AFI 成员已经制定了减少灾害风险（DRR）政策和应急准备措施，包括灾后重建设施、再融资恢复和重建政策以及对社会福利的数字化支付。例如，在 2015 年斐济飓风之后，斐济储备银行在"驰援家园"计划中使用了数字金融服务中的移动支付。目前有很多关于使用区块链进行灾难支付和国家灾后人道主义援助响应的讨论。

尽管全球新冠疫情造成了巨大影响，但此类措施可为金融机构提供相对安全的网络，如帮助客户恢复经济活动。新冠疫情和气候变化对金字塔底层群体的影响最为显著，也会带来类似的经济冲击。因此，新冠疫情冲击给设计未来的减灾政策以及应对与气候变化有关的国家灾害提供了宝贵经验教训。

在 AFI 的绿色普惠金融工作组内专门有一个团队研究数字普惠金融和绿色普惠金融之间的交叉问题，了解数字普惠金融如何加速推动绿色普惠金融政策的出台，并确保这些政策惠及更多真正需要的群体，提高他们的金融韧性，减少困境带来的损失。

迄今为止，在 AFI 网络中，只有 2 个成员在应对新冠疫情冲击时采取了绿色措施。一个是孟加拉国银行的绿色转型基金，该基金于 2016 年成立，后来扩展到应对新冠疫情冲击。该项目为制造业出口商提供资金，用于抵御机器和配件进口受到的影响，以实施特定的绿色/环境友好举措。另一个是菲律宾中央银行，该机构参加了一个机构间工作组，旨在研究如何从新冠疫情中恢复经济。此外，菲律宾土地银行的"走向绿色普惠融资计划"也是一个典型案例，虽然与新冠疫情无关，但它将中小微企业的普惠金融、经济复苏和绿色要素有机地结合在一起。

总之，新冠疫情冲击凸显了抵御未来危机和风险（如气候变化）能力的重要性。绿色普惠金融政策不仅要用于推动绿色项目，而且要确保经济复苏的包容性。因为处于经济金字塔底层的群体受到新冠疫情的冲击最为严重，他们也将首当其冲地受到气候变化的影响。以绿色发展应对新冠疫情并非慈善行为，而是出于商业动机的行为。已经有一些减缓气候风险和适应气候变化政策提供了潜在商机，支持中小微企业绿色转型。

8.6 数字普惠金融促进可持续发展

本节探讨了数字普惠金融如何帮助各国政府缓解新冠疫情冲击的不利影响，推动实现2030年议程目标，而且强调了新冠疫情期间数字普惠金融领域出现的风险，特别是弱势群体在使用数字支付方面面临的挑战。

8.6.1 促进实现可持续发展目标

2015年9月，联合国大会通过了一项关于公民、繁荣和地球的行动计划，即《改变世界：2030年可持续发展议程》。其中，该计划最广为人知的是17个可持续发展目标，这17个目标虽然没有直接针对普惠金融，但扩大金融服务可得性是实现许多目标的关键驱动因素。此外，还有7项可持续发展目标将普惠金融作为目标，包括消除贫困、终结饥饿、促进健康和福祉、实现性别平等、促进经济增长和就业、支持产业和创新、减少不平等。

普惠金融本身并非可持续发展目标，而是实现更好发展成果的手段。因此，围绕普惠金融的宣传不应仅仅局限于资金转移或获取信贷的便利性，还应将其视为改善人类和社会整体发展的机会。越来越多的证据表明，数字普惠金融正在成为实现更好社会和经济成果的手段。

例如，在消除贫困这一可持续发展目标中，麻省理工学院的一项研究发现，2008年到2014年，肯尼亚数字支付普及使大约100万人摆脱了极端贫困，相当于该国人口的2%。在消除饥饿目标中，得益于围绕数字支付建立的激励机制和代金券机制，印度尼西亚通过数字金融服务使140万受助人摆脱了极度饥饿状态，其中90%的人从极度饥饿状态转变为非饥饿状态。在孟加拉国，改善健康目标也是通过数字支付实现的，他们成功招募到了足够的社区卫生代理员，为100万名新手妈妈注册了孕产妇健康项目。

这些与普惠金融目标相关的进展都有记录和存档，包括各国的可持续发展目标报告。虽然这些报告的内容由各国自行决定，但AFI成员可以鼓励国家机构报告普惠金融指标。联合国秘书长特别倡议（UNSGSA）的金融科技和数字支付办公室与无现金联盟、世界银行合作，发布了数字普惠金融如何支持其中13个可持续发展目标进展的概要。受制于新冠疫情的影响，该概要目前正在进行更新。

最后，尽管目前使用数字普惠金融还存在许多挑战，但同时也存在支持社会保障与经济发展的机会。例如，数百万新客户可以通过社会保障支付获得福利，中小企业可以利用数字平台销售产品和开拓市场，金融消费者可以通过数字在线支付购买服务和商品。同样，数字平台在满足教育、卫生和就业需求方面也提供了许多机会。

8.6.2 数字支付七大挑战及解决方案

本节分享了一个由政府、人道主义代表、研究人员和市场推动者组成的工作组的发现。该工作组旨在分享在新冠疫情期间数字金融转账（DFTs）的经验，探讨在此期间面临的重大风险。在新冠疫情背景下，通过数字手段支付社会福利不仅具有普惠性，而且有助于缓解市场封锁所带来的流动性问题。具体而言，工作组确定了七个主要挑战，并提出了相应的解决方案。

一是投诉反馈机制不足。每当突然推出针对新客群的项目时，金融消费者可能很难获得客户关怀，或者说客户关怀系统不堪重负。来自乌干达等国的市场投诉数据显示，新冠疫情期间，移动网络的客户关怀量大幅下降，但这并不是因为客户问题减少了，而是因为客户关怀人手不足。印度的"克里希纳"（Krishna）系统是一个很好的正面案例，它建立了一个综合投诉处理机制来处理新冠疫情期间的投诉问题。此外，如果无法进入居民社区，那么就让当地的社区带头人组成团队监测情况、及时反馈，确保项目有效开展。当然，还可以发挥创意，对客户进行随机短信或综合语音回复调查，力求帮助每个人得到更好的服务。

二是金融知识、数字知识匮乏。对于新客户群来说，新技术存在许多风险。一些通过数字渠道接收付款的客户可能以前使用这些设备的经验有限，或者以前从未开过此类账户，他们很容易成为诈骗和虚假的政府社会救助金计划的受害者。世界银行2018 年的《将金融能力纳入政府社会救助金》有助于解决这种情况。此外，联合国资本发展基金为难民开发了金融知识培训工具箱。实际上，无论是与识字能力相关的问题，还是使用流程或账户注册方面的问题，都有很多关于如何有效培训弱势群体的文献可供借鉴。

三是当前或潜在的现金使用者受到排斥。在新冠疫情期间，许多福利金计划涵盖的群体比以往更广泛，这意味着要确保无人被遗漏，尤其是那些在同意转换成数字支付之前只能接受现金付款的人。在某些情况下，比如哥伦比亚，现金和数字支付方式都可以选择，不是每个人都能切换到数字支付。同样，在某些情况下，由于文化原因，女性的流动性受限。在上述情况下，如何确保他们能够接受数字转移支付？这种风险与金融风险无关，更多的是如何确保项目的普惠性。

四是交易失败率高。随着交易载荷的增加，交易失败的风险需要引起重视。解决这个问题可以从两个层面着手：首先，在监管层面上，可设定允许的最大失败交易数量，或者监测失败数据发生的地点，例如是否集中在某些地区或新注册的账户中，然后可利用这些数据与提供商合作改进。其次，在提供商层面上，建立专门的客户服务中心和处理流程以有效地解决失败或错误的交易。在数字支付领域，专门的客户服务中心可以应对支付逆转和交易错误，可借鉴这种做法来解决交易高失败率问题。

五是缺乏关于最近现金援助点的知识或信息。越来越多的人希望使用代理点进行取现，但在新冠疫情期间，可用的数字支付或银行代理点减少了，或者由于缺乏超级代理网络或代理网络管理者提供额外现金，他们的流动性较低。为了解决这个问题，监管机构不再严格限制提供商的标准，而是积极吸引更多提供商参与。对于消费者来说，可以通过现金存入和取出的网络拓扑结构来创建工具，帮助居民找到代理点的位置。这种方法在印度、肯尼亚和卢旺达已经得到运用。

六是收取超额取款费用和交易费用。根据数字普惠金融的调查，一些市场存在高达30%的过度收费现象。还有证据表明，社会支付机构可能会剥削那些对自己的权益不够了解或不知道如何核对收据的人。这些现象对监管部门是一项严峻的挑战。预防过度收费的一个有效方法是采用神秘顾客的方式，当金融消费者完成一笔特定交易后，可以在问卷中询问相关问题，例如是否收取了额外费用。顾客可以通过将现金支出与手机上的借记收据进行核对，这样可能会发现异常和多收费的证据。另一种方法是与提供商网络合作，增强金融消费者权益意识，让他们了解不允许过度收费，或在代理点张贴不收取额外费用的标识。

七是取款点人满为患，存在健康和安全风险。在新冠疫情期间，明确规定了要保持社交距离，但很多人希望将资金交给那些急需帮助的人，这可能导致取款点过度拥挤，存在健康和安全风险。解决这个问题的一个方法是提高数字钱包的交易限额，这样金融消费者就不必频繁提现；另一个方法是取消或减少交易费用，如果数字交易是免费的，金融消费者可能更愿意选择数字支付。银行取款业务也可以错开时间，降低代理点排长队的可能性。在减少代理点营业时间的情况下，可以与提供商达成协议，提供防护设备（如口罩和手部卫生用品），并对代理点和银行工作人员进行预防新冠疫情知识培训，确保客户和一线工作人员的安全。

专家对话

问题1：对于上述所有挑战应当一视同仁吗？还是说有一些挑战的重要性等级更高？或者说，您是否发现政策制定者对某些挑战的准备比其他挑战更加充分？

答：并非所有的挑战等级都是一样的，我们可以通过考虑哪些是在新冠疫情下独特的或者因新冠疫情而变得更加严重的挑战来思考这个问题。我首先想到的是被排斥的风险。全球各国都在试图将社会福利金受众扩大到更广泛的群体，但目前仍面临着向无法覆盖的群体提供服务的挑战。调查显示，新冠疫情期间，公众的食物和其他基本生活必需品得不到保障，所以最核心的问题是"这些人能获得资金吗"。因此，我们讨论的根本问题其实是拯救生命。当然，用户在投诉机制、金融和数字素养方面也存在一些问题，也有必要监控过度收费现象，但这些都不是当务之急，因为它们不会妨碍社会福利金发放。在弱势群体首次接受数字支付时，应该着重强调信任在数字普惠金融中的关键作用。如何保证不熟悉正规金融服务或数字普惠金融的新客户拥有良好的用户体验？只有建立信任，我们才能最大限度地利用政府的紧急支付作为更广泛使用数字普惠金融的途径，使数字金融服务发挥良好的社会效果和经济效果。如果缺乏投诉或咨询机制，这些效果都会大打折扣。

问题2：对用户而言，尤其是农村地区的用户，信息披露是获得信任、减少欺诈的有效手段吗？

答：信息披露很必要，但仅有这点还不够。提供商必须披露产品的条款，让用户充分了解产品并产生信任，而不是感到被欺骗或长期受骗。与数字化相比，信息披露只能针对部分懒惰的客户，因为它只是提供了每个人都必须知道的基础信息。相比之下，数字化的好处在于它可以快速测试不同的信息传递方式，找到最佳方法。因此，我们需要了解如何在明确信息披露标准的基础上，让用户了解更多内情并愿意参与。

在哥伦比亚的一项福利金项目中，工作人员会携带平板电脑，电脑中包含必要信息和培训视频，帮助每个人都了解应该如何使用这些账户。而对于像孟加拉国这样的农村人口较多的国家来说，录音等综合语音响应机制克服了许多低端手机的限制，主要是因为低端手机无法阅读孟加拉语，而且将孟加拉语语音转录为罗马字母是非法的。在巴基斯坦，应对新冠疫情的措施包括使用当地语言进行广播和发送短信，以确保农村地区了解社会安全网计划的信息。最后，要想获得用户的信任，除了注重创新之外，了解农村社区的基本情况、认识其多样性和其他细节也至关重要。

8.7 电子化了解你的客户和数字身份的进展

随着市场参与者越来越适应数字经济，"蝴蝶效应"产生，监管机构需要为客户提供更好的市场环境，管理新生态系统的风险。这意味着：

随着监管体系日益以客户为中心，机构被迫采用新技术，使客户在数字经济中对个人数据和身份拥有更多控制权。为了激发数字生态系统的活力，企业和个人必须在不重复进行身份验证和登录过程的情况下，能够在生态系统之间实现无缝互操作。

发展高效的电子身份验证系统仍然是业界共同追求的目标，也是一项艰巨的监管挑战。协调行业标准与新技术的风险往往成为整个了解你的客户（KYC）计划的"绊脚石"。提供一个跨行业、跨部门、经过验证且内容丰富的数字 ID，可以为客户建立信任网络和掌控个人数据奠定基础。简化数字产品和服务的获取途径是实现数字化转型的关键因素。

8.7.1 泰国

泰国中央银行通过协同合作的方式，着眼于监管本国数字普惠金融生态系统，旨在提升泰国金融服务业的整体竞争实力，确保金融体系的可持续发展。简而言之，泰国中央银行与公共部门和私营领域的利益相关者共同致力于数字普惠金融生态系统的合作，实现互惠互利。

泰国的数字普惠金融生态系统主要包括两个要素：一是连接金融机构、第三方服务提供商和金融消费者等交易相关方的 e–KYC 或数字身份平台；二是用于辨识、验证和认证客户数字身份的 e–KYC 流程。

泰国中央银行认为，一套有效的 e–KYC 解决方案应能够全面地运营 e–KYC 流程，提高金融服务提供商的效率，降低业务成本，并将降低的成本转嫁给客户。因此，e–KYC 解决方案被视为数字普惠金融发展的重要基石，能够提升金融行业的竞争力，为经济的持续发展注入活力。

e–KYC 是数字金融服务的基石，同时也是为银行服务"白户"的重要工具之一，对提升金融普惠性具有显著作用，尤其在新冠疫情期间，其作用更加凸显。例如，传统的 KYC 流程要求客户亲自前往金融机构的分支机构办理开户或进行新客户注册，这种方式天然地将无法亲自前往的人群排除在外，而 e–KYC 则不受此限制。在过去，银行职员还需依赖客户提供的身份证明文件（如居民身份证）进行身份验证，这一主观识别过程的准确性不足，并且实体身份证容易被伪造，可能导致人为识别错误的情况发生。

泰国的 e–KYC 流程将指纹或面部识别等生物识别技术与居民身份证或护照等可信来源的数据相结合，提高了客户识别有效性，防范了伪造风险，降低了数字金融服务的准入门槛，方便新客户进行远程登录。结合支持性法规和有效的业务规则，e–KYC 通过防止欺诈和滥用个人身份信息来增强金融的普惠性与安全性。

国家数字身份识别（NDID）是一个通用、开放和可互操作的 e–KYC 平台，将参与 e–KYC 交易的各方连接起来，共享身份验证和认证的信息。NDID 是推动泰国可持续发展服务的关键因素，符合国际安全标准，支持企业在全球范围内开展业务，促进在线交易。在该平台上进行的任何数据交换都必须获得所有者的同意，数据仅在平台上流通，而不会被存储。交易日志中仅记录了对数据库进行的所有更改的顺序，将被保留下来以供参考，而实际数据则包含在另一个单独的文件中。

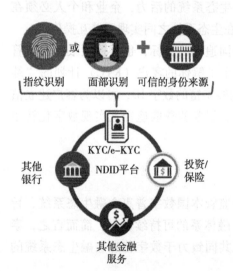

·在KYC/e–KYC流程中采用生物识别技术，为银行开户提供数字识别和验证服务

·结合支持性法规和有效的业务规则，e–KYC将增强金融普惠性和安全性，有效地防止个人身份信息的欺诈和滥用

·国家数字ID平台是一个开放且可互操作的基础设施，将多元主体连接在一起，实现身份验证和认证信息的共享

·目前，e–KYC项目正在泰国中央银行的监管沙盒中进行测试，2020年已有7家金融服务提供商可以向公众提供此项服务

图 8.14　国家数字身份推动数字普惠金融发展

泰国 e–KYC 在国家数字身份平台上的运行模式：

当客户想在 A 银行开户时，A 银行作为 e–KYC 平台的依赖方有义务进行 e–KYC 流程。客户可以从 A 银行的网站或其他数字渠道选择身份提供方（Identity Provider），例如其现有账户所在的 B 银行，该身份提供方通过 NDID 平台为客户提供验证和认证身份服务。B 银行是持有客户数据的身份提供方，同时也是已经经过身份验证的客户数据权威来源（客户之前在 B 银行开设账户时进行了验证）。然后，客户的数据由 B 银行与客户想要开户的银行（A 银行）共享。

上例说明了设计 NDID 平台的目的是在银行（以及第三方提供商）之间共享经过身份验证的信息。

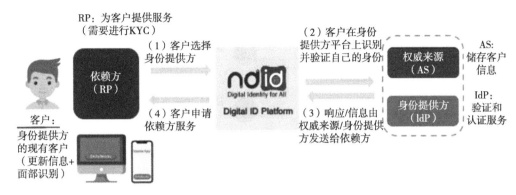

图 8.15　泰国 e – KYC 在数字身份识别平台上的运行模式

8.7.2　菲律宾

菲律宾中央银行（BSP）认为 e – KYC 具有创新潜力，可提高金融服务可得性，是发展普惠金融的重要监管工具。因此，该国的监管框架在设计时就充分考虑到了未来实施国家数字身份识别系统和平台的需求。

《菲律宾身份识别系统法》旨在为该国所有公民和居住在该国的外国人建立一个单一的身份识别系统，以减少欺诈、简化公共交易和私人交易流程，提高客户引导效率。该法案提出了菲律宾身份验证系统中央身份识别平台，该平台依赖菲律宾身份证（Phi-lID）进行 e – KYC 流程。

菲律宾政府将公民信息登记到 PhilID 的数据库中，PhilID 是公认的正式金融交易证件。每个 PhilID 都会被分配一个唯一的 PhilSys 编号（PSN），由其持有者终身保留，并配备了一个二维码（QR），供在需要时进行验证。

菲律宾中央银行在私营部门和公共部门之间建立了利益相关者合作与协调机制，特别是在监管机构和行业协会的活动中，为 PhilID 的实施提供了保障。

2020 年第四季度，菲律宾统计局（PSA）进行了系统校准，并与各机构和利益相关者协调，在 PhilID 登记了超过 500 万低收入家庭户主。2021 年开始，普通公民的登记工作已经展开，到 2022 年已覆盖所有公民和常住外国人。

迄今为止，引入 PhilSys 和 PhilID 所取得的一些主要成果包括：减少了对低风险客户尽职调查的时间，例如减少了面对面接触；更有效地分配社会救助金，例如在新冠疫情隔离期，救助金受益人的数量上升到 1 160 万人，其中 730 万人是通过数字交易新账户受益；此外，PhilSys 和 PhilID 也有望扩大针对核心贫困人口的"菲律宾家庭保障计划"（Pantawid Pamilyang Pilipino）的覆盖范围，该计划旨在通过鼓励受益人对自己及子女的健康、营养、教育进行投资，打破贫困的代际循环。

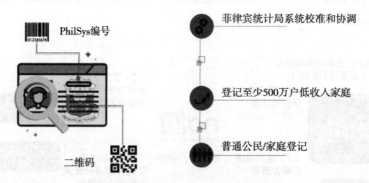

图 8.16　e–KYC 和数字 ID 法规现状

e–KYC 和数字 ID 的引入推动在普惠金融领域内开设账户、进行交易认证和账户验证等行为更为高效且成本更低。在部分国家，如菲律宾，发放社会救助金时通常依赖于信任度较高的非正式社区网络，而数字 ID 和交易账户的使用有助于降低错误支付的风险。同时，PhilSys 和 PhilID 可以帮助准确辨识社会福利受益人，高效提供公共服务，还有助于扩大金融机构和金融科技公司信用评估系统的覆盖范围与稳健性，使补贴能够更快速、更优惠地送达偏远地区的受益人手中。

从商业利益的角度来看，e–KYC 通过为各金融机构提供独特的识别码，不仅能够降低高达 80% 的引导客户成本，而且能够增强对反洗钱和反恐怖融资法规等方面的支持力度，有助于市场上新进参与者的获客成为可行的商业行为。

展望未来，菲律宾中央银行的《2020—2023 年数字支付转型路线》指出了一些普适性的挑战。

第一个挑战涉及用户行为的改变，这对网络的高效运作至关重要，即网络被广泛使用的程度越高，其运行效果就会越好，尤其是在公共部门和私营部门之间。在这方面，需要进行教育和宣传活动，转变人们的认知，鼓励他们更多地使用数字支付。

第二个挑战是系统性的，涉及用户需要使用智能手机优化数字支付的使用。然而，这可能会扩大数字鸿沟，因为智能手机的使用更为便利，将使城市居民受益更多，而居住在大都会马尼拉以外地区的人可能由于网络连接质量和互联网服务未普及而处于不利地位。

第三个影响数字化方案有效性的挑战是银行规定。虽然 e–KYC 等数字化方案可能使引导客户更加便捷，但对于低收入群体来说，可能难以满足其开立和维持银行账户的最低额度要求，并且无法确保账户在短时间内保持活跃状态。

专家对话

问题 1：许多国家都面临着数字化转型、数字鸿沟和高质量互联网连接等方面的挑战。菲律宾中央银行面对这三个挑战作出了什么回应？在各利益相关者的通力合作下，有什么具体举措来确保数字化转型的顺利进行？

答：首先，增强公众意识，鼓励公众使用数字平台开设账户和获取金融服务。其次，依法动态监管，推动普惠金融发展。

问题2：有哪些防范措施可以降低洗钱风险？

答：菲律宾中央银行要求金融机构运用 e-KYC 技术对金融产品进行风险评估，确保其采取了防范洗钱和恐怖融资风险的措施。虽然金融机构提供 e-KYC 服务不需要事先获得菲律宾中央银行的批准，但菲律宾中央银行在对这些机构进行检查时会验证它们所选择的平台。一般情况下，大多数提供 e-KYC 的金融机构会自愿向菲律宾中央银行提供相关资料，证明它们符合法律规定。

8.7.3 马来西亚

马来西亚国家银行（BNM）认为，e-KYC 是推动马来西亚金融业数字化的创新基石。为了简化和促进全行业对 e-KYC 技术的使用，BNM 于 2020 年 6 月 30 日发布了一份关于 e-KYC 的政策文件，明确了客户登录安全性和完整性的最佳实践与实施参数，并阐述了 BNM 对使用 e-KYC 所希望实现的理想结果。简而言之，理想结果包括：金融部门应用安全、可靠的 e-KYC 技术；为客户提供安全的数字登录环境；降低用户和提供商的引导客户成本；加大私营部门为客户提供数字金融服务的创新力度；推动从普惠金融向数字经济过渡。

马来西亚国家银行采取"成果导向"的方法来推进 e-KYC 技术实施。这需要对现有的银行监管要求及其在当前和未来金融环境中的有效性进行审查。在私营部门的参与下，国家银行使用监管沙盒试验替代 e-KYC 解决方案，根据结果来确定需明确监管要求的领域以及如何有效地促进私营部门发展的实施模式。该政策文件对技术方案选择持中立态度，旨在促进市场竞争和创新，为用户提供更多的选择和更优质的解决方案。

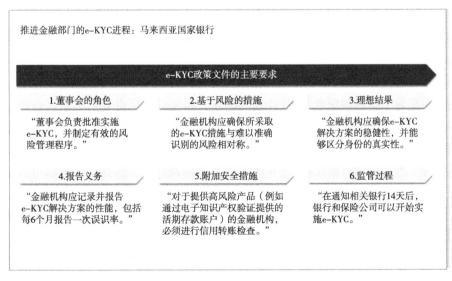

图 8.17　e-KYC 政策文件的主要要求

马来西亚国家银行在其政策中还充分考虑了以下因素以确定其在国家层面的影响：一是是否存在国家数字 ID，这将影响 e-KYC 政策的要求；二是考虑到不同的认证方法依赖于不同的技术，该国和国际上使用的 e-KYC 方案在技术成熟度上存在差异；三是该国普惠金融发展程度；四是新冠疫情导致生活方式发生了变化，很多情况下无法进行面对面交易，需要减少接触或进行远程交易。

该政策文件主要有以下五个要求。一是要求金融机构董事会负责确保在考虑批准 e-KYC 解决方案之前进行有效的风险评估。因此，董事会需要认识到 e-KYC 如何改变现有的风险评估流程，即如何识别业务中的潜在风险，并在 e-KYC 实施后有效地管理这些风险。

二是金融机构应确保所采取的 e-KYC 措施与难以准确识别的风险相对称。换言之，金融产品越复杂，错误识别的后果就越严重，因此需要强化降低风险的措施和额外的保障措施。例如，与基本信用卡账户相比，活期账户和储蓄账户需要更精确的 e-KYC 解决方案和风险降低措施。

三是为了确保采用的 e-KYC 解决方案适用于各项金融产品和服务，金融机构需要每 6 个月记录和报告一次 e-KYC 解决方案的性能，包括错误接受率（FAR）。FAR 是衡量人工智能预测算法准确性的指标，例如用于客户面部识别，然后根据相似度对客户进行评分。简而言之，FAR 是一种衡量 AI 基于 e-KYC 标准与客户匹配程度的指标，由于这一决策由机器或人工智能作出，因此需要对人工智能决策制定明确的政策。这里所期望的政策结果是采用"稳健且能够区分真实身份和非真实身份"的 e-KYC 解决方案。

四是通过 e-KYC 提供高风险产品的金融机构需要实施信用交易检查等额外保障措施。

五是监管程序的目标在于确保能够实现预期的结果。在这一情境下，监管机构不仅要确保 e-KYC 解决方案的安全可靠，而且要促进市场创新。这两个目标看似相反，但在一定程度上能够协调，因为金融机构实施 e-KYC 解决方案无须事先获得马来西亚国家银行批准，只需提前 14 天通知即可。

展望当前和迅速发展的未来，专家指出监管机构在 e-KYC 和数字 ID 领域面临以下挑战。一是对于拥有国家数字 ID 计划的国家，如何调整现有客户尽职调查要求以支持数字身份验证成为关键问题。马来西亚国家银行决定通过附加政策原则和保障措施来补充现有要求。

二是为了推动金融行业使用 e-KYC，监管机构面临一个选择：是采取审批制度对方案提供商进行审批，还是允许市场根据自行评估结果从现有提供商中选择。

三是鉴于金融部门正受到技术冲击，应该如何调整政策才能在保持政策清晰度的同时利用冲击所带来的正面影响？在为市场提供指导原则和制定规则之间寻求平衡时，最佳平衡点在哪里？应如何相应地调整要求？从本质上讲，监管机构在大规模改变现有监管制度方面可能不那么敏捷，需要谨慎处理这一挑战。

四是在已经推广使用数字 ID 的国家，e-KYC 和数字 ID 方案提供商将扮演什么角色？相反，在国家数字 ID 尚未可用的情况下，这些机构的作用是什么？在寻求开放标准和互操作性的过程中，e - KYC 流程如何向国家数字 ID 靠拢，或者提供商是否仍有空间补充国家数字 ID 已经提供的服务？

8.7.4　墨西哥

墨西哥的 KYC 政策是根据财政部发布的反洗钱和反恐怖融资法制定的，其国家银行和证券委员会（CNBV）虽然是一个独立机构，但隶属于财政部。墨西哥的情况为身份验证要求提供了参考，该国早在 2017 年就允许远程开立银行账户，要早于 e - KYC 的实施。

根据墨西哥的反洗钱/反恐怖融资法，金融机构必须制定和实施客户身份识别政策，并根据金融产品和服务类型、客户类型、所在国家或地区以及使用的分销渠道等因素设计与实施风险评估方案。

金融机构需要获取低风险账户的数据（如姓名、地址、出生日期、出生国家、国籍以及身份证号码）以及非低风险账户的数据和资料，以识别不同客户的类型。个人身份数据必须来自有效的官方身份文件，如护照或选民卡。法人的身份资料包括企业名称、地址、外国纳税人登记号码或电子签名序列号、法人代表的个人身份资料等。金融机构还有责任定期审查其客户的档案，并对其保持更新。

在客户引导流程数字化规则方面，国家银行和证券委员会负责为银行、信贷机构和金融科技公司制定 e - KYC 与客户引导数字化流程，而财政部负责为货币转账机构、股权投资公司、储蓄和贷款机构、信用合作社和货币兑换公司制定 e - KYC 规则。

银行可以为客户（需达到一定标准）远程开立账户。自 2017 年起，客户无须亲自到实体分支机构申请即可远程开户，这项规定适用于申请消费和商业信贷的客户，协助预防、阻止、减轻及监测任何以冒名顶替身份为目的的非法行为。

国家银行和证券委员会于 2020 年 10 月发布了适用于银行的最新远程识别客户规定，要求对客户身份证明资料进行图像捕捉，并使用视频自拍的方式做"活体检测"，强化核实客户身份。生物特征验证参照了行政机关的官方数据库，该数据库是墨西哥最大的生物特征数据库，覆盖了 95% 的成年人。

新规还允许法人通过法定代表人使用公司电子签名远程开设银行账户，并为银行新老客户提供了单独的申请路径，使得监管更加灵活。同时，新规允许客户使用视频自拍的方式来进行身份认证也降低了银行的获客成本，因为以前只能使用在线视频会议，这对银行来说成本过高。

专家对话

问： e - KYC 的发展可能会涉及各种利益相关者，如国家安全部门或内政部，中央银行在与各方协调方面扮演什么角色？

答： 对于泰国数字 ID 而言，它涵盖了所有电子交易和数字渠道，因此它的发展不仅仅涉及泰国中央银行，而且涉及数字 ID 的主要监管机构电子交易发展局。那么，中央银行的角色是什么？其实，泰国中央银行是监管者，任何在其监管框架下进行的活动都应该遵循 e－KYC 的实施规则。其中最重要的一点是确保传输渠道的安全性，以及遵守《个人数据保护法》中规定的个人信息安全要求。因此，为了传输或处理客户数据，e－KYC 要求确保传输安全性，保护客户的数据隐私。

8.8 电子化了解你的客户和数字身份的监管与创新

8.8.1 爱沙尼亚

爱沙尼亚共和国是欧盟中人口较少且分散广泛的成员之一。在面对维持巨大而昂贵的国家机器运转困境时，爱沙尼亚采取了数字化公共服务的措施，旨在使每个人都能在任何地方，包括偏远地区获得公共服务。政府将互联网接入视为一项人权，并通过全国性数字普及计划，自 20 世纪 90 年代中期开始推动互联网成为有效公共服务的驱动力。

为了解决复杂的社会经济问题并将其转化为公民服务、创造经济价值的新理念，2019 年，经济事务和通信部下属的政府创新实验室启动了"加速爱沙尼亚"（Accelerate Estonia）项目。该计划汇聚了政府各部门、公共部门和私营部门、专家和领导人，共同推动创新。

爱沙尼亚一个具有创新性的电子化设想是，鼓励私营企业探索可行的新商业模式，以解决目前由国家管理公共服务的问题。截至 2020 年，"加速爱沙尼亚"已经实施了四个方案，其中之一是 e－KYC 服务方案。该方案是 2020 年 3 月新冠疫情封锁期间首次举办的"黑客危机"在线马拉松的成果。这一"黑客危机"活动已经演变成为全球运动，有 68 个国家参与其中，是旨在寻求在公共危机期间缓解生活压力的创新解决方案。

爱沙尼亚数字身份证的演变简史：爱沙尼亚数字身份证是公民的强制性身份证件，公民可以使用它通过指定的电子邮件地址直接与政府机构联系。数字身份证可用于获取医疗保健服务、进行电子银行交易、签订合同、使用公共交通（自 2004 年起）、在欧盟和欧洲经济区内旅行、参与选举（自 2005 年起），以及在商业领域作为客户忠诚卡。目前，爱沙尼亚分别向公民和企业提供了 900 余项和 2 600 余项电子服务。

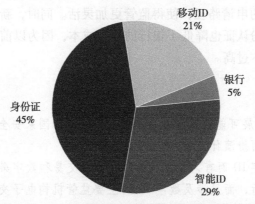

图 8.18　2019 年爱沙尼亚不同数字 ID 的使用情况

为实现上述目标，爱沙尼亚于 2000 年通过了《数字签名法案》。2002 年，信用卡中引入了微芯片，用于存储授权用户的数字化数据，包括姓名、性别、身份证号、加密密钥和公钥证书。2020 年，爱沙尼亚人口中有 99% 持有数字身份证，用其能获得 99% 的政府公共服务。2005 年大选首次使用电子投票时，电子投票仅占总票数的 2%，而到 2019 年，这一比例已提高至 46.7%。从使用情况看，爱沙尼亚共发放了 1 403 313 张数字身份证，数字身份验证使用次数高达 10 634 459 199 次，数字签名使用次数为 1 128 443 390 次。

移动 ID（Mobile ID）是用于手机的数字身份证，该 ID 已整合到 SIM 卡中，甚至可以无须连接互联网直接在老式手机上使用。自 2007 年推出以来，移动 ID 具备与数字身份证相同的功能，可用于电子签署文件以及通过加密短信投票参与选举。

智能 ID（Smart ID）是一款 2017 年推出的应用程序，是移动 ID 的替代品，需连接互联网使用，一般从谷歌应用商店（Google Play）和苹果应用商店下载，可在任何智能设备上作为安全的替代手段访问电子服务。该 APP 在波罗的海诸国①约有 300 万用户，月交易达 6 500 万笔。它还提供面部识别等生物特征认证功能，这是移动 ID 无法做到的。

KYCer 是 e – KYC 解决方案的一个应用案例，在 2019 年 9 月由"加速爱沙尼亚"组织的黑客马拉松中脱颖而出，旨在搭建迅捷、可靠、安全的平台，实现政府数据库中个人数据的共享，以满足机构或团体的数据需求。当然，以这种方式使用数据时，必须事先征得个人数据所有者的同意。

KYCer 能够自动处理来自各种数据库（包括政府数据库）的 KYC 文件和通用 KYC 数据，这些文件具备互操作性，可以实时反映任何更新情况。KYCer 充当了政府和外部或私有数据库、私有公司之间的中介。使用 KYCer 的请求方（如有获客需求的银行）无权访问共享的客户数据，也不能存储任何数据。请求方访问客户数据时，需经过数据所有者的同意，数据所有者可以选择与谁共享自己的个人数据，并且可以从 APP 中查看与谁共享了本人数据，以及其他相关细节。这种由用户控制数据共享和增强透明度的方式，减轻了公众对滥用个人数据的担忧，也是以客户为中心的 e – KYC 解决方案的一个典范。

KYCer 的生成包括八个步骤：①审查所有政府数据库，并以机器可读的格式验证它们是否包含用于交易所需的所有数据（最后一部分对于自动化工作流程至关重要）；②创建 KYC 档案（个人、法人等）；③将 KYC 档案映射到一级和二级数据库；④设计平台架构和工作流程；⑤使用模拟数据建模；⑥对平台进行全面法律审查，包括对《通用数据保护条例》（GDPR）的合规性检查；⑦起草法律并修订现有法律，为实现 e – KYC 数据交换服务保驾护航；⑧创设 KYCer 平台和用户界面。

1. 数字 ID 的多元化制作团队。数字 ID 的制作涉及公共部门与私营部门的合作，其中在公共部门中还涉及各个部门和机构的协同工作。具体而言，由一家私营公司

---

① 译者注：波罗的海诸国包括爱沙尼亚、拉脱维亚和立陶宛。

（根据国家采购程序进行选择）承担数字身份证制作，然后由内政部下属的警察和边防局进行签发，而加密密钥则由经济事务和通信部下属的信息系统管理局提供。

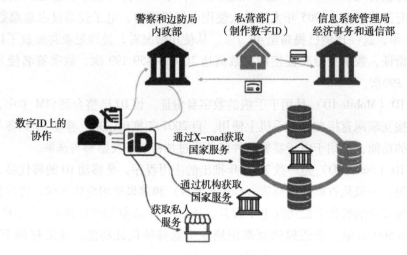

图 8.19　数字 ID 上的协作

2. 通过数字居民（e‒Residency）拓展数字身份。自 2014 年起，爱沙尼亚作为首个推出数字居民的国家，在全球建立了一个无国界的数字社会。数字居民是一种跨国数字身份，世界上任何人都可以申请进入这个包容、合法、透明的平台。拥有数字居民身份的人可以进入欧盟的商业环境，并可通过其数字身份使用公共电子服务。

公民选择加入这个系统的主要原因是要在线上经营一家独立于欧盟的受信任机构，获得开展全球业务所需的所有工具。截至 2020 年，已有超过 73 000 名数字居民创立了超过 14 000 家公司，创造的税收收入超过 5 000 万欧元。

3. 数字化跨境方案。e‒KYC 解决方案的愿景。2018 年，在全面分析了波罗的海诸国常见的跨境问题后，发现其中一个最大的问题是与反洗钱（AML）相关的数据交换和数据访问。该地区在欧盟资助的数字创新网络（DIGINNO）项目下成立了国家工作组和国际工作组，致力于寻找未来跨境 KYC 方案的理想解决方法。2019 年春，国际工作组提出了未来愿景，并在秋季提交了可行性研究报告和政策建议。

拉脱维亚在 2019 年春季、爱沙尼亚在 2019 年秋季就开始了基于数字创新网络原则开发 e‒KYC 解决方案。关于上述 KYCer 的生成步骤⑦，《反洗钱法》进行了修订，增加了以下内容：明确了 KYC 数据交换的定义；强调了收集、传输和使用相关数据的原则；提出了数据安全要求；规定了对服务提供商的要求；允许财政部部长调整 KYC 档案数据；修订了不同登记册的法规，在数据所有者同意的前提下，使通过 e‒KYC 的服务提供商与第三方共享个人数据合法化。

KYCer 的预计启动日期为 2021 年 7 月 1 日，届时新法律将开始生效。KYCer 可能面临以下挑战。第一，最大的挑战之一是公共部门和私营部门需要改变观念，尤其是公共部门，因为政府机构改变运行方式的速度可能较慢。此外，KYCer 的进展也可能因为政治意愿不足而放缓，这取决于当时的政治形势。

第二，调查显示，普通公众对于共享个人数据存在一定抵触情绪，因为他们担心数据泄露。其实这些个人数据在银行实体网点申请同样的金融产品和服务时也需要提供，只不过现在是以数字的形式提供。然而，由于网络犯罪、数据泄露和安全系统受到网络攻击的威胁，公众对于个人数据滥用心存担忧。由于 KYCer 将与选民数据库链接并可用于投票，因此需要持续、警惕地监控和管理安全威胁。

第三，假新闻、"另类事实"和关于"老大哥"的阴谋论是 KYCer 面临的最广为人知的挑战。

然而，KYCer 面临的非常重要但却不太为人所知的挑战是，企业部门和公共部门对数字身份安全和 KYC 原则并不完全了解。在缺乏全面理解的情况下，这种一知半解的状态可能会误导公众，甚至带来危机。

4. KYCer 协调。与数字 ID 一样，KYCer 是通过协调多个部门和机构实现的：经济事务和通信部通过其下属的信息系统管理局负责 e–KYC；财政部通过金融管理局和金融调查组制定政策并发挥监督作用；内政部通过警察和边防局负责安全；司法部设立了登记和信息系统中心。

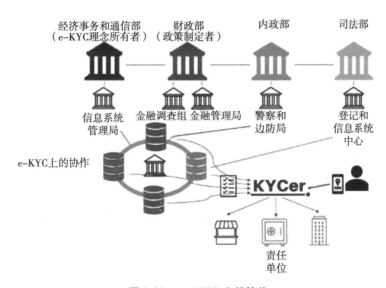

图 8.20　e–KYC 上的协作

8.8.2　私营部门角度

e–KYC 和数字身份在改善普惠金融现状、促进市场竞争方面的关键作用日益凸显。然而，在某些情况下，e–KYC 法规的存在并不能始终引导金融机构实施 e–KYC 解决方案。为了识别和了解存在的障碍，本节从私营部门的角度考察 e–KYC 监管。

私营部门通常对新规持谨慎态度，因为它们不确定实施新规是否会带来成本，如果有成本的话，又有多少可以转嫁给客户。这种谨慎观点可理解为金融机构是否有能力满足监管机构要求。简而言之，金融机构的相关部门可能人手不足，无法承担额外的工作，或完全缺乏实施监管所需的专业知识。此外，除了需要根据法律规定实施 e–KYC要求外，金融机构还需要根据金融行动特别工作组（FATF）的建议对这种新技术进行内部风险评估。

根据专家经验，金融机构通常会因无意中不遵守法规而受到制裁，因此它们对此持谨慎态度。可能的原因是，监管机构处理的是已知问题，即违反法规的行为是在事后确定的，而金融机构在执行法规时必须处理未知的问题，如降低客户未来从事非法活动的风险。

了解金融机构如何看待监管对其业务的影响，有助于监管机构更广泛地实施 e–KYC法规（反之亦然）。至于内部风险评估，不同的司法管辖区对反洗钱/反恐怖融资监管采取一致的监管方法，这使金融机构在确定使用 e–KYC新技术的潜在风险和成本时没有那么复杂。

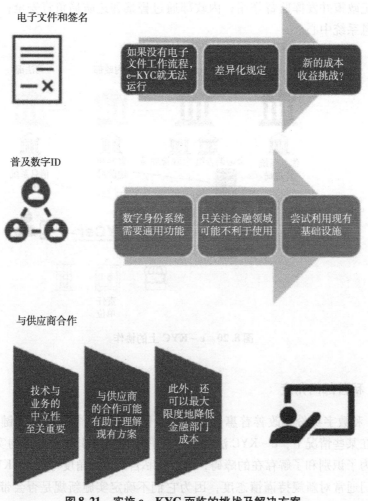

电子文件和签名

如果没有电子文件工作流程，e–KYC就无法运行

差异化规定

新的成本收益挑战？

普及数字ID

数字身份系统需要通用功能

只关注金融领域可能不利于使用

尝试利用现有基础设施

与供应商合作

技术与业务的中立性至关重要

与供应商的合作可能有助于理解现有方案

此外，还可以最大限度地降低金融部门成本

图 8.21　实施 e–KYC 面临的挑战及解决方案

一是协调相关法规。在没有经过认证的电子文件工作流程情况下，e - KYC 无法运行。然而，由于电子签名和电子文件可信要求的相关法规存在不确定性，金融机构可能会选择不使用 e - KYC。这个问题主要是由 e - KYC、电子文件和电子签名通常是由不同的监管机构负责而导致的。e - KYC 通常由中央银行（以及其他机构）负责，而电子文档和电子签名则通常由通信、技术或财政部负责。在同一管辖范围内，对同一主题的两套不同条例要求是不同的，这意味着在可以使用电子签名时，仍然需要手写签名。

二是确定普适框架。根据欧盟电子识别和信任服务（eIDAS）法律框架等通用监管框架，实施 e - KYC 可能很复杂，成本也会很高。为了降低总体合规成本，专家建议以分层方式实施电子签名。例如，爱沙尼亚早就推出了公共和私营服务的数字化，目前正打算在全国范围内全面实施 e - KYC。

三是拓展数字 ID 使用范围。一个平台的成功取决于用户的受欢迎程度和高参与度。为了提高注册率，国家数字 ID 平台应该适用于多个部门，而不仅仅着眼于金融部门。证据显示，俄罗斯的数字 ID 系统使用率很低，金融机构的数字 ID 系统仅适用于金融部门。因此，建议充分调动已经存在的身份基础设施，如护照和驾照。

四是提升监管机构能力，降低实施成本。私营部门认为，e - KYC 监管带来了许多不确定性，比如实施成本、获客成本、组织能力和可能的重组成本等。为最大限度地减少这种担忧，监管机构可组织提供商为金融机构介绍低成本，且融合到金融机构体系中的 e - KYC 解决方案，这些方案甚至可能降低起草法规的成本。简而言之，强烈鼓励监管机构与提供商合作，同时保持中立地位，不指定认可任何特定的技术或提供商。

8.8.3　卢森堡

在卢森堡，e - KYC 和数字 ID 方案已成为银行应对新型银行日益激烈竞争的一部分，新型银行是完全数字化的虚拟银行，没有实体机构，主要吸引年轻客户。这些方案给银行和客户都带来了能够感受到的明显好处，除了鼓励金融部门和实体机构之间友好合作、共享成本、共同努力之外，还能够提供更友好、更快捷的客户引导流程。尤其在新冠疫情期间，当实体网点关闭时，e - KYC 和数字身份方案不仅可以使银行正常开展业务，还能确保公众遵守安全距离的防疫要求。

卢森堡对 e - KYC 和数字 ID 进行监管的背景是欧盟电子识别和信任服务（eIDAS）法规。《电子识别、认证和服务条例》是欧盟信任服务和电子识别手段的共同法律框架，规定了进行身份验证核查的性质，但没有提及核查方式。由于信任服务涉及电子签名、电子印章、时间戳，以及金融服务合同签署的实际过程，因此电子识别对于远程客户端至关重要。

欧盟第五项反洗钱指令［2004 年 11 月 12 日卢森堡法律（修订版）］针对洗钱和恐怖主义融资问题，将 eIDAS 法规中定义的信任服务作为保障远程安全或识别电子客户身份的一种选择。然而，该指令只提出了要求，具体的实施办法则由各国的监管机构制定。

由于 eIDAS 没有具体规定验证客户身份的方法，因此欧盟各地区在用于 e-KYC 的 API 方面存在较大差异。欧盟关于数字金融的新战略旨在到 2024 年实现欧盟范围内数字身份的互操作性。此战略基于统一的反洗钱/反恐怖融资规则和修订的 eIDAS 法规，进一步规定可用于远程核查客户身份的技术，并涵盖客户数据的再利用（在客户同意的基础上），同时规定其他需要遵守的要求，如评估批准客户购买某些投资产品的风险。

客户的身份认证可以通过实时视频聊天实现，相当于面对面的身份验证。然而，必须在整个反洗钱/反恐怖融资（ALF-CFT）规则的背景下解读相关要求。例如，如果存在洗钱或恐怖融资的怀疑，或者对之前获取的数据的真实性存在疑问，就不应该使用视频聊天进行认证。

如果银行雇用第三方或外部服务提供商远程引导客户，则必须根据"反洗钱/反恐怖融资"规则对提供商进行全面的尽职调查，确保提供商具有开展这项工作的技术能力，保障客户数据的安全。银行必须取得客户同意，才能与服务提供商共享相关交易记录和数据。用于身份识别的数据质量还必须具有高度完整性，例如具备安全功能的官方身份证明。银行须保留认证过程视频，银行及第三方服务提供商必须遵守安全和数据隐私的其他所有要求。

对于没有自然人干预的其他方案，不能等同于面对面认证，需采取补充保障措施。金融部门监督委员会（CSSF）会结合反洗钱/反恐怖融资框架的要求对认证工具的安全性、系统的适用性以及有效性进行审核。

为卢森堡的金融部门提供支持的金融领域专业人士（PFS），包括第三方或外部提供商（如后台办公室服务或 IT 运营服务）也应受到监管以降低运营风险。除非第三方服务超出了识别客户身份的活动范围，例如存储 KYC 文件、要求保持文件更新并代表银行与客户联系、为银行提供电子 KYC 平台等，否则无须获得执行客户识别的许可。

监管机构通过要求第三方提交报告、举行会议、上报向金融部门提供具体信息技术或业务解决方案、进行现场检查等方式，对其进行监管。向银行提供支持性金融领域专业人士的第三方可能会因为不符合合规要求而受到制裁。

卢森堡在私营部门启动了卢森堡国家数字身份（e-ID）项目（也称为 Luxtrust），并与其他司法管辖区实现了互操作性，例如比利时的国家数字 ID 项目"itsme"。这意味着比利时人可以在卢森堡银行开立账户，反之亦然。

卢森堡的银行可利用 Luxtrust 的 e-KYC 流程进行客户身份识别和安全通信，完成潜在客户身份识别。然后，Luxtrust 会执行 KYC 检查，为潜在客户创建一个数字 ID，将之转化为自己的客户。随后，Luxtrust 会经由潜在客户的同意，将其数字 ID 数据发送给银行。银行根据反洗钱/反恐怖融资要求，评估将潜在客户转化为正式客户的可行性和风险。在与潜在客户以电子方式签订服务合同之前，银行还可以要求提供进一步的 e-KYC 文件。

此外，卢森堡还设有集中的 KYC 存储库。简而言之，提供商通过定制的企业对企业方式提供 KYC 管理服务，收集、量化和验证其客户所需的 KYC 数据。需要注意的是，这类提供商不是一个平台，而是提供中介服务的机构。提供商还需要进行尽职调查、风险评估，并为所有不同来源的数据提供安全的数字存储。自然人或个人客户也可使用这些服务，这样可以避免重复提交同一套数据的负担。另外，还有一些相关服务可将交易中的不同方面相互连接，例如第三方提供商数据库、电子签名提供商等。

金融部门越来越愿意采用数字 ID 和 e‑KYC，以提高效率、降低成本，方便用户使用，助推普惠金融发展。然而，新冠疫情加速了金融部门的数字化进程，对监管机构提出了应对新情况的要求。虽然在欧盟范围内需要一个明确的战略来改进监管工具，但流程的标准化和统一化需要符合反洗钱/反恐怖融资监管框架及其对不同机构的具体要求。卢森堡金融部门的第三方服务提供商越来越多，几乎都作为专业服务行业支持服务提供商而受到监管，这进一步证明了应对数字技术对金融业巨大影响的必要性。

专家对话

问题 1： 如何确保数字 ID 系统的包容性，即覆盖所有严重受金融排斥影响的群体，包括女性、农民，以及难民？

答： 数字 ID 系统包括注册和认证两个方面，这里我们讨论的是注册过程。监管机构一直致力于保证注册过程的稳定性，然而，这也使得它变得难以获取。例如，一些地区距离服务点需要长达 7 个小时的车程，比如塔吉克斯坦这个多山地区。这时，监管机构需要利用现有的身份识别系统，比如护照、身份证，或者通过邮局让公众加入数字身份系统。相反，我们注意到当服务点受到监管机构的限制（注册）时，比如仅对金融机构开放时，数字 ID 系统的发展缓慢。总之，首先，应该充分利用国家已有的身份识别技术，包括纸质身份证或其他形式；其次，利用现有的物理基础设施，尽可能扩大注册范围。

问题 2： 是否有推动提供商实现 e‑KYC 区域或全球的互操作性方案？

答： 坦率地说，目前还没有完美的解决方案，也没有相应的监管经验，每个国家都处于探索之中。当前最大的问题是缺乏一个统一的标准，所以不可能跨国界或互操作。第二个问题是各国之间的数据差异太大。例如，如果不能访问爱沙尼亚以外的数据库，那么 KYCer 工具只能在该国范围内使用。从技术上讲，我们期待未来能够拥有全球统一的 e‑KYC 标准，或者至少理解各地的运行模式。但在现实生活中，这个目标进展非常缓慢，也许即使在 20 年后，我们仍在不断努力寻求共同点。当然，未来也许会出现双边互操作性，或者在区域范围内实现互操作性，但遗憾的是，目前前景并不乐观。

本节三个报告中获得的主要经验有：转变思维定势和获得认同对启动并推出有潜力且复杂的国家级项目很重要；与私营部门利益相关者接触时，必须确保组织能力与监管要求相匹配；除了遵守反洗钱/反恐怖融资的标准外，e‑KYC 和数字 ID 还必须考虑金融消费者权益保护、数据隐私和数据安全等方面的问题。

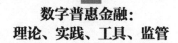

8.9 未来展望：政策、监管、行动、保障

一是领导力（治理和监督）在数字化转型中至关重要，AFI 成员跨越式地采用开放银行及其外延措施（数字 ID 和 e – KYC）就是证明，这些措施已经应用在成员国市场。

二是公共部门和私营部门之间的合作与协调以及跨机构合作对于开放银行、e – KYC和数字 ID 的发展至关重要，因为需有效实施多视角的保障措施。到 2020 年为止，政府机构、各部委、中央银行和监管机构之间一直保持着密切联系。

三是健全法律和监管制度是确保开放银行领域稳定性的关键，也是推动采用授权技术（如电子 KYC 和数字 ID）的关键。

四是源于法律和监管制度的金融消费者权益保护与数据隐私保护规定在维护消费者对开放银行完整性、安全性的信任方面发挥着不可或缺的作用。

五是系统性、战略性地推进开放银行实施非常重要，这将为深化普惠金融服务提供巨大的潜在价值。

六是监管机构的技术能力对履行公共政策职责至关重要。监管机构亟须加强技术能力建设，确保能够有效使用监管新技术。

七是建设和完善金融服务基础设施对减轻和缓解国家或全球紧急情况（如新冠疫情）的影响，以及促进普惠金融的关键可持续发展目标至关重要。

八是数字普惠金融基础设施的发展和成熟度对减轻和缓解国家或全球紧急情况的影响，以及促进普惠金融的关键可持续发展目标至关重要。

9. 创新型监管方法工具箱

9.1 引言

9.1.1 目标与框架

为更好地促进普惠金融发展和可持续发展，世界各国都在探索发展数字金融和金融技术（金融科技）生态系统的方法，以开发新产品和服务、增强金融体系竞争、增加消费者选择、促进储蓄和投资等，从而支持个人和社会发展。然而，创新的同时也要平衡潜在的风险，特别是金融稳定、金融消费者权益保护和市场诚信等问题。为了规避风险，监管机构正在开发新的监管方法，包括创新中心和监管沙盒（统称为创新型设施）、构建新的政策框架以及创新监管时所使用的技术（监管科技和监管技术）。

开发创新型设施是为了在可控环境下直接或间接地支持新型数字金融和金融科技的发展。创新型设施以基础设施为支撑，包括移动和其他通信系统，尤其是互联网、数字身份认证系统（特别是主权系统），支持简化的开放式金融账户和移动支付账户的框架，以及互操作性的电子支付系统。这些设施让电子政务服务成为可能，为更广泛的商业发展创造了环境，有利于支持普惠金融并促进实现联合国可持续发展目标。

在对数字金融和金融科技采取适当监管方法的前提下，这些创新型设施效果最佳。这就涉及法律体系、人力资本、研发支持、信息获取以及融资可获得性等方面的总体效率。从狭义上说，为了更好地实现监管目标、提高竞争和效率，监管机构和监管者应提高对监管科技和监管技术的运用效果。

为解决对金融产品和服务具有管辖权的机构（监管机构）在实施创新型监管方法以及创新型设施方面的难题，本工具箱汇集了大量资源和案例研究，为寻找以下问题答案的监管机构提供了结构化的方法：一是什么是创新型设施；二是提高创新型设施有效性的前提条件是什么；三是监管机构应该在何时考虑建立创新型设施；四是如何建立创新中心；五是如何实施监管沙盒；六是如何开展创新型设施的区域性合作。

本工具箱旨在通过提供附带的实用评估工具，指导普惠金融联盟（AFI）和其他利益相关者设立创新型设施。在使用本工具箱时，AFI 及其他监管机构可以使用附带的工作簿，该工作簿提供了自我评估和实践要点，可指导其作出科学决策。

9.1.2 金融科技和创新型设施

自 2008 年国际金融危机以来，科技在金融服务中得到了迅速而广泛的应用，催生

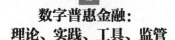

了依赖于互联网和其他信息技术的金融产品、服务或系统，即金融科技。金融科技带来了很多转型机会，包括移动银行、电子政务服务、新型支付方式和智能咨询等。新系统的使用带来了多方面的转型红利，尤其体现在促进普惠金融发展和实现联合国可持续发展目标方面。但是，这种范式转变也给金融稳定、金融碎片化、金融消费者权益保护、寻租行为和金融排斥风险等带来挑战。监管机构难以判断和评估新产品与新服务的风险，从而产生了风险规避行为，限制了金融科技效益。

为平衡机遇和挑战，监管机构对金融科技采取了各种监管方法。一是对市场发展采取被动"观望"态度，只在有需要时才作出监管反应。二是对新进入者进行额外监管，或根据需要对其监管框架进行渐进式改革，逐个解决问题。三是积极主动地以特定速度引导金融科技朝着特定目标发展，如可使用简化框架、设立监管"单一窗口"，帮助符合标准的企业获得监管机构的准入并进入市场。四是随着金融科技市场的不断发展，可能需要一种结构化实验方法，使监管机构能够在明确的框架下审慎监管金融科技产品和服务。

一是创新型设施和监管目标。为促进金融创新，世界各国的政策制定者都在迅速建立创新型设施。创新中心和监管沙盒是创新型设施的两种主要类型。[1] 对于监管机构来说，这些设施可能成为有利的指导工具，帮助它们了解市场最新发展，在保护消费者权益的同时制定更有效的政策。与此同时，这些设施还提供了重要的反馈渠道，帮助市场参与者更好地理解并遵循监管机构的意图和政策。

二是创新型设施的作用与风险。监管机构建立创新型设施的原因可能如下。

第一，这些设施可以提高监管机构对金融科技的了解，加强相关风险控制，能够更快、更有效地采取规避风险的措施。由于这类设施提供了大量市场调查渠道，因此监管机构能更好地审查当前监管目标的适用性，评估其对市场创新的影响。第二，在监管机构指导下，企业可以从创新型设施中获益，填补知识空白并节省资源，这对于初创企业尤为重要。企业也可以更深入地了解未来政策方向，获得更多投资机会，缩短上市时间。最重要的是，创新型设施促进了企业与监管机构之间的相互理解，降低了监管不确定性。第三，这些设施还可以让监管机构更好地调整监管改革方向。[2] 第四，任何形式的创新型设施都可向市场发出强烈信号，即该地区欢迎新企业，监管机构灵活且反应灵敏[3]，因而常被称为"监管沙盒"。

---

① 随着监管科技/监管技术使用得越来越普遍，监管科技/监管加速器将成为另一种使用较少的创新型设施。

② FCA：Financial Conduct Authority (2015, November 5). Regulatory Sandbox. CMA (2017) Stakeholders Consultative Paper on Policy Framework for Implementation of a Regulatory Sandbox to Support Financial Technology (Fintech) Innovation in the Capital Markets in Kenya；' Mueller, J., Murphy, D. & Piwowar, M. (2018). Response to the Global Financial Innovation Network (GFIN) Consultation Document.

③ Zetzsche, D., Buckley, R., Arner D. W. & Barberis, J. (2017). Regulating a Revolution：From Regulatory Sandboxes to Smart Regulation, Fordham Journal of Corporate and Financial Law, 23 (31), 64.

图9.1　金融科技监管方法

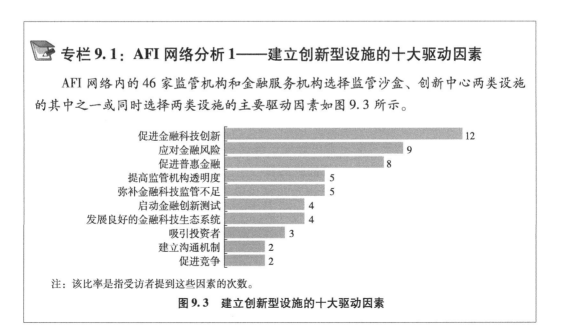

图9.2　金融科技监管体系

专栏9.1：AFI 网络分析1——建立创新型设施的十大驱动因素

　　AFI 网络内的46家监管机构和金融服务机构选择监管沙盒、创新中心两类设施的其中之一或同时选择两类设施的主要驱动因素如图9.3所示。

驱动因素	次数
促进金融科技创新	12
应对金融风险	9
促进普惠金融	8
提高监管机构透明度	5
弥补金融科技监管不足	5
启动金融创新测试	4
发展良好的金融科技生态系统	4
吸引投资者	3
建立沟通机制	2
促进竞争	2

注：该比率是指受访者提到这些因素的次数。

图9.3　建立创新型设施的十大驱动因素

专栏 9.2：AFI 网络分析 2——金融科技面临的最紧迫挑战

受访者对 15 项金融科技相关挑战中的 1 项或 1 项以上进行评分，评分范围为 1~5 分，1 分为"最不紧迫的挑战"，5 分为"最紧迫的挑战"。图 9.4 显示了每个"金融科技挑战"的综合评分。AFI 网络受访者认为，金融科技面临的三大挑战是监管和审批要求不明确、缺乏数字身份认证和客户引导手段、风险资本不足。

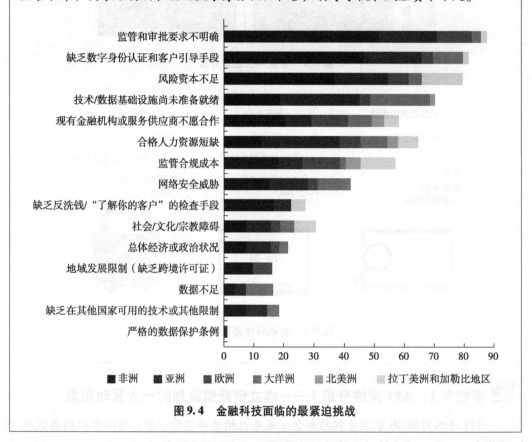

图 9.4 金融科技面临的最紧迫挑战

尽管不同类型的创新型设施可以互补，但是每类设施带来的好处和风险各不相同。[①] 本工具箱旨在帮助政策制定者更好地了解这些设施可能带来的差异化好处和风险。本工具箱不仅考虑了政策制定者面临的核心挑战，包括监管要求的不明确、缺乏恰当的数字基础设施、缺乏研发资金以及包括风险资本在内的其他形式融资的短缺，而且列出了可能有助于建立创新型设施的因素，并分析了如何利用不同级别的数字基础设施和投资活动来建立创新型设施。创新中心或监管沙盒可以提供必要的正向反馈循环，促进基础设施和市场活动进一步发展。

---

① World Bank. (2020). How Regulators Respond to FinTech：Evaluating the Different Approaches - Sandboxes and Beyond. Fintech Note；No. 4. World Bank.

1. 创新中心。创新中心也称为创新办公室、创新实验室、金融科技实验室、工作组或联络点，通常是门户网站或其他机制，不仅能使企业与监管部门沟通金融科技相关的监管问题，而且能增进金融产品和服务创新与监管要求的一致性。尽管不同辖区的创新中心的具体结构不同，但其采取的举措大多数都是在监管框架下提供支持，并指导受监管或不受监管的创新企业。一般来说，创新中心提供的建议和指导不具有约束力，但创新中心也可以提出弃权、豁免或无异议函。在实践中，许多监管机构通过创新中心开展了各种积极主动的外联活动。[①]

 专栏 9.3：金融科技创新周期

建立创新型设施可以应对国家的特定金融科技挑战。根据国家监管机构的报告，这些设施有利于促进金融科技创新，最终打造出一个良好金融科技生态系统。但是，持续的金融科技创新也带来了进一步的挑战（如金融科技监管挑战）。因此，与迭代的监管发展和学习过程相结合的金融科技创新型设施需要跟上金融科技创新的脚步。

图9.5　金融科技创新周期

创新中心通常在监管体系的早期开展，这与初创未经授权的企业，或计划推出新产品或服务的现有经授权企业的关联性很大。创新中心在引导金融科技创新项目穿越监管迷宫的"繁重工作"中的表现尤为出色。通常情况下，相较于监管沙盒，创新中心会收到许多企业的咨询。[②] 因此，创新中心能够促进建立金融科技友好新文化，这对

[①] 参见英国金融行为监管局的 Techsprint 或东盟的 Codeathon 活动。FCA, 2016. "Consumer AccessTechSprint"；AUSTRAC, 2018. "Register now for the ASEAN – Australia Codeathon."

[②] Sharmista Appaya and Ivo Jenik, "Running a Sandbox May Cost Over ＄1M, Survey Shows", 1 August, 2019, CGAP, accessed 2 March, 2020.

```
┌──────────────────────────────────────────┐
│  开放式外联活动                          │
│     >跨学科培训                          │
│     >开放日                              │
│     >公私对话                            │
└──────────────────────────────────────────┘

┌──────────────────────────────────────────┐
│  封闭式外联活动                          │
│     >线上活动                            │
│     >科技展览会                          │
│     >成立金融科技委员会/咨询小组         │
└──────────────────────────────────────────┘

┌──────────────────────────────────────────┐
│  综合外联活动                            │
│     >编程马拉松                          │
│     >协作工作空间支持                    │
│     >研讨会                              │
└──────────────────────────────────────────┘
```

图 9.6　创新中心外联活动

新兴市场国家尤为有利。创新中心特有的灵活性也为监管机构提供了其他重要的好处。由于大多数活动是非约束性的，创新中心更能应对不断变化的环境。监管机构可以根据新的工作重点和市场需求调整创新中心的活动。如果与创新中心合作的市场利益相关者具有辨识能力，早期的监管失败可能会产生与预期相反的效果。例如，如果创新中心传播的消息被发现不可信，私营机构可能很快就会失去与它合作的兴趣。[1] 为了维护自己的声誉，创新中心要求监管机构保证信息的准确性和一致性。这需要创新中心对金融科技政策进行更多前瞻性规划，并配备高素质员工。[2]

2. 监管沙盒。监管沙盒是正式的监管举措，用于帮助企业在监管机构的监管下，在有保障措施的现实环境中实验新产品、服务或商业模式。保障措施一般包括限制时间、范围、规模和客户等。与创新中心不同，监管沙盒执行筛选程序选择优先参与者。监管机构使用监管沙盒适度调整对预计推广新产品或新服务的企业的全面监管力度。监管沙盒通常用于监管体系的最后阶段，适用于已经开发出产品或服务并准备在市场上测试其可行性的企业。

监管沙盒的现场测试功能可以提高监管机构对特定金融科技产品、服务和商业模式的认识。通过降低校验成本、简化审批流程，监管机构可以减少快速、安全部署创

---

[1] Wechsler, Michael and Perlman, Leon and Gurung, Nora, The State of Regulatory Sandboxes in Developing Countries（November 16, 2018）.

[2] Buckley, R. P., Arner, D. W., Veidt, R., & Zetzsche, D. A., (2019). Building FinTech Ecosystems：Regulatory Sandboxes, Innovation Hubs and Beyond, Washington University Journal of Law and Policy, 61.

新产品和服务过程中的障碍。[①] 通过监管沙盒的政策设置，监管沙盒可以成为推进普惠金融等发展目标的有效工具，如塞拉利昂、马来西亚、巴林和约旦利用监管方法促进普惠金融发展。[②] 尽管如此，监管沙盒发挥作用的程度与监管机构管理复杂创新活动的能力有关，也与金融科技市场参与者利用此举措的成熟度和准备程度有关。

与创新中心一样，空置或管理不善的"山寨"沙盒将向市场利益相关者发出不利信号。因此，监管沙盒风险与其管理适当程度密切相关。如果沙盒有利于现有企业，沙盒可能会破坏公平竞争环境，监管机构可能面临各种责任问题，还可能错过退出现场测试的最佳时机，损害消费者权益。

专栏9.4：工作簿——创新管理大纲

本工作簿从基本问题入手，辅助决定是否建立创新型设施，并提供设计创新型设施的高级指南。目的在于鼓励监管机构对建立创新型设施以及如何与更广泛的监管框架相协调进行深入思考。通过这些指导性问题，监管机构应该能够更好地评估创新型设施的设计和实施问题及其他相关因素。

表9.1　创新管理大纲

你们的创新型政策是什么？	创新型政策是否明确包括金融科技？ 监管创新型政策属于更广泛的创新型战略吗？ 监管机构是否要求创新型政策促进创新？
创新型设施如何与创新型政策相适应？	创新型设施与其他政策的目标一致吗？ 在创新型政策下有没有尝试过类似的项目？
创新型设施的主要目标是什么？	创新型设施首要目标和次要目标是什么？ 在监管机构的权力范围内，可以实现哪些目标？
这些目标是如何评估的？	评估的标准是什么？ 能获取这些数据吗？
创新型设施对实现这些目标会产生怎样的影响？	是否有其他项目能够达到类似的效果？ 创新型设施在实现这些目标方面的限制是什么？
实现这些目标的利益相关者有哪些？	哪些机构应参与创新型设施的建立和运营？ 是否有与利益相关者建立联系的机制？
建立和运营创新型设施的挑战是什么？	内部和外部的挑战是什么？ 这些挑战在现实中能否被克服？

---

① Mueller，J.（2017）. FinTech：Considerations on How to Enable a 21st Century Financial Services Ecosystem. Crane，J.，Meyer，L. & Fife，E.（2018）. Thinking Inside the Sandbox：An Analysis of Regulatory Efforts to Facilitate Financial Innovation，RegTechLab.

② Wechsler，M.，Perlman，L. and Gurung，N.，（2018）. The State of Regulatory Sandboxes in Developing Countries. Crane，J.，Meyer，L. & Fife，E.（2018）. Thinking Inside the Sandbox：An Analysis of Regulatory Efforts to Facilitate Financial Innovation，RegTechLab.

专栏 9.5：南非以"学习为先"的经验

2016 年，南非一些金融监管机构成立了政府间金融科技工作组（IFWG），以协调和制定南非金融科技发展与监管方面的统一措施。

该组织由南非金融监管机构金融部门行为管理局（FSCA）、国家信贷监管机构、南非储备银行（SARB）、金融情报中心、南非税务局、国家财政部构成。

IFWG 制定了几个核心目标，包括促进人们对金融科技发展及其对南非金融监管影响的认识、在保护市场和消费者的同时促进金融科技创新、确保金融稳定。[①]

为深入了解公众和市场利益相关者的需求，IFWG 每年举行多次外联活动，包括会议、专题研讨会、一对一会议等。这些活动使 IFWG 了解到加强合作的机会，并且开始研究创新型设施的潜在决定因素，结果发现最适合市场的设施是一个不针对特定领域的设施，可向金融科技企业、传统银行和银行内其他参与者提供平等服务。

2020 年，SARB 和 FSCA 建立了创新中心。[②] 创新中心由三个创新结构组成：监管指导部门（RGU）、监管沙盒和创新加速器。监管指导部门提供金融科技领域有关监管措施的网络咨询平台，通过解答相关监管问题来缓解监管压力。在此平台提交的内容必须注明发送机构，并描述其创新产品或服务。监管沙盒在现有立法框架下提供缓解监管压力的措施，允许新产品在可控的现实环境中进行测试。创新加速器与各利益相关者合作，探索改善监管环境并推进金融服务的创新。这些部门的首要目标是在适当的监管框架下提高监管透明度，并提供创新的金融产品和服务。[③]

南非创新中心使用轮辐模型。FSCA 和 SARB 提供构成创新结构核心的金融科技团队。RGU 提供由 IFWG 相关领域专家组成的"第一响应者网络"，负责答复监管问题。这种形式有效地将资源负担分散到 IFWG 的各个参与者之间，同时确保常设联络点能够使保障观点可以在整个监管机构网络中一直传播。[④]

9.2 基础设施

创新中心和监管沙盒的价值与其在数字金融基础设施、监管框架和更广泛的金融科技生态系统发展等数字金融转型战略中的定位紧密相关。

---

① Genesis Analytics（"Genesis"）.（2019, October）. Fintech Scoping in South Africa [PowerPoint slides].

② Intergovernmental Fintech Working Group.（2020）. Intergovernmental Fintech Working Group.

③ Intergovernmental Fintech Working Group.（2020, 7 April）. Media Statement on the Launch of the Intergovernmental Fintech Working Group（IFWG）Innovation Hub [Press release].

④ Intergovernmental Fintech Working Group.（2020, 7 April）. Media Statement on the Launch of the Intergovernmental Fintech Working Group（IFWG）Innovation Hub [Press release].

9.2.1 数字金融基础设施

数字金融基础设施建立在移动通信设备广泛普及的基础之上，理想情况下是宽带互联网或其他类型的网络环境支持的智能手机。更确切地说，其关键在于移动通信设备普及的渗透率。毫无疑问，手机已经成为历史上最具影响的技术创新之一，在可持续发展目标下，手机对于实现普惠金融和可持续发展目标起到了重要作用。正如 AFI 在金融科技促进普惠金融战略中所强调，以移动通信为基础的数字金融基础设施有四大核心支柱，在新冠疫情之后被视为支持普惠金融和可持续发展目标的数字金融转型核心。[①]

第一，主权数字身份系统是转型的基础。许多发展中国家缺乏正式身份认证，不仅阻碍了公众获得金融服务，而且阻碍了他们参与正规经济活动以及获得基本政务服务。在接入网络后访问政府"黄金数据源"时，主权数字身份系统可以支持无纸化身份认证，无须持有者在场即可由第三方进行身份验证。第二，稳健的资金流动和支付系统是经济与社会的基本公共产品，可互操作的数字支付系统能支持强大的数字金融互联网络，是经济的"毛细血管"，是主导经济命脉的货币流通通道。第三，适用于大多数人的简易账户开立规则能促进普惠金融，使人们能够使用该账户支付、收款、储蓄甚至投资。第四，数字金融基础设施支持的数字化政务服务和转账支付在新冠疫情背景下尤为重要。此外，数字金融基础设施能够提高政府项目在支持普惠金融和可持续发展目标方面的有效性与效率。

政务服务和支付操作的数字化还能激励个人熟悉数字环境，特别是在识字率低的群体中，并减少纸质系统中常见的政府支付"漏洞"。总体而言，这四大支柱可以降低新业务及新产品进入市场和获得客户的成本，创新更多的业务和产品。但是，获得基础设施机会的不平等同样会限制这些业务创新及影响。

9.2.2 监管框架

在建立创新型设施之前，政策制定者和监管机构应评估当前的金融科技框架和机构能力，进而评估新举措的适用性和潜在好处。[②] 基础组织架构，如指令政策、支付系统、网络安全和数据分析等必须足够强大，以支持新的金融科技企业。监管机构应有能力参与新技术评估和测试，并广泛参与咨询活动，以促进自身在市场中不断学习。监管机构也应明确目标市场或行业，并对其进行分析，切实评估创新带来积极影响的潜力。与此同时，能力建设举措应包含针对监管人员、行业从业人员和消费者的能力提升活动。

数字金融基础设施的效率与监管框架直接相关。对监管机构和利益相关者而言，

---

① See AFI / Arner，Buckley，Zetzsche & Mohammad，FinTech for Financial Inclusion：A Framework for Digital Financial Transformation – A Report to the Alliance for Financial Inclusion（Sept 2018）.

② AFI.（2020）. Creating Enabling FinTech Ecosystems：The Role of Regulators.

监管框架在批准新产品和新服务方面可能存在限制或不透明的情况，阻碍其发展。合理的监管框架设计应确保足够的发展空间，并提供适当的保障措施，以平衡普惠金融、金融稳定、市场诚信和金融消费者权益保护目标之间的关系。良好的监管框架设计分为四个阶段：第一，识别及调整不适当的法规。监管机构应识别和调整禁止性法规，如不允许在流程和商业模式中使用新技术，例如用于支付的生物认证和另类数据评分。第二，实行分级监管。监管机构应根据风险程度以及金融服务供给主体的规模来制定监管规则。第三，升级监管数据系统和监管技术。监管机构应能够使用新的监管科技和监管技术更好地管理金融科技市场不断增长的数据流。数字金融转型和金融科技需使用监管科技与监管技术。第四，测试和试点环境。监管规则的制定应考虑监管的灵活性，如参与实验性的框架、豁免项目、限制性的许可证和创新型设施。

基于活动的监管
监管应反映活动和所执行的职能，而不是执行它们的组织的类型

分级监管
监管应与对象实际规模和所产生的风险成比例，分层反映风险差异，并考虑小型初创金融科技企业、主要的金融机构和大型科技企业之间的能力差异

国际标准
监管应建立在共同的国际标准之上并与之保持一致，特别是在金融稳定、透明度、效率以及市场诚信/反洗钱/反恐怖融资等方面。监管机构的授权可能需要扩大，包括促进市场发展以及创新和竞争的普惠金融，让监管具有灵活性

降低进入门槛
监管应该为新的、较小的参与者进入市场提供便利，从而促进金融市场的竞争

技术中立的监管
监管应该关注技术的活动过程，而不是技术创新本身，对技术本身进行监管通常不是好方法

图 9.7　智能监管原则

9.2.3 数字金融和金融科技生态系统

不断更新的监管框架和数字金融基础设施是推动普惠金融与创新性活动的基础，这二者与金融科技生态系统共同支持企业创新发展，有助于促进实现联合国可持续发展目标。金融科技生态系统由四个相互关联的要素构成。

1. 必须存在数字金融和金融科技需求。城镇化、移动网络和互联网的普及与易用性是创造具有技术素养的个人市场的主要因素。曾经获取服务不足的中小企业可以从数字贷款流程、替代融资和投资选择中获得金融服务机会。金融机构可以提高其价值链效率，政府可利用 e−KYC 进行数字身份认证。持续的需求有助于吸引其他利益相关者的广泛参与，推动生态系统的发展和演化。

2. 金融科技市场的资本投资必须能激发数字金融需求。从天使基金、政府基金和其他来源获得的研发资金及风险资本，对于研究人员、创新者和企业家参与开发及建设金融科技至关重要。来自风险投资、金融机构、政府以及其他公共部门组织（如多边开发银行）的成长资本等是企业早期创新的重要资金支持。战略资本可以引导金融科技子企业进一步向特定方向发展以满足客户需求。投入（资金、智力和人力）的核心是支持公共部门和私人领域研发，这是支持更广泛的创新、建立金融科技生态系统以及实现可持续发展的必要条件。

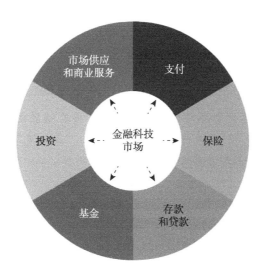

图9.8 金融科技市场子行业

3. 金融科技生态系统必须能够培养、吸纳推动创新的人才。金融科技生态系统可通过投资金融科技相关的技能提升项目和资助研发项目培养人才，也可通过放宽流动和签证政策吸纳国外人才。此外，金融科技生态系统还要创造有利于新人成长的环境留住人才。

4. 国家应该打造商业环境优势，特别是通过放宽市场准入、激励新兴金融科技企业聚集和融合。金融科技监管区域一致性发挥着实质性的作用，如投资于 6 个或 8 个拥有一致金融科技监管方法的较小国家与投资于拥有不同规则和监管方法的国家相比，有着完全不同的经济前景。此外，传统的国家支持措施，如知识产权保护、税收减免，以及其他缓解金融科技创新通道障碍的方式也将有所帮助。

专栏9.6：AFI 网络分析3——各地区计划实施的金融科技监管项目

在 AFI 网络的46 名调查参与者中，60% 的人表示将在辖区内实施一个或多个金融科技监管项目。图9.9 是指该类监管项目被提及的次数。

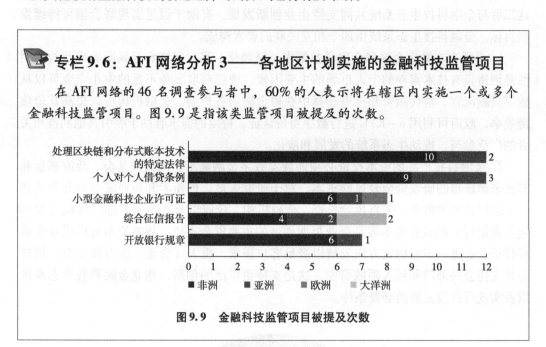

图9.9　金融科技监管项目被提及次数

专栏9.7：AFI 网络分析4——各地区最常见的金融科技服务

在 AFI 网络的46 名调查参与者中，80% 的人将其辖区内的一项或多项"金融科技服务/产品"按1～5 分进行评分，5 分代表"最常见"，1 分代表"最不常见"。图9.10 显示了金融科技服务/产品被选择的次数。

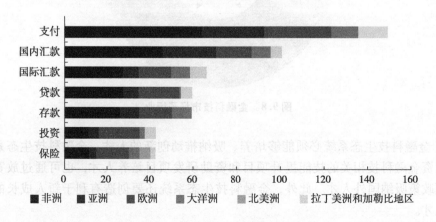

图9.10　金融科技服务/产品被选择的次数

9.3　赋能监管机构

监管机构是各国金融科技生态系统的核心，通常也是创新型设施的中心。评估当前监管创新的组织框架及能力是建立创新型设施的重要前提。为了更好地促进金融科技生态系统的发展，AFI 提出监管机构应遵循五个重要标准：嵌入式监管机构网络、组织架构、能力和技能提升、交流和外联活动、监管框架及激励措施。[①]

9.3.1　嵌入式监管机构网络

强大的基础网络有助于监管机构提升对金融科技创新的监管能力，使监管机构能够收集到更多有助于推广或调整政策的相关信息。尽管基础网络的形式因国家而异，但全球最佳实践确定了监管机构获取信息的三个相互关联的重要支柱。

1. 内部市场监管工作组。监管机构应不断地观察和评估相关的金融科技市场，有能力根据需要汇集资源。工作组由监管机构专有，需利用不同部门的专业知识处理问题。例如，新兴的支付金融科技需要对支付系统和 IT 部门进行更多监管，新数字信贷形式可能需要信贷和法律部门高度关注。该工作组监管及了解金融科技发展的能力也表明其存在需要填补的专业知识缺口。

2. 跨监管机构集团。通常情况下，中央银行、财政部和消费者权益保护局间会共享金融市场政策及监管方面信息。由于金融科技始终贯穿各个领域，为了解其整体发展情况，所有相关群体应定期交流信息，以了解金融科技生态系统及修改适用的监管方法。将行政部门纳入集团，将会加快决策过程。

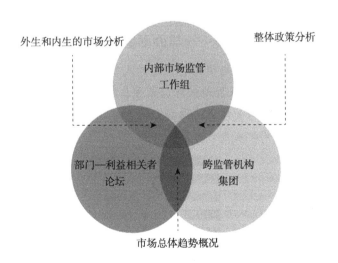

图 9.11　监管网络协同效应

---

① AFI. （2020）. Creating Enabling FinTech Ecosystems：The Role of Regulators.

3. 部门—利益相关者论坛。为追踪新兴金融科技趋势，监管机构需要与市场上的利益相关者保持沟通。利益相关者论坛应由监管机构、其他相关机构、现有金融机构、金融科技企业和其他重要的当地参与者等各方代表共同组成，鼓励分享新服务、新产品、新商业模式、政策目标和监管办法方面的相关信息。

这 3 个团体提供可互为参考的金融科技市场信息，从而促进市场参与者和监管机构之间互动，提供有关金融科技生态系统有价值的观点和信息。监管机构应确保三大支柱间积极交流、协调一致，以保障反馈渠道的畅通性。此外，监管机构应加强与国外监管机构的知识交流和区域间合作，使创新企业能够享受平台和数据驱动的商业模式所带来的规模经济红利。在条件允许前提下，监管机构可向外国监管机构学习如何管理特定商业模式的风险。区域间的知识交流还有利于统一要求，并为提升非国家层面的区域性而非国家层面的监管沙盒相互认可度提供机会。

9.3.2　组织架构建立与能力提升

监管机构通常将与市场互动作为其日常工作的一部分，包括解决金融科技创新问题。尽管金融科技创新的组织架构存在集中、单一、专业化以及分散式轮辐模式的差异，但监管机构应能保证以下核心职能的资源配置，并利用这些资源参与未来市场创新监管：一是金融产品和服务提供商与监管机构相关部门之间的联络；二是分析超出当前监管范围的创新及活动；三是实施支持金融科技创新的计划和政策措施；四是运作测试和试点措施。

组织架构应使上述功能同时进行并无缝衔接，以实现信息快速共享和相关措施的及时批准。虽然分散式组织架构在短期内可节约资源，但从长远来看，集中式组织架构可减少行政负担，特别是在确保外部信息收集、内部分析与传播的一致性方面能发挥更好的作用。

📖 **专栏9.8：AFI 网络分析 5——与外国监管机构的沟通机制**

在 AFI 网络的 46 名调查参与者中，90% 的人回答了与外国监管机构沟通的问题。50% 的受访者与他们本地及外地的外国监管机构进行了"关于金融科技的非正式知识交流"，其中，40% 的受访者是该级别金融科技理事会/委员会/工作组的成员。图 9.12 显示了所列项目被选中的次数。

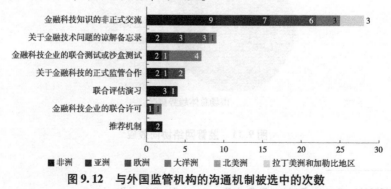

■ 非洲　■ 亚洲　■ 欧洲　■ 大洋洲　■ 北美洲　■ 拉丁美洲和加勒比地区

图 9.12　与外国监管机构的沟通机制被选中的次数

组织架构中各单位的设立应与监管机构的预期需求和重点任务相匹配。根据预期金融科技项目的类型，监管机构可获得更多资源以处理支付基础设施或网络安全等事务。组织架构还需为监管机构培养接触新领域并跟上市场发展的必备能力奠定重要基础。除了培养必要的技术能力外，还包括应对金融科技市场不断变化的组织思维，激发组织内外部的灵活性。工作人员应该定期接受由私营部门市场参与者和其他司法管辖区同行、学术界以及国际机构组织的培训和演练，为监管机构打造有活力且灵活可变的环境。

为更好地履行职责，监管机构还应确保自身能力和技能的提升，实施以市场为导向的政策（为消费者提供更多选择）并开展数字金融素养普及活动（使消费者作出知情选择），以提高消费者对网络安全和欺诈风险的认识等方式惠及消费者实现消费者权益保护和维护金融稳定。金融科技生态系统与日益扩大的利益相关者网络的联系越来越紧密，监管机构应始终明确自身定位，不断确认利益相关者并与其加强合作，建立信息反馈渠道。与孵化器、加速器和其他项目建立联系，并与当地的监管机构目标保持一致，有助于强化利益相关者网络，激发其对国家体制的信任，并激励金融科技投资和创新。

在单一金融科技框架下，协调各种服务可以帮助监管机构加强与对应机构网络的合作，完善嵌入式监管机构网络建设。金融科技创新者在计划投资资源、测试新产品和服务时，应积极主动地管理金融科技，以减少摩擦和不确定性。监管框架应全面推进，以确保有关消费者权益保护、数据保护和市场竞争的国家立法不会阻碍具体的金融科技举措，反之亦然。政府的激励措施是提升创新能力的另一种方式，包括签证计划、资金援助、加速器或对投资者和初创企业采取的其他激励措施等。

专栏 9.9：AFI 网络分析 6——与外国监管机构共同学习交流、测试或合作

来自 AFI 网络的 46 名受访者选择了他们希望与外国监管机构进行更密切的共同学习、交流、测试或合作的主题：监管沙盒和创新中心、加密资产、人工智能、分布式账本技术、开放银行、网络安全、e－KYC、监管科技和监管技术。

专栏 9.10：工作簿——数字金融和金融科技自我评估

该评估确定了监管机构和政策制定者在决定是否实施创新型设施之前应审查的重要领域。同时，为了从创新型设施中获益，该领域中的数字金融、金融科技生态系统和监管基础设施应完备，若在此评估中发现问题，可在继续推进前解决。

表 9.2　数字金融和金融科技自我评估

支柱	领域	实例数据点和问题
数字金融基础设施	技术基础设施	普惠金融与可持续发展目标的绩效水平 移动通信设备、智能手机及互联网的可用性、可访问性、易用性和渗透率 系统建立与完整性： 　国家/主权数字身份系统 　简化的开户规则和系统 　可互操作的电子支付系统
	监管框架	能够持续监管的方法： 　识别和更新不合适的规章制度 　实施分级和配套的规章制度 　在监管系统中升级和运用新技术 　分配测试环境
金融科技生态系统	需求	按服务类别划分的市场结构变化： 　支付 　证券和投资 　资产和财富管理，包括养老金 　保险 　个人贷款 　个人理财 　转账 　批发 　基础设施 　建议 按提供商划分的市场一致性变化： 　支付处理器 　证券经纪企业和投资企业 　银行 　非银行金融机构 　保险提供商 按技术划分的市场一致性变化： 　移动商务和转账 　过程自动化 　数据分析 　区块链 消费者行为方面的变化： 　金融服务的使用 　电信、媒体和技术产品与服务的使用

续表

支柱	领域	实例数据点和问题
金融科技生态系统	人才	专家流动 流动政策放宽 移民政策 金融科技教育 金融素养 语言特征 "最后一公里"的服务团队 性别支持 不平等因素 教育、研发方面的支持和倡议
	商业环境	金融科技友好政策 集群和金融技术集成政策 核心业务支柱的优势： 　创办企业 　开设银行账户 　知识产权 　税收制度 公私部门互动
	资本	研发专款 投资实体的行为对金融科技企业的影响 风险资本 成长资本 战略资本
	市场构成	金融科技市场成熟 市场竞争力 被排斥/服务不周的群体/企业的数量 按企业规模对市场进行划分 金融、电信、科技和其他使用金融科技的企业的种类与数量 现有企业与新企业的比例，以及它们之间关系的变化
监管能力	机构能力	金融科技的稳健性和相关性： 　政策制定 　支付基础设施 　网络安全 　数据收集、存储和分析
	嵌入式网络	内部市场监管 跨监管机构合作 部门—利益相关者论坛

续表

支柱	领域	实例数据点和问题
监管能力	组织架构	能力和职责： 　利益相关者之间的联系 　分析新的创新 　以政策措施和计划为导向推进金融科技 　运行测试和试点计划
	能力和技能培养	技术能力 组织思维和文化 培训、练习和技能培养 对内和对外的教育活动
	参与外联活动	与行业的合作伙伴关系 消费者 创业生态系统 行业协会 公私联合 学术界 国际合作
法律体制	任务和能力	金融监管是如何组织的，它是否充分覆盖到技术监管机构？ 监管机构赋予其什么权力？ 监管机构是否允许实施测试和试点框架？ 法律和监管框架是否允许灵活地选择所使用实验机制的类型？ 可能需要对框架进行哪些修改才能使必要的方法有效？
	监督和管理能力	监管机构目前是否负责监控和管理金融行业和消费者面临的风险，涉及： 金融和人力资源 　存款人和投资者风险 　确保披露和透明度 　确保充分监控 　确保保护和验证客户信息 欺诈和其他市场滥用风险，包括反洗钱/反恐怖融资和监控加密货币 网络安全风险

9.4 建立创新中心

建立创新中心前需先评估当地的市场需求和监管机构能力。监管基础应该完备，监管机构应具备足够的能力，使创新中心不会对其技术或管理能力构成根本性挑战。若缺乏基础和能力，应将资源投资于加强监管能力上，而不是过于分散地投资在创新中心上。

创新中心模式存在差别，建立创新中心的需求也呈现多样化特点。但是在特定情境下，创新中心能够最大程度发挥优势：一是存在不断成长的金融科技行业或数字化金融部门及经济；二是当前与利益相关者的互动方式难以收集有利于有效监管的市场观测情况；三是存在支持金融科技的适用性监管框架和方法，但监管机构缺乏使潜在投资者和服务提供商了解监管框架的能力。

同样，市场参与者的以下行为可能表明其对创新中心的需求：一是难以适应监管体系，尤其是初创期企业；二是适用于商业活动的法律缺乏确定性和透明度；三是新技术监管存在不确定性；四是难以接触、理解以及与监管机构互动。

以创新中心提升监管具体问题的能力，可能获益的领域[1]包括：一是受监管的移动和数字支付活动；二是受监管的产品和服务，如数字化存款、贷款、保险和投资；三是新技术，如数字认证或 e–KYC 工具；四是在线金融科技产品和服务，如众筹和个人对个人（P2P）转账；五是云服务、大数据分析和智能合约。

监管机构可以顺其自然，也可以积极地利用创新中心支持金融科技市场以及其他领域发展。创新中心可对政策制定者和市场参与者起到正反馈循环作用。监管机构必须了解市场的规模及不同行业的特点，以确保创新中心产生的作用符合预期目标。

1. 创新中心的内涵。创新中心一般是监管机构和市场之间的中介，也是市场参与者的中心联络点。创新中心可以以建议、指导或其他实质性援助的形式直接或间接地向市场参与者提供各种支持。部分创新中心还可以为具有法律约束力的监管活动提供便利，如授予豁免和弃权或发表无异议观点。

2. 创新中心结构和目标。创新中心必须综合考虑其结构与目标。创新中心的首要且直接的目标是促进监管机构和创新者之间的互动与学习，并构建创新友好型金融生态系统。[2] 由于创新中心通常由监管机构授权设立，因此许多创新中心至少需要承担促进金融稳定、保护消费者权益、推动发展、促进创新或竞争等目标之一。在许多面向零售的新业务市场中，保护消费者权益已经成为核心目标。[3]

创新中心的次要目标与监管机构的优先事项有关，并可以随着时间而变化。与监管沙盒一样，创新中心也能促进实现普惠金融和可持续发展等目标。创新中心可以关

---

① European Supervisory Authorities.（2018）. Fintech：Regulatory Sandboxes and Innovation Hubs.

② UNSGSA, FinTech Working Group and CCAF（2019）. Early Lessons on Regulatory Innovations to Enable Inclusive FinTech：Innovation Offices, Regulatory Sandboxes, and RegTech.

③ World Bank.（2019）. Prudential Regulatory and Supervisory Practices for Fintech.

注未来金融科技或市场板块的重点。次要目标也应与可申请支持的机构类型（无证机构、受监管机构或技术提供者）相对应。

鉴于创新中心通常仅为监管机构回应问题提供便利，因此并不需要重新调整法律结构。[1] 主管部门倾向于将创新中心建立为部门、分支或机构等形式。若监管机构不同意现行监管条例，应建立创新中心来扩展对金融科技的现有监管办法。其中，内部市场监管工作组（通常是最知情、最专注于金融科技的团队）能为扩展监管办法奠定有效基础。

（1）内部结构。根据当前的监管结构和监管机构的需求，创新中心可以采取轮辐模式或集中化模式。轮辐模式允许监管机构指派一个核心小组负责协调创新中心活动，并根据需要再委派其他部门和机构参与。此模式可在保持人员总数不变、资源允许的情况下重新分配监管力量。集中化模式需要投入更多资源，但能确保创新中心的独立性。集中化模式需足够多的专家覆盖预计调研的金融科技领域，各领域人数从 1～30 人不等，具体取决于监管机构和所覆盖的市场规模。当然，创新中心团队的很多成员很可能是从监管机构的其他部门抽调过来的。同样重要的是，需要考虑某些部门之间应加强合作，以审查所收到的询问问题。

（2）外部结构。创新中心的最简外部结构应是一种简化的联系方式，根据当地的有效程度可以选择热线、聊天网站，或开放办公时间。创新中心最有效的服务方式是准备包含内容说明和筛选标准的表格，供使用者在联系之前提交。

3. 创新中心运营。尽管创新中心在运营能力上差异较大，但大多数创新中心通常都有四项功能：参与金融科技市场、接收利益相关者的咨询、回应利益相关者、内部和外部的工作跟进。

表9.3　创新中心参与活动的目的

参与活动	目的
征求意见	收集行业参与者的问题
会议	聚集各种行业利益相关者参与并讨论一系列问题和主题
圆桌会议	收集关于特定问题或监管机构行为的行业反馈
专题研讨会	讨论特定领域的发展和新趋势，汲取行业专业知识并交流观点
展示	允许企业提出和讨论解决问题的新方案
磋商	邀请行业参与者进行双边讨论，坦诚交流观点和经验
创新引擎	汇集利益相关者解决特定问题的不同做法
推手	为早期项目提供指导、网络和其他资源

（1）参与。创新中心为数字金融和金融科技提供前瞻性办法，监管机构应努力让利益相关者之间最大限度地进行有益互动。监管机构应举办促进实现创新中心目标的

---

① World Bank. (2019). Prudential Regulatory and Supervisory Practices for Fintech.

活动，如交流观点等。此外，监管机构还应参与行业和利益相关者组织的活动。

（2）询盘收据。询盘收据是创新中心与主体企业通过专门沟通渠道进行的初步互动。① 创新中心会要求主体企业提交筛选文件以确保它们符合资格标准。该标准可能会因创新中心角色不同而发生变化，并可能根据需求变化进行调整。真正的创新、消费者利益、需求支撑等都是典型标准，授权实体企业或未授权实体企业的性质也可以成为标准之一。标准设定应公开、透明、公正。询盘收据还可包括数字项目（编程代码、数据、图像），监管机构应明确强调可用的格式，并准备好分析这些项目的内部容量。

（3）咨询分配。在收到询盘收据并筛选后，内部接收人对咨询内容进行"预筛选"，将其传递给相关的内部单位作出回应，并确定未来可能需要调动的资源。包括将部分咨询工作分配给不同的部门，以及成立跨部门/机构小组，为接受和评估咨询制定时间表。监管机构应负责对咨询进行分类和收集，以确保具备数据分析和审查能力。

表9.4　创新中心的合格标准

合格标准	说明	使用标准的国家/地区
真正的创新	金融科技产品或服务的真正创新/开创性。换而言之，它与目前可用的产品有显著不同	澳大利亚（ASIC）、巴林（CBB）、加拿大（OSC）、塞浦路斯（CySEC）、爱沙尼亚（EFSA）、中国香港（SFC）、荷兰（AMF & DNB）、新加坡（MAS）、英国（FCA）、美国（CFTC）
消费者利益	金融科技产品或服务可能为投资者和消费者带来更大利益。注意，这可能暗含普惠金融的好处	澳大利亚（ASIC）、巴林（CBB）、加拿大（OSC）、爱沙尼亚（EFSA）、中国香港（SFC）、荷兰（AMF & DNB）、新加坡（MAS）、英国（FCA）、美国（CFPB）、美国（OCC）
普惠金融	金融科技产品或服务有可能促进普惠金融	巴林（CBB）、印度尼西亚（OJK）、马来西亚（BNM）
需求支撑	金融科技产品或服务有真正需求	马来西亚（BNM）、新加坡（MAS）、英国（FCA）
背景研究	在与创新中心接触之前，提供商应了解监管框架	加拿大（OSC）、荷兰（AMF & DNB）、新加坡（MAS）、英国（FCA）
服务国内市场	提供商计划向国内市场提供的产品或服务	巴林（CBB）、马来西亚（BNM）
风险控制	提供商已确保评估和控制产品或服务产生的潜在风险，包括对消费者和市场的风险	巴林（CBB）、塞浦路斯（CySEC）、爱沙尼亚（EFSA）、中国香港（HKMA）、马来西亚（BNM）、新加坡（MAS）、美国（CFPB）

（4）回复。在收集到咨询后，通过事先约定的通信渠道回复询问者。回复应明确标识是否有约束力，并以询问者能理解的方式表达。回复应尽可能不局限于初步指导

---

① 渠道可以采取多种形式，如集体电话或网络交流、在线或面对面会议。

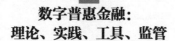

范畴，应通过解答问题或制定下一步支持的议程来明确咨询内容。监管机构可以选择公开某些回复，或收集并发布回复合集，便于利益相关者更好地了解监管措施。

（5）跟进。为更新市场观点，回复之后需要内部跟进数据收集和后续审查等，这些信息应在嵌入式监管网络中共享。在市场趋势变动的基础上，可适当调整创新中心。

 专栏9.11：工作簿——创新中心规划准备表

创新中心规划准备表为建立、运行和审查创新中心提供了指南。

表9.5 创新中心规划准备表

要素	答案	行动方针
1. 创新中心的目标		
创新中心的主要目标是什么？		
创新中心是否有部门分目标？		
创新中心的目标是动态的还是静态的？		
如何实现这些目标的衡量？		
当前法律授权的监管机构有哪些监管办法？		
正在测试新想法的企业会面临什么障碍？		
如何才能清除这些障碍呢？		
应该采取什么保障措施保护消费者权益和维护金融体系？		
是否有其他的监管方法和工具能够实现类似的目标？		
有哪些企业想要申请加入创新中心？		
2. 确定利益相关者和合作者		
谁是负责实施、监管和指导创新中心的核心利益相关者？		
哪些利益相关者将在建立创新中心中发挥积极作用？		
哪些利益相关者应时常参与优化创新中心？		
哪些利益相关者能够影响其周围环境中的创新中心？		
创新中心带来了什么利益？		
3. 时间和资源		
应该在什么时间设计、准备和建立创新中心？		
每个步骤需要配置什么资源？		
这些资源将从何而来？		
这些资源能维持多久？		
支出将如何随时间变化？		
4. 识别法律障碍		
与建立创新中心的相关法律和具体法律条款有哪些？		

续表

要素	答案	行动方针
有哪些规章制度特别明确禁止创新产品、服务和商业模式的引入，以及创新中心可以在哪些方面提供帮助？		
5. 豁免和监管工具		
有哪些例外和豁免可以克服法律障碍？		
是否有监管工具允许豁免、例外或弃权？		
这些豁免、例外或弃权需满足什么前提条件？		
哪个机构负责公布豁免、例外或弃权？		
是否有应用这些规则的案例和经验？		
是否有机构公布豁免、例外或弃权？		
6. 风险和责任		
创新中心可能引发哪些风险？		
这些风险会对测试参与者、观察者或第三方造成什么损害？		
如何为这些风险投保？		
7. 创新中心设计		
创新中心的主要目标是什么？		
创新中心如何支持实现普惠金融和可持续发展目标？		
实现创新中心的目标需要花费多长时间？		
创新中心的日常任务是什么？		
创新中心需要什么样的监管和指导，由谁负责？		
谁来评估创新中心的活动？		
评估实现创新中心目标的指标是什么？		
这些指标如何帮助合作伙伴和利益相关者更了解创新中心？		
有哪些可使用的数据？		
需收集哪些数据进行评估？		
必须向创新中心的利益相关者做哪些报告？		
收集数据和评估的合适方法是什么？		
8. 创新中心合格标准		
国家政策重点是否改进了特定的合格标准？它是否与创新中心的预期目标相一致？		
合格标准是否反映了政策目标？		
合格标准是否清晰易懂？		
合格标准是否偏向某些政党？		
9. 创新中心评审		
如何利用创新评估结果？		
如何确保立法者和监管机构了解情况？		

9.5 建立监管沙盒

监管沙盒是一项复杂且正式的监管举措，扩展了监管机构日常工作。只有经过广泛且谨慎分析后认为能从监管沙盒中真正获益，才应设立监管沙盒。监管机构在决定是否建立监管沙盒时，应评估以下五个主要因素[①]。

（1）市场因素。足够成熟的数字金融或金融科技市场（尤其体现在服务提供商的质量、数量和类型上）才能从现场测试环境中获益，应重点考虑它们的竞争水平、创新质量和金融基础设施状况。

（2）法律和监管框架。监管机构应该评估法律对建立和运行监管沙盒的限制。例如，监管机构目标可能与沙盒目标不直接一致、在豁免行动中使用自由裁量权可能存在障碍，或者可能有其他工具或方法已经得出了很多与监管沙盒相同的结果。

（3）能力和资源。监管机构需要确保建立监管沙盒有足够的资源保障，如可能需要很多工作人员和耗费其他机构较长时间，所以应确保有足够管理层人员参与，以保障监管沙盒至少运行几个周期。

（4）政策重点。设计监管沙盒应遵循国家政策重点要求。例如，若政策重点是加深市场理解监管措施，监管机构应评估监管沙盒是不是实现这一目标的最佳工具，并关注新企业对监管措施的理解。此外，监管机构还应使用其他可能对这些政策重点更有效的工具，如创新中心或现有举措的扩展。

（5）需求。监管机构应深入评估发出监管沙盒需求信号的对象。仅基于一小部分企业发出的需求信号建立监管沙盒，可能不会有足够多的参与者以抵消成本。同时，监管机构也应注意，避免因与其他司法管辖区竞争攀比而建立监管沙盒。尽管建立监管沙盒没有参与者数量要求，但预期参与者的规模和数量应该与投入的资源和监管沙盒的目标成正比。

9.5.1 监管沙盒的内涵

理论上，监管沙盒是预先确定的测试环境，监管机构会在此放松对企业的某些监管要求。[②] 实施监管沙盒的目标是更好地了解新兴金融科技的影响，并在安全环境中促进其创新发展。

监管沙盒为两类企业设立特定规则：一类是未经授权但进行潜在创新活动的企业，另一类是已经授权的测试新的金融科技解决方案的企业。对于未经授权的企业，监管沙盒为其提供在设定的限制条件下测试解决方案的机会。限制条件适用于消费者权益保护规则，包括要求企业提供相关资本证明以覆盖客户可能遭受的损失。对于已经授权的企业，监管沙盒为其超出当前授权范围的创新活动提供豁免权，如无强制执行函或豁免书。如果监管机构预见到监管沙盒与现有规则冲突，则可定制测试计划。

---

① Jenik, I. & Lauer, K. (2017, October). Regulatory Sandboxes and Financial Inclusion, CGAP.

② The FCA, November 2015, Regulatory Sandbox, p. 14.

测试开始后，监管机构就可密切观察新活动对参加测试的企业及其客户和市场的影响。这一过程有助于监管机构深入了解该技术，并为修改、调整审批制度和制定更完善的法律框架提供依据。测试完成后，监管机构可根据活动是否满足某些条件（如成功申请许可证或改变产品）选择完全批准或否决该创新活动。

专栏 9.12：AFI 网络分析 7——监管沙盒的定义

金融监管局（FSAs）被问及是否同意以下监管沙盒的定义。

"监管沙盒是一个严格定义的安全空间，可自动豁免符合进入测试要求的实体企业的部分监管要求。"

超过 40% 的受访者对这一定义有异议，并提出了其他观点/定义。

"豁免并非自动，需要根据风险状况和预期创新等具体情况来确定。此外，这种豁免一般是有时间限制的。"

"监管沙盒是企业在监管机构监管且具备适当条件和保障措施的可控环境下对创新产品与服务、新交付渠道或商业模式进行现场测试的正式流程。"

"监管沙盒是指监管机构采取指导方针，允许科技初创企业和创新者在有限的空间或环境中共同工作，以便在监管机构的控制和监管下，在进入正式市场之前对创新的产品和服务进行实验和测试。"

"监管沙盒是一个真实、封闭的环境，参与者可以在符合监管法规的要求下测试他们的产品、服务或解决方案。"

"可以简单地把监管沙盒看作一组单独的豁免工具（严格定义上），如访问数据或应用程序接口（API），甚至可以是仅限于使用一种技术的基础广泛的测试。"

"监管沙盒可以是一个空间，实体企业可以在注册产品或服务之前对其进行测试，任何监管要求都不豁免。"

"目前尚未有'安全'定论。此外，它也不会自动豁免监管要求。根据我们的框架，监管沙盒是按照协商及适用性原则应用的，非必要时不采取强制措施。"

"监管沙盒是虚拟的、构建明确定义的空间，申请人可以在真实、宽松的监管环境及国家监管机构的支持下，在有限的时间里明确界定参数，严格控制金融体系和普通金融科技消费者面临的挑战和风险，实验创新的金融科技解决方案。"

---

1. 制度结构和目标。一方面，监管沙盒的制度结构、资源和流程取决于监管机构现有的法律框架。监管沙盒可以是由监管机构管理的独立实体，为每个参与监管沙盒的企业指派案件负责人；也可以是不同公共服务部门之间合作的跨部门项目，将工作分配给各部门工作人员。[①] 监管沙盒结构选择还应与其覆盖的市场领域相联系，可能需

---

① Regulatory sandbox lessons learned report, October 2017, Financial Conduct Authority, accessed 2 March, 2020.

要政府各部门机构的专业知识。另一方面，实施监管沙盒的目标决定了所涵盖主题范围，这些目标通常包括：第一，增强企业对监管措施的理解，增强监管框架对创新产品、服务和商业模式的适用性；第二，增强企业对金融创新机遇和风险的认识，并通过直接测试为修订监管措施提供相关信息；第三，打造创新的产品、服务和商业模式，促进金融服务业竞争，支持普惠金融和可持续发展。

尽管通用监管沙盒可能更容易实施，但从长远来看，细分主题的监管沙盒可以减少资源浪费，有助于增强对重点领域的了解。然而，由于监管沙盒的目标是决定其应用类型的实质因素，因此首先必须确定重点并明确目标。例如，"新一代"监管沙盒可能专注于为市场带来新的技术解决方案的金融科技企业，而普惠金融监管沙盒可能对申请人保持中立态度，甚至倾向于现有企业。

表 9.6　监管沙盒主题

主题	案例	范围和目标
通用监管沙盒	英国金融行为监管局	普遍金融科技创新
普惠金融监管沙盒	塞拉利昂银行和马来西亚国家银行	仅限于为促进普惠金融设计的产品和模式
"新一代"监管沙盒	泰国银行和日本金融厅	为与数字金融服务市场发展相关的技术制定指导和标准
特别提供的监管沙盒	全球市场监管实验室和新加坡金融管理局的沙盒快递	专注于特定的市场部门和其中的主要运营商
跨境监管沙盒	应用程序接口交易所（API Exchange）和全球金融创新网络（GFIN）	专注于同时跨境进行的协调测试
区域监管沙盒	太平洋岛区域监管倡议（PIRI）	专注于在多个邻近国家的协调测试，支持同时测试和学习

各国法律框架之间的差异很可能要求单独制定适应监管沙盒的法规。然而，全球实践呈现出一些普遍认可的共同经验。例如，若目前框架不允许在主管部门的授权下实施监管沙盒，普遍做法是引入"监管沙盒"法律或修正案。该法律应规定对监管沙盒的基本要求、规则以及目的，并注明相关主管部门具有自由裁量权的领域。监管机构也可以根据授权在内部建立监管沙盒，但这可能需要与消费者权益保护局或电信部门等其他相关机构合作。

2. 团队能力和资源。监管沙盒所需团队和资源能力取决于其模式与运行强度。接受调查的监管机构透露，监管沙盒可由 1～25 名全职员工运行，初始投资在2.5 万～100 万美元。[1] 大多数受访者反馈，这些费用通常是他们的核心预算支付。[2] 因此，管

---

[1] Sharmista Appaya and Ivo Jenik, "Running a Sandbox May Cost Over $1M, Survey Shows", 1 August, 2019, CGAP, accessed 2 March, 2020. While the response rate on this question was too low to be restated here, we were able to confirm that range through our own survey within the AFI Network.

[2] Sharmista Appaya and Ivo Jenik, "Running a Sandbox May Cost Over $1M, Survey Shows", 1 August, 2019, CGAP, accessed 2 March, 2020.

理框架设计应要解决已确定的创新障碍或监管沙盒的目标，并在必要时制订扩展计划。监管团队的最低要求是确保能够动员具有数字金融基础设施（如支付）、网络安全、数据分析、法律和金融诚信等特征或能力的部门参与。

3. 合作者和参与度。在监管沙盒实施和运行过程中，合作者对监管机构至关重要。与创新中心一样，监管机构必须进入市场收集观点以更好地了解监管沙盒的运行过程。这涉及确定利益相关者，并组织、参与各种旨在了解最新趋势和问题的活动。监管机构在构建监管沙盒和确定其目标时可使用这些相关信息。

监管沙盒在有限且真实的测试环境中发挥作用。根据监管机构的授权，它可能还需要在银行、保险、证券和市场机构之间进行具体安排。在测试过程中，金融科技公司会带来数据保护和消费者权益保护等风险。监管机构应确保相关部门在对活动进行测试的范围内进行合作，以便在征集参与者之前就能全面了解风险和实体企业受影响的程度，确保今后合作顺利进行。

4. 过程和结构。部分监管沙盒有固定的准入要求。一般来说，这些要求是消费者权益保护和市场诚信的保障措施。常见保障措施包括对管理层人员进行适当测试、信息披露要求、客户数量限制、单个客户的资金数量或总额限制，以及建立投诉处理机制；其他保障措施包括最低资本要求、定制损失赔偿计划和强化的反洗钱/反恐怖融资规则等。[①]

为促进更多创新金融科技企业参与监管沙盒，监管机构可能会根据具体情况对监管沙盒测试参数进行修改。实验参数取决于监管机构希望应用的保障措施的数量和类型。尽管许多保障措施可能具有必要性，但每一项措施的额外费用或限制可能会劝退潜在参与者，因此监管机构应权衡二者利弊后作出决定。在作出保障措施决定时，监管机构必须考虑参与结构。监管沙盒可以以队列或滚动的方式进行，但无论哪种方式都要限制参与者数量。监管机构必须确定自身监管此类操作的容量，并逐渐在监管沙盒容量与参与者最大限度地公平获取其服务之间取得平衡。[②]

 专栏 9.13：AFI 网络分析 8——监管沙盒的实施情况

在 AFI 网络内的 46 家受访者中，21 家受访者表示他们已经实施了监管沙盒或计划实施监管沙盒，而 61% 的答复者已经制定了与监管沙盒操作（如申请过程和参与）有关的正式程序。

19 家正在实施监管沙盒的受访者中，有 15 家没有确定的监管沙盒启动日期。

---

① Sharmista Appaya and Ivo Jenik, "Running a Sandbox May Cost Over ＄1M, Survey Shows", 1 August, 2019, CGAP, accessed 2 March, 2020.

② 在印度监管沙盒政策规定的制定过程中，有人反对以创新的名义牺牲现有者的利益来偏袒新来者。参见印度储备银行发布的《金融科技与数字银行工作组报告（2018）》和《监管沙盒的授权框架草案》第 33 页。另见美国财政部发布的《创造经济机会的金融体系：非银行金融、金融科技与创新（2018）》。

5. 合格标准和时间框架。在选择参与者的标准上，监管机构具有相对广泛的自由裁量权，选择标准可以是"真正的创新"和"对消费者有利"的一般要求，也可以是史无前例的更严格的创新标准。常见的合格标准包括：一是产品有助于实现特定政策目标；二是该企业虽然不能合理克服某些政策或法律障碍，但可证明它符合这些政策的基本目标导向；三是包含具体过程，可保护使用产品、服务或业务解决方案的客户和其他利益相关者的利益；四是参与监管沙盒的紧迫需求；五是已准备好由其他相关机构和第三方制定的测试解决方案。

监管机构还必须决定是优先现有企业或新的市场进入者，还是应该让所有企业平等地进入市场。这一问题在很大程度上取决于监管沙盒的目标和申请者数量。测试时间框架取决于测试性质、监管机构目标以及必要的行政程序。监管机构应确保任何豁免规定仅在特定有效期（允许的最大月数或年数）内生效，或要求（与合作伙伴一起）制定时间框架。

6. 工具和执行。监管机构必须评估其监管框架中可用的豁免工具类型。一般来说，有四种可以规避规则的豁免条款工具类型：一是从禁令中豁免。机构不用完全受到正常情况下规章制度的限制。二是从必要授权中豁免。可以豁免当事人获得必要授权，减少冗杂流程。三是从提供文件或使用某些设备的要求中豁免。可以豁免一方为某项活动或使用某些设备提供强制性文件的要求。[①] 四是全面豁免。可以豁免与某一活动有关的所有其他规则。

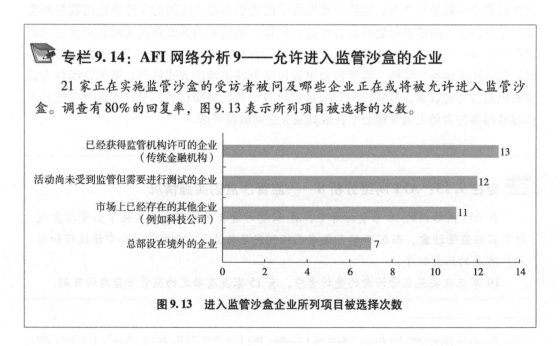

专栏 9.14：AFI 网络分析 9——允许进入监管沙盒的企业

21 家正在实施监管沙盒的受访者被问及哪些企业正在或将被允许进入监管沙盒。调查有 80% 的回复率，图 9.13 表示所列项目被选择的次数。

图 9.13 进入监管沙盒企业所列项目被选择次数

---

① European Supervisory Authorities. (2018). Fintech: Regulatory Sandboxes and Innovation Hubs.

监管机构应确保可用的豁免条款能涵盖测试所需规则，否则，就需要制定新的法律。违反任何安排都可能被终止检测和豁免政策，在适用国家法律下强制执行。

9.5.2 实施监管沙盒

实施监管沙盒一般分为四个阶段：申请、准备、测试和评估。[①] 在申请阶段，企业应提交符合公开标准的参与监管沙盒的申请，由监管机构审核。若申请成功，则监管机构为企业设置测试参数，包括申请必要许可证和测试计划施加的限制。在测试阶段，企业需在监测机构的监管下，在所提供的环境中操作其产品或服务。在测试结束时，监管机构会对结果进行审查，并决定是否取消施加限制或撤回有效的许可证。

1. 申请。企业可以通过很多方式与监管机构交流，但一般选择通过监管机构网站申请参与监管沙盒。然后，监管机构会根据公开的选择标准审核申请企业。这些标准通常涵盖各类主题，包括：一是完善的商业计划；二是确定的测试中潜在客户或客户范围；三是拥有具备合适专业知识和技能且能运用创新技术的员工；四是配备运用创新技术所需的技术硬件和软件；五是建立必要的风险治理和系统控制流程；六是证明其创新方案的可操作性和实用性。

2. 准备。若申请成功，监管机构和企业会为每次测试商定具体的测试参数，并确定操作要求、报告要求、保障措施以及客户限制。企业根据监管机构认为重要的信息以及具体情况，对测试计划进行扩展或缩减。其他关注点还包括客户数量、对客户类型的限制、披露要求、典型协议等。

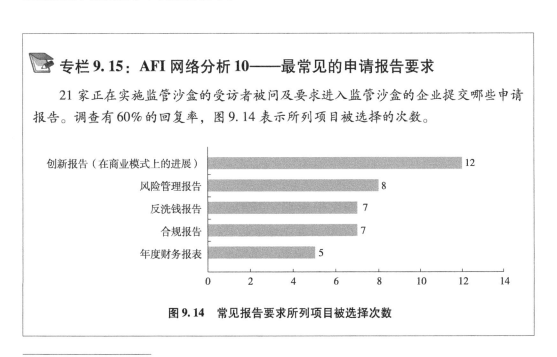

专栏9.15：AFI 网络分析 10——最常见的申请报告要求

21 家正在实施监管沙盒的受访者被问及要求进入监管沙盒的企业提交哪些申请报告。调查有60%的回复率，图9.14表示所列项目被选择的次数。

图9.14 常见报告要求所列项目被选择次数

---

① European Supervisory Authorities.（2018）. Fintech：Regulatory Sandboxes and Innovation Hubs.

准备阶段也包括在测试期间制定参与者和监管机构之间的全面合作计划，具体要求：一是合作形式；二是参与者需共享的必要信息（包括报告要求）；三是向其他机构和客户披露的要求，特别要强调参与测试并不意味着监管机构认可该企业及其产品或服务；四是评估测试成功与否的框架；五是退出计划；六是为防止消费者受到损害的损失赔偿计划。

3. 测试。在测试阶段，监管机构可能会商定扩大计划监测范围，或在必要时改变参数。在这一过程中，监管机构会持续提供反馈和指导，可能会动用额外资源。例如，为更好地理解所测试的产品或服务背后的流程，监管机构会将参与测试的企业介绍给内部专家和相关团队。若企业不遵守测试参数，或必须减轻对消费者权益的损害，又或者方案无法发挥作用，测试可以随时终止。企业最后需要根据监管机构设定的参数提供一份最终报告，总结测试过程的重要经验和结果。

4. 评估。评估分为两个阶段。第一阶段，监管机构考察企业报告和调查报告，评估该企业测试的成功程度。若评估得出在当前的监管框架下可行的结论，企业可以决定是继续进行全面授权还是放弃创新。若测试对企业而言是成功的，但监管机构认为必须改变框架，就要采取适当措施。根据不同框架，企业可以在同意取消限制的情况下继续运营，并对流程进行必要改进。若评估发现该企业的活动在现有（或现已更改的）审批框架下合格，则企业必须申请并满足该审批的常规要求。第二阶段，审查测试的内部经验，并提出新观点，包括对特定金融科技产品、服务或业务解决方案企业是如何与市场互动的，以及随着发展企业可能需要监管机构和其他企业进行的调整和变动。

5. 后续工作。在完成监管沙盒操作周期后，监管机构应以收集到的数据为基础，从三个方面开展工作。第一，在监管机构网络中共享分析结果，并根据已有经验教训进行改进或采取下一步措施，如修改监管沙盒制度。第二，在与外部金融科技市场利益相关者（包括学术机构和行业协会）接触中，应尽可能共享数据。第三，进一步发展与已进行测试企业的关系，以获得可用经验。监管机构可以通过收集经验反馈、跟踪企业后续进展增加最初收集到的信息的价值。

专栏 9.16：埃及"聚焦中小企业"经验

2019 年，埃及中央银行（CBE）基于对国家生态系统和当地挑战的评估建立了监管沙盒框架，将其作为金融科技战略的一部分。该评估决定了沙盒参数及其重点。例如，评估强调埃及绝大多数企业都是中小企业，所以针对这些企业的解决方案是监管沙盒的重点。[1]

---

[1] 作者采访。

因此，监管沙盒建立了基于队列的商业模式，允许主题专业化。在选择过程中，只有专门从事每个队列所选主题的金融科技企业和初创企业方可进行测试。参与企业数量取决于监管机构的资源和能力，监管机构具有灵活性，并努力确保充分监管和指导。例如，2019 年的第一批参与者中有 3 家专门从事 e–KYC 解决方案的参与者，解决方案可应用于中小企业。

对参与者而言，监管沙盒须具备六项合格标准：（1）属于金融科技服务范围；（2）具备明显改善金融服务的可得性和效率的潜力，是真正的创新；（3）为客户提供明确的利益前景；（4）由于现有严苛的规则或缺乏规则，需要放松监管；（5）具备在商业层面可行的实际商业计划，已准备好进行实验；（6）支持普惠金融和数字化转型。

埃及中央银行团队负责根据明确的流程协调实施监管沙盒。一是申请人需提交详细测试计划，包括相关风险、客户范围和交易价值。二是埃及中央银行团队评估提交的材料并筛选参与者。三是埃及中央银行团队与参与者合作，为产品或服务准备一份客户名单。四是在金融消费者权益保护条款下，明晰客户使用产品所带来的风险。五是在监管沙盒中开始实验。金融科技企业可自由运营其产品 6 个月，也可能会延长到 12 个月。

参与者需满足一定的报告要求，主要包括每月对关键绩效指标审查、运营事件、审计或客户满意度报告。监管机构旨在收集统计相关的参数，以衡量解决方案在监管沙盒中的影响并评估其成长性。

最终，参与者退出监管沙盒时，埃及中央银行决定该解决方案是否可以继续在市场上使用，以及可能需要的许可证类型。若需要许可证，参与者需要通过标准许可流程后在市场上推广解决方案。

9.6　建立区域监管沙盒

大多数监管沙盒由单一监管机构建立，旨在了解和促进该辖区金融科技生态发展情况。然而，在国家市场规模较小的情况下，可能需要法规和监管方法相互协调以支持金融科技创新，允许在多个辖区推出金融科技产品。金融科技公司以此享受规模经济红利。

建立区域监管沙盒能够凸显合作监管的好处。多辖区监管沙盒案例有：全球金融创新网络通过从监管科技到产品实验和监管沙盒的共有项目，促进其利益相关者进行知识传播和学习，甚至呼吁在全球范围内推广区域监管沙盒。[①] 东盟金融创新网络

[①]　Global Financial Innovation Network（2020），"Cross–Border Testing Lessons Learned". 参见 Mueller，J & Murphy，D & Piwowar，M（2018）Response to the Global Financial Innovation Network（GFIN）Consultation Documen.

（AFIN）推出的应用程序接口交易所提供了基于云计算架构的应用程序接口平台，允许金融科技企业相互连通并跨市场使用一致应用程序接口的测试解决方案。由美洲开发银行创建的 FinConecta 为拉丁美洲和加勒比地区的金融科技企业提供了一个类似的平台，可共同测试新产品。

太平洋区域监管倡议的监管沙盒为成员的监管机构建立协调机制，以审查潜在申请人，简化潜在参与者参与流程，并允许成功的申请人在多个辖区同时测试其产品。①监管沙盒单独审查申请，然后由每个国家代表组成的区域指导委员会通知申请人下一步流程。尽管监管沙盒参与合格标准可能因国家而异，但太平洋区域监管倡议倡导的监管沙盒可以放宽市场准入。

采取合作方式的实际举措，包括共享虚拟测试环境和信息交流，可以促进创新技术互相学习，但这些举措将区域监管沙盒应用范围限制在仅能使用基础设施上。然而，统一的准入程序要求管辖区在监管沙盒运营阶段外开展协调工作，协调工作将降低金融科技创新者成本，缩短上市时间。因此，在已经形成区域框架的国家之间或这些国家至少有类似的法律框架作为构建监管沙盒的基础时，协调工作更容易开展，随后可考虑在区域间合作构建监管沙盒。②

 专栏 9.17：工作簿——监管沙盒规划准备表

监管沙盒规划准备表为建立、运行和审查监管沙盒提供了指南。

表 9.7　监管沙盒规划准备表

要素	答案	行动方针
1. 监管沙盒的目标		
监管沙盒的主要目标是什么？		
监管沙盒如何支持普惠金融和可持续发展目标？		
监管沙盒是否有部门分目标？		
监管沙盒的目标是动态的还是静态的？		
如何评估这些目标的实现？		
法律规定监管机构现有监管安排的义务和权利是什么？		
正在测试新方案的企业会面临什么障碍？		
如何才能清除这些障碍？		
应该采取什么保障措施来保护金融消费者权益和维护金融体系？		
是否有其他的监管方法和工具能够实现类似的目标？		
有哪些企业想要申请监管沙盒？		

---

① AFI. (2020) Pacific Regional Regulatory Sandbox Guidelines. Alliance for Financial Inclusion.

② 同①。

续表

要素	答案	行动方针
2. 确定利益相关者和合作者		
谁是负责实施、监管和指导监管沙盒的核心利益相关者?		
哪些利益相关者将在实施监管沙盒中发挥积极作用?		
哪些利益相关者应时常参与监管沙盒的改进?		
哪些利益相关者能够影响周围环境中的监管沙盒?		
监管沙盒带来了什么利益?		
3. 时间和资源		
应该在什么时间设计、准备和实施监管沙盒?		
每个步骤需要配置什么资源?		
这些资源将从何而来?		
这些资源能维持多久?		
支出将如何随时间变化?		
4. 识别法律障碍		
与实施监管沙盒相关的法律和具体法律条款有哪些?		
有哪些规章制度特别明确禁止创新产品、服务和商业模式的引入?		
5. 豁免和监管工具		
有哪些例外和豁免可以克服法律障碍?		
是否有监管工具允许豁免、例外或弃权?		
这些豁免、例外或弃权必须满足什么前提条件?		
哪个机构负责公布豁免、例外或弃权?		
是否有应用这些规则的范例和经验?		
是否有机构公布豁免、例外或弃权?		
6. 风险和责任		
监管沙盒可能引发哪些风险?		
这些风险会对测试参与者、观察者或第三方造成什么损害?		
如何为这些风险投保?		
7. 监管沙盒设计		
监管沙盒适用的地理范围是什么?		
实现监管沙盒目标需要花费多长时间?		
监管沙盒需要什么样的监管和指导,由谁负责?		
谁来评估监管沙盒的活动?		
危机发展情况如何,应对的流程是什么?		
评估监管沙盒目标的指标是什么?		
这些指标如何能帮助合作伙伴和利益相关者更了解监管沙盒?		
有哪些可使用数据?		
需收集哪些数据进行评估?		

续表

要素	答案	行动方针
必须向监管沙盒的利益相关者做哪些报告？		
收集数据和评估的合适方法是什么？		
8. 监管沙盒合格标准		
国家政策重点是否改进了特定的合格标准？		
它是否与监管沙盒的预期目标相一致？		
合格标准是否反映了政策目标？		
合格标准是否清晰易懂？		
合格标准是否偏向某些政党？		
9. 监管沙盒检查		
如何利用监管沙盒评估结果？		
如何确保立法者和监管机构了解监管沙盒检查情况？		

附录9.1：普惠金融联盟网络分析方法论

"普惠金融分析"是向普惠金融联盟（AFI）网络内外的金融监管当局（FSAs）进行调查收集到的经验数据。调查旨在了解国家当局采纳或提议的最新监管框架、法律挑战、金融科技举措和创新监管提议。该调查包括五个部分和80多个问题。

在预测试后，AFI将调查问卷分发给约100家金融监管当局，将从46家受访者中收集的答案存储在电子表格数据库中，对原始数据进行初步清理后，再使用编码查询提取数据并进行分析，了解金融监管当局关于金融科技创新的监管方法的现状和有效性。

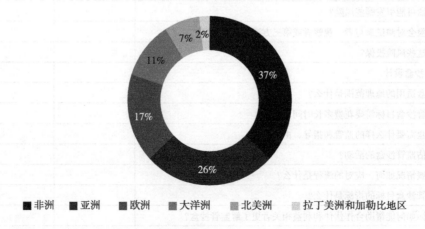

■非洲 ■亚洲 ■欧洲 ■大洋洲 ■北美洲 ■拉丁美洲和加勒比地区

注：百分比表示该地区受访者占全部受访者的比例。

图9.15 调查结果分析涵盖六个地理区域

术语表

缩略语	完整表述	翻译
2G	Second Generation	第二代
3G	Third Generation	第三代
4G	Fourth Generation	第四代
A2I	Access to Information	信息获取
ABA	ASEAN Bankers Association	东盟银行家协会
ABL	Asset – based lending	资产担保贷款
ACH	Automated Clearing house	自动清算所
AE	Advanced Economies	发达经济体
AEPS	Aadhaar Enabled Payment System	身份证支付系统
AFI	Alliance for Financial Inclusion	普惠金融联盟
AFIN	ASEAN Financial Innovation Network	东盟金融创新网络
AI/ML	Artificial Intelligence/ Machine Learning	人工智能/机器学习
AIS	Account Information Services	账户信息服务
AMC	Asset Management Company	资产管理公司
AML	Anti – Money Laundering	反洗钱
AML – CFT	Anti – Money Laundering and Combatting the Financing of Terrorism	反洗钱/反恐怖融资
AMU	Airtel Money Uganda	印度及非洲移动支付钱包（乌干达）
APBS	Aadhar Payment Bridge System	身份识别支付桥接系统
API	Application Programming Interface	应用程序接口
AS	Advisory Services	咨询服务
ASEAN	Association of Southeast Asian Nations	东盟
ASHAs	Accredited Social Health Activists	经认证的社会卫生宣传员
ATM	Automated Teller Machine	自助柜员机
BB	Bangladesh Bank	孟加拉国银行
BBA	Basic Bank Account	银行基本账户
BCC	Banque Centrale du Congo	刚果中央银行
BCEAO	Central Bank of West African States	西非国家中央银行

续表

缩略语	完整表述	翻译
BCSBI	Banking Codes and Standards Board of India	印度银行业守则和标准委员会
BDT	Bangladeshi Taka	孟加拉塔卡（货币）
BIS	Bank for International Settlements	国际清算银行
BMGF	Bill and Melinda Gates Foundation	比尔和梅琳达·盖茨基金会
BNM	Bank Negara Malaysia	马来西亚国家银行
BO	Banking Ombudsman（India）	银行业监察专员（印度）
BoG	Bank of Ghana	加纳银行
BoT	The Bank of Thailand	泰国中央银行
BoU	The Bank of Uganda	乌干达银行
BoZ	Bank of Zambia	赞比亚银行
BSP	Bangko Sentral ng Pilipinas	菲律宾中央银行
CAK	Competition Authority of Kenya	肯尼亚竞争管理局
CBA	Central Bank of Armenia	亚美尼亚中央银行
CBA	Commercial Bank of Africa	非洲商业银行
CBDC	Central Bank Digital Currency	中央银行数字货币
CBE	The Central Bank of Egypt	埃及中央银行
CBK	Central Bank of Kenya	肯尼亚中央银行
CBN	Central Bank of Nigeria	尼日利亚中央银行
CBOB	Central Bank of Bahamas	巴哈马中央银行
CCAF	Cambridge Centre for Alternative Finance	剑桥替代金融中心
CCT	Conditional - Cash Transfers	有条件现金转移支付
CDD	Customer Due Diligence	客户尽职调查
CDG	Center for Global Development	全球发展中心
CEDEAO	Communauté économique des États de l'Afrique de l'Ouest	西非国家经济共同体
CEMCWG	Consumer Empowerment and Market Conduct Working Group	消费者赋权及市场行为工作组
CFI	Center for Financial Inclusion	普惠金融中心
CFPB	Consumer Financial Protection Bureau	消费者金融保护局
CFT	Countering the Financing of Terrorism	反恐怖融资
CGAP	Consultative Group to Assist the Poor	扶贫协商小组
CGFS	Committee on the Global Financial System	全球金融体系委员会
CMA	Competition and Markets Authority	竞争和市场管理局
CMTF	Mobile Banking Task Force Committee	手机银行工作委员会
CNBV	National Banking and Securities Commission	国家银行和证券委员会
COVID - 19	—	新冠疫情

缩略语	完整表述	翻译
CPMI	The Committee on Payments and Market Infrastructures	支付与市场基础设施委员会
CSC	Common and Secure Communication	通用安全通信
CSISAC	Civil Society Information Society Advisory Council	公民社会信息社会咨询委员会
CSSF	Commission de Surveillance du Secteur Financier	金融部门监督委员会
CTF	Counter – Terrorism Financing	反恐怖融资
DAP	Denarau Action Plan	德纳鲁行动计划
DB	Doing Business	营商（也可根据上下文译成：营商环境）
DBT	Direct Benefit Transfers（India）	直接福利转移系统（印度）
DEGP	Development Economics Global Practice	发展经济学全球实践
GIC	German Investment Corporation	德国投资公司
DFI	Development Finance Institution	发展融资机构
DFID	Department for International Development（UK）	国际发展部（英国）
DFS	Digital Financial Services	数字普惠金融服务
DFSWG	The Digital Financial Services Working Group	数字普惠金融工作组
DFTs	Digital Financial Transfers	数字金融转账
DLT	Distributed Ledger Technology	分布式账本技术
DRC	Democratic Republic of the Congo	刚果民主共和国
DRR	Disaster Risk Reduction	减少灾害风险
EAP	East Asia and the Pacific	东亚和太平洋地区
EBA	European Banking Authority	欧洲银行管理局
ECA	Europe and Central Asia	欧洲和中亚
ECB	European Central Bank	欧洲中央银行
ECCB	Eastern Caribbean Central Bank	东加勒比地区中央银行
EECA	Eastern Europe and Central Asia	东欧和中亚
EFT	Electronic Funds Transfer	电子货币转移系统
eIDAS	Electronic Identification And Trust Services	电子识别和信任服务
e – KYC	Electronic Know Your Customer	电子化了解你的客户
EM	Emerging Markets	新兴市场
EMDEs	Emerging Markets and Developing Economies	新兴经济体和发展中国家
EMI	Electronic Money Issuers	电子货币发行人
E – money	Electronic Money	电子货币
EMV	Europay, Mastercard, Visa	欧付通、万事达、维萨
ESG	Environment, Social and Governance	环境、社会和治理
ESMA	European Securities and Markets Authority	欧洲证券和市场管理局
ESRM	Environment Social Risk Management	环境社会风险管理

续表

缩略语	完整表述	翻译
EU	European Union	欧盟
FAFT	Financial Action Task Force on Money Laundering	反洗钱金融行动特别工作组
FAR	False Acceptance Rate	错误接受率
FATF	Financial Action Task Force	金融行动特别工作组
FCA	Financial Conduct Authority	金融行为监管局
FCAS	Fragile and Conflict Affected States	脆弱和受冲突影响的国家
FCI	Finance, Competitiveness and Innovation Global Practice	金融、竞争力和创新全球实践
FCV	Fragile, Conflict and Violence	脆弱、冲突和暴力
FDP	Forcibly Displaced Persons	被迫流离失所者
FGD	Focus Group Discussions/Focus – Group Discussion	焦点访谈
FI	Financial Institutions	金融机构
FI	Financial Inclusion	普惠金融
FICP	Financial Inclusion and Consumer Protection	普惠金融和消费者保护
FIG	Financial Institutions Group	金融机构集团
FIGI	Financial Inclusion Global Initiative	普惠金融全球倡议
FinEd	Financial Education	金融教育
FinTech（s）	Financial Technology	金融科技（公司）
FIS	Financial Inclusion Secretariat	普惠金融秘书处
FMI	Financial Management Information	理财信息
FPS	Fast Payment System	快速支付系统
FSAP	Financial Sector Assessment Programs	金融部门评估项目
FSAs	Financial Supervisory Authorities	金融监管局
FSB	Financial Stability Board	金融稳定理事会
FSCA	The Financial Sector Conduct Authority	金融部门行为管理局
FSD	Financial Sector Deepening	金融深化
FSDZ	Financial Sector Deepening Zambia	赞比亚金融深化机构
FSP	Financial Service Providers	金融服务提供商
G + D	Giesecke + Devrient	吉塞克 + 德布瑞特
G2B	Government – To – Business	政府对企业
G2P	Government – To – Person	政府对个人
GDP	Gross Domestic Product	国内生产总值
GDPR	General Data Protection Regulation	通用数据保护条例
GFIN	The Global Financial Innovation Network	全球金融创新网络
GHC	Ghanaian Cedi	加纳塞地（货币）
GIAs/RIAs	Gender/Regulatory Impact Assessments	性别/监管影响评估

缩略语	完整表述	翻译
GIF	Gender – inclusive finance	性别普惠金融
GIZ	Deutsche Gesellschaft für Internationale Zusammenarbeit	德国国际合作机构
GP	Global Practice	全球实践
GPFI	Global Partnership of Financial Inclusion	全球普惠金融合作伙伴组织
GPSS	Global Payments System Survey	全球支付系统调查
GSMCA	Global System for Mobile Communications Association	全球移动通信系统协会
GSMA	Groupe Speciale Mobile Association	特设集团移动协会
GSPWG	Global Standards Proportionality Working Group	全球标准比例工作组
I2I	Insight – to – Impact	洞察力到影响力
IBRD	International Bank for Reconstruction and Development	国际复兴开发银行
IC	Integrated Circuit	集成电路
ICCR	International Committee on Credit Reporting	国际征信委员会
ICT	Information and Communications Technology	信息与通信技术
ID	Identity Document	身份
ID4D	Identification For Development	身份认证促发展
IDA	International Development Association	国际开发协会
IDI	In – Depth Interviews	深度访谈
IDP	Internally Displaced Persons	国内流离失所者
IFC	International Finance Corporation	国际金融公司
IFWG	The Intergovernmental Fintech Working Group	政府间金融科技工作组
IGF	Inclusive green finance	绿色普惠金融
IMF	International Monetary Fund	国际货币基金组织
INFE	International Network for Financial Education	国际金融教育网络
INFO	International Network of Financial Services Ombudsman Schemes	国际金融服务监察员计划网络
IPA	Innovation for Poverty Action	创新扶贫行动
IPRS	Integrated Population Registration System（Kenya）	综合人口登记系统（肯尼亚）
IRR	Internal Rate of Return	内部收益率
ISO	International Organization of Standardization	国际标准化组织
IT	Information Technology	信息技术
ITS	Implementing Technical Standards	执行技术标准
KCB	Kenya Commercial Bank	肯尼亚商业银行
KFS	Key Facts Statement	关键事实声明
KPA	Key Policy Areas	主要政策领域
KPI	Key Performance Indicator	关键绩效指标

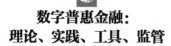

续表

缩略语	完整表述	翻译
KYC	Know Your Customer	了解你的客户
LAC	Latin American and the Caribbean	拉丁美洲和加勒比
M&E	Monitoring and Evaluation	监测与评估
MAS	Monetary Authority of Singapore	新加坡金融管理局
MCF	Mastercard Foundation	万事达基金会
MEA	Middle East and Africa	中东和非洲地区
MENA	The Middle East and North Africa	中东和北非地区
MFI	Microfinance Institution	小额信贷机构
MIS	Management Information System	信息管理系统
MIT	Massachusetts Institute of Technology	麻省理工学院
ML	Money Laundering	洗钱
ML/TF	Money Laundering and Financing of Terrorism	洗钱/恐怖主义融资
MMI	Mobile Money Infrastructure	移动货币基础设施
MMO	Mobile Money Operator	移动货币运营商
MNO	Mobile Network Operator	移动网络运营商
MOE	Ministry of Education	教育部
MOF	Ministry of Finance	财政部
MoU	Memorandum of Understanding	谅解备忘录
MSME	Micro, Small and Medium – sized Enterprises	中小微企业
NBFC	Non – Banking Financial Companies	非银行金融公司
NBFIs	Non – Bank Financial Institutions	非银行金融机构
NCFI	National Council/Committee for Financial Inclusion	国家委员会/普惠金融委员会
NFC	Near – Field Communication	近场通信
NFES	National Financial Education Strategy	国家金融教育战略
NFIDS	National Financial Inclusion and Development Strategy	国家普惠金融和发展战略
NFIF	National Financial Inclusion Framework	国家普惠金融框架
NFIP	National Financial Inclusion Policy	国家普惠金融政策
NFIS	National Financial Inclusion Strategies	国家普惠金融战略
NGOS	Non – Govern – Mental Organization	非政府组织
NHIF	National Hospital Insurance Fund	国家医疗保险基金
NID	National Identity Card (Bangladesh)	国民身份证（孟加拉国）
NPCI	National Payments Corporation of India	印度国民支付公司
NPL	Non – Performing Loans	不良贷款
NPS	National Payments System	国家支付系统
NRS	NFIS Results Framework	国家普惠金融战略结果框架

缩略语	完整表述	翻译
NUUP	National Unified USSD Platform	国家统一非结构化补充服务数据平台
OBIE	Open Banking Implementation Entity	开放银行实施机构
OCR	Optical Character Recognition	光学字符识别
OECD	Organization for Economic Co – operation and Development	经济合作与发展组织
OECD/INFE	Organisation for Economic Co – operation and Development / International Network for Financial Education	经济合作与发展组织/国际金融教育网络
OSDT	Ombudsman Scheme for Digital Transactions（India）	数字交易监察专员计划（印度）
OTC	Over the Counter	场外交易
OTP	One – Time Password	一次性密码
P2B	Person to Business	个人对企业
P2G	Person to Government	个人对政府
P2P	Peer – to – peer	个人对个人
PAC	Pacifc Region	太平洋地区
PAR	Portfolio at Risk	风险投资组合
PASAC	Project in Support of the Agricultural Financial System	支持农业金融体系项目
PBCDCI	Digital Currency Institute of the People's Bank of China	中国人民银行数字货币研究所
PBOC	People's Bank of China	中国人民银行
PF	Proliferation Financing	扩散融资
PFI	Partnership for Financial Inclusion	普惠金融伙伴关系
PFS	Professionals of the Financial Sector	金融领域专家
RBF	Reserve Bank of Fiji	斐济储备银行
RBZ	Reserve Bank of Zimbabwe	津巴布韦储备银行
SDD	Sex – Disaggregated Data	性别分类数据
SDG（s）	Sustainable Development Goals	可持续发展目标
SEC	Securities and Exchange Commission	证券交易委员会
SIM	Subscriber Identity Module	用户身份模块
SME（s）	Small and Medium Enterprises	中小企业
SMS	Short Message Service	短信业务
SSA	Sub – Saharan Africa	撒哈拉以南非洲地区
STK	SIM Toolkit	SIM 工具箱
STR	Secured Transaction Registries	担保交易登记处
SupTech	Supervisory Technology	监管技术
TA	Technical Assistance	技术援助
TCF	Treating Customers Fairly	公平对待客户

续表

缩略语	完整表述	翻译
TF	Terrorist Financing	恐怖主义融资
THB	Thai Bhat	泰国泰铢
the UN SDGs	The UN Sustainable Development Goals	联合国可持续发展目标
TOC	Theory of Change	变化理论
TOR	Terms of Reference	职权范围
TOT	Training – of – Trainers Workshop	培训师培训研讨会
TPPs	Third Party Provider	第三方提供商
TVET	Technical and Vocational Education and Training	职业技术教育和培训
UFA	Universal Financial Access	全球金融普及
UI	User Interface	用户界面
UIDAI	Unique Identification Authority of India	印度唯一身份识别管理局
UK		英国
UNCDF	United Nations Capital Development Fund	联合国资本发展基金
UNCTAD	United Nations Conference on Trade and Development	联合国贸易和发展会议
UNHCR	United Nations High Commissioner for Refugees	联合国难民署
UNSGSA	UN Secretary – General's Special Advocate	联合国秘书长特别倡议
UPI	Unified Payments Interface	统一支付接口
USD	United States Dollar	美元
USDC	United States Dollar Coin	美元硬币
USSD	Unstructured Supplementary Service Data	非结构化补充业务数据
VCD	Value Chain Digitalization	价值链数字化
VSLAs	Village Savings and Loans Associations	乡村储蓄贷款协会
WB	The World Bank	世界银行
WBG	The World Bank Group	世界银行集团
WSME	Women – led Small and Medium Enterprise	妇女领导的中小企业
WWB	Women's World Banking	女性世界银行
	Aided Verification	辅助验证
	Alternative Credit History	另类信用记录
	Association of Rural Banks	农村银行协会
	Banco Agrario de Colombia	哥伦比亚农业银行
	Bangko Sentralng Pilipinas' Inter – Agency Working Group	菲律宾中央银行机构间工作组
	Behavioral Economics	行为经济学
	Cash – In and Cash – Out	现金流入和现金流出
	Commitment – Based Mobile Savings Accounts	基于承诺的移动储蓄账户

缩略语	完整表述	翻译
	Credit Life Insurance	信用人寿保险
	DigiFarm	数字农场
	Digital Financial Literacy	数字金融素养
	Digital Identity	数字身份
	Digital Payments Systems Interoperability	数字支付系统互操作性
	e – Cards	数字卡
	e – Residency	电子居民
	e – Wallet	数字钱包
	Financial Capability	金融能力
	Financial Literacy	金融素养
	Financial Well – Being	财务状况
	FinMark Trust	芬马克信托
	FinTech Solutions	金融科技方案
	Flexible joint investment	柔性联合投资
	Gender Barriers	性别歧视
	Gender Savings Groups	性别储蓄群体
	Gender – Neutral	性别中立
	Gender – sensitive	性别敏感的
	Gender – Transformative	性别变革
	Global Findex Survey	全球普惠金融数据库
	Green Transformation Fund	绿色转型基金
	Hospital Cash Products	医院现金产品
	Inclusive Digital Platform	数字普惠平台
	Industry Working Group	行业工作组
	Innovation Facilities	创新型设施
	Innovation Hub	创新中心
	Innovative Regulatory Approaches	创新型监管方法
	Institutional Gender Focal Point	性别协调中心机构
	Joint Field Teams	联合实地小组
	Last Mile	最后一公里
	Low – Value Accounts	低价值账户
	Microfinance Organizations and Cooperatives	小额信贷组织和合作社
	Ministry of Agriculture and Rural Development	农业农村发展部
	Ministry of Chiefs and Traditional Affairs	酋长和传统事务部
	Ministry of Community Development and Social Services	社区发展和社会服务部

续表

缩略语	完整表述	翻译
	Ministry of Health and Family Welfare	卫生和家庭福利部
	Mobile Banking	手机银行
	Mobile money	移动货币
	National Commission of Banks and Insurance	国家银行和保险委员会
	National Digital ID Platform	国家数字 ID 平台
	National Financial Education or Literacy Strategy	国家金融教育或扫盲战略
	National Financial Education Programs and Strategies	国家金融教育计划和战略
	National Payment Switch Bangladesh	孟加拉国国家支付交换机
	National Rural Health Mission	全国农村卫生特派团
	Open Banking	开放银行
	Open Payments	开放支付
	Outcomes – Based Approach	成果导向的方法
	Payments Administrators	支付管理机构
	Regulatory Sandbox	监管沙盒
	Sochi Accord	索契协议
	Social Cash Transfer Program	社会现金转移项目
	Swedish International Development Cooperation Agency	瑞典国际发展合作署
	Ten – point Action Plan	十点行动计划
	The Association of Microfinance Institutions in Uganda	乌干达小额信贷机构协会
	The Better Than Cash Alliance	无现金联盟
	The Fintech and Digital Payments Office	金融科技和数字支付办公室
	The Ministry of Economic Affairs and Communication	经济事务和通信部
	Third – Party	第三方
	Trade Unions	工会
	Trimester Save	孕产妇储蓄
	Trimester Save Maternal Health Savings Product in Ghana	加纳孕产妇医疗储蓄产品
	Women's Financial Literacy Strategy	女性金融素养普及战略

术语释义

1. 代理银行（也称为无实体网点银行或代理行），是指银行和非银行支付服务提供商的第三方业务安排，这些服务提供商通常是当地实体，如小型商店，代表他们提供基本的支付和交易账户相关服务。

2. 应用程序接口。应用程序接口允许软件程序通过交换数据进行交互，这些数据可以提示某些操作，如进行交易。应用程序接口主要有四类：支付应用程序接口，帮助第三方进行和接收支付；数据应用程序接口，与第三方共享个人（经客户适当同意）数据和汇总数据，使第三方能够更好地了解个人的风险概况；"生态系统扩展"应用程序接口，允许发放贷款或创建账户；以及促进"KYC"策略的"同意和身份"应用程序接口，使第三方能够共享数据或流动资金。

3. 自动清算系统，一种数字清算系统，主要通过磁介质或电信网络在金融机构之间交换支付订单，然后在参与者之间进行清算。所有的操作都由一个数据处理中心处理。自动清算系统通常清算贷方转账和借方转账，在某些情况下也清算支票。

4. 银行主导模式，一种数字普惠金融商业模式，在这种模式中，银行是产品或服务的主要驱动力，通常在营销、品牌和管理客户关系方面起主导作用。

5. 基本支付账户，一种银行账户，通常专注于支付服务，以低成本和不铺张浪费为特征。这些账户通常与借记卡同时提供。

6. 区块链，在一些分布式账本中使用的一种特殊类型的数据结构，它以被称为"块"的包的形式存储和传输数据，这些数据块以数字"链"的形式相互连通。区块链使用密码学和算法方法，以不可变方式在网络上记录和同步数据。

7. 客户尽职调查，包括关于客户的事实，这些事实应使机构能够评估客户所面临的一系列风险的程度。这些风险包括洗钱和恐怖主义融资。

8. 数字货币，是指数字化的虚拟货币（非法定货币）或电子货币（法定货币），因此经常与"虚拟货币"一词互换使用。数字货币是消费者可用的资金或价值的记录，存储在芯片、预付卡、手机或计算机系统上，作为银行或非银行实体的非传统账户。

9. 数字普惠金融，是指使用数字技术发展普惠金融。它涉及部署数字手段，为被金融排斥和服务不足的人群提供适合他们需求的一系列正规金融服务，负责任地以客户可负担成本提供服务，并保证提供商商业可持续。数字普惠金融包括通过数字/数字技术提供的支付、转账、储蓄、信贷、保险、证券、财务规划和账户报表等的金融产品和服务，如数字货币（在线或通过手机创建）、支付卡和常规银行账户。

10. 数字 ID，一组数字捕获和存储的凭据，可以唯一地识别一个人。

11. 分布式账本技术。分布式账本使用独立的计算机（简称节点）在各自的数字账本中记录、共享和同步交易（而不是像传统账本那样将数据集中保存）。区块链是分布式账本的一种类型，它将数据组织成块，这些块仅以追加的模式链接在一起。

12. 数字钱包，一种数字货币产品，资金记录存储在特定的设备上，通常是卡或手机上的 IC 芯片。

13. 快速支付系统，专注于为参与者清算和/或结算快速支付的基础设施，其中"快速支付"被定义为支付信息和"最终"资金的可用性尽可能在 24 小时或 7 天（24/7）的基础上实时或接近实时地传输给收款人的支付。

14. 普惠金融。个人和中小微企业（微型、小型和中型企业）对一系列适当金融产品和服务的接收和使用，以消费者可访问和安全的方式以及提供商可持续的方式提供。

15. 金融市场基础设施，是指参与机构之间的多边体系，包括该体系的运营者，用于清算、结算或记录支付、证券、衍生品或其他金融交易。

16. 金融科技，能改变金融服务提供方式的技术进步，可促进新商业模式、应用、流程和产品的发展。

17. 浮差，从支付方账户中提取但没有立即反映在收款人账户中的资金金额。在数字货币的语境中，浮差通常指的是未偿付客户资金的总价值。

18. 网上银行，客户可以通过互联网访问的银行服务。客户可以通过计算机、手机或任何其他合适的设备访问互联网。

19. 互操作性，属于某一特定方案的支付工具，可用于其他方案（包括不同国家的方案）开发的平台的一种情况。互操作性要求系统之间的技术兼容性，但只有在相关方案之间签订了商业协议的情况下互操作性才能生效。

20. 了解你的客户，是指要求所有金融机构确保验证所有客户身份的法规。

21. 移动货币，是指将资金记录存储在手机或中央计算机系统上，通过持卡人手机发出特定的支付指令即可提取的数字货币产品，又称 M‒money。

22. 数字货币平台，是指能够提供数字货币服务的硬件和软件。

23. 移动网络运营商，拥有政府颁发的通过移动设备提供电信服务许可证的公司。

24. 移动支付，电子支付的一种方式，使用的支付工具是移动货币产品。移动货币是一种电子货币产品，其资金记录存储在手机或中央计算机系统，可通过持卡人的手机发出特定的支付指令提取。

25. 转账运营商，非存款支付服务提供商，其服务涉及每次转账的付款（或可能是一组或一系列转账的付款），由发送方支付给支付服务提供者（例如现金或银行转账），即与支付服务提供商从发送方持有的账户中借款的情况相反。

26. 非银行主导模式，一种数字普惠金融业务模式。非银行机构（通常是移动网络运营商）是产品或服务的主要驱动力，通常在营销、品牌和管理客户关系方面发挥主导作用。

27. 在线货币，一种数字货币产品，资金记录存储在中央计算机系统，可以通过各种设备（如台式电脑、笔记本电脑、平板电脑、智能手机）通过互联网连通访问中央计算机系统来提取。

28. 开放银行。银行与第三方开发人员和公司共享与利用客户允许的数据，以构建应用程序和服务，包括提供实时支付、为账户持有人提供更大的财务透明度选项、营销和交叉销售机会的应用程序和服务。

29. 场外服务，是指数字货币代理商代表客户进行交易的服务，客户不需要有数字货币账户就可以使用该服务。

30. 支付服务提供商，提供包括汇款在内的支付服务的基础设施。支付服务提供商包括银行、其他存款机构、转账运营商和数字货币发行者等专业实体。

31. 预付卡，是指预先存入专供本卡产品使用资金的支付卡。

32. QR 码，是一种二维条形码，包含消费者或商户可以使用智能手机上的摄像头扫描的信息。

33. 实时总额支付系统，在逐笔交易的基础上，对支付、转账指令或其他义务进行单独的实时结算。

34. 监管技术，利用技术促进和加强合规监管。

35. 监管沙盒，旨在创建一个"安全空间"的监管方法，让企业可以在现实环境中测试创新产品、服务、商业模式和交付机制，而不会立即产生参与相关活动的所有正常监管后果。

36. 监管科技，从监管当局的角度，利用技术促进和加强监管。与监管技术不同，监管科技的重点不是协助遵守法律和法规，而是支持监管机构对合规情况进行评估。

37. 信托账户，是指由发行数字货币的非银行支付服务提供商在存款机构持有的账户，存放未偿付的数字货币流。

数据来源

1. 全球支付系统调查（GPSS）。自2007年以来，世界银行与有关国家中央银行一直在进行两年一次的全球支付系统调查。调查提供了关于使用无现金交易的重要数据，以及改进关键支付基础设施和法律/监管框架，提供了监测数字普惠金融支持框架的机制。最新一轮调查目前正在进行。

2. 全球普惠金融和消费者保护（FICP）调查。全球普惠金融和消费者保护调查是对金融监管机构的调查。该调查提供了可评估全球建设普惠金融和消费者保护的有利环境的关键事项的进展情况的数据。这些关键事项包括国家普惠金融战略（NFIS）、对普惠金融提供商的反洗钱/反恐怖融资（AML/CFT）相关风险监管制度、金融消费者保护机构及制度安排、信息披露和透明度规定以及争端解决的制度等。全球普惠金融和消费者保护调查完善了全球支付系统调查，用于监测数字普惠金融的有利环境。

3. 全球汇款价格（RPW）。全球汇款价格监测世界所有地理区域的汇款价格。全球汇款价格于2008年9月开始公布，监测汇款人沿主要汇款走廊汇款时产生的成本。全球汇款价格被用作衡量全球降低汇款成本目标进展情况的参考，包括可持续发展目标10.c和二十国集团承诺将全球平均汇款成本降低到5%，目前正在与政府、服务提供者和其他利益相关者合作。全球汇款价格覆盖48个汇款输出国和105个接收国，以及全球367个国家走廊。全球汇款价格每季度通过调查神秘顾客购物情况收集数据。

4. 全球普惠金融数据库（Global Findex），是世界上关于成年人如何储蓄、借贷、支付和管理风险的最全面数据库，每3年发布一次。这些数据是通过对140多个经济体的15万多名成年人进行的具有全国代表性的调查收集的。该数据库包含了获取和使用正规和非正规金融服务的指标。

5.《营商环境报告》。《营商环境报告》项目提供了衡量190个经济体以及部分国家和地区城市商业法规及其执行情况的客观指标。《营商环境报告》收集和分析全面的量化数据，比较不同经济体和不同时期的商业监管环境，鼓励提高监管效率，并为改革提供可衡量的基准。

6. 剑桥替代金融中心（CCAF），调查全球替代金融提供者，包括新兴经济体和发展中国家。调查内容涵盖债务、股权、奖励众筹和市场平台。然而，该样本并没有捕捉到剑桥替代金融中心尚未认识的新提供商、其他电子商务平台提供的情境融资或传统机构使用的替代贷款模式。数据库仅反映了剑桥替代金融中心调查对象的自愿回复，而不是统一收集的监管/监督数据。

参考文献

1. Abdul Latif Jameel Poverty Action Lab (J – PAL). 2020. Should government payments be digitized? Cambridge, MA. J – PAL.

2. Accenture. 2018. Open APIs are driving uberization of payment services in Europe.

3. Adrian, T. 2019. Paving the Way for FinTech, Remarks by Tobias Adrian in Belize City.

4. Afghanistan's National Financial Inclusion Strategy 2020 – 2024.

5. AFI / Arner, D. W., Buckley, R. P., Zetzsche, D. A., & Mohammad, G. 2018. Fintech for financial inclusion: A framework for digital financial transformation.

6. AFI Financial Inclusion Strategy (FIS) Peer Learning Group. 2017. Defining financial inclusion. Guideline Note 28. July. Kuala Lumpur. Alliance for Financial Inclusion (AFI).

7. AFI. 2015. National Financial Inclusion Strategies: current State of Practice.

8. AFI. 2016. Digital financial services: Basic terminology.

9. AFI. 2016. National Financial Inclusion Strategies Toolkit.

10. AFI. 2017. Sex – disaggregated Data Toolkit.

11. AFI. 2017. Bridging the Gender Gap: Promoting Women's Financial Inclusion: Tools & Guidance from the AFI Network.

12. AFI. 2018. National Financial Inclusion Framework, 2018 – 2022.

13. AFI. 2018. National Financial Inclusion Strategies: Current State of Practice.

14. AFI. 2018. NFIS: Current State of practice.

15. AFI. 2019. Denarau Action Plan: The AFI Network Commitment to gender and Women's Financial Inclusion.

16. AFI. 2019. Guideline note: Communication strategies for NFIS implementation.

17. AFI. 2019. KYC Innovations, Financial Inclusion and Integrity.

18. AFI. 2019. Uganda's journey to inclusive finance through digital financial services.

19. AFI. 2020. 2019 Working Groups and Regional Initiative Report.

20. AFI. 2020. Creating Enabling FinTech Ecosystems: The Role of Regulators.

21. AFI. 2020. Financial education for MSMEs: identifying MSMEs educational needs.

22. AFI. 2020. FinTech for Financial inclusion among key focus at FSB RCG Asia in Sydney.

23. AFI. 2020. Global Standards Proportionality (GSP) Working Group 2020 Factsheet.

24. AFI. 2020. Inclusive Financial Integrity: A Toolkit for Policymakers.

25. AFI. 2020. Inclusive Green Finance: A Survey of The Policy Landscape.

26. AFI. 2020. Market conduct & financial capability: Key drivers of FinTech for Financial Inclusion, says Dr. Hannig during a High – level roundtable in Amman, Jordan.

27. AFI. 2020. Policy and regulatory reforms in the AFI networks 2020.

28. AFI. 2020. Policy Framework for Responsible Digital Credit.

29. AFI. 2020. Policy Framework, The Financial Competency Matrix for Adults.

30. AFI. 2020. Policy Model for National Financial Inclusion Strategy.

31. AFI. 2020. Policy Model on Consumer Protection for Digital Financial Services.

32. AFI. 2020. The 2020 Maya Declaration Progress report.

33. AFI. 2021. Four policies to promote inclusive financial integrity in 2021.

34. AFI. 2021. Democratic Republic of São Tomé &Príncipe – NFIS 2021 – 2025.

35. AFI. 2021. Guideline Note on Data Privacy for Digital Financial Services.

36. AFI. 2021. Integrating Vulnerable Groups in National Financial Education Programs and Strategies.

37. AFI. 2021. Mitigating The Impactof Pandemic Crises on National Financial Inclusion Strategies Policy Note.

38. AFI. 2021. NFIS Monitoring and Evaluation Toolkit.

39. AFI. 2021. Youth Financial Inclusion Policy Framework.

40. AFI. Pacific Regional Regulatory Sandbox Guidelines.

41. AFI. 2016. National Financial Inclusion Strategies A Toolkit.

42. African Financial Inclusion Policy Initiative (AFPI). 2021. Regulatory approaches to digital payments transaction costs in sustaining financial inclusion in Africa.

43. AfricaNenda. 2021. The State of Instant Payments in Africa: Progress and Prospects. October. AfricaNenda.

44. Ahern, D. M. 2020. Regulators Nurturing FinTech Innovation: Global Evolution of the Regulatory Sandbox as Opportunity Based Regulation. European Banking Institute Working Paper Series, 60.

45. Ahmad, Ahmad Hassan. Green, Christopher and Jiang, Fei. 2020. Mobile money, Financial Inclusion and Development: A Review with Reference to African Experience. Journal of Economic Surveys 34 (4): 735 – 792.

46. Ali, R., Barrdear, J., Clews, R., & Southgate, J. 2014. Innovations in payment technologies and the emergence of digital currencies. Bank of England Quarterly Bulletin, Q3.

47. Allen, Franklin. Demirguc – Kunt, Asli. Klapper, Leora. Peria, Martinez. Soledad, Maria. 2016. The foundations of financial inclusion: Understanding ownership and use of formal accounts. Journal of Financial Intermediation 27: 1 – 30.

48. Allen, H. J. 2019. Regulatory Sandboxes, The George Washington Law Review, 87, 579.

49. Alper, Tim. 2020. Digital Yuan "Highly Likely" to Be Compatible with Alipay, WeChat Pay.

50. Anagnostopoulos, I. 2018. Fintech and Regtech: Impact on regulators and banks. Journal of Economics and Business, 100, 7 – 25.

51. Andressen, S. 2017. Regulatory and Supervisory Issues from Fintech. Speech, Cambridge Centre for Alternative Finance conference on Navigating the Contours of Alternative Finance (29 June 2017).

52. Andrianaivo, Mihasonirina, and Kangni Kpodar. 2011. ICT, Financial Inclusion, and Growth: Evidence from African countries. IMF Working Papers 2011 (073): 45.

53. Ansar, Saniya. Klapper, Leora. Singer, Dorothe and Hess, Jake. 2021. Digital Payments Adoption During Covid – 19: New Data from the Pandemic's First year. Globalfindex. World Bank.

54. Appaya, S. & Jenik, I. 2019. Running a Sandbox May Cost Over $1M, Survey Shows, CGAP.

55. Arabehety, Pablo Garcia, Gregory Chen, William Cook, and Claudia McKay. 2016. Digital Finance Interoperability & Financial Inclusion: A 20 – century scan. CGAP.

56. Arner, D. W., Barberis, J., & Buckley, R. P. 2015. The evolution of Fintech: A new post – crisis paradigm, Georgetown Journal of International Law, 47, 1271.

57. Arner, D. W., Buckley, R. P., Didenko, A., Park, C. Y., Pashoska, E., Zetzsche, D. A., & Zhao, B. 2019. Distributed Ledger Technology and Digital Assets – Policy and Regulatory Challenges in Asia. Asian Development Bank Economics Working Paper Series.

58. Arner, D. W., Buckley, R. P., Zetzsche, D. A., & Veidt, R. 2020. Sustainability, FinTech and financial inclusion. European Business Organization Law Review, 1 – 29.

59. Arner, D. W., Zetzsche, D. A., Buckley, R. P., & Barberis, J. N. 2019. The identity challenge in finance: from analogue identity to digitized identification to digital KYC utilities. European Business Organization Law Review, 20 (1), 55 – 80.

60. Asian Development Bank. 2016. Digital financial services in the pacific experiences and regulatory issues.

61. Atlantic Council. 2022. Atlantic Council – UC San Diego conference on digital currency in China and the Asia Pacific. 14 February.

62. Auer, R, and R. Boehme. 2020. The technology of retail central bank digital currency.

63. Auer, Raphael, Cyril Monnet, and Hyun Song Shin. 2021. Distributed ledgers and the governance of money. November.

64. Auer, Raphael. Holti Banka. Nana Yaa BoakyeAdjei. Ahmed Faragallah. Frost, Jon. Harish Nataraja. and Jermy Prenio. 2022. Central bank digital currencies: a new tool in the financial inclusion toolkit?

65. Avgouleas, E. 2015. Regulating Financial Innovation. In N. Moloney, E. Ferran, & J. Payne (Eds), The Oxford Handbook of Financial Regulation.

66. Avgouleas, E. 2018. The role of financial innovation in EU Market integration and the Capital Markets Union: a re – conceptualisation of policy objectives. In E. Avgouleas, D, Busch. & G. Ferrarini (eds), Capital Markets Union in Europe (171 – 192).

67. Awrey, D. 2012. Complexity, innovation, and the regulation of modern financial markets, Harvard Business Law Review, 2, 235.

68. Bajwa, T. 2019. International remittance through blockchain technology launch.

69. Bank Al – Maghrib. 2019. NFIS.

70. Bank for International Settlement. 2021. Ⅲ. CBDCs: an opportunity for the monetary system. BIS Annual Economic Report 2021. Basel. Bank of International Settlements.

71. Bank for International Settlements. 2020. Payment aspects of financial inclusion in the fintech era.

72. Bank of England. 2019. New economy, new finance, new bank: The Bank of England's response to the van Steenis review on the future of Finance.

73. Bank of England. 2020. Discussion Paper: Central Bank Digital Currency Opportunities, challenges and design. London.

74. Bank of Ghana – Giesecke + Devrient. 2021. Press Release: Bank of Ghana partners with Giesecke + Devrient to pilot first general purpose Central Bank Digital Currency in Africa.

75. Bank of Ghana. 2022. Design Paper of the digital Cedi (eCedi).

76. Bank of India. 2018. Report of the Working Group on FinTech and Digital Banking.

77. Bank of India. 2019. Enabling Framework for Regulatory Sandbox: Reserve Bank of India.

78. Bank of International Settlements. 2001. Glossary: BIS Papers No 7 (part 12) Nov 2001.

79. Bank of International Settlements. 2018. Payments are a – changin' but cash still rules.

80. Bank of International Settlements. 2020. Central bank digital currencies: foundational principles and core features. Basel. Bank of International Settlements.

81. Bank of International Settlements. 2020. Payments without borders. Basel. Bank of International Settlements.

82. Bank of International Settlements. 2021. Central Bank digital currencies: Financial stability implications. Basel. Bank of International Settlements.

83. Bank of Thailand. 2021. The way forward for Retail Central Bank Digital Currency in Thailand.

84. Bank of Zambia. 2020. National Payment Systemsin Zambia Annual Report for the Year 2020.

85. Barbosa, N., & Faria, A. P. 2011. Innovation across Europe: How important are institutional differences? Research Policy, 40 (9), 1157 – 1169.

86. Barrdear, J., & Kumhof, M. 2016. The macroeconomics of central bank issued digital currencies.

87. Bason, C. 2017. Leading public design: Discovering human – centred governance. Policy Press.

88. Bauguess, S. W. 2017. The role of big data, machine learning, and AI in assessing risks: a regulatory perspective. Machine Learning, and AI in Assessing Risks: A Regulatory Perspective (June 21, 2017). SEC Keynote Address: OpRisk North America.

89. Bauguess, S. W. 2018. The role of machine readability in an AI world. In SEC Keynote Address: Financial Information Management (FIMA) Conference.

90. Baur Yazbeck, Silvia, Gregory Chen, and Joep Roest. 2019. The Future of G2P Payments: Expanding Customer Choice. Consultative Group to Assist the Poor (CGAP).

91. Bech, Morten L., and Rodney Garratt. 2017. Central Bank Cryptocurrencies.

92. Beck, T., Chen, T., Lin, C., & Song, F. M. 2016. Financial innovation: The bright and the dark sides. Journal of Banking & Finance, 72, 28 – 51.

93. Bekkers, V., & Tummers, L. 2018. Innovation in the public sector: Towards an open and collaborative approach. International Review of Administrative Sciences, 84 (2).

94. Berg, G., Guadamillas, M., Natarajan, H., & Sarkar, A. 2020. Fintech in Europe and Central Asia: Maximizing Benefits and Managing Risks.

95. Bester, Hennie, and Isabelle Carboni. 2020. When digital payment goes viral: lessons from COVID – 19's impact on mobile money in Rwanda. Cape Town. The Centre for Financial Regulation and Inclusion (Cenfri).

96. Bester, Hennie, Christine Hougaard Iske van den Berg, Georgina Borros, Pieter janse van vuuren, and Kinyanjui Mungai. n. d. Drivers of digital payments behaviour in Rwanda: Farmer, merchant and customer perspectives. Cape Town. The Centre for Financial Regulation and Inclusion (Cenfri).

97. Bester, Hennie, Jeremy Gray, Christine Hougaard, David Saunders, and Albert van der Linden. 2016. The king is (not) dead: Why digital payments are not replacing cash. Cape Town. The Centre for Financial Regulation and Inclusion (Cenfri).

98. Better Than Cash Alliance. 2016. Accelerators to an Inclusive Digital Payments Ecosystem.

99. Bill and Melinda Gates Foundation. 2019. Women's Digital Financial Inclusion in Africa.

100. BIS. 2017. Big Data, BIS IFC Bullet, 44.

101. BIS. 2019. BIS to set up Innovation Hub for central banks.

102. BIS. 2019. The use of big data analytics and artificial intelligence in central banking.

103. Boar, Codruta and Wehrli, Andreas. 2021. Ready, steady, go? – Results of the third BID survey on central bank digital currency.

104. Bode, Ian de, Matt Higginson, and Marc Niedekorn. 2021. CBDC and stablecoins: Early coexistence on an uncertain road.

105. Bossu, Wouter, Masaru Itatani, Catalina Margulis, Arthur Rossi, and Hans Weenink and Akihiro Yoshinaga. 2020. IMF Working Paper: Legal Aspects of Central Bank Digital Currency: Central Bank and Monetary Law Considerations.

106. Bradley, C. G. 2018. Fintech's double edges. Chicago – Kent Law Review, 93 (1), 61.

107. Brainard, L. 2018. Cryptocurrencies, Digital Currencies, and Distributed Ledger Technologies: What Are We Learning? : a speech at the Decoding Digital Currency Conference.

108. Braunmiller, Julia. 2020. The importance of women's equal access to identification in times of a global crisis.

109. Brett, L. 2017. What makes a successful FinTech hub in the global FinTech race?, Inside.

110. British Broadcasting Corporation. 2022. Cryptocurrency: UK Treasury to regulate some stablecoins.

111. Bromberg, L. , Godwin, A. , & Ramsay, I. 2017. Fintech sandboxes: Achieving a balance between regulation and innovation. Journal of Banking and Finance Law and Practice, 28 (4), 314 – 336.

112. Brummer, C. , & Gorfine, D. 2014. FinTech: Building a 21st – century regulator's toolkit. Milken Institute, 5.

113. Brummer, C. 2015. Disruptive technology and securities regulation, Fordham Law Review, 84, 977.

114. BTCA . 2021. Reaching Financial Equality for Women.

115. Buchak, G. , Matvos, G. , Piskorski, T. , & Seru, A. 2018. Fintech, regulatory arbitrage, and the rise of shadow banks. Journal of Financial Economics, 130 (3), 453 – 483.

116. Buckley, R. P. , & Webster, S. 2016. FinTech in developing countries: charting new customer journeys. Journal of Financial Transformation, 44.

117. Buckley, R. P. , Arner, D. W. , Zetzsche, D. A. , & Selga, E. 2020. TechRisk Singapore Journal of Legal Studies , 35 – 62.

118. Buckley, R. P. , Arner, D. , Veidt, R. , & Zetzsche, D. 2020. Building FinTech ecosystems: regulatory sandboxes, innovation hubs and beyond. Washington University Journal of Law & Policy, 61 (1), 055 – 098.

119. Buckley, R. P. , Arner, D. W. , Zetzsche, D. A. & Selga, E. , Techrisk, Singapore Journal of Legal Studies, Mar. 2020, pp 35 – 62.

120. Business Compiler. 2022. List of African countries that have banned cryptocurrency.

121. Cámara, Noelia. Dos Santos, Enestor. Grippa, Francisco. Sebastian, Javier. Soto, Fernando. Varela, Cristina. 2018. BBVA Research. 2022. Central bank digital currencies: An assessment of their adoption in Latin America October. Working Paper No. 18/13.

122. Campbell – Verduyn, Malcolm. 2018. Bitcoin and beyond: Cryptocurrencies, Blockchains, and Global Governance. London. Taylor and Francis Group.

123. Cantú, C., Claessens, S., & Gambacorta, L. 2019. How do bank – specific characteristics affect lending? New evidence based on credit registry data from Latin America. BIS Working Papers, (798).

124. Carney, M. 2018. FSB Chair's letter to G20 finance ministers and central bank Governors. Financial Stability Board, 13.

125. Carney, M. 2019. Enable, empower, ensure: a new finance for the new economy.

126. Casey, A. J., & Niblett, A. 2019. Framework for the New Personalization of Law. The University of Chicago Law Review, 86 (2), 333 – 358.

127. Catalini, Christian, and Alonso de Gortari. 2021. On the Economic Design of Stablecoins.

128. CBDC tracker. 2022. Central Bank Digital Currencies tracker.

129. Cenfri, March 2017. InsurT ech for development.

130. Central Bank Digital Currencies Working Group. 2020. Implementing a CBDC: Lessons learnt and key insights policy report. CEMLA Fintech Forum.

131. Central Bank of Bangladesh. 2021. NFIS – Bangladesh.

132. Central Bank of Eswatini. 2020. Eswatini CBDC Diagnostic Study. February. Accessed 25 April 2022.

133. Central Bank of Jordan. 2018. The National Financial Inclusion Strategy 2018 – 2020.

134. Central Bank of Liberia. 2020. Liberia's National Financial Inclusion Strategy.

135. Central Bank of Mexico. 2020. National Financial Inclusion Policy.

136. Central Bank of Nigeria. 2018. NFIS (revised).

137. Central Bank of Nigeria. 2021. Design paper for the eNaira. eNaira.

138. Central Bank of the Bahamas. 2019. Project Sand Dollar: A Bahamas Payments System Modernisation Initiative.

139. Central Bank of the Bahamas. 2020. Driving Financial Inclusion and FinTech Innovation in the Midst of COVID – 19.

140. Central Bank of The Bahamas. 2022. The Sand Dollar Project.

141. Centre for the Fourth Industrial Revolution. 2020. Central Bank Digital Currency Policy – maker toolkit.

142. Ceyla Pazarbasioglu, Alfonso Garcia Mora, Mahesh Uttamchandani, Harish Natarajan, Erik Feyen, and Mathew Saal. 2020. Digital financial services.

143. CGAP. 2020. Microfinance and COVID – 19: A Framework for Regulatory Response, CGAP.

144. CGAP Webinar. 2021. Is There a Business Case for Digital Financial Services for Women Farmers?

145. Chainalysis. 2021. P2P Platforms, Remittances, and Savings Needs Power Africa's Grassroots Cryptocurrency Adoption.

146. Chainalysis. 2021. The 2021 Global Crypto Adoption Index: Worldwide Adoption Jumps over 880% with P2P Platfroms Driving Cryptocurrency Usage In emerging Markets.

147. Chan, J. 2018. Why UN is creating a digital finance hub in Malaysia. Techinasia.

148. Chang, Y., & Hu, J. 2019. Research on Fintech, Regtech and Financial Regulation in China—Taking the "Regulatory Sandbox" of Beijing Fintech Pilot as the Starting Point. Open Journal of Business and

Management, 8 (1), 369 – 377.

149. Chen, C. C. 2019. Regulatory Sandboxes in the UK and Singapore: A Preliminary Survey.

150. Chesbrough, H. W. 2003. Open innovation: The new imperative for creating and profiting from technology (Nachdr.). Harvard Business School Press.

151. Chien, J. & Randall, D. 2018. Key Lessons for Policymakers from China's Financial Inclusion Experience. World Bank Blog.

152. Chiu, I. H. 2016. Fintech and disruptive business models in financial products, intermediation and markets – policy implications for financial regulators. Journal of Technology Law and Policy, 21, 55.

153. Cinar, E., Trott, P., & Simms, C. 2019. A systematic review of barriers to public sector innovation process. Public Management Review, 21 (2), 264 – 290.

154. Civelli, Andrea, Co – Pierre Georg, Pietro Grassano, and Naveed Ihsanullah. 2022. Issuing Central Bank Digital Currency Using Algorand. Cognizium.

155. Committee on Payments and Market Infrastructures (CPMI). 2018. Central bank digital currencies.

156. Committee on Payments and Market Infrastructures. 2021. Developments in retail fast payments and implications for RTGS systems. December. Bank of International Settlements. Basel. Bank of International Settlements.

157. Committee on the Global Financial System (CGFS) & Financial Stability Board (FSB). 2017. FinTech credit. Market Structure, Business Models and Financial Stability Implications, Financial Stability Board.

158. Comply Advantage. 2022. Cryptocurrency Regulations Around the World. Comply Advantage.

159. Consultative Group to Assist the Poor (CGAP). 2009. Banking the Poor via G2P Payments. Washington DC. CGAP.

160. Consultative Group to Assist the Poor (CGAP). 2018. Balancing the Economics of Interoperability in Digital Finance.

161. Consultative Group to Assist the Poor (CGAP). 2019. Digital Credit Models for Small Businesses.

162. Consultative Group to Assist the Poor (CGAP). 2019. India: A Testing Ground for Digital Merchant Payments. Consultative Group to Assist the Poor (CGAP). 2019. Interoperability: Why and How Providers Should Pursue It.

163. Consultative Group to Assist the Poor (CGAP). 2021. Open APIs for digital finance. Washington DC. CGAP.

164. Consultative Group to Assist the Poor (CGAP). 2022. How Can We Build on COVID – 19 Progress in Women's Financial Inclusion.

165. Conventus Law. 2021. Fintech: Non – Fungible Tokens: What's All The Fuss? Conventus Law.

166. Cooper, Barry, Antonia Esser, and Michaella Allen. 2019. The use cases of central bank digital currency for financial inclusion: A case for mobile money. Cape Town. Centre for Financial Regulation and Inclusion (Cenfri).

167. Cooper, Barry, Laura Munoz Perez, Antonia Esser, Michaella Allen, Nolwazi Hlophe, and Matthew Ferreira. 2019. ID proxy initiatives across the globe: An analysis. Cape Town. Centre for Financial Regulation and Inclusion (Cenfri).

168. Cooper, Barry, Masiiwa Rusare, Matthew Ferreira, and Lezanne Janse van Vuuren. 2020. Identity proofing for Covid – 19 recovery: Guidance for regulators, FSPs and market facilitators. Cape Town. Centre for

Financial Regulation and Inclusion (Cenfri) .

169. Cooper, Barry, Matthew Ferreira, and Lezanne Janse van Vuuren. 2020. Digital identity and financial inclusion. Cape Town. Centre for Financial Regulation and Inclusion (Cenfri) .

170. Cooper, Berry, Antonia Esser, Gatwabuyege Fabrice, Kinyanjui Mungai, Vera Neugebauer, Laura Munoz Perez, Roland Banya, and Ajay Jaganath. 2021. An inclusive digital identity platform in the Pacific Islands. Cape Town. Centre for Financial Regulation and Inclusion (Cenfri) .

171. Corazza, C. 2016. Presentation on The World Bank's Data Gathering Efforts: De – risking? Key Findings and Recommendations, World Bank Group.

172. CPMI & IOSCO. 2012. Principles for Financial Market Infrastructures, BIS.

173. Cropin, Unlocking the Potential of New Age "Digital Farmers" – A Mercy Corps Success Story.

174. CSISAC (nd) . Cloud Computing: The Next Computing Paradigm? CSISAC comments on Cloud Computing: Portability, Competition, Innovation.

175. da Silva, L. A. P. 2018. Financial Instability: Can Big Data help connect the dots? (29 November 2018) BIS, Remarks, Ninth European Central Bank Statistics Conference, Frankfurt.

176. da Silva, L. A. P. 2018. Fintech in EMEs: Blessing or Curse? In Bank for International Settlements, Panel remarks at CV Meeting of Central Bank Governors of CEMLA – Asuncion, Paraguay.

177. Dabla – Norris, Era, Yixi Deng, Anna Ivanova, Izabela Karpowicz, Filiz Unsal, and Joyce Wong Eva VanLeemput. 2015. IMF Working Paper: Financial Inclusion: Zooming in on Latin America.

178. Das, S. 2019. Opportunities and challenges of FinTech. keynote address at FinTech Conclave, New Delhi, 25.

179. Davidovic, Sonja, Soheib Nunhuck, Delphine Prady, Harve Tourpe, and Ed Anderson. 2020. Beyond the COVID – 19 Crisis: A Framework for Sustainable Government – To – Person Mobile Money Transfers.

180. Davydova M. L. , Makarov V. O. 2019. Experimental Legal Regimes (Regulatory Sandboxes): Theoretical Problems and Implementation Prospects in Modern Russia. In: A. Inshakova & E. Inshakova (eds.), Competitive Russia: Foresight Model of Economic and Legal Development in the Digital Age. Lecture Notes in Networks and Systems. Springer.

181. De Koker, L. , Morris, N. , & Jaffer, S. 2019. Regulating Financial Services in an Era of Technological Disruption. Law in Context, 36 (2) .

182. De Vries, H. , Bekkers, V. , & Tummers, L. 2016. Innovation in the Public Sector: A Systematic Review and Future Research Agenda. Public Administration, 94 (1) , 146 – 166.

183. Deloitte. 2020. Are Central Bank Digital Currencies (CBDCs) the money of tomorrow? Luxembourg. MarCom.

184. Demircioglu, M. A. , & Audretsch, D. B. 2017. Conditions for innovation in public sector organizations. Research Policy, 46 (9) .

185. Demirguc – Kunt, A. , Klapper, L. , Singer, D. , Ansar, S. , & Hess, J. 2018. The Global Findex Database 2017: Measuring financial inclusion and the fintech revolution. The World Bank.

186. Di Castri, S. , & Plaitakis, A. 2018. Going beyond regulatory sandboxes to enable FinTech innovation in emerging markets.

187. Di Castri, S. , Grasser, M. , & Kulenkampff, A. 2018. Financial Authorities in the Era of Data Abundance: Regtech for Regulators and Suptech Solutions.

188. Di Castri, S. , Hohl, S. , Kulenkampff, A. , & Prenio, J. 2019. The suptech generations. Bank for International Settlements FSI Insights, (19) .

189. Didenko, A. 2017. Regulatory challenges underlying FinTech in Kenya and South Africa. British Institute of International and Comparative Law.

190. Digital Financial Services Working Group (DFSWG) and the Consumer Empowerment and Market Conduct Working Group (CEMCWG) . 2019. Consumer protection for digital financial services: A survey of the policy landscape.

191. Digital Financial Services Working Group (DFSWG) and the Gender Inclusive Finance workstream. 2021. Case Studies of Multisectoral Approaches to Integrating Digital Financial Services for Women's Financial Inclusion.

192. Digital Financial Services Working Group (DFSWG) and the Gender Inclusive Finance workstream. 2020. Lessons on Enhancing Women's Financial Inclusion Using Digital Financial Services (DFS) .

193. Disparte, Dante A. 2021. The Risks of Central Bank Digital Currencies. Diplomatic Courier. 16 June.

194. Dobler, Marc C, José Garrido, Dirk Jan Grolleman, Tanai Khiaonarong, and Jan Nolte. 2021. E – Money: Prudential Supervision, Oversight, and User Protection. Washington DC. International Monetary Fund (IMF) . 14 December.

195. Dong, Jinyue, Neut, Alejandro, and Lia Xia. 2021. China: All you need to know about the central bank digital Currency e – CNY. BBVA Research.

196. Dorman, Peter. 2014. Macroeconomics; A Fresh Start. Springer.

197. Drees – Gross, Franz, and Pepe Zhang. 2021. Less than 50% of Latin America has fixed broadband. Here are 3 ways to boost the region's digital access. Geneva. World Economic Forum.

198. Dwoskin, E, and G De Vynck. 2022. Facebook's cryptocurrency failure came after internal conflict and regulatory pushback. 28 January. Accessed 13 April 2022.

199. Early Lessons on Regulatory Innovations to Enable Inclusive FinTech: Innovation Offices, Regulatory Sandboxes, and RegTech.

200. Eastern Caribbean Central Bank (ECCB) . 2022. Region – Wide Service Interruption of DCash Platform. Eastern Caribbean Central Bank (ECCB) .

201. ECB & Bank of Japan. 2018. Securities settlement systems: delivery – versus – payment in a distributed ledger environment, STELLA.

202. Economist Intelligence. 2022. Cryptocurrency regulation diverges across Asia.

203. Ehrentraud, J. , Garzoni, L. , & Piccolo, M. 2020. Policy responses to fintech: a cross – country overview. FSI Insights on policy implementation, (23) .

204. Elvy, S. A. 2017. Paying for privacy and the personal data economy. Columbia Law Review, 117, 1369.

205. English, Erin. 2021. Finding a secure solution for offline use of central bank digital currencies. Visa Economic Empowerment Institute.

206. European Central Bank (ECB) . 2022. More than an intellectual game: exploring the monetary policy and financial stability implications of central bank digital currencies. Frankfurt. European Central Bank (ECB) .

207. European Commission. 2018. FinTech Action plan: For a more competitive and innovative European financial sector, European Commission. COM (2018) 109/2.

208. European Securities and Markets Authority. 2017. ESMA response to the Commission Consultation Paper on Fintech: A More competitive and innovative financial sector.

209. European Supervisory Authorities. 2018. Fintech: Regulatory Sandboxes and Innovation Hubs.

210. Falk, M. 2019. Artificial Intelligence in the boardroom, FCA.

211. FAO, IFAD and WFP. 2020. Rural Women and Girls 25 Years after Beijing.

212. FAO. Employment, work and time use in agricultural contexts: what data do we need for gender analysis?

213. Fatah, Iftin. 2022. Are Central Bank Digital Currencies the Key to Unlocking Financial Inclusion in Africa? 03 March.

214. FATF. 2020. Guidance on Digital Identity. FATF, Paris.

215. FATF. 2017. Anti – Money Laundering and Terrorist Financing Measures and Financial Inclusion, FATF.

216. Fenwick, M., Kaal, W. A., & Vermeulen, E. P. M. 2018. Regulation tomorrow: Strategies for regulating new technologies. In T. Kono (ed.), Perspectives in Law, Business and Innovation. pp: 153 – 174.

217. Fidelity International. 2021. The rise of e – commerce in Latin America.

218. Field, E, R Pande, N Rigol, S Schaner, and C Moore. 2019. On Her Own Account: How Strengthening Women's Financial Control Affects Labor Supply and Gender Norms.

219. Financial Action Task Force. 2019. Guidance for a risk – based approach: Virtual assets and virtual asset service providers.

220. Financial Action Task Force. 2020. Digital Identity. March.

221. Financial Action Task Force. 2021. Updated Guidance for a Risk – Based Approach for Virtual Assets and Virtual Asset Service Providers. 28 October.

222. Financial Conduct Authority. 2015. Regulatory Sandbox, FCA.

223. Financial Conduct Authority. 2017. Regulatory sandbox lessons learned report, FCA.

224. Financial Conduct Authority. 2017. Discussion Paper on distributed ledger technology, FCB.

225. Financial Conduct Authority. 2017. Distributed Ledger Technology – Feedback Statement on Discussion Paper 17/03, FCB.

226. Financial Conduct Authority. 2018. U. K. Cryptoassets Taskforce, Final Report.

227. Financial Inclusion Global Initiative (FIGI) – World Bank Group. 2020. DFS Consumer Competency Framework.

228. Financial Stability Board. 2019. FinTech and market structure in financial services – market developments and potential financial stability implications.

229. Financial Stability Board. 2022. Assessment of Risks to Financial Stability from crypto – assets. Basel. Financial Stability Board (FSB).

230. Financial Stability Board. 2022. FinTech and Market Structure in the COVID – 19 implications. Basel. Financial Stability Board (FSB). 21 March.

231. Financial Stability Board. 2017. Artificial intelligence and machine learning in financial services – Market developments and financial stability implications, FSB.

232. Financial Stability Board. 2017. Financial stability implications from FinTech – supervisory and regulatory issues that merit authorities' attention.

233. Financial Stability Board. 2020. Addressing the regulatory, supervisory and oversight challenges raised by "global stablecoin" arrangements: Consultative document, FSB.

234. Findex. 2017. Global Financial Inclusion (Global Findex) Database 2017.

235. Finequity. 2020. Digital Financial Literacy discussion group.

236. FinMark Trust. 2016. The Role of Mobile Money in Financial Inclusion in the SADC Region. FinMark Trust Policy Research Paper series, 03/2016.

237. Fletcher, L., Bailey, C., Alfes, K., & Madden, A. 2020. Mind the context gap: A critical review of engagement within the public sector and an agenda for future research. The International Journal of Human Resource Management, 31 (1), 6 – 46.

238. Ford, C. 2017. Innovation and the State: Finance, Regulation, and Justice. Cambridge University Press.

239. Frame, W. S., Wall, L. D., & White, L. J. 2018. Technological change and financial innovation in banking: Some implications for fintech. In A. N. Berger, P. Molyneux, & J. O. S. Wilson (Eds.), The Oxford Handbook of Banking. pp: 261 – 284.

240. Freeman Law. 2021. Thailand and Cryptocurrencies. 21 June.

241. Frost, J. 2020. The economic forces driving fintech adoption across countries. BIS Working Papers, (838).

242. G20. 2018. Financial Inclusion for Women: A Way Forward.

243. G20. 2021. The impact of COVID – 19 on digital financial inclusion. Washington D. C. World Bank Group.

244. G20. 2019. G20 Ministerial Statement on Trade and Digital Economy.

245. Garratt, Rod, Michael Lee, Brendan Malone, and Antoine Martin. 2020. Token – or Account – Based? A Digital Currency Can Be Both. Liberty Street Economics. Federal Reserve Bank of New York.

246. Gauthier, Van Damme, Wouters Karel, Karahan Hakan, and Preneel Bart. 2009. Offline NFC Payments with Electronic Vouchers. Research Gate.

247. Genesis Analytics, 2018. Exploring fintech solutions for women.

248. Geral, David, Irene Mutoni, and Brian Kalule. 2018. Unscrambling Blockchain; Regulatory Frameworks in Cryptocurrency. Bowmans.

249. Global Digital Finance. 2019. Code of Conduct Taxonomy for Cryptographic Assets. Accessed 21 April 2022.

250. Global Partnership for Financial Inclusion. 2010. The Nine G20 Principles for Innovative Financial Inclusion.

251. Global Partnership for Financial Inclusion. 2018. Achieving Development and Acceptance of an Open and Inclusive Digital Payments Infrastructure.

252. Global Partnership for Financial Inclusion. n. d. G20 Principles for Innovative Financial Inclusion.

253. Global System for Mobile Communications (GSMA). 2010. Mobile money definitions. London. GSMA.

254. Global System for Mobile Communications (GSMA). 2017. Understanding the Identity Gender

Gap. London. GSMA.

255. Global System for Mobile Communications (GSMA) . 2019. The Mobile Economy：Pacific Islands. London. GSMA.

256. Global System for Mobile Communications (GSMA) . 2020. The Mobile Gender Gap Report 2020. London. GSMA.

257. Global System for Mobile Communications (GSMA) . 2020. The state of mobile internet connectivity. London. GSMA.

258. Global System for Mobile Communications (GSMA) . 2021. The Mobile Economy Asia Pacific. London. GSMA.

259. Global System for Mobile Communications (GSMA) . 2021. The mobile economy Sub – Saharan Africa. London. GSMA.

260. Global System for Mobile Communications (GSMA) . 2021. The Mobile Gender Gap Report 2021. London. GSMA.

261. Global System for Mobile Communications (GSMA) . 2021. The state of industry report on mobile money. London. GSMA.

262. GPFI & OECD. 2019. G20 Fukuoka Policy Priorities on Aging and Financial Inclusion. x Key Steps to Design a Better Future.

263. GPFI. 2020. Advancing Women's Digital Financial Inclusion.

264. Gray, J. 2021. Interoperability of data.

265. Green, E. J. 2007. Some challenges for research in payments.

266. Griffoli, Tommaso Mancini, Maria Soledad Martinez, Peria, Itai Agur, Anil Ari, John Kiff, Adina Popescu, and Celine Rochon. 2018. Casting Light on Central Bank Digital Currencies. Washington DC. International Monetary Fund (IMF) .

267. Grym, A. 2020. Lessons learned from the world's first CBDC.

268. GSMA. 2017. Mobile Money as a Driver of Financial Inclusion in Sub – Saharan Africa.

269. GSMA. 2014. Kopo Kopo – Kenya.

270. GSMA. 2020. State of the Industry Report on Mobile Money 2020.

271. GSMA. 2021. State of the Industry Report on Mobile Money 2021.

272. Haddad, C. , & Hornuf, L. 2019. The emergence of the global fintech market：Economic and technological determinants. Small Business Economics, 53 (1), 81 – 105.

273. Hall, Ian. 2021. Bahamas "Sand dollar" CBDC put to use for payroll. Global government Fintech.

274. Ho, Hang Min, and Josephine Law. 2021. The Virtual Currency Regulation Review：Singapore.

275. Hougaard, Christine, Melanie Fairhurst, Karen Kühlcke, and David Saunders. 2021. Beyond regulation：Governance of digital financial services for sustainable development. Cape Town. Centre for Financial Regulation and Inclusion (Cenfri) .

276. House of Lords. 2022. Central bank digital currencies：a solution in search of a problem? Authority of the House of Lords.

277. Hui, H. W. , Manaf, A. W. A. , & Shakri, A. K. (2019) . Fintech and the transformation of the Islamic finance regulatory framework in Malaysia. In Emerging Issues in Islamic Finance Law and Practice in Malaysia.

278. IBM. n. d. What are smart contracts on blockchain?

279. IFC and Mastercard Foundation. 2017. Banking on the future: youth and digital financial services in SubSaharan Africa. Field Note 9.

280. IMF Research. 2020. Digital Financial Services and the Pandemic: Opportunities and Risks for Emerging and Developing Economies.

281. IMF, World Bank. 2019. FinTech: The Experience So Far. IMF Policy Paper No. 19/024.

282. IMF. 2020. The Promise of Fintech Financial Inclusion in the Post COVID – 19 Era.

283. Inclusive Green Finance (IGF). 2021. Disaster Resilience Through Financial Inclusion.

284. Indian Express. 2022. Legitimate cryptocurrency usage will outpace criminal usage in 2022: Chainalysis. The Indian Express: Tech. 15 January.

285. insight2impact (i2i). 2017. i2i framework note 3. FinMark Trust and Cenfri.

286. Intergovernmental Fintech Working Group (IFWG). 2021. Crypto Assets Regulatory Working group position paper on Crypto Assets. Treasury.

287. Intergovernmental Fintech Working Group. 2020. Media Statement on the Launch of the Intergovernmental Fintech Working Group (IFWG) Innovation Hub [Press release].

288. International Finance Corporation (IFC). 2020. Merchant Payments and Digital Financial Services Handbook. Washington DC. World Bank Group.

289. International Monetary Fund (IMF). 2020. A Survey of Research on Retail Central Bank Digital Currency. Washington DC. IMF.

290. International Monetary Fund (IMF). 2020. Digital Financial Services and the Pandemic: Opportunities and Risks for Emerging and Developing Economies. Washington DC. IMF.

291. International Monetary Fund (IMF). 2021. The Crypto Ecosystem and Financial Stability Challenges. Washington DC. IMF. Accessed 29 March 2022.

292. International Monetary Fund (IMF). 2022. IMF Country Report: Nigeria 2021.

293. International Organization for Migration. 2008. Survey on Remittances 2007: Gender Perspectives. Geneva.

294. International Telecommunication Union. 2016. ITU – T Focus Group Digital Financial Services – Review of National Identity Programmes. Geneva. ITU.

295. International Telecommunication Union. 2017. ICT facts and figures – 2017. Geneva. ITU.

296. International Telecommunication Union. 2021. The gender digital divide. Geneva. ITU.

297. Jackson, B. W. 2018. Artificial Intelligence and the Fog of Innovation: A Deep – Dive on Governance and the Liability of Autonomous Systems. Santa Clara High Technology Law Journal, 35, 35.

298. Jenik, I. & Lauer, K. 2017. Regulatory Sandboxes and Financial Inclusion, CGAP.

299. Jenik, I. & Zetterli, P. 2020. Digital Banks: How can they deepen financial inclusion?, CGAP.

300. Jenik, I. 2018. Global Financial Innovation Network: Not Global Yet, CGAP.

301. Jenik, I. 2018. One Thing Regulators Should Do Before Launching a Sandbox, CGAP.

302. Jenik, I., Duff, S, & de Montfort, S. 2019. Do Regulatory Sandboxes Impact Financial Inclusion? A Look at the Data, CGAP.

303. Jie, Z., Zongjie, M., Liangguang, S., & Sub – branch, P. R. 2016. Research on the Model of International "Regulatory Sandbox" and Its Enlightenment to China. Journal of Financial Development

Research, (12), 10.

304. Johnson, M. J. 2020. Regulatory Sandbox: Milestone for Financial Technological Innovations. Purakala CARE Journal, 31 (14), 536 – 539.

305. Jones, Mark. 2020. China's PBoC urges digital payments antitrust probe on Alipay, WeChat Pay.

306. Kalogirou, Xenia. 2022. Authorities explore how to design central bank digital currencies. International Financial Law Review (IFLR) . 21 January.

307. Karkal, S. 2019. You've Opened APIs. Now What, CGAP.

308. Kasinyato, Safari. 2014. E – Money as Legal Tender: Does the status really matter? Madrid. Research Gate. Accessed 24 March 2022.

309. Khan, C. M. & Roberds, W. 2009. Why pay? An introduction to payments economics.

310. Khan, Samier. n. d. Removing Barriers to Accelerate Financial Inclusion in ASEAN.

311. Kharpal, Arjun. 2021. China has given away millions in its digital yuan trials. This is how it works. CNBC.

312. Kharpal, Arjun. 2022. China is pushing for broader use of its digital currency. CNBC.

313. Khraisha, T. , & Arthur, K. 2018. Can we have a general theory of financial innovation processes? A conceptual review. Financial Innovation, 4 (1), 4.

314. Kiff, John, Jihad Alwazir, Sonja Davidovic, Aquiles Farias, Ashraf Khan, Tanai Khiaonarong, Majid Malaika, Hunter Monroe, Nobu Sugimoto, and Peter Zhou Hervé Tourpe. 2020. IMF Working paper: A Survey of Research on Retail Central Bank Digital Currency. Washington DC. IMF.

315. King, R. 2020. New Fintech Innovation Hub Goes Live in South Africa. Central Banking.

316. Klapper, Leora, and Singer Dorothe. 2017. The World Bank Research Observer. Accessed 14 March 2022.

317. Knight, B. , & Mitchell, T. 2020. The Sandbox Paradox: Balancing the Need to Facilitate Innovation with the Risk of Regulatory Privilege. South Carolina Law Review, Forthcoming, 19 – 36.

318. Knight, B. , Mitchell, T. , 2019. Done Right, Regulatory Sandboxes Can Promote Competition, American Banker.

319. KPMG. 2021. Non – Fungible Tokens (NFT): An innovation that presents an opportunity for everyone seeking to tap digital assets? KPMG Nigeria.

320. Kroll, H. 2019. How to evaluate innovation strategies with a transformative ambition? A proposal for a structured, process – based approach. Science and Public Policy, 46 (5), 635 – 647.

321. Kudrycki, Thomas. 2017. Ubiquitous e – Money interoperability. eCurrency.

322. Kudrycki, Thomas. 2019. Central Bank Digital Currency (CBDC) as a Tool for E – money Interoperability. eCurrency. Staff Notes.

323. Laeven, L. , Levine, R. , & Michalopoulos, S. 2015. Financial innovation and endogenous growth. Journal of Financial Intermediation, 24 (1), 1 – 24.

324. Lagarde, C. Central Banking and Fintech – A Brave New World? Bank of England conference, London.

325. Lauren Braniff, Pamela Riley . 2017. A Digital Finance Prescription for Universal Health Coverage.

326. Lee, Alexander. Malone, Brendan. Wong, Paul Wong. 2020. Tokens and accounts in the context of digital currencies.

327. Lee, Giacomo. 2022. Year of the Tiger: China takes lead in digital currency as Meituan expands e – CNY payments.

328. Lehmann, M. 2019. Global Rules for a Global Market Place? – The Regulation and Supervision of FinTech Providers. Boston University International Law Journal, 37.

329. Light, Jeremy. 2022. The risks to society of central bank digital currencies. Finextra, 17 January.

330. Livemint. 2021. India has highest number of crypto owners in the world at 10.07 crore: report. 13 October.

331. Lusardi, Annamaria. 2012. Numeracy, Financial Literacy, and Financial Decision – Making. NBER Working Paper.

332. Lyons, Angela & Kass – Hanna, Josephine. 2021. Financial Inclusion, Financial Literacy and Economically Vulnerable Populations in the Middle East and North Africa. Emerging Markets Finance and Trade. 57, 2699 – 2738.

333. Madan, Nitin. 2021. Enhancing Digital G2P Transfer Capacities in Asian LDCs: Findings from Afghanistan, Bangladesh, Bhutan, Cambodia, Lao People's Democratic Republic, Myanmar, Nepal, and Timor – Leste.

334. Magnuson, W. J. 2018. Regulating Fintech, Vanderbilt Law Review, 71, 1167.

335. Margaret Miller, Leora Klapper, Ghada T eima & Matthew Gamser. 2020. How can digital financial services help a world coping with COVID – 19?

336. Margulies, B. 2022. Pilot CBDC outage due to expired certificate, ECCB says. 17 February. Central Banking.

337. Mathieu Boniol, Michelle McIsaac, Lihui Xu, T ana Wuliji, Khassoum Diallo, Jim Campbell. 2019. Gender equity in the health workforce.

338. McKinsey Global Institute. 2015. The Power of Parity: How Advancing Women's Equality Can Add $12 trillion to Global Growth.

339. McKinsey. 2021. The future of payments in Asia.

340. McLellan, Lewis. 2022. UK reveals hand with stablecoin announcement.

341. Mejia – Ricart, Rodrigo, Camilo Tellez, and Marco Nicoli. 2019. Paying across borders – Can distributed ledgers bring us closer together? World Bank Blogs.

342. Mention, A. – L., & Torkeli, M. (Eds.). 2014. Innovation in financial services: A dual ambiguity. Cambridge Scholars Publis.

343. Ministry of Finance Bahamas. 2021. Sand dollar roll – out continues with successful implementation across government agencies. The Government of The Bahamas.

344. Ministry of Finance. n.d. 2022. Digital Financial Services Policy. The Government of Ghana, Ministry of Finance.

345. Mizrach, Bruce. 2021. Stablecoins: Survivor, Transactions Cost and Exchange Microstructure. New Brunswick.

346. Moenjak, T., Kongprajya, A., & Monchaitrakul, C. 2020. FinTech, Financial Literacy, and Consumer Saving and Borrowing: The Case of Thailand.

347. Monnet, Eric, Angelo Riva, and Stefano Ungaro. 2021. Bank runs and central bank digital currency.

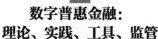
348. Mookerjee, Ajay S. 2021. What if central banks issued digital currency? Harvard Business Review.

349. M – TIBA, February 2021. Consumers and COVID – 19 Driving Digitization in Healthcare.

350. Mueller, J. 2017. FinTech: Considerations on How to Enable a 21st Century Financial Services Ecosystem. Viewpoints, Milken Institute.

351. Mukabi, Collins & Nguyen Long, Vu. 2019. Cryptocurrency as a Payment Method in the Retail Industry: An application of Diffusion of Innovation Theory (DOI) on the characteristics of Bitcoin: the case of Bitrefill. Sweden. Jonkoping University; Jonkoping International Business School.

352. Murthy, G, Vidal, M. F., Faz, X., & Barreto, R. 2019. Fintechs and Financial Inclusion, CGAP.

353. Norges Bank. 2018. Central bank digital currencies.

354. Nwaokike, U. 2018. Disruptive Technology and the Fintech Industry in Nigeria: Imperatives for Legal and Policy Responses. Gravitas Review of Business and Property Law, 9 (3).

355. Oduor, J., & Kebba, J. 2019. Financial Sector Regulation and Governance in Africa. In D. Makina (eds.) Extending Financial Inclusion in Africa (pp. 137 – 163). Academic Press.

356. OECD. 2017. Big Data: Bringing competition policy to the digital era.

357. OECD. 2014. OECD/INFE Guidelines for Private and notfor – profit stakeholders in financial education.

358. OECD. 2018. G20/OECD INFE Policy Guidance on Digitalisation and Financial Literacy.

359. OECD. 2018. The Application of Behavioral Insights to Financial Literacy and Investor Education Programmes and Initiatives.

360. OECD. 2019. Smarter financial education: key lessons from behavioral insights for financial literacy initiatives.

361. OECD. 2020. Advancing the Digital Financial Inclusion of Youth.

362. Office of the Director of National Intelligence. 2017. Risks and Vulnerabilities of Virtual Currency Cryptocurrency as a Payment Method.

363. Omarova, S. T. 2019. New Tech v. New Deal: Fintech as a systemic phenomenon. Yale Journal on Regulation, 36, 735.

364. Omarova, S. T. 2020. Dealing with Disruption: Emerging Approaches to FinTech Regulation. Washington University Journal of Law & Policy, 25.

365. Onukwue, Alexander. 2021. How mobile money grew in sub – Saharan Africa in the last 10 years. Quartz Africa.

366. OPUS. 2021. Why Digital – First Merchant Onboarding is Key to Portfolio Growth.

367. Osiakwan, E. M. 2017. The KINGS of Africa's digital economy. Digital Kenya, 55 – 92.

368. Pacific Digital Economy Programme. 2021. An Inclusive Digital Identity platform in Fiji: Country diagnostic January 2021. New York. UN Capital Development Fund (UNCDF).

369. Pacific Digital Economy Programme. 2021. An Inclusive Digital Identity platform in Vanuatu: Country diagnostic January 2021. New York. UN Capital Development Fund (UNCDF).

370. Pacific Digital Economy Programme. 2021. An Inclusive Digital Identity platform in Solomon Islands: Country diagnostic January 2021. New York. UN Capital Development Fund (UNCDF).

371. Palepu, Advait Rao. 2020. Offline Payments: The Next Big Push for Digital Transactions. 11

August. Accessed 18 March 2022.

372. Pamela Riley, September 2018. A Digital Platform to Manage Out – of – Pocket Health Care Expenses, CGAP blog.

373. Pandaily. 2022. China to Expand Scope of e – CNY Pilot. 9 March. Pandaily.

374. Paracampo, M. T. 2019. FinTech Between Regulatory Uncertainty and Market Fragmentation. What Are the Prospects for the Technological Single Market of Financial Services? . Studia Prawno – Ekonomiczne, (110), 115 – 130.

375. Payments, Cards and Mobile. 2021. PBOC extends CBDC pilot to include contactless and NFC wearables.

376. Pazarbasioglu, Ceyla, Alfonso Garcia Mora, Mahesh Uttamchandani, Harish Natarajan, Erik Feyen, and Mathew Saal. 2020. Digital Financial Services. Washington DC. World Bank.

377. Perez, Laura Munoz, Michaella Allen, Christine Hougaard, and Barry Cooper. 2019. The evolution of agent networks in Africa: Case study: Kenya. March.

378. Philippon, T. 2018. The FinTech Opportunity, National Bureau of Economic Research, Working Papers, 22476, 2.

379. Plus 500. 2022. What are the most traded cryptocurrencies?

380. Pollman, E., & Barry, J. M. 2016. Regulatory entrepreneurship. Southern California Law Review, 90, 383.

381. Pon, Bryan. 2021. "Back in the U. S. S. D. ": Most Smartphone Owners—Especially Women—Don't Use Apps for Financial Services.

382. Presentation of Schan Duff, Bank of Sierra Leone: Regulatory Sandbox Pilot Program.

383. Raj, B. , & Upadhyay, V. 2020. Role of FinTech.

384. Ramasubramanian, Sowmya. 2021. Cryptocurrency ownership in Nigeria, Malaysia highest in the world: report. The Hindu.

385. Randall, Douglas. Galicia, Guillermo. Risso, Fiorella. Trujillo, Veronica. Baur – Yazbeck, Silvia. 2020. G2P Payments in COVID – 19 context: Key areas of action and experiences from country emergency actions. Webinar. 14 April 2020. World Bank and CGAP.

386. Reserve Bank of India. 2022. RBI releases Framework for Facilitating Small Value Digital Payments in Offline Mode.

387. Reserve Bank of Vanuatu. 2018. Vanuatu National Financial Inclusion Strategy 2018 – 2023.

388. Reynolds, P. , Konijnendijk, V. & Roest, J. 2019. Should Digital Financial Services Providers Prioritize Open APIs?, CGAP.

389. Riley, Pamela, Sarah Romorini, Emma Golub, and Maggie Stokes. 2020. Digital Financial Services in the MENA Region. Rockville, MD: Sustaining Health Outcomes through the Private Sector Plus Project, Abt Associates Inc.

390. Ringe, W. G. , & Ruof, C. 2018. A regulatory sandbox for robo advice. EBI Working Papers, No 26/2018.

391. Rønning, R. , Enquist, B. , & Fuglsang, L. 2014. Framing innovation in public service sectors. Routledge.

392. Rothe, M. , Dix, A. , & Ohlenburg, T. 2018. Responsible Use of Personal Data and Automated

Decision – making in Financial Services, GIZ.

393. S. Van Uytsel & B. Ying (eds), Regulating FinTech in Asia: Global Context, Local Perspectives.

394. Sajtos, P. F. D. P. P., & Törös, Á. 2018. Regulatory tools to encourage FinTech innovations: The innovation hub and regulatory sandbox in international practice. Financial and Economic Review, 43.

395. Sand Dollar. 2020. The Bahamian Payments Systems Modernisation Initiative (PSMI).

396. Sand Dollar. 2022. FAQs: Where are Digital B $ accepted?

397. Santarriaga, Mildred. 2016. The Role of Technology in Global Financial Development: A comparative study of mobile banking markets in three different economies. International Affairs Forum.

398. Sanyal, Sanyatali. 2022. What are India's 10 most popular cryptocurrency choices? Cruptocurrency investments have grown exponentially in India. Analytics Insight.

399. Sao Tome e Principe's National Financial Inclusion Strategy 2021 – 2025.

400. Sartiges, Diego de, Aparna Bharadwaj, Imran Khan, Justine Tasiaux, and Patrick Witschi. 2020. Southeast Asian Consumers Are Driving a Digital Payment Revolution. Boston Consulting Group.

401. Schan, D. 2019. A Growing Trend in Financial Regulation: Thematic Sandboxes, CGAP.

402. Schindler, J. 2017. FinTech and Financial Innovation: Drivers and Depth, Federal Reserve Financial and Economic Discussion Series Paper, 2017 – 081.

403. Scott, Hal S. 2015. The Importance of the Retail Payment System. Harvard Library. Accessed 24 March 2022.

404. Security Boulevard. 2022. Digital Currency Hit by Expired Certificate — Root Cause for Prolonged Outage.

405. Seminario, Fabiola. 2022. Digital Payment Trends: Interoperability, Crypto and Cash – out. Iupana.

406. Shashidhar, K. J. 2020. Regulatory Sandboxes: Decoding India's Attempt to Regulate Fintech Disruption.

407. Shetty, Nishanth S. 2022. Demystify Mobile Money Risks and Money Laundering with Better Monitoring Controls. Subex.

408. Smialek, Jeanna. 2021. Why Washington Worries About Stablecoins? The New York Times.

409. Soderberg, Gabriel. 2022. Behind the Scenes of Central Bank Digital Currency: Emerging Trends, Insights, and Policy Lessons. FinTech Notes No 2022/004. February. Washington D. C. International Monetary Fund (IMF).

410. Sofrecom. 2019. Traditional mobile assets weakened by new models.

411. Sonderberg, Gabriel, Marianne Bechara, Wouter Bossu, Natasha X Che, Sonja Davidovic, John Kiff, Inutu Lukonga, Tommaso Mancini Griffoli, Tao Sun, and Akihiro Yoshinaga. 2022. Behind the Scenes of Central Bank Digital Currency: Emerging Trends, Insights, and Policy Lessons. International Monetary Fund. Washington D. C. International Monetary Fund (IMF).

412. Statista. 2021. Total number of electronic money accounts in the Phillipines from 2017 – 2020.

413. Statista. 2022. Average number of daily active users (DAU) of selected apps that allow for cryptocurrency storage in Nigeria from January 2017 to January 2021.

414. Stellar Development Foundation (SDF). n. d. Stellar for CBDCs: Whitepaper.

415. Sundararajan, Sujha. 2022. Ghana deploys hardware wallets for CBDC – eCedi. FXEMPIRE.

416. Tage Kene – Okafor. 2021. African crypto usage spurs Luno as customers reach 7M. 13 April. Techcrunch.

417. Taylor, C. , Almansi, A. A. , & Ferrari, A. 2020. Prudential Regulatory and Supervisory Practices for Fintech: Payments, Credit and Deposits (No. 145037, pp. 1 – 49) . The World Bank.

418. The Celo Foundation. 2021. Delivering Humanitarian Covid Aid using the Celo Platform.

419. The Centre for Internet and Society . 2020. Governing ID: Principles for Evaluation.

420. The Economist Intelligence Unit. 2019. Global Microscope 2019: The enabling environment for financial inclusion.

421. The Kingdom of Eswatini (formerly Swaziland) NFIS 2017 – 2022.

422. The mobile economy, GSMA, 2021.

423. The Republic of Ghana. 2018. National Financial Inclusion and Development Strategy (NFIDS) 2018 – 2023.

424. Thompson, H. , Shepherd, B. & Welch, G. , et al. 2017. Developing Businesses of Scale in Sub – Saharan Africa Insights from Nigeria, Tanzania, Uganda and Zambia, Chatham House.

425. Tiana Cline. 2019. Gender equality: Ag – tech's potential to boost women's empowerment.

426. Tobias, A, and Tommaso Mancini Griffoli. 2019. The Rise of Digital Money. FinTech Notes No. 2019/001. 15 July. IMF.

427. Tony Shapshak, Forbes 2019. Nigerian SME Digital Lender Lidya Expands to Europe.

428. Toronto Centre . 2018. Advancing Women's Digital Financial Inclusion.

429. Toronto Centre. 2020. Financial Literacy and Digital Financial Inclusion: Supervisory Policy and Practices.

430. Tredinnick, Luke. 2019. Cryptocurrencies and the blockchain. Sage Journals 36 (1): 39 – 44.

431. Trozze, Arianna, Josh Kamps, Eray Arda Akartuna, Florian J. Hetzel, and Bennett Kleinberg. 2022. Cryptocurrencies and future financial crime.

432. Tsai, C. H. , Lin, C. F. , & Liu, H. W. , (2020) . The Diffusion of the Sandbox Approach to Disruptive Innovation and Its Limitations. Cornell International Law Journal, 53 (3) .

433. UNHCR. 2020. Livelihoods, food and futures: COVID – 19 and the displaced.

434. United Nations (UN) . 2018. United Nations E – Government Survey 2018. New York. UN.

435. United Nations Conference on Trade and Development (UNCTAD) . 2019. Digital poverty needs to be a development priority. Geneva. UNCTAD.

436. United Nations Conference on Trade and Development (UNCTAD) . n. d. Data protection and privacy legislation worldwide. Geneva. UNCTAD.

437. United States Department of the Treasury. 2018. A Financial System that Creates Economic Opportunities: Nonbank Financials, Fintech and Innovation.

438. UNSGSA, FinTech Working Group and CCAF. Early Lessons on Regulatory Innovations to Enable Inclusive FinTech: Innovation Offices, Regulatory Sandboxes, and RegTech.

439. USAID, 2019. The Role of Digital Financial Services in Accelerating USAID's Health Goals.

440. Ventura, Luca. 2021. World's Most Unbanked Countries . Global Finance.

441. Waldron, D. & Sotiriou, A. 2020. A Tale of Two Sisters: Microfinance Institutions and PAYGo Solar, CGAP.

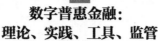
442. Wechsler, M., Perlman, L., & Gurung, N. 2018. The State of Regulatory Sandboxes in Developing Countries.

443. Witz, B. D. 2019. Sandbox Games for RegTech. In J. Barberis, D. W. Arner, R. P. Buckley (Eds.), The RegTech Book. John Wiley & Sons, Ltd.

444. Women's World Banking, 2018. The Power of Partnership: A Corporate Collaboration to Advance Women's Financial Inclusion in Pakistan.

445. Women's World Banking. 2020. Delivering on the Potential of Digitized G2P: Driving Women's Financial Inclusion and Empowerment through Indonesia's Program Keluarga Harapan.

446. Working Group on e – CNY Research and Development of the People's Bank of China. 2021. Progress of Research and Development of e – CNY in China. July 2021. Beijing. People's Bank of China.

447. World Bank Group. 2018. Women, Business and the Law 2018. Washington DC. World Bank.

448. World Bank Group. 2020. Digital Financial Services. April 2020 Note.

449. World Bank Open Data. 2019. Access to electricity (% of population) – Sub – Saharan Africa. Washington DC. World Bank.

450. World Bank Open Data. 2019. Access to electricity (% of population) – Latin America & Caribbean, South Asia, East Asia & Pacific, Pacific island small states, SubSaharan Africa. Washington DC. World Bank.

451. World Bank Open Data. 2019. Individuals using the Internet (% of population) – Latin America & Caribbean, South Asia, East Asia & Pacific, Pacific island small states, Sub – Saharan Africa. Washington DC. World Bank.

452. World Bank, 2017. The Global Findex Database 2017.

453. World Bank. 2012. Financial Inclusion Strategies Reference Framework.

454. World Bank. 2017. 2017 Findex full report chapter 2.

455. World Bank. 2018. Developing and Operationalizing a National Financial Inclusion Strategy.

456. World Bank. 2018. G20 Digital Identity Onboarding.

457. World Bank. 2018. ID4D Practitioner's Note. Catalog of Technical Standards for Digital Identification Systems. Washington, DC: International Bank for Reconstruction and Development / The World Bank.

458. World Bank. 2019. ID4D Practitioner's Guide: Version 1. 0 (October 2019). Washington, DC: World Bank.

459. World Bank. 2020. The Global Identification Challenge: ID4D – Findex Survey. Washington DC. World Bank.

460. World Bank. 2021. Technical note: Lessons from Implementing a National Financial Inclusion Strategy.

461. World Bank. 2021. Women, Business and the Law Data. Washington DC. World Bank.

462. World Bank. 2012. New Database Shows Three Quarters of World's Poor Are "Unbanked".

463. World Bank. 2018. G20 Digital Identity Onboarding. GPFI.

464. World Bank. 2019. Thailand Economic Monitor, July 2019: Harnessing Fintech for Financial Inclusion. World Bank.

465. World Bank. 2020. Global Financial Development Report 2019/2020: Bank Regulation and Supervision a Decade After the Global Financial Crisis. World Bank Group.

466. World Bank. 2020. How Regulators Respond To FinTech : Evaluating the Different Approaches – Sandboxes and Beyond. World Bank Group Working Papers, Fintech Note, 4.

467. World Economic Forum (2017, June). Realizing the Potential of Blockchain: a Multistakeholder Approach to the Stewardship of Blockchain and Cryptocurrencies, World Economic Forum.

468. World Economic Forum (WEF). 2017. 6 challenges to financial inclusion in South Africa. Cologny. WEF.

469. World Economic Forum (WEF). 2021. Digital Currency Consumer Protection Risk Mapping. Cologny. WEF. November.

470. World Economic Forum (WEF). 2022. How to close Southeast Asia's financial inclusion gap. Cologny. World Economic Forum.

471. World Economic Forum. 2016. Innovation in Electronic Payment Adoption: The case of small retailers. Cologny. WEF.

472. World Economic Forum. 2020. What is the value of proposition of stablecoins for financial inclusion? Digital Currency Governance Consortium White Paper Series. Cologny. WEF.

473. World Economic Forum. 2021. 4 key cybersecurity threats to new central bank digital currencies. Geneva. The World Economic Forum (WEF).

474. Wright, Graham. 2015. In our digital financial services we trust? MicroSave Consulting. 24 June.

475. Yang, Jingjing. 2021. China's digital yuan proceeding apace. Lakyara no. 334. Nomura Research Institute, Ltd.

476. Zetzsche, D. A., Arner, D. W., Buckley, R. P., & Kaiser – Yücel, A. (2020). Fintech Toolkit: Smart Regulatory and Market Approaches to Financial Technology Innovation. University of Hong Kong Faculty of Law Research Papers, 2020/027.

477. Zetzsche, D. A., Arner, D. W., Buckley, R. P., Weber. 2020. The evolution and future of data – driven finance in the EU. Common Market Law Review, 57, 331 – 360.

478. Zetzsche, D. A., Buckley, R. P., & Arner, D. W. 2018. Digital ID and AML/CDD/KYC Utilities for Financial Inclusion, Integrity and Competition. Journal of Economic Transformation, 133 – 142.

479. Zetzsche, D. A., Buckley, R. P., Arner, D. W., & Barberis, J. N. 2017. From FinTech to TechFin: The regulatory challenges of data – driven finance. New York University Journal of Law and Business, 14, 393.

480. Zetzsche, D. A., Buckley, R. P., Arner, D. W., & Fohr, L. 2019. The ICO Gold Rush: It's a Scam, It's a Bubble, It's a Super Challenge for Regulators. Harvard International Law Journal, 60, 267.

481. Zetzsche, D. A., Buckley, R. P., Barberis, J. N., & Arner, D. W. 2017. Regulating a revolution: From regulatory sandboxes to smart regulation. Fordham Journal of Corporate and Financial Law, 23, 31.

482. Zhou, W., Arner, D. W., & Buckley, R. P. 2015. Regulation of digital financial services in China: Last mover advantage, Tsinghua China Law Review.

论文：大力发展数字普惠金融

以"惠"为根本推动"普"实现互动发展

——基于数字普惠金融降低成本视角①

摘　要：中国普惠金融发展成效显著，但仍面临着"惠"与"普"难以实现互动发展的困境，制约其高质量发展。本文系统分析普惠金融本质，探究"惠"推动"普"实现互动发展的关键，厘清数字普惠金融通过降低平均成本助力其互动发展的逻辑机理。研究发现，普惠金融以"惠"为根本推动"普"，"普"发挥规模经济与范围经济作用促进"惠"下降实现互动发展。普惠金融是以"薄利多销"为盈利模式的特殊商业性金融。"惠"推动"普"实现互动发展的关键在于降低普惠金融产品的平均成本；数字普惠金融的助力机理为依托数字平台网络效应、数据信息非竞争性以及数字技术去中心化分别降低获客成本、风控成本和交易成本。然而，数字普惠金融仍存在服务边界，受制于"惠"的下限约束无法实现弱势群体全覆盖。最后，本文提出搭建以服务平台、信息平台、展销平台为核心的"三角平台"运行载体，功能分别是降低获客成本、风控成本、交易成本，做实促进数字普惠金融发展的设施保障。

关键词：普惠金融；商业性金融；数字技术；成本约束；服务边界。

一、引言

发展普惠金融是实现联合国千年发展目标的重要手段。2000 年联合国首脑会议一致通过了联合国千年发展目标（Millennium Development Goals），旨在将全球贫困水平在 2015 年之前降低一半（以 1990 年的水平为标准）。为充分发挥金融促进实现联合国千年发展目标的重要作用，联合国于 2005 年"国际小额信贷年"提出"包容性金融体系"（Inclusive Financial System），认为金融机构需提供"普遍惠及所有人"的金融服务，包容和服务于有金融需求但被传统金融排斥或服务不足的弱势群体。2006 年，小微信贷开创者穆罕默德·尤努斯获得诺贝尔和平奖，推动小额信贷迅速进入中国，后

---

① 本文为中国农业大学经济管理学院研究团队发表于《经济学家》（2023.12）的论文《实现金融"普"与"惠"的互动发展——基于数字普惠金融降低成本视角》的未删减版，旨在分析大力发展数字普惠金融问题。本文提出了许多创新观点，有助于更好理解本书内容，故作为附录论文。

小额信贷逐渐演化为具有中国特色的普惠金融，普惠金融理论与实践也日益丰富。

普惠金融受到了中国各界的高度重视，不仅是打赢脱贫攻坚战的重要金融手段，而且成为推动乡村振兴、实现共同富裕的重要金融支撑。2013 年党的十八届三中全会将"发展普惠金融"写入决议，首次将普惠金融上升为国家战略。2015 年国务院发布《推进普惠金融发展规划（2016—2020 年）》，明确了发展普惠金融的指导思想、基本原则、总体目标和具体措施，标志着普惠金融发展战略落地实施。2021 年中央一号文件站在新时代发展高度，首次提出"发展农村数字普惠金融"，鼓励金融机构积极创新数字普惠金融产品以满足农村弱势群体金融需求。2023 年国务院发布《关于推进普惠金融高质量发展的实施意见》，专章要求"有序推进数字普惠金融发展"，普惠金融发展进一步深化。普惠金融颠覆了金融"嫌贫爱富"的传统，将不被传统金融青睐的农民等弱势群体纳入服务范围，在提升金融覆盖面、可得性、满意度方面成效显著。[①] 然而，弱势群体融资"难、贵、慢"等问题长期存在，广大农村地区和低收入群体的金融需求难以得到有效满足，究其深层次原因是普惠金融面临"惠"与"普"顾此失彼的困境，难以实现互动发展，成为阻碍普惠金融高质量发展的"绊脚石"。

数字普惠金融通过数字技术赋能传统普惠金融，已成为普惠金融发展的重要驱动力。但综合已有研究，关于如何实现"惠"与"普"互动发展仍有五个关键问题悬而未决：第一，普惠金融发展中"惠"与"普"孰为主导者、如何实现互动发展？第二，普惠金融以何种盈利模式实现商业可持续发展？第三，数字普惠金融助力"惠"与"普"互动发展的逻辑机理是什么？第四，普惠金融是否存在服务边界以及如何扩大服务边界？第五，如何搭建保障数字普惠金融高质量发展的运行载体？回答上述问题对于深化中国普惠金融发展具有重要理论意义和实践价值。基于此，本文围绕"如何实现'惠'与'普'互动发展"核心命题，首先提出关键问题，普惠金融发展中以"惠"为主导、为根本推动"普"，实现互动发展；其次分析关键问题，"惠"推动"普"实现互动发展的关键在于降低普惠金融产品的平均成本；最后解决关键问题，发挥数字普惠金融作用，降低获客成本、风控成本和交易成本，搭建以服务平台、信息平台和展销平台为核心的"三角平台"运行载体。

本文后续安排如下：第二部分为文献综述及边际贡献；第三部分通过分析普惠金融本质，阐明普惠金融"薄利多销"的盈利模式，发现"惠"是根本推动"普"进而实现互动发展；第四部分探讨"惠"推动"普"实现互动发展的困境，揭示解决困境的关键是降低普惠金融产品的平均成本；第五部分厘清数字普惠金融助力"惠"推动

---

① 中国基本实现乡乡有机构、村村有服务、家家有账户，移动支付、数字信贷等业务迅速发展，小微企业、"三农"等领域金融服务水平不断提升。2022 年末，我国人均拥有银行账户 9.97 个，居世界第一；人均持有银行卡 6.71 张，居世界第二；中小微企业贷款占 GDP 的比例位居世界前列；每千人人寿保单数居世界前 10% 位置；每 10 万人拥有 ATM 数量居世界前 20% 位置。中国人民银行发布的 2022 年四季度金融机构贷款投向统计报告显示，2022 年末，人民币普惠金融领域贷款余额为 32.14 万亿元，同比增长 21.2%。其中，普惠小微贷款余额为 23.8 万亿元，农户生产经营贷款余额为 7.83 万亿元，创业担保贷款余额为 2 679 亿元，助学贷款余额为 1 785 亿元，脱贫人口贷款余额为 1.03 万亿元，分别同比增长 23.8%、15.5%、14%、21.6% 和 13.1%。

"普"实现互动发展的逻辑机理，促进扩大普惠金融服务边界；第六部分提出搭建"三角平台"运行载体，为数字普惠金融高质量发展提供设施保障。

二、文献综述及边际贡献

已有研究不断完善普惠金融内涵，探究普惠金融的作用及成效，关注其发展面临的问题与困境，但对如何实现"惠"与"普"互动发展等仍有较大探索空间，本文对此进行深入分析，提出了破解思路与举措，形成主要边际贡献。

第一，揭示以"惠"为主导和根本推动"普"，借助规模经济与范围经济优势实现互动发展，填补已有研究对于"惠"与"普"孰为主导、根本，如何实现互动发展研究的不足。已有研究表明，普惠金融的"普"体现为对所有的企业和个人提供金融服务，尤其是弱势群体能够享受正规金融服务；"惠"指为弱势群体提供可负担成本、适当有效的金融服务；"惠"与"普"强调的是让社会各阶层能够以合理成本享受金融服务。尽管已有研究关注到"惠"与"普"的内涵，但这些研究未阐明"惠"与"普"孰为主导、根本，进而如何实现互动发展的问题。本文阐明以"惠"为主导、为根本推动"普"，进而借助规模经济和范围经济优势实现互动发展，为深刻理解普惠金融发展动力提供参考。

第二，提出普惠金融是以"薄利多销"为盈利模式的特殊商业性金融，并辨析其与传统商业性金融、扶贫金融等非商业性金融的差异，回答现有研究对普惠金融能否以及如何实现商业可持续发展的争议。已有研究对普惠金融能否实现商业可持续存在争议，部分学者认为普惠金融既包括商业性金融也涵盖政策性金融，或将普惠金融与扶贫金融等同，但也有研究认为政策性金融与普惠金融的商业可持续原则相悖。普惠金融的商业可持续有别于一般商业性金融的"嫌贫爱富"，更强调享受金融服务的"平等机会"，因此实现商业可持续成为中国普惠金融的特色所在，要求具有一定的消费者剩余，即让消费者感觉价格优惠或不存在价格排斥和歧视。在此基础上，穆争社和穆博（2021）从服务对象和经营原则等方面辨析了普惠金融与农村金融、扶贫金融的差异，认为普惠金融是特殊的商业性金融。综上，多数研究仅关注到普惠金融与扶贫金融等非商业性金融的差异，并未探究普惠金融的盈利模式，导致对普惠金融商业可持续的理解存在争议。鉴于此，本文提出普惠金融"薄利多销"的盈利模式，论证了其是特殊的商业性金融，并通过对比分析揭示了其与传统商业性金融和非商业性金融的根本差异。

第三，指出降低普惠金融产品的平均成本是"惠"推动"普"实现互动发展的关键，并综合分析数字普惠金融降低获客成本、风控成本和交易成本助力普惠金融发展的机理，不仅回答了发展普惠金融的关键，而且弥补了已有研究仅从单一成本维度分析的不足。已有研究表明，数字普惠金融不仅可以降低普惠金融供给方的获客成本和风控成本，还可以降低需求方获取金融服务的时间、距离等产生的交易成本。但这些研究仅从单一成本维度开展研究，且未将成本与普惠金融产品的价格（"惠"）链接，无法准确理解"惠"推动"普"实现互动发展的关键因素。本文依据成本加成定价法提出价格（"惠"）实质上由平均成本加成决定，因此降低普惠金融产品的平均成本成为"惠"推动"普"实现互动发展的关键。进一步地，本文通过剖析普惠金融产品的平均成本构成，深入分析了数字普惠金融分别降低获客成本、风控成本和交易成本助力"惠"推动"普"实现互动发展的作用机理，为打破普惠金融发展枷锁提供了依据。

第四，探究普惠金融受制于"惠"的下限约束，影响了"普"的扩展，导致其存在服务边界，有效补充当前对普惠金融服务边界扩展研究的不足。普惠金融是否存在服务边界引起了部分学者关注。王颖和曾康霖（2016）认为，普惠金融的服务范围应该覆盖到所有人，即不存在服务边界；穆争社和穆博（2021）指出，由于需求方可负担成本限制，普惠金融存在服务边界。数字普惠金融在一定程度上扩大了传统普惠金融的服务边界，但其仍会受到数字鸿沟等因素影响，导致部分弱势群体被排斥在普惠金融服务之外，数字普惠金融仍存在服务边界。尽管上述研究已关注到普惠金融服务边界的问题，但并未详细剖析其成因。基于此，本文认为，需求方可负担成本与供给方商业可持续原则共同决定"惠"，"惠"推动"普"的发展，"惠"与"普"互相促进不断扩大普惠金融服务边界，但"惠"具有下限约束，导致普惠金融仍存在服务边界，本文为扩大普惠金融服务边界提供思路和举措借鉴。

第五，提出搭建以服务平台、信息平台、展销平台为核心的"三角平台"运行载体，功能分别是降低获客成本、风控成本、交易成本，做实促进数字普惠金融发展的设施保障。数字普惠金融平台作为数字普惠金融发展的运行载体，是重要的金融基础设施，引起学界的广泛关注。已有研究多针对普惠金融产品展销平台进行优化设计，如提出平台科技与金融协同发展以及用户分层方案更好地降低交易成本，但鲜有研究综合关注到服务平台及信息平台分别在降低获客成本、风控成本方面的作用。本文创新性地提出以服务平台降低获客成本、以信息平台降低风控成本、以展销平台降低交易成本的"三角平台"架构设计，为更好推动数字普惠金融助力"惠"推动"普"实现互动发展提供设施保障。

三、普惠金融的本质

普惠金融在发展初期主要依托于小微型金融机构，这引发了学界和业界对普惠金融本质的福利主义派与制度主义派之争。福利主义强调普惠金融的公益性和社会性，主张通过补贴、税收优惠等财政资金覆盖普惠金融成本；制度主义则认为，商业可持续性是发展普惠金融的前提条件。《推进普惠金融发展规划（2016—2020年）》指出，普惠金融是"立足机会平等要求和商业可持续原则，以可负担的成本为有金融服务需求的社会各阶层和群体提供适当、有效的金融服务"。基于上述定义，本部分对普惠金融的本质进行解构。

1. 机会平等要求

第一，机会平等的实质：普惠金融是基本人权。联合国2000年的千年发展目标认为，每个人都有"天赋"的发展权利。穆罕默德·尤努斯教授提出，穷人获得贷款用于家庭经营而增加收入，是他们应得的、"天赋"的发展权利，即"人权"。普惠金融作为基本人权，意味着应使所有社会主体享有有尊严地获得金融服务的权利而不被排斥，要上升到人权的高度认识和开展普惠金融，应该面向社会各阶层和群体公平提供基本金融服务，而不是只向大企业、富人提供金融服务，特别要注意保障弱势群体获得金融服务的基本人权。

因此，普惠金融所强调的"机会平等"内涵为：在同等条件下，金融机构不应因外在的客观因素（如性别、年龄、种族、健康状况、外貌及衣着等）歧视服务对象，所有人均有平等机会获得金融服务。"机会平等"重点体现为对弱势群体的机会平等，是对传统金融"嫌贫爱富"特征的突破，以包容理念将小微企业、农户、低收入人群等弱势群体纳入金融服务范围。

第二，机会平等的条件：普惠金融产品价格（"惠"）需同时满足需求方和供给方的诉求。"机会平等"强调在同等条件下公平对待弱势群体，让被传统金融拒之门外的弱势群体有尊严地获得金融服务。实现机会平等的前提条件是普惠金融的价格合理，既要有一定的消费者剩余，又要兼顾一定的生产者剩余，即普惠金融产品价格（"惠"）需同时满足需求方可负担成本和供给方商业可持续的诉求（见表1）。

对于需求方而言，普惠金融产品价格"惠"（可负担成本）与服务"惠"（适当、有效）是保障机会平等的前提。一方面，价格"惠"所强调的可负担成本要求金融产品价格在弱势群体的可接受能力范围内。由于弱势群体经济承受能力往往较弱，因此可负担成本要求金融产品的价格维持在较低水平，以便更多弱势群体能够用得起金融服务，以价格"惠"推动覆盖面提升（"普"）的同时保障机会平等。另一方面，服务"惠"要求弱势群体享有的金融服务适当、有效。弱势群体获得的金融产品要切实符合其实际需求，既不能降低服务标准，也不能超越当前的需求现状和需求范围[1]，以服务"惠"保障普惠金融产品能够真正为广大弱势群体所用，激发潜在金融需求，实现机会平等。根据当前弱势群体需求现状，应向其提供适当、有效的初级金融产品[2]，由于这类产品的价格低于金融衍生产品、对冲基金等高端金融产品价格，因此服务"惠"的本质仍为价格"惠"。价格"惠"成为实现机会平等的根本前提条件。

对于供给方而言，价格"惠"需遵循商业可持续原则，为扩大覆盖面（"普"）提供动力。供给方的商业可持续原则要求必须在满足收益覆盖成本以获得盈利的前提下，降低普惠金融产品价格（"惠"）。合理的价格（"惠"）将会激励更多弱势群体购买金融产品，在扩大覆盖面（"普"）的同时为金融机构带来更多利润，既实现了机会平等，也以此增强了供给方发展普惠金融的动力。

---

① 在普惠金融实践中存在两种偏离服务"惠"的现象：一是降低对客户的服务标准，如将普惠金融单纯看作小额信贷，认为凡是小额的金融业务就是普惠金融，以至于把普惠金融当作扶贫手段推进；二是向长尾客户提供超出其需求范围和可负担成本的金融产品，造成无效金融服务，如提供金融衍生产品、对冲基金等高端金融产品。

② 详见后文对于服务对象及产品特征的分析，初级金融产品包括账户服务、支付结算服务、储蓄、贷款、保险等。

表1　机会平等的条件

主体	机会平等的条件	具体说明
需求方	以价格"惠"推动"普"	弱势群体为获得金融产品所支付的价格应在其可负担成本内，以此推动"普"
	以服务"惠"推动"普"	满足弱势群体适当、有效的金融产品需求，以此推动"普"
供给方	以价格"惠"推动"普"	普惠金融产品价格应在以收益覆盖成本实现盈利的前提下尽可能降低，以商业可持续原则下的价格"惠"推动"普"

综上所述，机会平等要求具体表现为：弱势群体获得金融服务是一项基本人权，需以可负担的成本保障其获得适当、有效的金融服务，但为保证金融机构有持续的动力提供普惠金融产品，还需满足供给方以收益覆盖成本为原则实现商业可持续。因此，实现机会平等需对普惠金融产品实行合理低价格，以"惠"为根本，推动"普"的发展；随着"普"的扩大，通过发挥规模经济和范围经济效应降低成本，推动普惠金融产品价格（"惠"）进一步降低，实现"惠"与"普"互为促进，推动普惠金融发展。

2. 服务对象与产品特征

第一，服务对象及其特征。普惠金融的服务对象是小微企业、农民、城镇低收入人群、贫困人群和残疾人、老年人等弱势群体。传统金融具有"嫌贫爱富"的天然属性，大企业和富人的财务及经营信息披露质量高、信用状况良好、承受高价格的能力较强，能给金融机构带来丰厚的利润，天然受到传统金融的青睐。小微企业、农民等弱势群体则由于财务信息缺乏，主体征信缺失，抵押担保物不足等，往往受到传统金融排斥。普惠金融的目标是为社会各阶层和群体提供有效的、全方位的金融服务，因此，受到传统金融排斥、金融服务需求未能满足的弱势群体就是普惠金融的服务对象。

普惠金融的服务对象呈现长尾特征。根据长尾理论，在金融市场上，20%的头部客户更受传统金融青睐，80%极具潜力的弱势群体则成为普惠金融的服务对象，此部分群体数量巨大，长尾特征显著，因而普惠金融发展主要是实现"普"，即扩大金融服务的覆盖面。中国是世界上贫富差距较大的国家之一，2020年十三届全国人大三次会议记者会上，时任总理李克强指出，中国有"6亿中低收入及以下人群，他们平均每个月的收入也就1 000元左右"[1]，说明我国普惠金融服务对象人数众多，长尾化特征尤其明显。从图1中国基尼系数的变化趋势来看，2010年之后，中国基尼系数整体有所下降，但仍多处于0.46~0.47，超过了国际公认的0.4警戒线，表明弱势群体在中国占据更大比例，甚至超过"二八定律"中的80%。中国长期呈现"城市与农村"的二元结构特征，充分反映了中国现有金融体系存在的结构性排斥问题：越是需要金融支持的主体，获得金融服务反而越困难。城乡二元经济结构导致弱势群体主要分布在农村地区，农村成为中国普惠金融的主战场。

---

[1] 《全面脱贫在即，为何仍有"6亿人每月收入1 000元"？》，https：//baijiahao. baidu. com/s? id =166907444
9742781186&wfr = spider&for = pc.

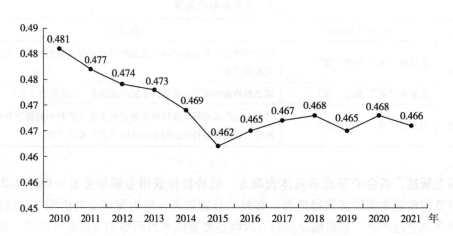

图1　2010—2021年中国基尼系数变化趋势

（资料来源：《中国统计年鉴》）

第二，产品特征。一是普惠金融产品多为初级产品。一方面，弱势群体多为风险厌恶者，由于自身风险承担能力较低，他们多将资金投入生产生活，缺乏风险投资需求；另一方面，弱势群体多是资金需求方而非资金供给方。弱势群体对金融产品的需求特征决定了普惠金融产品多为初级产品，如账户服务、支付结算服务、储蓄、贷款、保险等，而衍生产品买卖、基金投资等高风险理财产品则在当前阶段较少纳入普惠金融产品需求范围。因此，对弱势群体提供适当、有效的金融产品（服务"惠"）应以初级产品为主。

二是普惠金融产品价格应是合理范围内的低价格。对于供给方而言，普惠金融产品定价应合理，遵循收益覆盖成本原则以实现商业可持续。对于需求方而言，普惠金融产品的价格需满足弱势群体的可负担成本要求。弱势群体价格的可负担能力弱，要求普惠金融产品实行低价格。两者共同作用，普惠金融产品价格应是在合理范围内的低价格（价格"惠"）。

三是普惠金融产品以信用产品为主。弱势群体由于缺乏法律意义上的合格抵质押品而被传统金融所排斥，这决定了普惠金融多以弱势群体的信用评级为依据发放贷款，因而信用贷款成为主要产品，这也是普惠金融产品具有高风险特征的重要原因。

3. **商业可持续原则**

第一，"薄利多销"的盈利模式。普惠金融以"薄利多销"的盈利模式实现"惠"，向弱势群体提供更多普惠金融产品，扩大"普"，两者相互促进推动普惠金融发展。正如前文所述，以"惠"推动"普"是实现机会平等的前提条件，因此普惠金融实现商业可持续的根本在于以"薄利"解决"惠"的问题，以此推动"多销"，实现"普"。

普惠金融的需求方是弱势群体，呈现典型长尾特征，对普惠金融产品的需求巨大，决定了普惠金融市场是卖方市场，因此普惠金融产品的价格往往由供给方决定。在弱势群体可负担成本"惠"的要求下，供给方对金融产品的价格（P）只能略高于提供普惠金融产品的平均成本（Average Cost，AC）以保持合理的盈利空间（Profit = P - AC），即"薄利"。供给方一般按照成本加成定价法对普惠金融产品定价，加成大小决定着盈利空间。考虑到弱势群体的可负担成本能力，普惠金融产品的盈利空间较小，即"薄利"。否则，当价格高于需求方可负担成本时，就会导致弱势群体主动放弃获得金融产品，普惠金融也就失去了服务对象。

普惠金融以"薄利"促进"多销"，推动了"普"的实现。普惠金融需求方的长尾特征易于形成鲜明的规模经济和范围经济效应，奠定了"多销"的市场基础。一方面，弱势群体的规模经济优势使供给方提供普惠金融产品的平均成本随着产品供给数量的增加不断下降；另一方面，范围经济优势使得供给方可以同时提供多种差异化普惠金融产品，而单位成本小于分别提供这些产品时的成本，进一步使平均成本下降。规模经济优势和范围经济优势同时作用，推动了普惠金融产品平均成本的下降，使供给方在保持"薄利"盈利空间的前提下能够进一步降低普惠金融供给价格，满足弱势群体可负担成本的要求，通过"惠"让更多的弱势群体享受到普惠金融产品，推动"普"的发展。

普惠金融"薄利多销"的盈利模式为实现普惠金融商业化可持续发展提供了重要保障。从上述分析可知，供给方以"薄利"降低普惠金融产品的价格，保障需求方用得起、用得好，满足弱势群体对"惠"的要求。"惠"为普惠金融产品"多销"奠定基础，"惠"的程度决定了"普"的边界。在"薄利"和"多销"的共同相互推动作用下，一是满足供给方利润最大化，实现商业可持续；二是通过"惠"推动"普"的实现，满足更多需求方的普惠金融需求；三是以"惠"为主导、为根本，推动"普"的发展，并相互促进，提高普惠金融发展水平。

第二，普惠金融是特殊的商业性金融。一是普惠金融是"馒头"式商业性金融，不同于传统金融的"蛋糕"式商业性金融。由于传统金融与普惠金融在服务对象、产品特征及盈利模式方面存在显著差异，两者虽都是商业性金融，但仍有本质差异。首先，在服务对象上，"蛋糕"式商业性金融的服务对象为"二八定律"中头部20%的中高端客户，金融产品呈现高价格、高利润特征，服务客户规模较小；"馒头"式商业性金融的服务对象为"二八定律"中80%的弱势群体，金融产品呈现低价格、低利润特征，但服务客户规模大。其次，就产品特征而言，"蛋糕"式商业性金融主要提供的是服务精良、价格较高、成本较高的高品质金融产品及服务；"馒头"式商业性金融提供初级金融产品及服务，保障弱势群体能够获得基础性金融服务。最后，就盈利模式而言，"蛋糕"式商业性金融服务小规模高净值客户获得单位高盈利，以"厚利少销"实现利润最大化目标；"馒头"式商业性金融服务大规模低净值客户，以单位"薄利"通过"多销"实现利润最大化目标。

二是普惠金融不同于扶贫金融、政策性金融，更不是社会救济，而是商业性金融。如前文所述，普惠金融"薄利多销"的盈利模式决定了其并不等同于以履行社会责任为主的扶贫金融所坚持的"保本微利"经营原则，也不等同于政策性金融和财政支持的社会救济。政策性金融可能因存在政策性亏损需获得财政无偿支持以实现可持续发展，而普惠金融既要履行社会责任，又要实现商业可持续，应按照市场要求有效配置金融资源。

表2　普惠金融的特殊性

类别	服务对象	产品特征	盈利模式
普惠金融	弱势群体	以初级金融产品为主逐步拓展产品类型	薄利多销
传统商业性金融	头部群体	高品质金融产品	厚利少销
扶贫金融、政策性金融、社会救济等非商业性金融	社会救济群体	小额为主的初级金融产品	保本微利或对政策性亏损的补贴

四、"惠"推动"普"实现互动发展困境分析

中国推动普惠金融发展成效显著，普惠金融覆盖面持续扩大，可得性明显提升，满意度不断改善，为打赢脱贫攻坚战、服务乡村振兴、促进共同富裕注入了"金融活水"。正如前文分析，普惠金融以"惠"为根本推动"普"的发展，"惠"与"普"相互促进良性发展。因此，如何降低普惠金融产品的平均成本以更好实现"惠"就成为推动普惠金融发展的关键。

1. 普惠金融产品的成本构成

第一，供给方的成本包括资金成本[①]、获客成本、风控成本和研发成本。供给方提供普惠金融产品的资金成本与传统金融基本一致，但普惠金融的获客成本和风控成本均高于传统金融。在获客成本方面，受制于普惠金融需求方分散化、小规模等特点，金融机构触达客户障碍极大，这增加了普惠金融的获客成本。在风控成本方面，弱势群体缺乏合格抵质押物，导致普惠金融产品以信用贷款为主，加之弱势群体多呈现高风险特征，使得普惠金融产品的风控成本高于传统金融。就研发成本而言，普惠金融产品多为初级产品，研发成本较低，可忽略不计。

第二，需求方的成本包括普惠金融产品价格和交易成本（"皮鞋成本"）。需求方的成本首先是为获得普惠金融产品支付的价格，亦即供给方提供普惠金融产品的价格，也是其成本的主要部分。此外，由于弱势群体多居住在偏远农村、山区等，为到银行实体网点办理金融业务往往需要付出更多的时间、路费等"皮鞋成本"，这抬高了普惠金融需求方的交易成本。

综上，普惠金融产品成本包括资金成本、获客成本、风控成本、交易成本四类，

---

① 资金成本主要指存款人让渡资金使用权产生的成本（即银行支付给存款人的利息）。因与传统金融支付的利息具有一致性，为便于分析，本文将普惠金融的资金成本作为外生变量，视为固定成本予以忽略。若放松资金成本的外生条件，数字普惠金融运用数字技术可通过降低存款人前往金融机构存款的"皮鞋成本"以降低资金成本；当然，也可降低金融机构吸收存款的成本，进一步降低资金成本。

具体构成见图2。资金成本、获客成本和风控成本决定了普惠金融产品价格，而需求方获得普惠金融产品还需付出交易成本。

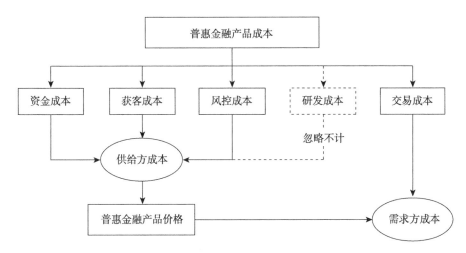

图2　普惠金融产品的成本构成

2. "惠"推动"普"实现互动发展的困境分析

第一，供给方。前文分析表明，供给方盈利空间（Profit）＝P－AC，由于供给方通常按照成本加成定价法确定普惠金融产品价格，即合理的盈利空间保持不变（即符合前文的"薄利"要求），因此降低普惠金融产品的平均成本是降低价格实现"惠"的关键。由于资金成本为固定成本，降低普惠金融产品供给的平均成本主要取决于降低获客成本和风控成本。由此形成了"惠"与"普"互动发展的逻辑关系：普惠金融产品供给的平均成本降低，引导价格降低，实现"惠"推动"普"；随着"普"的扩大，规模经济和范围经济效应作用进一步降低平均成本，更好实现"惠"，形成"惠"推动"普"互动发展。

但是，在实践中，传统普惠金融主要通过扫街等方式获客，导致获客成本较高；同时受扫街等方式造成客户信息更新不及时，以及风险防控手段不足等因素影响，风控成本较高。这些因素的共同作用，造成普惠金融产品供给的平均成本的降低受到约束，制约了普惠金融产品供给价格的进一步降低，导致"惠"推动"普"实现互动发展受到限制。

第二，需求方。对需求方而言，可负担成本取决于普惠金融产品价格和交易成本。即使供给方降低价格，若需求方交易成本无法降低，仍将导致普惠金融产品成本处于相对较高水平，超越需求方的可负担成本能力，即从需求方看，"惠"难以实现，进而影响"普"的扩展，使"惠"推动"普"难以互动发展。

传统普惠金融需求方通过线下实体网点或代理点获得金融服务，地理距离的交易方式带来了相对较高的"皮鞋成本"，而且需求方也无法7×24小时获取金融服务，不够便捷。这些因素共同作用，导致较高的交易成本制约了"惠"的实现，使"惠"推动"普"实现互动发展受到限制。

第三，"惠"推动"普"实现互动发展的关键是降低普惠金融产品的平均成本。综合前文分析，普惠金融产品的平均成本降低的下限取决于获客成本、风控成本和交易成本。传统普惠金融产品的获客成本、风控成本和交易成本均较高，导致普惠金融产品的平均成本保持在某一水平，此时虽已达到了平均成本下限，但这一下限仍高于部分弱势群体的可负担成本，造成这部分弱势群体被排斥在普惠金融服务范围之外，由此决定了普惠金融的服务边界。根据前文对普惠金融本质的分析，平均成本下限决定普惠金融产品价格（"惠"），而该价格进一步决定普惠金融产品的覆盖面，从而制约普惠金融服务边界（"普"）扩大。因此，扩大普惠金融服务边界的关键是降低普惠金融产品的平均成本。

3. 价格矛盾成为"惠"推动"普"实现互动发展的实践难点

正如图 2 所示，供给方成本决定了普惠金融产品价格，而普惠金融产品价格与交易成本共同决定了需求方成本，因此普惠金融产品价格衔接了供给方成本和需求方成本。前文理论层面分析表明，降低普惠金融产品的平均成本是解决"惠"推动"普"实现互动发展困境的关键。从实践看，供给方和需求方对于普惠金融产品价格的要求存在矛盾，这成为实现"惠"推动"普"进而实现互动发展的实践难点。

第一，普惠金融产品的高成本特征要求供给方实行高价格。正如前文所述，农村是普惠金融主战场，"三农"是普惠金融服务的主要对象。一方面，"三农"对金融产品的需求呈现小额化、信用化、短期化、快速化和分散化等特征，这决定了普惠金融具有较大的获客难度和高风险特性，导致获客成本和风控成本较高。另一方面，农业生产同质化、"跟风"现象严重，导致其自然风险和市场风险均较高，且农户和农村小微企业普遍抗风险能力弱，一旦受到自然灾害的袭扰和市场突变的影响，在严重的信息不对称条件下容易产生"受惊而群飞"的蝴蝶效应，自然风险和市场风险转嫁给金融机构，就会产生大面积的信贷违约风险，使普惠金融的高风险特性更加突出，进一步提升风险防控成本。在农村地区，尤其是在人口密度相对较低的地区，供给方传统的扫街获客方式也会造成获客成本进一步上升。按照收益覆盖成本原则，普惠金融产品的高获客成本和风控成本特征要求供给方提供的普惠金融产品应具有高价格。

第二，需求方可负担成本要求供给方实行普惠金融产品的低价格。农业比较收益低的特征决定了弱势群体难以承担高价格的普惠金融产品，仅能以可负担成本接受支付较低交易成本的低价格普惠金融产品。一方面，农产品收益较低。以种粮农户为例，2022 年《全国农产品成本收益资料汇编》统计显示，2016—2019 年粮食平均每亩净利润分别为 -80.28 元/亩、-12.53 元/亩、-85.59 元/亩和 -30.53 元/亩，尽管 2021 年的平均每亩净利润提升至 116.82 元/亩，但每亩净利润仍远低于其他行业。另一方面，第一产业劳动生产效率远低于其他产业，导致其从业人员收入较低。尽管第一产业（主要是农业）劳动生产效率相较于第二、第三产业提升更快，由 1978 年的 1:7.5:5.5 提高到 2021 年的 1:4.3:3.5，但第一产业劳动生产效率长期远低于第二、第三产业仍是不争的事实，这也导致第一产业从业人员收入远低于从事第二、第三产业收入。由此可见，农业比较收益低、第一产业生产效率低的特征决定了众多从事农业生产的弱势群体收入较低，难以承受高价格的金融产品，必然要求供给方提供低价格的普惠金融产品。此外，在实践中弱势群体的可负担成本除了金融产品价格外，还包括获得金融产品需支付的交易成本，由于弱势群体多位于偏远农村地区，自身获得金融服务需支付的时间成本、交通费用等交易成本也相对较高。综上，弱势群体的可负担成本不仅要求自身支付的交易成本不能过高，还要求供给方提供低价格的金融产品。

综上，化解普惠金融的价格矛盾成为"惠"推动"普"实现互动发展的实践难点，关键在于充分考虑需求方的可负担成本，这就要求降低供给方的获客成本和风控成本，降低需求方的交易成本。

五、数字普惠金融助力"惠"推动"普"实现互动发展的逻辑机理

数字普惠金融运用数字技术可实现降低普惠金融的获客成本、风控成本以及交易成本，能够助力"惠"推动"普"进而实现互动发展。具体逻辑机理见图3。

1. 数字普惠金融以数字平台的网络效应降低了获客成本

第一，数字普惠金融依托数字平台网络效应以低成本实现平台多元主体信息搜寻，降低了获客成本。数字普惠金融通过数字平台（如手机银行、微信银行等）连接需求方、供给方等多方主体，形成了平台的网络效应，即平台上的用户越多，每个用户能够创造的信息价值越高。在此基础上，数字普惠金融利用人工智能、大数据、云计算等数字技术挖掘客户特质信息，如抗风险能力、经营能力等数据信息，搜寻高信用等级客户，进行精准营销，降低获客成本。如现有的"三农"金融发展平台、金融产品共享平台、农村征信平台等数字平台成为填补普惠金融空白的"主力军"，结合多元主体发挥的网络效应使得普惠金融供给方无须"扫街"即可直接获得更多潜在需求主体，从而降低获客成本。

第二，普惠金融服务对象的长尾化特征强化了数字平台的网络效应，进一步降低了获客成本。普惠金融服务对象呈现的长尾化特征进一步强化了数字平台的规模经济效应和范围经济效应[1]，增强了平台多元主体良性互动作用，强化了平台的网络效应，使得供给方获取单位客户信息的平均成本快速大幅下降，甚至趋近于零，进而显著降低了普惠金融产品供给的平均成本，奠定了"惠"的基础。

2. 数字普惠金融以数据信息的非竞争性降低风控成本

第一，数字普惠金融依托数据信息的非竞争性，以低成本的数据资产替代实物资产成为风险防控的重要手段，降低风控成本。数据信息的非竞争性表现为数据要素以趋于零的成本被大量复制、传递和交易，数据信息形成的数据资产能够以趋近于零的成本实现实时更新，供给方可以及时掌握需求方风险变动情况，这有效降低了普惠金融产品的风控成本。

---

[1] 随着数字平台用户基数的扩大，规模经济效应指供给方提供单位产品的边际成本逐渐降低；范围经济效应指供给方同时提供多种产品的成本低于分别提供每种产品所需成本的总和。

第二，数字普惠金融通过对大量数据信息的深度挖掘，降低了防范逆向选择的贷前调查成本，进而降低了风控成本。数字普惠金融借助弱势群体的行为数据信息，如电商平台、支付平台、公共事业和缴费平台（如通信费、水电煤气费等）信息，掌握了个人用户和小微企业等日常生活、经营和社交的数据及信息，通过风控模型和算法对普惠金融需求主体进行评信、增信等，提高授信科学性，减少需求方的逆向选择行为，降低贷前调查成本。

第三，数字普惠金融以数据信息降低了防范道德风险的贷后管理成本，进而降低风控成本。普惠金融供给方充分运用大数据、云计算等数字技术，融合内外部数据信息，打通信息壁垒，加强客户贷后行为动态监测，以区块链等数字技术实现贷后风险防控的模块化、数字化和智能化，降低贷后管理成本。

3. 数字普惠金融以数字技术的去中心化降低交易成本

第一，数字普惠金融借助数字技术的"去中心化"功能，打破获取普惠金融产品的时空限制，降低交易成本。传统普惠金融供给方过度依赖线下实体网点，使弱势群体受到一系列"中心化"问题的困扰，过高的"皮鞋成本"制约了普惠金融的进一步发展。数字普惠金融凭借区块链等数字技术，以"去中心化"的服务模式打破了传统普惠金融营业时间及网点分布的限制，供给方从原有的实体网点服务转到数字化平台服务，以优化金融服务环境降低农户等弱势群体交易成本。农户、小微企业等弱势群体足不出户即可实现24小时、跨地域获取普惠金融产品，降低了"皮鞋成本"。

第二，数字普惠金融借助数字技术的"去中心化"功能，打破了供给方的垄断局面，简化了贷款审批等金融服务流程，提高服务效率，降低交易成本。数字技术的"去中心化"使得越来越多的金融机构可以下沉农村，参与到普惠金融发展中来，这打破了传统农村金融市场的垄断格局，促进形成良性竞争的生态环境，提升了普惠金融服务效率，缩短了贷款审批流程，降低了需求方交易成本。

数字普惠金融凭借数字技术，可以实时动态了解普惠金融需求方实物流、资金流的变化，分析其规律趋势，这为普惠金融供给方设计开发适当、有效的金融产品指明了方向，从而可以更好地提供普惠金融服务。

图3　数字普惠金融助力"惠"推动"普"实现互动发展的逻辑机理

4. 数字普惠金融扩大了传统普惠金融服务边界分析

上述分析表明，发展数字普惠金融能够降低普惠金融产品的平均成本，通过"惠"推动"普"扩大普惠金融服务边界，但受制于平均成本下限约束，只能有限扩大服务边界。

第一，数字普惠金融助力"惠"推动"普"实现互动发展。数字普惠金融虽然扩大了传统普惠金融服务边界，但不可能覆盖所有弱势群体，即仍存在服务边界。如图4所示，首先，由于传统金融"嫌贫爱富"，青睐"二八定律"中前20%的头部客户，排斥弱势群体，此时传统金融以较高的平均成本AC_1提供金融产品，仅有头部客户可以获得金融服务，服务边界为Q_1。其次，传统普惠金融借助客户长尾特征，发挥规模经济和范围经济优势，依据"薄利多销"的盈利模式将金融产品的平均成本降低至AC_2，通过"惠"推动"普"进一步扩大了服务边界至Q_2。最后，数字普惠金融凭借数字技术优势，降低获客成本、风控成本、交易成本，推动平均成本降低至AC_3，将服务边界扩大至Q_3。但是，数据鸿沟[①]造成数字普惠金融供给方无法进一步以低成本获得落后、偏远地区客户数据信息，导致数字普惠金融降低供给方获客成本和风控成本存在下限；受数字鸿沟[②]因素制约，需求方缺乏获取和使用网络、数字技术的能力和设备，难以享受数字普惠金融服务，导致需求方降低交易成本也存在下限。综上，平均成本下降至AC_3已达到下限，无法进一步下降，决定了数字普惠金融的最大服务边界为Q_3，引发"金融再排斥困境"。未来，随着数据鸿沟与数字鸿沟逐步消除，普惠金融产品的平均成本可进一步降低至AC_4，"惠"推动"普"所形成的良性互动发展将会使普惠金融服务边界扩大至Q_4，打破"金融再排斥困境"。但正如前文所述，普惠金融是特殊的商业性金融，基于商业可持续原则，要求其服务对象需要支付一定的成本才能获得普惠金融产品，这仍会超越部分弱势群体的可负担成本而使其受到金融排斥，因而即使数字普惠金融也只能扩展服务边界使更多的弱势群体获得金融服务，但并不能完全覆盖所有社会弱势群体，即边界之外的弱势群体仍是普惠金融排斥的对象，需要依赖社会救济，通过政策性金融或财政等支持手段帮助其发展。

图4分析发现，如前文对普惠金融本质的分析，传统金融、普惠金融、数字普惠金融的平均成本的逐步下降，推动了"惠"的强化进而带动了"普"的实现，使服务边界不断扩大，但仍不可能覆盖所有弱势群体。要扩大服务边界，只有通过推动平均成本下降才能实现，即"惠"为主导，是根本，是驱动力，推动"普"的实现，进而"普"发挥规模经济和范围经济效应作用，促进"惠"的进一步下降，形成"惠"推动"普"的良性互动发展，以扩大服务边界。

---

① 数据鸿沟指在农村地区数据存在标准化程度低、数字化程度不足和来源较为分散等问题，数据信息的质量水平低下、数据孤岛将诱发"数据悖论"，即需要依靠数据降低信息不对称，但是却缺乏数据。

② 数字鸿沟是指弱势群体缺乏获取和使用网络、数字技术的能力，数字普惠金融服务方式的可接受性成为新的制约因素，对数字普惠金融的不了解和不信任引发的自我排斥是制约数字普惠金融服务深化的重要原因，导致其无法享受数字普惠金融服务。

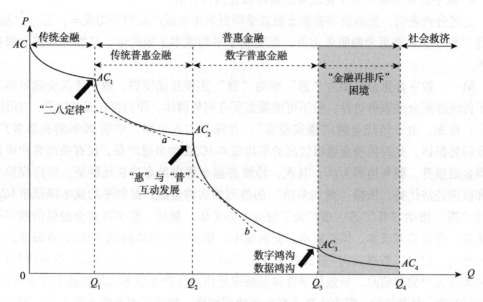

图4 传统普惠金融与数字普惠金融的服务边界

第二，数字普惠金融助力"普"推动"惠"实现互动发展。数字普惠金融借助数字平台的网络效应和客户长尾特征，加速扩大了"普"的规模经济和范围经济效应，极大提高了"普"促进"惠"下降的幅度，进而实现二者更大程度互动发展。如图4所示，尽管传统普惠金融借助长尾效应发挥规模经济和范围经济优势使金融产品的平均成本从AC_1降至AC_2，但其平均成本函数一阶导数的绝对值$|a|$远小于数字普惠金融平均成本函数一阶导数的绝对值$|b|$。数字普惠金融以"惠"推动了"普"，而"普"极大地增强了规模经济和范围经济优势，使平均成本下降速度更快且下降幅度更大 $[(AC_2 - AC_3) > (AC_1 - AC_2)]$，对金融服务边界的扩大作用也更加明显 $[(Q_3 - Q_2) > (Q_2 - Q_1)]$。

5. 扩大数字普惠金融服务边界的实践困境

数字普惠金融助力"惠"推动"普"实现互动发展在实践中仍存在困境，厘清这些问题有助于更好发挥数字普惠金融作用，扩大服务边界。

第一，数据鸿沟和数字鸿沟造成了"金融再排斥"困境[①]，提高了普惠金融机会平等的门槛。一方面，数据鸿沟使得信息不对称难以有效缓解，提高了供给方的获客成本和风控成本。数据孤岛等问题引发的数据鸿沟导致供给方无法获得需求方准确的动态数据信息进行获客和风险防控，从而增加了新的获客成本和风控成本，同样影响"惠"进一步下降，制约普惠金融边界的扩大。

另一方面，数字鸿沟提高了需求方数字普惠金融的交易成本。数字素养较低的老年人等需求主体由于缺乏获取和使用网络、数字技术的能力和智能手机等设备而被数

---

① 指缺乏数据信息和数字化工具、数字素养低的弱势群体再次被数字普惠金融排斥。

字普惠金融排斥①，为获得数字普惠金融服务将产生新的交易成本（如接入互联网支付的网费、购置智能手机费用等），因此导致普惠金融产品的平均成本无法进一步下降，制约了数字普惠金融边界的扩大。

第二，数字普惠金融高度依赖数字技术，易诱发新的金融风险，可能增加风控成本。数字普惠金融的发展过程往往伴随新风险，如模型风险、算法风险等，这些风险呈现隐蔽性、复合性、传染性、快速性等特征，更易形成"黑天鹅"或"灰犀牛"等风险事件。数字普惠金融带来的新风险将提高普惠金融的风控成本，导致普惠金融产品价格上升，进一步制约数字普惠金融边界扩大。

六、数字普惠金融助力"惠"推动"普"实现互动发展的运行载体

综上所述，数字普惠金融通过降低平均成本助力"惠"推动"普"进而实现互动发展，促进实现普惠金融发展目标，但数据普惠金融发展离不开坚实的基础设施做支撑。据此，结合前文分析，本文认为可搭建"三角平台"运行载体，为推动数字普惠金融发展提供重要的设施保障。

1. 数字普惠金融平台的搭建原则

第一，数字普惠金融平台是发展数字普惠金融的物质基础。数字普惠金融平台是发展数字普惠金融的载体，对接并服务于金融机构、弱势群体和县级政府等多元主体，以提供公共金融服务获得服务收入实现可持续发展。数字普惠金融平台应具备"四性"。

一是以"普惠性"为特色。数字普惠金融平台具有鲜明的"普惠性"，应充分发挥"长尾效应"，实现普惠金融机构商业可持续与弱势群体成本可负担，为更多弱势群体提供金融服务，彰显获得金融服务是基本人权的理念。二是以"数字性"为手段。数字普惠金融平台汇集数据资产，供给方可以更为便捷地依据长尾客户的社交信息、经营信息、网购记录等数据资产对其进行信用评级、增信、授信，降低其获客成本和风控成本；打破传统金融服务的时空限制，降低弱势群体交易成本，更加可持续地实现金融的普惠效应。三是以"开放性"为保障。数字普惠金融平台具有典型的多边市场特征，不仅对供需双方均开放，打破卖方或买方垄断，以良性竞争提高交易效率；而且对其他多元主体开放，鼓励县级政府有关部门、监管部门、电商平台等各方参与，增强平台的规模经济效应和范围经济效应。四是以"服务性"为功能。数字普惠金融平台向多元主体提供服务，如为金融机构提供金融产品展销服务和获客、风控服务，为弱势群体提供信用和增信服务、交易服务，为县级政府、监管部门等其他多元主体提供政务服务等；依据为多元主体提供的服务收取合理费用，保障平台商业可持续。

第二，以政府引导、市场主导原则推动数字普惠金融平台建设。由于数字普惠金融平台是县域重要的金融市场基础设施，应按照政府引导、市场主导的原则推动数字

---

① 2022 年《第 50 次中国互联网络发展状况统计报告》显示，中国农村互联网普及率仅为 57.6%，比城镇低 24.1 个百分点，农村网民数量仅占总网民数量的 27.9%。

普惠金融平台建设。平台建设应因地制宜，结合平台发展阶段选取差异化建设模式，可在平台发展初创期以政府购买公共服务方式运营，在平台成长期以公私合营方式（PPP）引导平台发展，在平台成熟期转向市场化运作。鉴于中国数字普惠金融平台正处于初创期，农商银行作为县域普惠金融服务的主力军，具有地缘、人缘等优势，可由其牵头建设数字普惠金融平台。

第三，以"监管沙盒"理念强化数字普惠金融平台监管。考虑到中国数字普惠金融平台正处于初创期，金融监管部门应按照"监管沙盒"理念加强监管。一是处理好平台发展与创新的关系，给予平台探索、试错空间，提高平台创新动力；利用大数据、人工智能等数字技术提高金融监管效率。二是指导平台加强自身管理，完善多元主体准入和退出机制，维护数据安全，激励及时更新数据等，明晰数据的所有权、使用权、收益权等权利，提高数据使用效率；遵循"可用不可见"准则，防止数据泄露、滥用，推动平台平稳运行。

2. 数字普惠金融"三角平台"的具体功能

为充分发挥数字普惠金融降低普惠金融产品平均成本的作用，可建设包括服务平台、信息平台和展销平台的"三角平台"运行载体（见图5）。

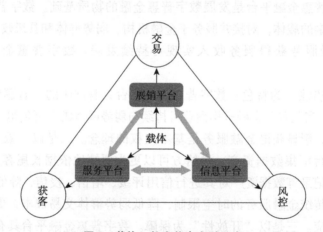

图5　载体：数字普惠金融平台

第一，以服务平台降低获客成本。一是以服务平台搭建场景金融，降低获客成本。服务平台嵌入各种生产、生活场景，如提供智能推荐金融产品、农产品市场信息、搭建全国农产品集市等服务，增强客户活跃度；联通生活场景，提供社保缴费、水电费、网络费缴纳、快递代收代发等服务，提高平台使用频率，增强客户黏性，获取更多的弱势群体行为数据信息，寻找潜在的普惠金融需求主体，降低获客成本。

二是以服务平台培育客户，降低获客成本。平台通过提供政策信息、开展金融知识教育等方式提高弱势群体金融素养和数字素养，提升其参与数字金融活动的积极性，从而缓解数字鸿沟和数据鸿沟，开发潜在客户；平台与线下金融便民服务点结合，将其打造成普及金融知识、惠农政策宣讲的前沿阵地；引导金融便民服务点采取联系农业生产专家、开展技术培训等方式培育客户，提升农民专业素质，助力产业发展，提升金融需求，拓宽获客渠道。

第二，以信息平台降低风控成本。一是以信息平台的数据资产对弱势群体进行信用评级，降低风控成本。通过打通多方信息数据库，汇总分析大量数据，结合线上和线下调查，以"全渠道""全场景"等信息为弱势群体信用评级提供更准确、丰富的数据支持，解决金融机构信息不对称造成的信用评级难、信用评级不规范等问题，确保弱势群体信用评级的真实性和准确性。信息平台主要汇集电商信息、政务信息以及农村金融服务点信息等多方数据信息，不仅为金融机构开展信用评级提供数据支撑，而且有助于协助金融机构进行动态贷后管理，实现信息及时更新，以数据资产进行动态风控，供给方无须实地走访即可实时掌握需求方风险变动情况，有效降低风控成本。

二是以信息平台的数据资产破解弱势群体基础信用不足问题，创新增信方式，降低风控成本。信息平台联合政府部门等主体，进一步采集保险、担保、联保、补贴等信息为弱势群体增信，实现金融机构风险转嫁、分摊，降低风控成本。

第三，以展销平台降低交易成本。一是以展销平台对供需双方的开放性降低交易的信息搜寻成本。此平台提供普惠金融产品交易场所，由于对供需双方充分开放，因此各类金融机构可在平台上提供丰富的普惠金融产品，便于弱势群体更快捷对接，展销平台降低了交易的信息搜寻成本和磋商成本。

二是以展销平台的交易便利性降低交易的时空成本。展销平台对接多元化金融机构，充分发挥金融产品交易撮合功能，实现供给与需求的精准对接，提高弱势群体的普惠金融产品可得性和便利性。通过"去中心化"实现 7×24 小时跨时空交易，降低弱势群体获得金融服务的时间成本、距离成本等"皮鞋成本"。

三是以展销平台的金融产品多样性满足多元需求主体的多样化金融需求，降低交易成本。为满足弱势群体当前最迫切的融资需求，展销平台可提供差异化信贷产品，如教育贷、光伏贷等，以及信用支付产品等。为更好地满足弱势群体的保险需求，同时实现增信，展销平台应丰富各类保险产品，如支持特色产业发展的指数保险、期货保险，多样化的农户人身意外伤害保险、养老保险等。随着弱势群体投资者角色逐步凸显，展销平台可逐步引入风险较低的基金、债券等产品，满足多元主体的多样化金融需求。

译 后 记

为借鉴数字普惠金融发展的国际前沿理论成果和实践经验，推动中国数字普惠金融高质量发展，支持加快实现中国式现代化目标，中国农业大学经济管理学院博士生导师穆争社研究员、金融系主任何婧教授带领中国农业大学研究团队结合当前中国数字普惠金融发展的重点、难点和痛点问题，从普惠金融联盟（AFI）和世界银行发布的最新研究报告中，按照"理论、实践、工具、监管"的逻辑框架，精选9篇分析深入、实操性强、观点鲜明的数字普惠金融报告进行认真翻译，形成《数字普惠金融：理论、实践、工具、监管》一书，该书全面介绍了数字普惠金融发展的国际前沿理论与实践以及精华经验。

本书凝结着研究团队共同努力的大量心血，得到了何婧教授的倾情支持。在本书翻译过程中，穆争社负责统筹翻译工作、撰写译者序；澳大利亚墨尔本大学商学院硕士研究生穆博（第2章），中国农业大学经济管理学院博士研究生张洋（第7章）、丁鑫（第8章），硕士研究生侯利利（第3、第4章）、周颖（第6、第9章）、王心语（第1、第5章）执笔完成译文初稿。在此基础上，穆争社不仅指导丁鑫、穆博、张洋按照"信、达、雅"的翻译要求反复交叉校对、修改润色，而且承担多次审校工作，保障了本书翻译质量。

本书的筹划、翻译、出版，不仅得益于浙江工商大学泰隆金融学院院长马丹教授、副院长倪禾教授、办公室主任夏连峰老师等的辛勤付出和学院2023年度普惠金融专著翻译基金项目的资助，而且得到了中国金融出版社的大力支持，其认真负责、精益求精的专业编辑、指导更是大幅提升了本书翻译质量。

在此，对给予本书翻译、出版支持帮助的领导、同人表示衷心感谢！当然，本书中存在的疏漏和不足之处由我们研究团队负责，敬请广大读者批评指正。

译者
2024 年 3 月

Ceyla Pazarbasioglu, Alfonso Garcia Mora, Mahesh Uttamchandani, Harish Natarajan, Erik Feyen, and Mathew Saal. 2020. Digital Financial Services. Washington, DC: World Bank.

National Financial Inclusion Strategies: Current State of Practice (2022), *E ISBN* 978 – 967 – 18354 – 2 – 5

National Financial Education Strategies Toolkit (2021)

Digital Financial Literacy (2021)

Policy Model for Digital Identity and Electronic Know Your Customer (*E – Kyc*) (2021)

Case Studies of Multisectoral Approaches to Integrating Digital Financial Services for Women's Financial Inclusion (2021)

Central Bank Digital Currency – An Opportunity for Financial Inclusion in Developing and Emerging Economies© (2022)

Harnessing the Potential of Fintech in Deepening Financial Inclusion: Practical Regulators Expositions (2020)

Innovative Regulatory Approaches Toolkit (2021)

Copyright The Alliance for Financial Inclusion